СВЯТИТЕЛЬ НИКОЛАЙ СЕРБСКИЙ
(ВЕЛИМИРОВИЧ)

МИССИОНЕРСКИЕ ПИСЬМА

ORTHODOX LOGOS PUBLISHING

МИССИОНЕРСКИЕ ПИСЬМА
святитель Николай Сербский (Велимирович)

Икона на обложке книги:
«Николай Сербский (Велимирович)»,
Неизвестный автор

Перевод с сербского языка – Светлана Луганская

© 2025, Orthodox Logos Publishing, The Netherlands

www.orthodoxlogos.com

ISBN: 978-1-80484-162-4

This book is in copyright. No part of this publication may
be reproduced, stored in a retrieval system or transmitted in any form or
by any means without the prior permission in writing of
the publisher, nor be otherwise circulated in any form of binding
or cover other than that in which it is published without a similar
condition, including this condition, being imposed
on the subsequent purchaser.

СВЯТИТЕЛЬ НИКОЛАЙ СЕРБСКИЙ
(ВЕЛИМИРОВИЧ)

МИССИОНЕРСКИЕ ПИСЬМА

ORTHODOX LOGOS PUBLISHING

ВСТУПЛЕНИЕ

Перед вами, дорогой читатель, не просто книга, а сокровищница живой пастырской мудрости, сборник ответов на самые насущные вопросы человеческого сердца, данных одним из величайших духовных светочей XX века – святителем Николаем Сербским. «Миссионерские письма» – это не отвлеченные богословские трактаты или философские эссе, а непосредственный, теплый и глубоко личный разговор Владыки с его паствой, с людьми разных возрастов, профессий, социального положения и духовного опыта.

Возникнув как ответы на реальные письма, приходившие к святителю со всех концов Сербии, а позже и из других стран, эти послания охватывают поразительное многообразие тем. Здесь и рабочий, ищущий путь к духовной жизни (Письмо 1), и образованная женщина, терпящая насмешки за веру (Письмо 3), и разорившийся купец, покинутый всеми (Письмо 6). Здесь и вопросы о смысле страданий (Письмо 16), о борьбе с унынием (Письмо 17), о сомнениях в вере (Письмо 75), и глубокие богословские разъяснения о Святой Троице (Письмо 46), о значении слов Христовых (Письма 9, 11), о Воскресении (Письмо 24). Святитель касается семейных проблем (Письмо 110), общественных явлений (Письмо 8), патриотизма и веры (Письмо 15), вопросов церковной жизни (Письмо 48) и личного благочестия (Письмо 18).

Каждое Письмо – это маленькая проповедь, жемчужина духовной мысли, облеченная в простую, ясную и удивительно поэтичную форму. Святитель Николай обладал редким даром говорить о самых сложных вещах доступно, не теряя при этом глубины. Его язык чист, как горный родник, образы ярки и убедительны, а логика безупречна. Он не просто дает ответы, он ведет читателя за руку, помогая ему самому прийти к пониманию истины, зажигая в его сердце огонь веры и любви ко Христу.

Эти письма были написаны в сложнейший для Сербии и всего православного мира период – время войн, социальных потрясений, гонений на Церковь и наступления безбожия. И в этих условиях слово Владыки Николая становилось для многих людей якорем спасения, источником утешения, ободрения и духовной силы. «Миссионерские письма» буквально спасали души от отчаяния, от уклонения в ереси и секты, от потери веры отцов. Не случайно под влиянием его проповеди и этих писем возникло мощное «Богомольческое движение», ставшее оплотом Православия в сербском народе.

Но почему эти письма, написанные почти столетие назад и адресованные конкретным людям с их конкретными проблемами, так актуальны и сегодня, в XXI веке? Потому что человеческая душа, ее искания, ее боли и радости, ее вопросы к Богу и к самой себе – вечны. И сегодня, как и тогда, люди ищут смысл жизни, страдают от одиночества и непонимания, борются с грехом и сомнением, стремятся к свету и истине.

Читая «Миссионерские письма», мы словно вступаем в личную беседу со святителем. Его ответы, исполненные отеческой любви и глубокого знания человеческой природы, обращены не только к тем, кому они были написаны тогда, но и к каждому из нас. В них мы находим:

Утешение в скорбях: Владыка с удивительным состраданием обращается к страдающим, больным, потерявшим близких, помогая увидеть Промысл Божий даже в самых тяжелых испытаниях.

Укрепление в вере: Он с непоколебимой убежденностью свидетельствует об истинности Православия, разъясняет догматы, отвечает на каверзные вопросы и рассеивает сомнения.

Руководство в духовной жизни: Святитель дает конкретные советы о молитве, посте, борьбе со страстями, чтении Священного Писания, участии в церковной жизни.

Пророческое видение: Многие его мысли о судьбах мира, о духовных опасностях, о значении Православия для будущего человечества звучат сегодня особенно остро и прозорливо.

Вдохновение на жизнь по Евангелию: Каждое Письмо дышит любовью ко Христу и призывает следовать Его заповедям не на словах, а на деле.

«Миссионерские письма» – это не просто сборник назидательных текстов, это живая школа православной веры и жизни. Открывая эту книгу, вы открываете для себя не только мудрость великого святителя, но и путь к более глубокому пониманию своей веры, своей души и своего места в мире, который так нуждается в свете Христовом. Пусть же эти письма станут для вас, дорогой читатель, таким же источником вдохновения, утешения и духовного роста, каким они стали для многих тысяч людей до вас.

СВЯТИТЕЛЬ НИКОЛАЙ СЕРБСКИЙ (ВЕЛИМИРОВИЧ)

В огне XX века, испепелявшем империи и веру, среди дыма войн и революций, возвысился голос, подобный древним пророкам – голос святителя Николая Сербского. Рожденный 23 декабря 1880 года в скромной крестьянской семье в сербском селе Лелич под именем Никола Велимирович, он был взращен на глубокой, народной вере и любви к Богу. Его родители, Драгомир и Екатерина, передали ему не только трудолюбие, но и неугасимую искру духовного поиска.

Уже в школе при монастыре Челие проявились его незаурядные способности. Валевская гимназия и Белградская семинария лишь отточили природный ум. Удостоившись стипендии, Никола продолжил образование в Европе: старокатолический факультет в Берне принес ему докторскую степень по богословию, а философский факультет Оксфорда – по философии. Казалось, перед ним открыта блестящая академическая карьера.

Но Господь готовил ему иной путь. Вернувшись на Родину, он преподавал в Белградской семинарии, снискав любовь студентов блестящими лекциями и доступностью изложения. Однако тяжелая болезнь, сразившая его, стала поворотным моментом. Находясь на грани жизни и смерти, Никола дал обет: если выздоровеет, посвятит себя всецело служению Богу. Господь услышал его молитву. Болезнь отступила, и Никола

Велимирович принял монашеский постриг с именем Николай в монастыре Раковица.

Его жажда знаний была неутолима. В 1910 году отец Николай, уже будучи доктором двух наук, скромно поступил в Санкт-Петербургскую духовную академию, не афишируя свои европейские дипломы. Его эрудиция и глубокое понимание Православия поразили профессоров, а пламенная речь на одном из академических вечеров вызвала всеобщее восхищение. Митрополит Антоний (Вадковский) способствовал его путешествию по России, которое навсегда заронило в его сердце любовь к русскому народу и святыням.

Первая мировая война застала его на Родине. Отец Николай неустанно трудился: вдохновлял воинов, исповедовал, причащал, жертвовал свое жалование на нужды раненых. Уже тогда его пророческий дар проявился: он предвидел будущие масштабные конфликты, видя их корень в отступлении Европы от христианских ценностей.

В 1920 году иеромонах Николай был рукоположен во епископа Охридского. Начался новый этап его самоотверженного служения. Он неустанно объезжал свою епархию, восстанавливал разрушенные войной храмы и монастыри, основывал сиротские приюты, проповедовал, писал. Его слово, подобно огню, зажигало сердца. Видя духовное охлаждение и рост сектантства, святитель организовал и возглавил «Богомольческое движение» — мощное народное движение за возрождение веры, охватившее всю Сербию.

В 1934 году он был возведен на Жичскую кафедру, став преемником святителя Саввы. Древний монастырь Жича, духовный центр Сербии, под его руководством пережил новый расцвет.

Вторая мировая война принесла новые испытания. По личному приказу Гитлера, стремившегося обезглавить Сербскую Церковь, епископ Николай был арестован и вместе с Патриархом Гавриилом (Дожичем) заключен сначала в монастырь Войловица, а затем — в один из самых страшных концлагерей, Дахау. Лишь несокрушимая вера, молитва и упование на Промысл Божий помогли ему выжить в этом аду.

Освобожденный американскими войсками в 1945 году, святитель не смог вернуться на Родину: в Югославии установился атеистический режим. Начались годы изгнания. В Америке он продолжил свое апостольское служение: проповедовал, писал, преподавал в православных семинариях (в том числе в Свято-Троицкой в Джорданвилле и Свято-Владимирской). На Родине же его имя было предано анафеме, книги запрещены, а сам он ложно объявлен пособником оккупантов.

Последние дни своей земной жизни святитель Николай провел в русском Тихоновском монастыре в Пенсильвании. 18 марта 1956 года он почил с молитвой на устах. Его тело было погребено на кладбище сербского монастыря святого Саввы в Либертивилле, штат Иллинойс.

Справедливость восторжествовала. В 1991 году мощи святителя Николая были торжественно перенесены в его родное село Лелич, а в 2003 году он был единогласно причислен Архиерейским собором Сербской Православной Церкви к лику святых. Его почитание широко распространилось и в Русской Православной Церкви, где его называют «Новым Златоустом».

Наследие святителя Николая огромно: это и глубокие богословские труды, и пламенные проповеди, и поэтические произведения, и, конечно же, «Миссионерские письма» — живое свидетельство его неустанной пастырской заботы о душах человеческих.

МИССИОНЕРСКИЕ ПИСЬМА

ПИСЬМО 1. РАБОЧЕМУ, СПРАШИВАЮЩЕМУ О ДУХОВНОЙ ЖИЗНИ

Духовная жизнь и есть настоящая жизнь. Все остальное – прах.

Прах и тело наше – земля, взятая в долг у земли. Земля, вода, огонь и воздух – из них, этих четырех стихий, создано тело человека. Создано так искусно, так чудесно, что не выразить. И все же само по себе тело не есть жизнь, повозка не путник, клетка не птица.

Что же такое жизнь? Священное Писание Божие ясно отвечает на этот вопрос на первой своей странице: 'И создал Господь Бог человека из праха земного, и вдунул в лице его дыхание жизни, и стал человек душою живою'[1].

Хорошо ли ты понимаешь значение слов «опосредованно» и «непосредственно»? Опосредованно, то есть посредством земли, сотворил Господь плоть, а непосредственно – из Себя 'вдунул в лице его' дух жизни. Так человек стал 'душою живою'.

Итак, человек видимым образом телесен, но тело имеет в себе дыхание жизни, которое непосредственно от Творца.

Этот дух связывает человека с Творцом и с небесным духовным миром вокруг Него. Малое пламя, подобное вечному Божественному пламени. И, хотя тело наше влачится по земле среди насекомых и зверей, этим пламенем связаны мы с небом и вечностью.

Жизнь души, которую ведет и живит Божественный Дух, – вот что такое человеческая жизнь.

Иными словами, духовная жизнь – это непрестанный труд ради того, чтобы стать достойным Божественного Духа, Который в нас. Почему нам надлежит трудиться? Потому, что мы получили дар от Творца. Никто из нас не покупал его и не платил за него; он дарован нам Вечной Любовью. За дар плата не дается. Дар есть дар. Но тот, кто принимает дар, и такой драгоценный дар, как жизнь, должен показать себя достойным этого дара.

Как нам любовью ответить Господу на Его любовь и как нам стать достойными этого Божественного дара – в этом великая наука, называемая духовной наукой, которая выше всех наук. Она дана человеку Духом Святым. Тот, Кто даровал драгоценнейший дар, Сам научил человека быть достойным его.

Если желаешь проникнуть в эту светлую и сладкую науку, да будет благословенно желание твое.

Мир тебе и радость от Господа.

ПИСЬМО 2. ЧЕЛОВЕКУ, КОТОРЫЙ ВЕРИТ В БОГА, НО НЕ МОЛИТСЯ ЕМУ

Трудись и укрепляй в себе веру. Со временем почувствуешь потребность в молитве. Пока слаба твоя вера и не заставляет тебя молиться.

Смотрели мы, как слабая струя воды падала на колесо водяной мельницы и оставалось колесо неподвижным; когда же прибыла вода, колесо двинулось.

Вера есть сила духовная. Малая вера не подвигнет ум к размышлениям о Боге и сердце на молитву Ему. Крепкая вера движет и ум, и сердце, и всю душу человека. Пока живет в душе крепкая вера, она силой своей устремляет душу к Богу.

Ты говоришь, что, прочитав слова Спасителя: 'знает Отец ваш, в чем вы имеете нужду, прежде вашего прошения у Него'[2], ты сделал вывод, что молитва не нужна. Конечно, знает Господь, что нам нужно, но Он хочет, чтобы мы молились Ему. Поэтому и заповедал Спаситель: 'Непрестанно молитесь'[3] – и научил нас молиться.

Это легче объяснить родителям, чем тебе, холостяку. Ведь и родители знают, что нужно детям, но ждут, пока ребенок попросит их. Знают родители, что прошение умягчает и облагораживает детское сердце, делает его смиренным, кротким, послушным, милостивым и благодарным. Видишь, сколько небесных искр высекает молитва из человеческого сердца!

Прочитал я, как один странник остановился перед домом у дороги. Было там собрание рабочих, вдруг наступила в доме тишина: рабочие преклонили колена на молитву. Но один из них вышел и стал ходить вокруг дома. Спросил его странник:

– Что происходит в доме?

– Молятся Богу. Мне стало стыдно, и я вышел.

Странник замолчал в ожидании.

– Кого ты ждёшь? – спросил рабочий.

– Жду, когда кто-нибудь выйдет, чтобы спросить его о дороге.

– Почему не спросишь меня? Я покажу тебе дорогу.

Покачал головой странник и отвечал:

– Как может показать правильный путь тот, кто стыдится Бога и своих братьев?

Думаю, что ты молитвы не стыдишься, но вера твоя ещё не окрепла. Береги, укрепляй в себе этого младенца. Когда вырастет он и возмужает, стократно воздаст тебе за твой труд.

Мужественная вера повернёт внутреннее колесо твоего естества, и ты обретёшь жизнь новую.

Мир тебе и благословение Божие.

ПИСЬМО 3. ОБРАЗОВАННОЙ ВЕРУЮЩЕЙ ЖЕНЩИНЕ, ТЕРПЯЩЕЙ НАСМЕШКИ ОТ БЛИЗКИХ

Отвечай на их насмешки улыбкой. Их насмешки исходят из злых сердец; твоя же улыбка да будет беззлобной. Насмешка всегда от незнания, улыбка – от знания. Насмешками они делают твою молитву вечному Судии драгоценнее. Ибо нет для Господа молитвы дороже, чем молитва отважного сердца, окруженного стрелами злобы, ненависти, издевок и насмешек. Это обоюдоострые стрелы, но притупляются они от твоего мужества и острием возвращаются к стрелкам и наносят им раны.

Жена царя Давида однажды посмеялась над вдохновенной молитвой своего мужа. Насмешка эта оскорбила Бога больше, чем царя Давида, и наказал Всевышний дочь Саулову, и не имела она потомков до смерти своей[4]. Кто внимательно наблюдает за человеческими судьбами и событиями, знает, как сурово Господь наказывает насмешников над святынями.

А ты скажи насмешникам своим, если считаешь, что слово будет лекарством лучшим, чем молчание, скажи им: «Обманывает ли меня зрение или действительно вижу, как вы каждый день молитесь торговцам, старостам и полицейским о своих нуждах? Отчего же вы насмехаетесь надо мной, когда я молюсь вечному Творцу? Разве молиться немощным не смешно? Разве не безумие – поклоняться праху, а не Жизнодавцу и Господу?».

Сказано где-то у пророка: «проклят всякий надеющийся на человека»⁵. Очевидно, что тот, кто полагает упование на смертного человека, на мыльный пузырь, а не на Бога Вседержителя, проклят. И это проклятие, лежащее на нем и доме его, заметно в каждый день его жизни. Ясно также, что проклят всякий человек, молящий только человека и не молящий Того, Кто все держит и все может. Но, смотри, иногда молчание полезнее таких слов.

Первая насмешка смущает молитвенную душу. Но ты уже пережила ее и не оставила молитву. А следующая насмешка побуждает к молитве. Ты говоришь, что и сама это испытала. Теперь тебе и Господь ближе, и церковь милее, и молитва слаще. Знай, наступит время, когда насмешки прекратятся, а будет одобрение, удивление и благодарность; но тогда твоя душа окажется в большей опасности, чем теперь. Сейчас ты учишься смирению, а тогда тебе придется защищаться от гордости. А это уже другое испытание, другое искушение.

Знай, именно те, кто мучает нас насмешками, наши враги. О них говорил Господь: 'любите врагов ваших'⁶. Не зная, что делают, они делают нам добро. Огорчая и притесняя нас, они разжигают в нас факел Божественного огня. Ругаясь вслед нам, когда мы идем в храм Божий, они подвигают нас ближе к Богу. Досаждая нам на земле, они делают небеса более желанными для нас. Мороз и ветер не желают дереву добра, но и невольно приносят ему добро. Так и враги твои.

Поэтому прости и благослови их, и молись Богу за них, и люби их, как своих величайших после Господа благодетелей, – в этом вершина любви.

Но, если душа твоя не потерпит этого ничтожного шуршания праха земного, постыдишься тогда пред Христом, тогда Он посмеется тебе, а не только люди и демоны.

Чаще посещай дома скорби, посещай кладбища. Думай о Кресте Христовом и прикладывайся к нему чаще. Думай о конце жизни. Все это поможет тебе укрепиться в молитвенном расположении и одержать победу.

Мир тебе и милость Божия.

ПИСЬМО 4. БОГОСЛОВУ, СКОРБЯЩЕМУ О НЕВЕРИИ ЛЮДЕЙ

Много горькой правды в твоем письме, но не отчаивайся, отчаяние – приданое смерти, которое безбожники получают, венчаясь со смертью.

Было более тяжелое для Церкви Христовой время, но воины не падали духом и не проиграли битвы. Почитай только святителя Василия Великого, что творилось тогда в Церкви и в мире – черная ночь в бурном море. Казалось, что приближается конец мира, что приходит Суд Божий. И вот пронеслись столетия. Вера Христова не только не угасла, но распространилась по всей земле и осветила все стороны света. И пусть она не везде светит одинаково ярко, все-таки лучи ее проникают всюду, где-то прямо, где-то косо.

Несколько дней назад у меня был профессор Манинг из Нью-Йорка. Богатая душа, наполненная и светскими знаниями, и верой одновременно. Я спросил его о вере американских студентов.

– Я знаю, – сказал он, – что вера Христова – непобедимая сила. Словно ртуть в барометре, она убывает и прибывает, но не слабеет. Мелкие и невежественные люди жестоко ошибаются, когда пророчат христианству гибель. Сто лет назад, когда интерес к изучению естественных наук уже пробудился, на богословском факультете университета П. было только пять студентов. Только пять! И когда они сдавали экзамены, сверстники смеялись над ними, говоря: «Неужели вам непонятно, что с религией покончено?». Сегодня же, спустя сто лет, в том же университете несколько сотен студентов-богословов.

Так говорит американец об американцах. А ты, серб, посмотри, сколько богословов только в одной семинарии! Больше двухсот. Что привело вас в духовную школу — неверие ваших двухсот отцов и двухсот матерей или ваша вера? Без сомнения, вера.

А то, что некоторые христиане отпали от веры, чья это беда, если не их собственная? Разве их неверие отменяет веру Христову?[7] Так вопрошал апостол Христов в первые дни христианской истории, которая теперь насчитывает девятнадцать столетий. Прошедшие столетия оправдали его светлый взгляд в будущее. Смотри и ты таким же светлым, апостольским взглядом на будущее христианства. Попробуй написать исследование о Церкви под заглавием: «Триумфальная колесница Христа».

Твоя скорбь о неверии некоторых людей выдает твою любовь к Богу. Ты и сам знаешь, что скорбь — одно из наиболее частых проявлений любви.

Но берегись, чтобы не возненавидеть неверующих. Это было бы гибельно для тебя и не принесло бы им никакой пользы. Смотри на них с жалостью, как на странников, ограбленных в дороге разбойниками. Сострадай им, как сострадаешь нищим и бездомным.

И молись Богу за них. И станешь миссионером. Пусть твоим первым миссионерским правилом будет молитва за отпавших от веры.

Да пребудет благодать Божия на тебе.

ПИСЬМО 5. МАТЕРИ, КОТОРАЯ НЕ СМОГЛА НАЙТИ МОГИЛУ СЫНА

Искала ты его на всех военных кладбищах. Прошла от Златибора до Корфу и Салоник, поднималась на Каймакчалан, на Кошачий Камень. Спускалась в долины мертвых. Где бы ни услышала о военном кладбище, спешила туда. Просила читать тебе списки погребенных. Сама читала надписи на крестах. Нет и нет его.

Не горюй, дорогая мать. Грешно сильно горевать. Божия земля и все, что на ней[8]. Где бы ни была могила твоего сына, она на Божией земле. Коснись земли перед порогом дома, и ты коснешься края могилы сына твоего. А для всевидящего ока Божия, озирающего землю, мертвых нет. Если сын твой скрыт от тебя, он не скрыт от Бога. Господь Сам скрыл его от тебя, чтобы очистить скорбью твое сердце и подготовить его к нечаянной радости встречи с сыном в вечных чертогах Своих.

Могилы многих великих и святых людей неизвестны. Неизвестна могила пророка Моисея, неизвестны могилы многих апостолов и мучеников Христовых, неизвестны могилы пустынников и постников... Но имена их красными буквами вписаны в календарь. Мы прославляем память их, возводим храмы в честь их, возносим к ним молитвы, но могил их не знаем. Не скорби же, что и могила твоего сына известна только Господу, как и могилы стольких святых Его.

Есть в Дебаре одна мать, сын которой похоронен в далекой стране. По немощи она не могла побывать на его могиле. Тогда решила она каждую субботу приходить на военное кладбище в Дебаре. Там лежат воины, чьи матери не могут добраться до могил сыновей. И она ставит на этих могилах свечи и молится. И просит священника окропить могилы и помянуть имена, написанные на крестах, и помянуть сына ее Афанасия.

И ты можешь поступать так же, и утихнет твоя боль. Важно, чтобы ты думала не о могиле, а о душе дитяти своего. Пойми, ни в одной могиле на земле нет души его. Душа его ближе к тебе, чем к могиле.

Была еще одна мать, которая желала найти могилу своего сына. Но могила его находилась на поле битвы, и не пустили ее. Вернулась она, безутешная, домой. Но однажды по Промыслу Божию явился ей сын в комнате ее. Вскочила мать и воскликнула: «Где ты, сын мой?!». – «Ходил с тобою, мама, и вернулся». И еще сказал ей, чтобы перестала она плакать, потому что ему хорошо.

И ты не плачь, начни творить милостыню за упокой души сына твоего. Слезами ты довольно напитала землю сердца своего, пора взойти росткам. Самые драгоценные ростки, из слез возрастающие, – молитва, милостыня и смирение пред волей Божией. Пусть молитва станет одной крестной досочкой, а милостыня другой, из них сделаешь крест сыну твоему. Молитва устремляется ввысь, а милостыня распространяется в ширину. Кротость пред волей Божией пусть будет гвоздем, которым скрепляется крест. Не отделяй молитву от милостыни, и благодатное утешение неба сойдет на сердце твое, словно роса на жаждущую траву.

Мир тебе и Божие благословение!

ПИСЬМО 6. РАЗОРИВШЕМУСЯ КУПЦУ, КОТОРОГО ВСЕ ПОКИНУЛИ

Ты пишешь, что разорился. Друзья тебя покинули. Одни отвернулись, другие насмехаются. Только вера в Бога удерживает тебя от сумасшествия или от злодейства над собой. Так ты пишешь.

Пропало имение, но ты не пропал. Если пропала торговля, это не значит, что пропал человек. Богатство не родилось вместе с тобой, оно прилепилось к тебе на жизненном пути и к концу жизни должно отлепиться от всякого. Однако оно отошло от тебя раньше конца твоей жизни, и это огорчило тебя, хотя именно это стало счастьем для многих, ибо, лишившись тленного земного богатства, они имели достаточно времени, чтобы обогатить душу Богом. Те же, кто сбрасывает с себя бремя плоти одновременно с бременем богатства, могут опоздать и потерять все.

Ты пишешь, что честно работал. За честность обещана вечная награда, а не временная. Честным трудом можно разбогатеть, а можно и обнищать. Но как богатство не возвышает человека, так же и бедность не унижает его. Кто думает иначе, тот не в христианской вере живет, а в язычестве, для которого цена человека равна содержимому его кошелька. Христос для того и взошел на Голгофу и дал распять Себя, чтобы упразднить это варварское мерило и установить новое – духовное и нравственное.

По Христовой мере, то, что составляет вечную ценность человека, не прибывает с богатством и не убывает с бедностью. Но приливы и отливы этой вечной ценности, которая не сходит с телом в могилу, зависят от силы любви человека к заповедям Божиим.

Конечно, больно, что друзья оставили тебя в беде, отворачиваются либо смеются тебе в лицо, но это лишь еще одно свидетельство их приверженности к язычеству и его обычаям. Когда Господа распинали на Кресте, где были те, кто перед этим хотел сделать Его царем? Где были те, кто кричал Ему: «Осанна!»? Не было ни одного. У Креста стояли только равнодушные и хулители. Римские воины зевали от скуки, а еврейские псы злорадно лаяли. И у твоего креста стоят скучающие зеваки и злорадные насмешники. Радуйся, что капля твоей горечи подобна морю горечи распятого Господа.

Благо тебе, что держишься веры Христовой. И она поддержит тебя в эти тяжкие дни, которые растают, как туман. Вот держит человек в руке палку, а палка поддерживает его при спуске с крутой горы. Одни люди носят палку для красоты, другие – как помощь в трудном пути. Вера в Бога украшает человека и помогает ему. Пока ты был богат, она была твоим украшением, теперь она служит тебе поддержкой. Светлее лик ее, когда она служит и помогает, нежели когда просто украшает.

Говоришь, что боишься сойти с ума. Не бойся: немногие сошли с ума от бедности, больше обезумевших от богатства.

О злодействе над собой пишешь. Не о самоубийстве ли думаешь? Вот будет пир диаволу! Значит, не Божией воле последуешь, а диавольской. Веревка на шее – и потеряна жизнь вечная. Действительно, в неожиданной перемене твоей жизни ничто не может поддержать тебя, кроме веры в Бога живаго, дарующего и взыскующего, испытывающего нашу веру и любовь.

Безбожники падают с Иудой и вешаются, а мужественные души с крепкой верой восходят на Голгофу, чтобы испить чашу горькую и воскреснуть.

Господь да поможет тебе!

ПИСЬМО 7. ДЕВУШКЕ, ВЫБИРАЮЩЕЙ МЕЖДУ БРАКОМ И МОНАШЕСТВОМ

Чадо, если колеблешься, то знай: ты скорее за брак, чем за монастырь. Монашеская жизнь для тех, кто не колеблется. Святой Савва[9] не испытывал сомнения. Ни святые Феодора[10], Ксения[11] и Евфимия[12], ни многие другие, ставшие истинными подвижниками монашеской жизни, не сомневались. Ибо «не все могут вместить, но кому дано»[13].

Говоришь, часто сидите с матерью у огня и взвешиваете «за» и «против». А я тебе скажу: сколько ни взвешивай, все равно не «за» и «против» решают, а любовь. Любовь выше всех доводов. Если любовь ко Христу не приведет тебя в уединение монастырской тишины, тогда любовь к миру удержит тебя в мире и приведет к браку. Но и в этом случае будешь благословенна благословением Сарры[14] и Рахили[15] и твоей собственной матери.

Великая любовь к Богу не выносит мира, чуждается общества, ищет уединения. Такая любовь подвигла тысячи душ уклониться с широкого пути мира и уйти в пустыни, чтобы быть наедине с любимым Господом. Чтобы иметь втайне свидание с Создателем своим, Который весь – любовь, и по имени, и по существу. Но прежде всего, чтобы удостоиться этого созерцания и встречи, монахи и монахини принимают и пост, и труд, и смирение, и бдение, и бедность, и послушание, и другие обеты, только чтобы удостоиться этого духовного свидания с Господом своим. И на этом тесном пути душа удостаивается встречи с Ним, когда освободится, очистится и украсится. От чего должна освободиться душа пустынника? От всех земных уз и пристрастий. От чего должна очиститься? От всякой так называемой любви телесной и земной, от любви к плоти, родным и друзьям, к своей деревне или городу, к имению, одежде, еде, к украшениям. Чем должна украситься душа? Одной только любовью ко Христу, которая вмещает в себя все украшения, весь жемчуг веры, все изумруды надежды, все самоцветы добродетелей. Испостившееся тело монаха служит только легким покровом этого бесценного небесного сокровища.

Так пишу тебе не для того, чтобы привлечь тебя к монашеству, но, скорее, чтобы отвратить тебя от него. Ибо если в колебании духа удалишься от мира, то тяга к миру в тебе усилится, и боюсь, что поборет тебя. И будешь ты телом в монастыре, а душой в миру. А мир, отраженный в зеркале души, мучает сильнее, нежели в действительности.

Благодари Господа, что, кроме тесного монашеского пути, Он указал тебе более просторный путь ко спасению и вечной жизни. Иди же, чадо, по этому просторному пути, который более отвечает твоим склонностям. Ступай по этому пути, но иди со страхом Божиим и полным доверием ко Господу. Ибо знай: и этот путь не одолеть без Бога.

Благословение Божие да будет с тобою!

ПИСЬМО 8. СВЯЩЕННИКУ К., О МИРОВОМ КРИЗИСЕ

Спрашиваешь меня, человек Божий, о причине и значении наступившего кризиса. Кто я такой, что ты спрашиваешь меня об этой великой тайне? «Говори, если есть у тебя нечто большее молчания», – сказал святитель Григорий
Богослов. И хотя я нахожу, что сейчас молчание выше всякого слова, но из любви к тебе напишу, что я думаю об этом вопросе.

«Кризис» – слово греческое, в переводе оно означает «суд».

В Священном Писании слово «суд» употребляется многократно. Так мы читаем у псалмопевца: «Сего ради не воскреснут нечестивии на суд» (Пс.1, 5). Далее опять: 'Милость и суд воспою Тебе, Господи' (Пс. 100, 1). Мудрый царь Соломон пишет, что от Господа придет суд всякому (см.: Притч.29,26). Сам Спаситель сказал: 'Отец и не судит никого, но весь суд отдал Сыну' (Ин. 5, 22). Апостол же Петр пишет: 'время начаться суду с дома Божия' (1 Пет.4, 17).

Замени слово «суд» словом «кризис» и читай: «Милость и кризис воспою», «от Господа придет кризис всякому», «Отец весь кризис отдал Сыну», «Время начаться кризису с дома Божия».

Прежде европейцы, если постигало их какое-то несчастье, употребляли слово «суд» вместо слова «кризис». Сейчас слово «суд» заменили словом «кризис», понятное слово менее понятным. Наступала засуха, говорили: «суд Божий!», наводнение – «суд Божий!». Начиналась война или эпидемия – «суд Божий!»; землетрясения, саранча, другие бедствия, всегда одно – «суд Божий!». Значит, кризис из-за засухи, кризис из-за наводнения, из-за войн и эпидемий. И на теперешнюю финансово-экономическую катастрофу народ смотрит как на суд Божий, но называет ее не «судом», а «кризисом». Дабы умножилась беда от неразумия! Ибо, пока произносилось понятное слово «суд», была понятна и причина, которая привела к беде, был известен и Судия, попустивший беду, и цель, ради которой беда была попущена. После подмены слова «суд» словом «кризис», малопонятным для большинства, никто не может объяснить, ни от чего он, ни от кого, ни для чего. Только этим и отличается теперешний кризис от кризиса, происходящего из-за засухи и наводнения, войны или эпидемии, саранчи или другой напасти.

Ты спрашиваешь о причине настоящего кризиса, или суда Божиего?

Причина всегда одна. Причина всех засух, наводнений, эпидемий и других бед та же, что и нынешнего кризиса, – богоотступничество. Грех богоотступничества вызвал и этот кризис, и Господь попустил его, чтобы пробудить, отрезвить людей, чтобы они опомнились и вернулись к Нему. По грехам и кризис. В самом деле, Господь использовал современные средства, чтобы вразумить современных людей: Он нанес удар по банкам, биржам, по всей финансовой системе. Опрокинул столы менял всего мира, как когда-то Он сделал это в Иерусалимском храме. Произвел небывалую панику среди торговцев и менял.

Возмутил, низверг, смешал, смутил, вселил страх. И все для того, чтобы надменные европейские и американские мудрецы пробудились, опомнились, вспомнили Бога. Для того, чтобы они, утвердившиеся в гавани материального благополучия, вспомнили о душах, признали свои беззакония и поклонились

Богу Вышнему, Богу живому.

Как долго продлится кризис? До тех пор, пока надменные виновники не признают победу Всесильного. До тех пор, пока люди не догадаются непонятное слово «кризис» перевести на свой родной язык и с покаянным вздохом не воскликнут: «суд Божий!».

Назови и ты, честный отче, «кризис» «судом Божиим», и все будет тебе понятно.

Привет тебе и мир от Господа!

ПИСЬМО 9. КУЗНЕЦУ К., О ЗНАЧЕНИИ СЛОВ ХРИСТОВЫХ: «НЕ МИР ПРИШЕЛ Я ПРИНЕСТИ, НО МЕЧ»[16]

Неужели такой праведный и милостивый человек не понимает глубинного значения этих слов? Думаю, что ты понимаешь его, только ищешь подтверждения. Праведным и милостивым Господь Сам открывает тайны Свои. Если бы ты был единственным кузнецом в Иерусалиме, когда евреи распинали Господа, некому было бы выковать для них гвозди.

'Не думайте, что Я пришел принести мир на землю; не мир пришел Я принести, но меч'. Так сказал Господь. Читай это так: «Не для того Я пришел, чтобы помирить истину и ложь, мудрость и глупость, добро и зло, правду и насилие, нравственность и скотство, целомудрие и разврат, Бога и маммону; нет, Я принес меч, чтобы отсечь и отделить одно от другого, чтобы не было смешения».

Чем же отсечешь, Господи? Мечом истины. Или мечом слова Божия, так как это одно. Апостол Павел советует нам: возьмите 'меч духовный, который есть Слово Божие'[17]. Святой Иоанн Богослов в Откровении видел Сына Человеческого, сидящего посреди семи светильников, а из уст Его выходил острый с обеих сторон меч[18]. Меч, исходящий из уст, что иное, как не слово Божие, слово истины? Этот меч и принес Иисус Христос на землю, принес ради спасения мира, но не ради мира добра со злом. И ныне, и присно, и во веки веков.

Правильность этого толкования подтверждают дальнейшие слова Христа: 'ибо Я пришел разделить человека с отцом его, и дочь с матерью ее, и невестку со свекровью ее'[19], и, если сын пойдет за Христом, а отец останется во тьме лжи, меч истины Христовой разделит их. Истина не дороже ли отца? И если дочь пойдет за Христом, а мать будет упорствовать в отрицании Христа, что общего может быть у них? Христос не слаще ли матери?.. То же самое между невесткой и свекровью ее.

Но не пойми это так, что тот, кто познает и возлюбит Христа, должен сейчас же телесно отделиться от своих родных. Это неправильно. Об этом не говорится. Достаточно отделиться душою и не принимать в нее помыслов и дел неверующих. Ибо, если верующие немедленно отделились бы от неверующих, в мире образовалось бы два враждебных лагеря. Кто бы тогда учил и исправлял неверующих? Сам Господь три года терпел рядом с Собой неверного Иуду. Мудрый апостол Павел пишет: 'неверующий муж освящается женою верующею, и жена неверующая освящается мужем верующим'[20].

В заключение приведу тебе духовное толкование этих слов Христа Феофилактом Охридским[21]: «Под отцом, матерью и свекровью подразумевай все ветхое, а под сыном и дочерью – все новое. Господь же хочет, чтобы Его новые Божественные заповеди победили наши старые греховные привычки и обычаи».

Таким образом, слова о мече, принесенном на землю, вполне соответствуют Христу Миротворцу и Миродавцу. Он дает Свой небесный елей всем, кто искренне верует в Него. Но Он пришел не для того, чтобы примирить сынов света с сынами тьмы.

Поклон тебе и детям. Мир вам и Божие благословение.

ПИСЬМО 10. МОЛОДОМУ УЧИТЕЛЮ, СПРАШИВАЮЩЕМУ, ЕСТЬ ЛИ СЕЙЧАС ИСТИННЫЕ ХРИСТИАНЕ

Есть они, много их. Если бы их не было, померкло бы ясное солнце. Ибо разве такая драгоценная лампада освещала бы зверинец?

Много бумаги понадобилось бы мне, чтобы описать мои встречи с истинными христианами, и тебе долго пришлось бы читать о них и утешать свою душу. А пока испытай себя на этом примере.

Прошлым летом мы были в Мачве. Пока мы стояли на маленьком полустанке в ожидании поезда, я наблюдал за одной старой крестьянкой. Ее увядшее лицо светилось чудным таинственным светом, который часто можно видеть на лицах духовных людей. Я спросил ее: «Кого ожидаешь, сестра?». «Того, кого Господь пошлет мне», – ответила она. Из дальнейшего разговора мы узнали, что каждый день она приходит на станцию и ждет, не появится ли какой-нибудь бедный странник, нуждающийся в ночлеге и куске хлеба. И, если такой случится, она радостно принимает его в своем доме, как посланного Богом. Еще мы узнали, что читает она Священное Писание, постится, ходит в церковь и соблюдает все Божии заповеди. А соседи ее сказали нам, что это святая женщина.

Я хотел похвалить ее евангельское гостеприимство, но она остановила меня словами: «Разве мы сами не гости Его всю нашу жизнь, каждый ее день?». И слезы заблестели на ее глазах. О милостивая и сладкая душа народа! Мой молодой друг, если назовешься учителем народа, часто можешь оказаться посрамленным, но если назовешься учеником народа, никогда не посрамишься.

Да осияет тебя святая милость Божия!

ПИСЬМО 11. КРЕСТЬЯНИНУ ЗДРАВКО Т., НА ВОПРОС О ЗНАЧЕНИИ СЛОВ ХРИСТА «ОГОНЬ ПРИШЕЛ Я НИЗВЕСТИ НА ЗЕМЛЮ»[22]

Мы часто говорим об огне зависти, огне ненависти, огне похоти и об огне всякой жестокой страсти. Конечно, совсем не этот огонь принес на землю Царь любви и истины Господь наш Иисус Христос. Конечно, не этот. Все это нечистые языки адского огня, который захлестывает и землю.

Христос принес святой огонь; Он Сам сиял и светился в вечности. Это огонь истины и любви, огонь чистый, Божественный, огонь от Вечного Очага – Святой Троицы. Огонь истины, из которого разливается теплота любви.

Это огонь, которым горело слово пророка Иеремии и который неудержимо влек его на проповедь Божией истины (см.: Иер. 23, 29).

Это огонь, что сошел на апостолов в виде огненных языков, просветив и освятив простых рыбаков, сделав их величайшими мудрецами[23].

Это огонь, которым светилось лицо архидиакона Стефана, делая его подобным Ангелу Божию[24].

Это духовный огонь истины и любви, которым апостолы и их наследники переродили мир, оживили труп безбожного человечества, омыли, освятили и просветили его. Все доброе в мире от этого огня небесного, низведенного Господом на землю.

Это небесный огонь, который очищает душу, так же как земной огонь очищает золото. Свет этого огня показывает нам путь, открывает нам, откуда и куда мы идем, в этом свете мы познаём нашего Небесного Отца и свое Вечное Отечество. От этого огня разгорается наше сердце неизреченной любовью ко Господу нашему Иисусу Христу, как это случилось с двумя апостолами на пути в Эммаус, о чем свидетельствовали они: 'не горело ли в нас сердце наше, когда Он говорил нам?'[25]

Этот огонь подвигнул Христа сойти с небес на землю и подвигает нас подниматься к небесам.

Все мы крещены этим святым огнем, по слову святого пророка и Крестителя Иоанна: 'Я крещу вас в воде... Он' (Христос) 'будет крестить вас Духом Святым и огнем'[26].

Этот огонь пробуждает в человеческом сердце неизреченную ревность ко всякому добру. Он радует праведника и обжигает грешника. И для нас мучителен он, пока не очистимся мы от всякой неправды и нечистоты. Ибо сказано: «Бог есть огонь, сожигающий»[27] грешников.

Мир тебе и радость от Господа!

ПИСЬМО 12. ЖЕНЩИНЕ, НА ВОПРОС О ВОЗДАЯНИИ УМЕРШИХ

Ты пишешь, что тебя беспокоят страшные сны. Стоит тебе сомкнуть глаза, являются тебе три отрока, высмеивают тебя, угрожают и запугивают... Пишешь, что в поисках лечения ты обошла всех известных докторов и знающих людей. Говорили тебе: «Ничего, это пустяк». Ты отвечала: «Если это для вас пустяк, избавьте меня от этих видений. Разве пустяк может не давать сна и покоя вот уже шесть месяцев?». Они тебе в ответ: «Поменяйте климат, чаще бывайте в обществе, следите за питанием. Это обычная ипохондрия».

Известны мне, сестра, такие умники. Выучили несколько трескучих слов: «ипохондрия», «телепатия», «самовнушение» — и подменяют ими духовную реальность, все объясняя «распорядком дня», прописывают климат, увеселения, минеральные воды, мясо и вино.

А я тебе вот что скажу: три отрока, которые являются тебе, — это трое детей твоих, убиенных тобою во чреве, прежде чем солнце коснулось лиц их нежными своими лучами. И теперь они пришли воздать тебе. Воздаяние умерших страшно и грозно. Ты начитанная женщина, и я буду говорить с тобой литературными образами. Вспомни леди Макбет или английского короля, убитого духом им же убиенного человека. Конечно, ты читала и о короле Владиславе, убийце короля Владимира: был он убит духом Владимира.

Но, может быть, ты не читала о византийском императоре Константе[28]. Был у него брат Феодосий. Констант не любил брата, видя в нем соперника, и принудил его принять диаконский сан. Но страх не покидал его. Тогда Констант решился на преступление. Он устроил заговор против брата, и Феодосий был мученически убит. С облегчением вздохнул Констант, думая, что наконец-то избавился от соперника. Не предполагал невежественный император, что мертвые сильнее живых, что, убивая невинного, не стал он победителем, а лишь сложил оружие к ногам жертвы своей. Ночью убиенный диакон Феодосий явился своему брату-императору и, протягивая ему чашу с дымящейся кровью, грозно воскликнул: «Пей, брат!». Император в ужасе вскочил, созвал придворных, но никто не мог ему ничего сказать. На следующую ночь явление повторилось: диакон с чашей дымящейся крови с грозным возгласом: «Пей, брат!». Констант поднял на ноги весь Цареград, но подданные недоуменно глазели на него, как глазеют на тебя умники, посылающие тебя на воды и рекомендующие лучшее питание.

Снова и снова являлся императору Константу брат с чашей крови в руках, пока однажды утром сильный и здоровый правитель не был найден мертвым в своей постели.

Читаешь ли ты Священное Писание? Оно объясняет, как и за что мертвые мстят живым. Еще раз прочти о Каине[29], который после убийства брата нигде и никогда не мог обрести покой. Прочти о том, как дух оскорбленного Самуила воздал Саулу[30]. Прочти, как долго и жестоко страдал несчастный Давид из-за убийства Урии[31]. Известны тысячи и тысячи таких случаев – от Каина и до самой тебя; прочти о них, и ты поймешь, что терзает тебя и почему. Ты поймешь, что жертвы сильнее своих палачей и воздаяние их ужасно.

Начни с того, что пойми и осознай это. Делай все, что в силах твоих, для своих убиенных детей, твори дела милосердия. И простит тебя Господь – у Него все живы, – и дарует покой. Иди в церковь и спроси, что ты должна делать: священники знают.

Да помилует тебя Господь!

ПИСЬМО 13. ЧИНОВНИКУ, КОТОРЫЙ СЧИТАЕТ, ЧТО НАРОД СЛИШКОМ МНОГО ПРАЗДНУЕТ

Народ считает, что святые ему помогают, а Вы считаете, что они ему мешают. Кто может примирить Ваш разум с мудростью народа, если не Вы сами? Если Вы глубоко и всесторонне изучите этот вопрос, Вы поклонитесь мудрости народной.

Посмотрите на него с точки зрения работы. Вы считаете, что народ слишком мало работает. Вы хотите, чтобы он работал больше. Для чего? Вы желаете создать миллионное сословие безработных? Мне известен Ваш патриотизм: этого Вы не можете желать. Не лучше ли, чтобы народ работал умеренно, как раньше? Тогда легко избежать несчастья безработицы, первого бича великих западных держав. Стоит только броситься в одну крайность, другая тотчас же покажет рога. Возможно, у сербского народа есть другие недостатки, но лень никогда не была пороком сербов. Лень рождается от чрезмерного принуждения к работам.

Посмотрите с точки зрения радости. Наш народ, трудясь, исполняется радостью. Потому и поет во время работы. Где еще есть такое? Слышали ли Вы подобную песню и музыку в какой-либо стране, где существуют крайности? В странах с развитой промышленностью работа считается проклятием и несчастьем. Поэтому там проходят бесконечные выступления за уменьшение рабочего дня: сначала выступали за десятичасовой рабочий день, затем за восьмичасовой, а теперь за пятичасовой. Сколько бы пустых дней в году набежало! Вы же хотите, в противоположность этому современному движению, заставить наш народ работать еще больше, чем в былые времена. И при этом Вы считаете себя современным человеком! А с тех пор, как началась Ваша пропаганда против праздников, неслышна больше песня в сербских деревнях и селах.

Посмотрите с точки зрения отдыха. Вы ошибочно думаете, что народ празднует церковные праздники для того, чтобы больше отдыхать. Даже если бы народ именно так думал, он думал бы правильно. Вы, чиновники, отдыхаете много больше крестьян. Посчитайте, мой любитель расчетов, сколько святых праздников в году празднует народ, а сколько нерабочих дней в году у Вас, у чиновника. Сложите тридцать дней летнего отпуска, все субботние и воскресные дни, ваши государственные господские праздники и сравните их с народными праздниками, и Вы устыдитесь и замолчите. Ибо увидите, что Вы празднуете много больше, чем народ.

Что еще крайне важно, Вы проводите свои праздники в безделье и развлечениях. А народ празднует не ради безделья. Отдых у него на втором плане. Народ, празднуя, призывает в помощь святых, делает небо союзником земли, молится, чтобы Господь благословил его труд. Ибо народ знает из своего многократно проверенного опыта, что весь его труд, сколько ни трудись, напрасен, если милостивый Господь не оросит землю, не согреет ее солнечными лучами, не сохранит от засух, бурь и других бедствий.

Поэтому прошу Вас: не уродуйте душу народа. Замолчите и учитесь у народа, так же как народ учится от Бога и на тысячелетнем своем опыте.

Мир Вам и приветствие.

ПИСЬМО 14. ПАЛОМНИКУ ИОАННУ, НА ВОПРОС О ТОМ, ЧТО ГЛАВНОЕ ДЛЯ СПАСЕНИЯ

И я хочу тебя о чем-то спросить, мой дорогой спутник, и то, что ответишь мне, себе ответишь. Что, по-твоему, самое важное для новорожденного? Пища, тепло, чистота или забота? Ты можешь сказать, что все эти условия необходимы для нормального развития ребенка.

Пробудившаяся и покаянная душа подобна новорожденному младенцу. Вспомни, что говорил Спаситель Никодиму[32] о новом рождении человека. Новорожденной душе необходимо питаться словом Христовым, и очищаться молитвой и постом, и согреваться любовью к Создателю своему, и бдительно охранять себя от всех злых мысленных стрел и погибели.

Не заповедал ли нам Спаситель через апостолов Своих: 'Если любите Меня, соблюдите Мои заповеди'[33]? Не сказал: «соблюдите заповедь», но: 'соблюдите заповеди', то есть все. А соблюдение заповедей Христа заключается прежде всего в нашем труде над нашей собственной душой, во многих трудах.

Ты известный садовник. Сколько трудишься ты над одним только деревом? И ни одного не оставляешь. Как же нам оставить хотя бы один труд о душе своей, единственном имении нашем, которое не поглотит ненасытная смерть?

Вот ты считаешь, что для спасения твоей души необходимо было паломничество в Иерусалим. Такой заповеди нет у Господа, но ты по любви к Нему и ради спасения души взял на себя этот труд. Как же можно нам пренебречь хотя бы одной из заповедей Его, которые Он оставил, как менее важной?

Мир тебе и радость от Господа!

ПИСЬМО 15. ОДНОМУ СЕРБСКОМУ ПАТРИОТУ, УТВЕРЖДАЮЩЕМУ, ЧТО ВАЖНЕЕ БЫТЬ ЧЕСТНЫМ СЕРБОМ, А ВЕРА – ДЕЛО ВТОРОСТЕПЕННОЕ

И я говорю: достаточно быть хорошим сербом, следуя примеру лучших и славнейших сербов, стоящих в ряду выдающихся людей всего мира последнего тысячелетия. Однако не решаюсь сказать, как ты, что вера – дело второстепенное. Ибо все сербы сочли бы меня лжецом.

Ты хороший серб, если имеешь милостивую душу короля Владимира[34], твердость Немани[35], христолюбие святого Саввы, ревность царя Милутина[36], кротость Стефана Дечанского[37], смирение царя Уроша[38], жертвенность князя Лазаря[39], мужество Бана Страхини[40], правдолюбие Марко Кралевича[41], сердце матери братьев Юговичей[42], верность и доброту княгини Милицы[43], сострадание девицы косовской[44], терпение раба плененного, прозорливость слепых гусляров, мудрость сербских монахов и священников, стыдливость простых девушек, вдохновенность народных певцов, талантливость народных ремесленников, утонченность и терпение ткачих и кружевниц, точность народных сказителей, умеренность и сдержанность сербских крестьян, сияние и свет Крестных Слав[45] сербских.

Но разве все это не от веры? Воистину, основание и корень всему, что мною перечислено, – вера Христова. Если нет в тебе ни одной из добродетелей твоих славных предков – а ты сербом называешься, – подобен ты пустой витрине с вывеской известной фирмы. А этого, думаю, не желаем ни ты себе, ни я тебе.

Сказать кому-нибудь: «Будь хорошим сербом, а вера – дело второстепенное» – то же самое, что сказать овце: главное, будь откормлена, а пастбище – дело второстепенное!

Никто не сможет быть хорошим сербом, если прежде всего не будет хорошим человеком. В мире не было и нет иной силы, которая могла бы сделать человека совершенным, кроме веры Христовой.

Потому не желай сербства без духовного содержания. Да не будет тебе человек без ума наставником, ни серб без веры сотрудником.

Этого тебе желаю и тебя приветствую.

ПИСЬМО 16. СИЛЬНО СТРАДАЮЩЕМУ МОЛОДОМУ ЧЕЛОВЕКУ

Твое Письмо очень меня тронуло. Не скрою, я сам плакал над ним, перечитывая его много раз. Ведь в нем описана вся драма человеческой жизни. Пишешь, что рос негодяем. Воровство стало твоей привычкой. Однако ты был очень ловок, и все хвалили тебя, как примерного юношу. И вот однажды ты был замечен, и за тобой погнались. Ты убежал, но сломал себе ногу. Никто не узнал твою тайну. Позвали врача, он сказал, что нога безнадежна. Позвали священника, чтобы он прочел молитву. Молитва не помогла ноге, но потрясла твою душу. Ты вспомнил о Боге, и твоя непотребная жизнь стала тебе отвратительна. Ты от всей души покаялся и дал обет жить по заповедям.

Как же тогда говоришь, что молитва не помогла? Она пробудила тебя, воскресила твою душу. А это главное. Ты заплатил за душу ногой. Недорого заплатил. Будь уверен.

Но этим не кончилось. Когда поправился, ты начал усердно молиться. Тогда кто-то обвинил тебя в колдовстве, и ты был наказан властями. Тебя это очень смутило, и ты спрашиваешь: что все это значит?

Это значит, что тесен путь, ведущий в Царство Божие[46]. Об этом свидетельствовал Спаситель всем, кто за Ним последует. И не нужно удивляться. Делаешь ли зло, люди могут хвалить тебя, но Господь накажет. Делаешь ли добро, люди могут тебя казнить, но Господь наградит. Христос творил лишь добро, но люди распяли Его.

Не оглядывайся на людей, стремись к Богу. Ты отдал за душу одну ногу. Если потребуется, отдай за нее и все тело. Дешево ты заплатил за душу, ибо отдал ты тлен за драгоценный жемчуг. Не бойся, укрепляйся на том пути, которым пошел.

Да поможет тебе Господь.

ПИСЬМО 17. ЖЕНЩИНЕ, КОТОРУЮ ГНЕТЕТ ТЯЖЕЛОЕ УНЫНИЕ

Пишешь, что тебя гнетет какая-то непреодолимая и необъяснимая печаль. Тело твое здорово, дом – полная чаша, а на сердце пустота. Именно сердце твое полно тяжелого уныния. Вынуждена ты посещать балы и места увеселений, но это только увеличивает печаль.

Берегись крепко: это опасная болезнь души! Она может вовсе умертвить душу. Такую печаль Церковь считает смертным грехом, ибо, по словам апостола, есть два рода печали – печаль ради Бога, которая производит покаяние ко спасению, и печаль мирская, производящая смерть[47]. Очевидно, ты страдаешь от второго рода печали.

Печаль ради Бога охватывает человека, когда он вспоминает о грехах своих, кается и вопиет к Богу. Или когда кто-то печалится о грехах ближних, видя, как отпадают они от веры. Такую печаль Господь обращает в радость, подобно той, которую описывает апостол Павел, говоря о всех рабах Христовых: 'нас огорчают, а мы всегда радуемся[48]. Они радуются, потому что чувствуют силу и близость Божию. И приемлют утешение от Господа. Так сказал и псалмопевец: «Помянух Бога и возвеселихся»[49].

Печаль святых подобна облакам, сквозь которые сияет солнце утешения. А твоя печаль подобна солнечному затмению. Должно быть, есть за тобой много мелких грехов и проступков, которые ты считала незначительными и не исповедовалась и не каялась в них. Словно паутина, опутали они твое сердце и свили гнездо для той тяжкой печали, которую демонская сила злорадно удерживает в тебе. Поэтому пересмотри всю свою жизнь, подвергни себя беспощадному суду и исповедуйся во всем. Исповедью ты проветришь и очистишь дом своей души, и войдет в него свежий и здоровый воздух от Духа Божия. А затем смело принимайся за добрые дела. Скажем, начни творить милостыню ради Христа. Христос увидит и почувствует ее и скоро подаст тебе радость. Подаст ту несказанную радость, которую только Он дает и которую никакая печаль, никакая мука, никакая демонская сила не могут помрачить. Читай Псалтирь. Эта книга для скорбящих душ, книга утешения.

Да пошлет тебе Господь радость.

ПИСЬМО 18. П. Ю., НА ВОПРОС, ЗАЧЕМ ПЕРЕД ИКОНОЙ ЗАЖИГАЕТСЯ ЛАМПАДКА

Во-первых, потому, что вера наша есть свет. Сказал Христос: 'Я свет миру'[50]. Свет лампадки напоминает нам о том свете, которым Спаситель освещает наши души.

Во-вторых, для того, чтобы напомнить нам о светлом нраве святого, перед иконой которого мы возжигаем лампадку. Ибо святые названы 'сынами света'[51].

В-третьих, для того, чтобы служить нам укором за наши темные дела, злые помыслы и желания, и для того, чтобы позвать нас на путь евангельского света, чтобы мы с большей ревностью заботились об исполнении заповеди Спасителя: 'Так да светит свет ваш пред людьми, чтобы они видели ваши добрые дела'[52].

В-четвертых, чтобы стала она нашей малой жертвой Господу, Который всего Себя принес в жертву за нас, малым знаком великой благодарности и светлой нашей любви к Тому, у Кого в наших молитвах мы просим жизни, здоровья и спасения – всего того, что может дать одна только безграничная Небесная Любовь.

В-пятых, чтобы устрашить силы зла, которые нападают на нас иногда и во время молитвы, отводя наши мысли от Творца. Ибо силы зла любят тьму и трепещут света, особенно того, который служит Богу и угодникам Его.

В-шестых, чтобы побуждать нас к жертвенности. Подобно тому как горят в лампадке елей и фитиль, покорные нашей воле, так же пусть горят пламенем любви и наши души, во всех страданиях покорные воле Божией.

В-седьмых, чтобы напоминать нам о том, что как лампадка не может зажечься без нашей руки, так и сердце наше, эта наша внутренняя лампадка, не сможет загореться без святого огня Божественной благодати, даже если будет исполнено оно всякой добродетели. Ибо добродетели наши – горючее, которое воспламеняет Своим огнем Господь.

ПИСЬМО 19. СЫНУ, КОТОРЫЙ ПОДВЕРГСЯ РОДИТЕЛЬСКОМУ ПРОКЛЯТИЮ

Пишешь, что ты поссорился с отцом, отделился от него и при дележе он тебя проклял. Ты спрашиваешь, имеет ли это проклятие какое-либо значение.

Несомненно, имеет. Разве может не иметь значения родительское проклятие? Менее значительные вещи, обычные помыслы, потрясают духовный мир, а тем более родительское проклятие, когда оно справедливо. Праведный Ной проклял потомство Хама, ибо Хам насмеялся над отцом своим Ноем[53]. И это проклятие тяготеет и проявляется доныне на черных племенах, хамитах.

И в нашей стране недавно осуществилось одно страшное материнское проклятие. Укоряла мать своего развратного сына. В гневе он оскорбил ее. Мать и за это укорила его, тогда он ударил ее палкой. Заплакала она и запричитала и в горе своем произнесла такое проклятие на сына: «Сын мой не сын мне, как я рыдала сегодня, так и ты зарыдаешь в свой самый радостный день!». Вскоре мать умерла, а сын остался нераскаянным и непрощенным. Но материнское проклятие исполнилось. В день его свадьбы – в самый радостный день его – сваты стреляли из ружья, и одна шальная пуля попала в жениха, и зарыдал он. Но смерть положила конец его рыданию и его жизни.

Христос повторил ветхозаветную заповедь Божию о почитании родителей, изрекши Своими пречистыми устами: 'почитай отца и мать'[54]. Да никто не помыслит, что это Моисеева заповедь, а не Христова.

Но если бы родитель, язычник или безбожник, произнес проклятие на своего сына потому, что сын – христианин, такое проклятие пало бы на голову родителя, а не сына. Однако в твоем случае виноват ты, и проклятие на тебя ложится. Потому поспеши умолить отца, чтобы он при жизни снял с тебя проклятие и благословил тебя, чтобы ты был жив многие лета.

Господь да поможет тебе!

ПИСЬМО 20. СТУДЕНТУ, КОТОРЫЙ СПРАШИВАЕТ, КТО ТАКИЕ «НИЩИЕ ДУХОМ»

'Блаженны нищие духом, ибо их есть Царство Небесное', – сказал Господь наш Иисус Христос[55]. Тебя это смущает. Смущение происходит оттого, что ты путаешь скудоумие неразвитых людей с нищетой духа, которую восхваляет Христос.

Нищета духовная, или сокрушенность, есть особенность лучших умов, которые когда-либо посещали мир. Это сознание своего недостоинства перед величием Божиим, сознание своей нечистоты перед чистотой Творца, сознание своей полной зависимости от безграничной силы Божией.

Царь Давид говорил о себе: «Аз же есмь червь, а не человек»[56]. А царь Давид скудоумным не был; напротив, он обладал богатым, гениальным умом. Сын его, премудрый Соломон, пишет: 'Надейся на Господа всем сердцем твоим, и не полагайся на разум твой'[57]. Это и значит быть нищим духом, то есть полностью ввериться Господу и не доверять себе.

Блажен тот, кто способен искренне исповедать: моя сила ничтожна, мой разум немощен, воля моя неустойчива. Господи, помоги мне!

Нищий духом – это тот святой, который может вслед за апостолом сказать: я не знаю ничего, кроме Христа[58].

Нищий духом – это тот ученый, который, подобно Ньютону, признаёт, что его незнание бесконечно больше его знания.

Нищий духом – это тот богач, который вместе с богатым Иовом говорит: «наг я пришел в этот мир, наг и отойду из него»[59].

Святой Савва, Стефан Дечанский и князь Лазарь чувствовали себя нищими духом. Да что говорить? Апостолы, святители и праведники, весь благочестивый миллионный народ Божий – и они считали себя нищими духом, потому и стали, по обетованию Божию, наследниками Царства Небесного.

Считай скудоумным не того человека, знание которого ограничено, но того, который хвалится своим знанием.

Нищета духовная – прямая противоположность надменности и хвастовству. От глупой-преглупой надменности и пагубного хвастовства хотел защитить нас Христос, когда восхвалял нищих духом.

Мир тебе и радость от Господа!

ПИСЬМО 21. ВДОВЕ, КОТОРАЯ МНОГО ПЕЧАЛИТСЯ И БЕСПОКОИТСЯ

Скорбишь об умершем муже. Беспокоишься о детях. Плачешь день и ночь. В душе твоей мрак и смятение, туман и неизвестность в будущем. Ободрись. Не бойся. Скажи себе: муж мой прежде принадлежит Богу, а потом мне, и дети мои прежде всего дети Божии, а потом мои. Если опытный садовник выпалывает стебель, знай: это необходимо. Он знает причину того, что сделал. А среди причин и та, чтобы соседние цветы лучше развивались и расцветали. Отныне ты и твои дети будете развиваться, расцветать духовно. Мысли твои вознесутся от земного к небесному. Душа твоя ближе прильнет к Богу. Дух восторжествует над телом. Смерть перестанет страшить тебя. Прежняя суета будет тебе смешна. Ты изменишь свой взгляд на этот мир как на отечество истинного и прочного счастья. Следовательно, ты получишь богатую духовную прибыль. Знай, что Господь возводит и тогда, когда разрушает.

О детях не беспокойся. Делай все, что в твоих силах. В остальном вверь их Творцу нашему, ибо написано: «Возверзи на Господа печаль твою»[60], и поймешь, что твой крест легок. Многие овдовевшие матери несут крест, много тяжелее твоего. Расскажу тебе об одном очень тяжелом кресте. В самом начале второй мировой войны немцы убили одного моего знакомого, убили перед его домом на берегу Дрины, дом сожгли, а жену с шестью малыми детьми выгнали из того места. Прошло двенадцать лет. Однажды в Скопле ко мне неожиданно подошел молодой железнодорожник и представился как сын моего погибшего знакомого. Я очень обрадовался и со страхом спросил, остался ли кто-нибудь из них в живых. Он радостно ответил мне: «Все мы живы и здоровы, слава Богу! Двое из нас на государственной службе, двое в торговле, старшая сестра замужем, а младшая с матерью в Б.».

После этого он с болью поведал о тех муках и ужасах, которые они претерпели. Скитания по всей стране от Дрины до Битолы, голод, болезни, холод, аресты, ночи на вокзалах и в придорожных трактирах, страх и неизвестность на чужбине. Но в конце концов – победа и радость. Спасены и честь, и разум, и жизнь, и вера. Что еще сказать тебе? Думаю, что борьба и победа этой матери, оставшейся с шестью детьми, прекраснее и славнее всех побед Наполеона.

И тебе Господь поможет. Не забывай Его, и Он тебя не оставит. И победишь, и победа эта будет сладка тебе во веки веков.

Мир тебе и благословение Божие.

ПИСЬМО 22. ПЕНСИОНЕРУ С. П., КОТОРЫЙ ПО СВОЕМУ РАЗУМЕНИЮ ОБЪЯСНЯЕТ ЯПОНО-КИТАЙСКУЮ ВОЙНУ

Должен признаться, меня удивило Ваше истолкование войны между китайцами и японцами. Вы говорите: тем самым в Европе устранена военная опасность. Война перенесена на противоположную сторону земли, туда, где ночь, когда у нас день. И Вы с ликованием предрекаете мир в Европе.

Разве возможно радоваться миру, когда Вы слышите о войне в какой бы то ни было части света? Разве приятны Вам пища и питие, веселье и кинематограф, смех и шутки, когда Вы мысленно достигаете маньчжурских полей и видите промерзших, окровавленных, голодных и озверелых людей, потомков того же прародителя, от которого произошел и Ваш народ, и мы с Вами? Каждый вечер Вы слушаете радио и думаете, что от его болтовни становитесь умнее. Самое важное, что могло бы сообщить радио в наши дни, — это стоны тысяч раненых и умирающих, рыдания матерей, вдов и детей двух великих держав. Все они такие же, как Вы, люди, живые души, жаждущие жизни и счастья. И над ними светит такое же солнце, что и над Вами. И так же, как и на Вас, взирает на них заплаканное око Божие.

Следовательно, не ликованию время, а печали. И это печаль не одного или двух человек, но печаль народов и племен, печаль государств. Когда главы европейских стран объявляют государственный траур по поводу смерти какого-нибудь принца Бурбонского или Савойского, как же они забывают объявить траур по поводу насильственной смерти тысяч и тысяч человеческих существ, каждое из которых – принц в очах Божиих? Если бы европейские народы были воистину просвещенными, они установили бы государственный и народный траур по поводу любой войны в любой точке земного шара. Во имя сострадания закрывались бы рестораны, игорные дома и кинотеатры, запрещались бы все развлечения, пока проливается братская кровь. Как бы радовались небеса, если бы славяне первыми установили такой порядок!

Вы можете посмеяться моим словам. Знаю. И Пилат бы посмеялся. Но знаю, Христос смеяться бы не стал. А в отношении Вашего пророчества, что Европе обеспечен мир тем, что пламя войны вспыхнуло вдали от нее, будьте весьма осторожны. Не верьте ни себе, ни своему пророчеству. Ибо, когда разгорается пожар на одной стороне леса, разве ветер не может с легкостью перенести искру и на другой край?

Мир Вам и милость от Господа.

ПИСЬМО 23. ВОИНУ ИОАННУ Н., ОБРЕТШЕМУ ВЕРУ ХРИСТОВУ

Ты пишешь о чудесном случае, который приключился с тобой на войне. Кто-то перед началом битвы раздавал солдатам Евангелие. Маленькие, красиво оформленные книжечки. Взял ее и ты. И едко заметил: «Здесь требуются сталь и свинец, а не книги. Если сталь нас не спасет, то книги и подавно!». Вот какое замечание ты сделал тогда, ибо до того дня ты веру Божию полагал за ничто. Ты смотрел на нее как на ветхую одежду, которую человечество с незапамятных времен влачит на себе без пользы.

Но все же ты взял книжечку и положил ее во внутренний карман с левой стороны. И что же случилось? Ты сам говоришь: чудо Божие, и я подтверждаю это. Вокруг тебя падали раненые; наконец, был повержен и ты. Попало в тебя стальное зерно. Ты схватился рукой за сердце, ожидая, что хлынет кровь. Позже, когда ты разделся, то нашел застрявшую в твердом переплете книжечки пулю: она метила прямо в сердце. Ты задрожал, как в лихорадке. Перст Божий! Святая книга спасла твою жизнь от смертоносного свинца. Тот день ты считаешь своим духовным рождением. С того дня ты стал бояться Бога и внимательно исследовать вероучение. Итак, вера Христова не ветхая одежда, и не напрасно несет ее человечество.

Господь милостью Своей открыл тебе глаза. Написано: «Бог праведных любит и грешных милует»[61].

Одни на войне погубили тело, а иные – душу. Первые потеряли меньше. А некоторые душу свою обрели, и они истинные победители. Были и такие, кто ушел на войну как волки, а вернулись как агнцы. Я знаю много таких. Это те, кто, как и ты, благодаря какому-то чудесному случаю ощутил, что невидимый Господь ступает рядом с ними. Как говорит славный псалмопевец: «Предзрех Господа предо мною выну, яко одесную мене есть, да не подвижуся»[62]. Читаешь ли ты Псалтирь?

Если ты, будучи неверующим, ощутил, как Всевышний входит в человеческую жизнь, как же это должны чувствовать верующие?

Мир тебе и радость от Господа!

ПИСЬМО 24. ОДНОЙ БЛАГОЧЕСТИВОЙ СЕМЬЕ, НА ВОПРОС: «КАК ВОСКРЕС ХРИСТОС?»

Разве не довольно просто знать, что Он воскрес? Зачем мучить себя вопросом: как Он воскрес? Но поскольку, дорогие мои, об этом спрашивают ваши любовь и восхищение, а не сомнение, мне дорог ваш вопрос.

Подобно тому как в Азии солнце восходит вдруг и день сразу сменяет ночь; подобно тому как от прикосновения к выключателю в темной комнате мгновенно вспыхивает свет, подобно этому было и воскресение Господа. Неслышно и мгновенно.

Спрашиваете ли и теперь с любопытством: как? Думаю, так, как в начале сотворения мира явился свет во тьме. Непросвещенные люди думают: что за огромная фабрика должна обеспечивать мир светом? Что за огромные машины должны быть на этой фабрике? Сколько миллионов лошадиных и слоновьих сил требуется, чтобы приводить в действие эти машины? И сколько миллионов лет должны были они работать, чтобы наконец вспыхнул свет? Никакой фабрики, никаких машин, никаких миллионов и миллионов лет. Никакого усилия вообще. Одно только всесильное слово – явился свет и наполнил собой весь мир: 'И сказал Бог: да будет свет. И стал свет'[63]. И не сказал слово, чтобы слышали его, но только помыслил. Ибо помысл Божий есть то же, что слово. И помыслил Бог: 'да будет свет; и стал свет'. Неслышно и мгновенно.

Таким было и воскресение Христово. Так явился и новозаветный свет, осветивший разумным людям духовный мир. И подобно тому как физический вселенский свет открыл зрению физический мир, так свет воскресения Христова открыл всем разумным людям духовный мир, отечество бессмертных Ангелов. Потому физический свет не ярче духовного; и тот, и другой явились неслышно и мгновенно по всемогущей воле Творца, по неизреченной милости и любви Его.

Вы слышали о том, с какой удивительной легкостью и быстротой талантливые люди создают свои гениальные произведения. Как же тогда Податель всех даров, Творец всех гениев! Разве вы не читали, с какой быстротой и легкостью Господь воскресил дочь Иаира[64] и сына наинской вдовы[65]? А Лазаря в Вифании[66]? Сказал слово и – свершилось! Ибо у Бога все возможно: и что скажет, и что помыслит. Так же Христос и Себя воскресил. Даже легче и скорее. И без слова.

А теперь я вас прошу, дорогие дети, если знаете, что Господь воскрес, больше беспокойтесь о том, как вам удостоиться воскресения. Того, чтобы Он воскресил вас.

Ибо Он воскрес ради вас, чтобы свидетельствовать Собой ваше воскресение, ваше подобие Ему в славе и красоте вечной.

Итак, поклонитесь воскресшему Господу и воспойте Ему песнь утреннюю:

Воскресение Твое, Христе Спасе,
Ангели поют на небесех,
И нас на земли сподоби
Чистым сердцем Тебе славити![67]

ПИСЬМО 25. РУССКОМУ ВЕТЕРАНУ, ОПЛАКИВАЮЩЕМУ СВОЮ РАСПЯТУЮ РОДИНУ

Утешься, братик дорогой. Христос воскресе! И мы с тобой плачем, утешься. Все мы, православные, плачем над Святой Христовой Русью. На первом месте православные славяне. И не только славяне, все православные. Два года назад сербские паломники были на пасхальной литургии в Назарете. Служил священник-араб; после службы он произнес проповедь. Он говорил о Христовом воскресении и о страданиях русского народа. Плакали арабы, плакали сербы. В конце проповеди, вытирая слезы, священник воскликнул: «Но мы, арабы, твердо верим, что мы еще будем свидетелями воскресения Христова через Россию!». И возникло чудесное зрелище: весь народ сквозь слезы воскликнул: «Аминь! Аминь! Аминь!».

Утешься, братик дорогой. Христос воскресе! Не спрашивай, за что Господь испытывает Россию, ибо написано: 'Господь, кого любит, того наказывает'[68]. И бьет. Именно так написано, что милостивый Бог бьет того, кого любит. Бьет в царстве земном, чтобы прославить в Царстве Небесном. Бьет, чтобы не прилепился к тленности земной, к мирским кумирам, к обманчивым идолам человеческой ловкости и богатства, к преходящим теням и нездоровым соблазнам.

Без великих гонений Православие не пронесло бы истину Христову через все пропасти и века и не преодолело бы столь долгий путь, исполненный препятствий, не сохранило бы чистоту истины и святость. Без страданий оно не сохранило бы своей чистоты и ста лет. За девятнадцать веков существования Православия не прошло ни одного столетия без его гонений, без бичевания, без рабства, огня, страха и ужаса. Другим религиям это непонятно. Еретики этого не принимают. Ни один народ, избравший идеалом счастья земное царство, не понимает и не принимает того, что сейчас происходит в православной России. Это понятно лишь прозорливым, созерцающим вечное и бессмертное Царство Христово как реальность. Но и прозорливость – дочь страданий.

Утешься, братик дорогой, утешься воскресением Христовым. Не ропщи на безбожников, терзающих русский народ. Раньше были монголы, теперь иные. Но и те, и другие идолопоклонники. Монголы поклонялись идолам из материи, теперешние палачи России поклоняются идолу материи. Они поклоняются материи, как божеству, промышленности, как божеству, идеологии, как божеству. Они называют себя безбожниками, правильно называют. И если бы назвались идолопоклонниками, опять правильно бы назвались. Но, когда ты говоришь о русской беде, не забывай, что угнетатели, а не угнетенные – сейчас самые несчастные существа на Русской земле. Жалей их, не осуждай. Ибо иссохнут, яко трава, один за другим стираясь из памяти, уходя от власти. Они поденщики Божии, хотя сами того не ведают. Они льют воду на Христову мельницу: понося Его, они на Него работают. Не дано им пока это видеть, но когда они исчезнут, как тени, тогда увидят и возрыдают горько, ибо ничего, кроме проклятия, им не останется. Получили они вознаграждение свое здесь, на земле, в виде преходящих власти и могущества. А ты не плачь, радуйся! Настала в России великая жатва душ. В эти дни многострадальный русский народ наполняет рай больше, чем любой другой христианский народ на земле.

Радуйся, Христос воскресе!

ПИСЬМО 26. СКРОМНОМУ ЧИНОВНИКУ, ЖАЛУЮЩЕМУСЯ НА ГОРДОГО ДРУГА

Ты пишешь, что в этом году для тебя праздник Пасхи был омрачен. Что случилось? Твой лучший друг получил высокое назначение. Сначала ты обрадовался, но уже спустя несколько недель он стал чуждаться тебя. Он не отвечает на твои письма, холоден и краток в разговорах, заставляет тебя ждать у дверей его кабинета, за глаза говорит о тебе презрительно. Ты не узнаешь его. Что случилось с таким милым когда-то человеком? Как сказали бы арабы: «его проглотило кресло». Если хочешь, прочти ему то, что сейчас напишу тебе.

Жили в арабской стране два друга. Каждый вечер собирались у очага и беседовали, сидя на маленьких трехногих стульях. Случилось так, что один из них стал шейхом. Переселился он в каменный дворец и сидел теперь на высоком троне из перламутра. Множество людей приходило поклониться новому властителю. Пришел и его старый друг и был счастлив поздравить его. Но гордый шейх не захотел сразу впустить его и заставил дожидаться у ворот в течение многих дней. Наконец шейх приказал, чтобы друга впустили. Друг скромно вошел, а шейх еще больше развалился на своем роскошном перламутровом троне. Все понял его друг, и нарочно стал оглядываться, как бы ища глазами шейха. Тогда шейх сердито спросил его, что он ищет.

– Тебя ищу, человече, где ты? – ответил друг и добавил печально: – Пока сидел ты на малом стуле, за человеком стула не было видно, а теперь, смотри, за троном человека не найти.

То же случилось и с твоим другом. Потерялся человек в высоком кресле. Но это настолько обычное явление, что твой гнев выглядит смешным. Наверху людям труднее удержаться, чем внизу.

О человек, о прах! Чем гордишься? Ничтожеством в жизни или ничтожеством в смерти?

Один греческий правитель имел обычай каждое утро кланяться на две стороны – поклон в одну сторону, поклон в другую. Когда его спросили, кому он кланяется, он ответил: «Богу и народу. Ибо все, что имею, либо от Бога, либо от народа».

О человек, секунда во времени и миллиметр в пространстве! Чем гордишься? Сказано о тебе в Писании: 'Мерзость пред Господом всякий надменный сердцем'[69], и, если хочешь, еще: 'Бог гордым противится'[70], или: 'Погибели предшествует гордость'[71]. Своей гордостью ты объявил войну Всемогущему и Вечному. Атом восстал на Безграничного! Секунда взбунтовалась против Бессмертного! Даже муравью очевидно твое поражение. Внезапно придут к тебе позор и погибель. Потому обратись, покайся, отрезвись, опомнись, стань человеком. Будь человеком. Это почетнее, чем быть царем. Будь человеком. Это драгоценнее всех корон и важнее всех престолов.

Вот поучение для твоего друга. А тебе здравия, мира от Господа и радостной Пасхи.

ПИСЬМО 27. ДРУЗЬЯМ, НА ВОПРОС: «КТО МНЕ СВИДЕТЕЛЬСТВУЕТ ХРИСТОВО ВОСКРЕСЕНИЕ?»

Прежде всего об этом мне свидетельствует моя совесть. Потом – разум и воля.

Совесть говорит мне: за столь великое страдание Господа ради блага и спасения людей не могло быть иной награды, кроме воскресения и небесной славы. Невыразимые страдания Праведника увенчались несказанной славой. Это дает утешение и мир.

Разум говорит мне: без сияющей победы воскресения весь подвиг Сына Божия остался бы в гробу, вся Его миссия была бы напрасна.

Воля говорит мне: воскресение Христово спасает меня от колебаний между добром и злом, решительно направляя на путь добра, и освещает мне этот путь, дает силу и вдохновение.

Кроме этих трех голосов, которые во мне об одном и том же свидетельствуют, есть свидетели верные извне. Славные жены-мироносицы, двенадцать великих апостолов, более пятисот иных свидетелей (см.: 1Кор. 15, 6) – все, кто по воскресении видел и слышал Его, не во сне – наяву, не одну минуту – сорок дней. И огненный иудей Савл, гонитель христиан, свидетельствует мне, что видел он воскресшего Господа, слышал глас Его и исполнил Его повеление. И спустя тридцать лет не хотел отказаться от свидетельства своего, даже когда меч

Нерона[72] опускался на главу его. Свидетельствует святой Прокопий[73], военачальник римский, который отправился было в поход против восточных христиан, но явился ему в пути Господь Иисус Христос и к Себе его обратил. И, вместо того чтобы избивать христиан, предался он добровольно на убиение за Христа. Свидетельствуют тысячи мучеников Христовых, веками в темницах и на плахах Христа исповедавших, от мучеников иерусалимских до новомучеников балканских и новомучеников русских.

Свидетельствуют мне о том и все праведники, которых часто встречаю в жизни, свидетельствуют радостью, когда слышат о воскресении Христа из мертвых. Оно созвучно их совести, оно потрясает их души и радует сердца.

Принимаю свидетельство и от грешников и ненавистников Его, ибо их отрицание воскресения доказывает мне обратное. Мирской суд испытывает показания свидетелей и по степени их правдивости определяет ценность свидетельства. Когда свидетели святые и чистые утверждают, что знают о Христовом воскресении, то радостно приемлю свидетельство их как истинное. Когда нечистые, неправедные и грешные отрицают воскресение, они лишь подтверждают свидетельство первых и укрепляют мою уверенность в истинности воскресения Господа моего. Ибо отрицают не по знанию, а по злобе.

Свидетельствуют многие племена и народы, воскресшие от язычества к просвещению, от рабства к свободе, от болотной тины безнравственности и помрачения разума в свет детей Божиих. И воскресение сербского народа свидетельствует мне воскресение Христово.

Сами слова «воскресение из мертвых» о том же мне свидетельствуют, ибо без Христова воскресения не было бы слова этого в языке человеческом. Когда апостол Павел впервые произнес слова эти в Афинах, искушенные знаниями афиняне удивлены были и озадачены[74].

Итак, дети Божии, поздравляю вас и приветствую: воистину Христос воскресе!

ПИСЬМО 28. ПРАВОСЛАВНОМУ СЕСТРИЧЕСТВУ, О СЕМИ РЕЧЕНИЯХ ХРИСТОВЫХ С КРЕСТА

Вы хотели знать значение тех семи речений, которые Господь изрек с Креста. Разве оно не ясно?

Первое речение: 'Отче! прости им, ибо не ведают, что творят»[75].

Во-первых, этими словами Господь выразил милость Свою к Своим убийцам, которая не иссякала и во время крестных мук Его. Затем Он с Голгофской вершины объявил известную, но для многих непостижимую истину, а именно что злодеи никогда не ведают, что творят. Убивая праведника, себя убивают, а его прославляют. Попирая заповеди Божии, не видят они, как опускается жернов, чтобы стереть их в прах. Кощунствуя, не видят, как их лица превращаются в звериные морды. Опьяненные злобой, они никогда не ведают, что творят.

Второе речение: 'истинно говорю тебе, ныне же будешь со Мною в раю'[76].

Эти слова обращены к покаявшемуся на кресте разбойнику, они очень утешительны для грешников, которые могут и в последний миг покаяться. Милость Божия безгранична. Господь исполняет Свою миссию даже на Кресте. До последнего вздоха Своего Он спасает всех, кто имеет хоть малейшую волю ко спасению.

Третье речение: 'Жено! се, сын Твой'[77].

Так сказал Господь Своей Святой Матери, Которая стояла у голгофского Креста. А Иоанну апостолу сказал: 'се, Матерь твоя!'[78] В этих словах Его сыновняя забота, обязательная для всякого по отношению к родителям. Се, Тот, Кто дал людям заповедь: 'Почитай отца твоего и мать твою'[79], Сам исполняет ее до последнего часа.

Четвертое речение: 'Боже Мой! Боже Мой! для чего Ты Меня оставил?'[80]

Эти слова говорят о немощи человеческой, но и прозорливости. Ибо Человек страдает. Но под болью человеческой сокрыта в них одна тайна. Се, только эти слова смогли разрушить ересь, спустя несколько веков потрясшую Церковь: она (ересь. – *Ред.*) ложно учила, что на Кресте страдало Божество. Однако вечный Сын Божий для того и вочеловечился, чтобы и телом, и душой пострадать за людей и умереть за них, как человек. Ибо, если во Христе пострадало Божество, – значит, Божество во Христе и умерло. А это невозможно. Вдумайтесь как можно глубже в эти великие и страшные слова: 'Боже Мой! Боже Мой! для чего Ты Меня оставил?'

Пятое речение: 'жажду'[81].

Его Кровь излилась. От этого – жажда. Солнце с запада било Ему в глаза и, усугубляя муки, страшно пекло Ему лицо. Естественно, что Он жаждал, но, Господи, чего воистину Ты жаждал: воды или любви? Жаждал Ты как человек или как Бог или как человек и Бог? Вот римский воин дает Тебе пропитанную уксусом губку. Это единственная капля «милосердия», которую получил Ты от людей за три часа мук на Кресте! Римский воин умягчает грех Пилата – грех Римского царства по отношению к Тебе, пусть даже и уксусом. За то разрушишь Ты Римскую империю, но на ее месте создашь новую.

Шестое речение: 'Отче! в руки Твои предаю дух Мой'[82].

Сын предает дух Свой в руки Отца Своего, чтобы знали, что от Отца пришел, а не по Своей воле, как обвиняли Его евреи. Но слова эти для того еще изречены, чтобы слышали и знали буддисты, пифагорейцы, оккультисты и все философы, которые сочиняют сказки о переселении душ в других людей, животных, в растения, звезды и минералы. Отбросьте фантазии и посмотрите, куда идет дух праведника: 'Отче! в руки Твои предаю дух Мой'.

Седьмое речение: 'совершилось!'[83].

Это не значит, что жизнь окончилась. Нет, завершилась Его миссия искупления и спасения рода человеческого. 'Совершилось' и запечатано кровью и смертью Божественное дело единственного истинного Мессии. Завершилось страдание, но жизнь только началась. Окончилась трагедия, но драмы не произошло. Отныне и до века последнее величественное дело – победа над смертью, воскресение и слава.

ПИСЬМО 29. ОБРАЗОВАННОЙ ДЕВУШКЕ, О ПЯТИ РАНАХ ХРИСТОВЫХ

Пишешь мне, что слышала от пожилых людей какую-то «сказку» о пяти ранах Христовых, и спрашиваешь, откуда взялась эта «сказка».

Увы, дочь, читай Евангелие! Увы вам, сербы, не позорьте себя перед землей и небом незнанием своей веры! Оставьте всякое другое учение, пока не научитесь самому главному и самому спасительному. Прежде всех наук – наука о вере, а все остальные науки потом. В Англии каждый читает Священное Писание. Правительство и политики, писатели и обычные труженики стараются свои разговоры, беседы, статьи, книги осолить словами из Священного Писания, чтобы Божественными словами подтвердить, украсить свои человеческие слова, как стеклянные ожерелья бриллиантами украшаются.

А пять ран Христовых не просто слова, а святая реальность, поэтому о них нужно знать больше, чем просто о словах. Две раны на руках, две на ногах, одна в ребрах. Все пять ран от черного железа и от черного греха человеческого, который чернее железа. Прободены руки, которые благословляли. Прободены ноги, которые шли и вели единственно истинным путем. Прободена грудь, из которой в охладевшие человеческие сердца изливался огонь небесной любви.

Допустил Сын Божий, чтобы железом пронзили руки Его за грехи многих рук, чащи рук, которые убивали, крали, жгли, чинили насилие. И чтобы пронзили ноги Его за грехи множества ног, чащи ног, которые неправедно ходили, невинность соблазняли, справедливость попирали, святыни оскверняли, доброе топтали. И грудь пронзили Ему за многие окаменелые сердца, горы каменных сердец, в которых рождались злоба и безбожие, хульные помыслы и скотские желания, в которых веками созревали адские планы брата против брата, соседа против соседа, человека против Бога.

Пронзены руки Господа ради того, чтобы все руки исцелились от греха; пронзены ноги Господа, чтобы все ноги отвратились от грешных путей; пронзены ребра Господа, чтобы все сердца очистились от грешных желаний и помыслов.

Когда грозный Кромвель[84], английский диктатор, начал отнимать монастырские владения и закрывать монастыри, то в знак народного негодования по Англии двинулась многочисленная процессия. Впереди народ нес хоругви с надписью: «Пять ран Христовых», пел духовные песни, под открытым небом совершалось богослужение. Испугался грозный диктатор; испугался ли он хоругвей или чего-то еще, но умерил свою тиранию.

Да научат тебя, девочка, пять ран Господа нашего приковать пять своих чувств к Богу живому.

Пять ран Господа Иисуса Христа – пять источников Крови пречистой, которой омыт род человеческий и земля освящена. Из каждого из этих пяти источников излилась Кровь Праведника, вся до последней капли. Господь чудотворящий, Который умножил хлеба и пятью хлебами насытил пять тысяч алчущих, умножает непрестанно в тысячах алтарей и Кровь Свою пречистую, чтобы насытить и напоить ею миллионы верных. Это – Святое Причастие, дщерь Христова. На Великую Пятницу припади душой к Пресвятой Богородице у Креста, чтобы и тебя омыла животворящая Кровь из пяти ран Господа, чтобы ты с омытой и ожившей душой, вместе с мироносицами, могла радостно воскликнуть: Христос воскресе!

ПИСЬМО 30. НА ВЕЛИКУЮ ПЯТНИЦУ, ИЗ ИЕРУСАЛИМА

Вот настал день памяти величайшего преступления, которое когда-либо совершалось под солнцем. День стыда и страха за человеческую совесть до конца времен. Верующие имеют обычай в этот день мысленно или ногами пройти путь Христа. Путь, которым Господь нес Свой Крест на Голгофу. Мы отправились из Гефсимании, зашли в дом Иоакима и Анны, родителей Родительницы Его, думали о Ней – Матери великой скорби. Шла ли Она в этой страшной процессии? Нет. Позже увидим.

Дворец Пилата. Ступаем, словно по пеплу погасшего вулкана, но пламя страстей и смрад беззакония еще чувствуются. Здесь был судим и осужден Учитель истины. Здесь Невинный подвергся бичеванию беззаконников. Не оставалось на теле Его ни одного места неизраненного. В минувшую ночь евреи хорошо об этом позаботились. А римские воины бичами углубляли Его раны. Тем, кто изучает римское право и законодательство, следовало бы сюда прийти, чтобы навеки возгнушаться бесчеловечным предательством.

Место, где Господь пал под тяжестью Креста. Как было не пасть? Тяжко было в молчании вынести эту ночь, полную ложных обвинений, клеветы и лжесвидетельств, а тем паче смрад оплевания и множество ран – по множеству добрых дел Его. О Господи, если бы нам здесь быть тогда! Подхватили бы мы Крест Твой и

Тебя на руки! Так думали мы, проливая слезы на этом Пути Боли, который превратился бы в Реку Боли, если бы все слезы христиан потекли по нему. Блажен Симон Киринейский[85], который, взяв Крест Христов на себя, облегчил муки Тому, Кто пострадал за всех людей!

Вот мы у дома святой Вероники[86]: из окна этого дома увидела Вероника страшное шествие. Изуродованный лик Христа, походивший на кусок полотна, пропитанного кровью, слюной, пылью и потом, вызвал сострадание в ее девичьем сердце. Сжалилась девушка, выбежала к Осужденному и чистым платком отерла Ему лицо. Безмолвный Мученик не мог произнести слова благодарности, но отблагодарил ее, оставив на том платке изображение лика Своего.

Вот мы пришли туда, где Богородица встретилась с Сыном. В поисках Его здесь и там Она вышла из боковой улицы и неожиданно оказалась с Ним лицом к лицу. Она едва узнала Его. Неужели это Ее Сын, неужели Она родила Его? Эту огромную рану, размером с человека? Но раной этой исцелился отравленный грехом род человеческий. Ничего не сказал Он Ей. Ничего Она Ему не сказала. Но души Их поняли и приветствовали друг друга. «Чадо Мое, – рыдала душа Матери, – весна Моя красная, куда исчезла красота Твоя!».

Наконец мы тут, перед кровавой скалой. Перед Голгофой. Полдень. Он был распят именно в это время[87]. Стук молотков отдается в наших душах. Мы простояли здесь до трех часов, души наши были у подножия Креста. Да омоет их Кровь Его! В три часа Он испустил дух[88]. В этот миг природа восстала против беззакония человеческого: 'земля потряслась; и камни расселись'[89]; солнце черным покровом закрыло лицо свое.

Только воскресение могло быть наградой такому безграничному страданию. Только воскресением Христовым могут обрести мир природа и наша совесть.

ПИСЬМО 31. НА ВЕЛИКУЮ СУББОТУ, ИЗ ИЕРУСАЛИМА

Вот мы в Иерусалиме, на месте величайшего преступления в человеческой истории. Это – Косово поле[90] человечества. Здесь состоялось множество битв между воинствами Царства Небесного и царства земного. Предводитель небесного воинства, Спаситель и Господь наш Иисус Христос, возглавил главную битву и одержал главную победу. Все последующие битвы, которые вело Его светоносное воинство, подобны той главной битве: те же страдания и та же победа.

В течение шести дней мы переживаем с Господом нашим Его страдания. Мы поклонились всем местам, где Он страдал, и пропитали их своими слезами. Души наши истерзаны, но физически мы чувствуем себя удивительно хорошо. Мы мало спим, строго постимся, часами стоим на богослужениях, целыми днями ходим вверх и вниз по Святому Городу. И никто не устает, не болеет, никто не жалуется! Но души точно придавлены могильной плитой, и ничто, кроме воскресения измученного Господа нашего, не может сдвинуть эту плиту и воскресить их. Мы с нетерпением ждем, чтобы скорее прошла эта страшная суббота и наступило преславное Воскресение.

Где же почитатели субботы, что же не пришли они в Иерусалим, чтобы вместе с нами в течение шести дней пережить эти душевные страдания? Тогда бы им уже не пришло в голову праздновать субботу, отвергая воскресенье. Се, суббота не принесла никакого облегчения нашим страданиям. В субботу мы переживаем всю полноту страданий Господа нашего, воедино собираем все муки Его и ждем Воскресения, как облегчения, отдыха и избавления.

– Что в этот день произошло с Господом? – спросил паломник Илья.

– Он сошел во ад, чтобы явить Себя и Свое Евангелие тем, кто умер до Его пришествия, чтобы взять под Свой покров все поколения человеческие – ушедшие, нынешние и будущие, всем принести истину, всем дать спасение.

Неужели почитатели субботы признают сошествие во ад и не признают воскресение? Сегодня мы несколько раз были в храме Гроба Господня, но нам хотелось находиться там постоянно, словно наш незримый Хозяин звал нас на Свою Голгофу, чтобы Своими телесными ранами исцелить наши раны душевные. Этот храм называется и Храмом Воскресения, и, воистину, не раз воскресал он. Языческий царь Адриан разрушил[91] его до основания и поставил на его месте идолов – статуи Венеры и Юпитера, мерзость римскую. Юлиан Отступник[92] и Омар арабский[93], Хозрой персидский[94] грабили и оскверняли его. Но воскресал храм после смерти своих разрушителей в новой и большей славе и красоте. Это ли не воскресение? Не был ли Крест Христов сокрыт в земле и не воскрес ли?

О великий Господи Иисусе Христе, единственный Непобедимый, Всемогущий! И храмы, Твое имя носящие, воскресают, как же тогда люди и народы? И как же Тебе не воскреснуть, Вечная Истина и Вечная Жизнь!

ПИСЬМО 32. О ПАСХАЛЬНОЙ СЛУЖБЕ В ИЕРУСАЛИМЕ

Ждали и дождались! Когда седой Патриарх запел: «Христос воскресе!», упало тяжкое бремя с наших душ. Мы почувствовали себя Ангелами, словно воскресли! Сразу отовсюду раздались громкие восклицания народа, подобные шуму бурной реки: снизу от Гроба, сверху с Голгофы, с галереи, с колоннады, с оконных выступов; везде, где было место хотя бы стопе человеческой, теснились люди. Этими восклицаниями выражают свою радость наши африканские и азиатские братья; нам, европейцам, это непривычно, но таковы люди на Востоке. Страдание до экстаза и радость до экстаза. На Страстной неделе они громко рыдали у Гроба Господня, целовали Гроб, с любовью прикладывались к нему лицом и руками, ударяли себя в грудь, причитали. А утром – крики радости. Они искренни и непосредственны, как дети, но не детям ли обещал Господь Царство Небесное? Слышал я от одного копта, что европейцы умеют смеяться, но не умеют радоваться. Радость восточных людей без смеха – особенно возвышенная, духовная радость.

«Да воскреснет Бог, и расточатся враги Его», – поет Патриарх. «Христос анести», – поют греки. Гроб превратился в рай, место Страстей – в источник радости. Все мы держим в руках свечи, но наши души светлее свечей.

«Христос воскресе», – поют русские. Чудно и ласково, мягко, как шелк, как только русские умеют.

Но в этот миг и в этом месте и самое плохое пение кажется прекрасным и самое некрасивое лицо – красивым. Свет и радость Воскресения все меняют, все преображают: и голоса, и лица, и вещи. Все вокруг нас прекрасно, все чисто, все свято, все словно в раю.

«Христос воскресе», – поют арабы, приплясывая и хлопая в ладоши. Слезы текут по их лицам и блестят в свете тысяч свеч и лампад. Слезы, выражение скорби, обращены на службу радости. Как велика душа человеческая в своей искренности! Выше только Бог и Ангелы Его!

«Христос воскресе», – поют сербы, копты, армяне, болгары, абиссинцы – все, каждый на своем языке и на свой распев. Но прекрасно поют все. Скажу вам: все люди вокруг нас выглядят прекрасными и добрыми, как Ангелы. Это такое чудо, какое только воскресший Христос может сотворить. Это и есть единственная основа братства между людьми – видеть всех людей добрыми и прекрасными.

После того как все языки пропели пасхальный тропарь, вокруг Гроба Господня тронулся крестный ход. Азиаты в фесках, африканцы в чалмах пели какую-то свою песню, отбивая такт руками и ногами. «Одна есть вера истинная, вера православная!».

После этого начался канон и литургия. Но все чтения и песнопения заглушались все той же победоносной песнью: «Христос воскресе из мертвых!».

На рассвете пасхальная служба закончилась в храме, но продолжалась в наших душах. На все мы смотрели теперь в свете воскресения Христова и славы Его, и все выглядело иначе, чем вчера: прекраснее, торжественнее, выразительнее. Только в этом пасхальном воскресном свете жизнь обретает смысл.

В полдень служили Антипасху – торжественный крестный ход через весь Святой Город и чтение Евангелия на многих языках. После этого мы смотрели, как арабы играют мечами и носят на руках Патриарха. Нам хотелось спуститься к русской церкви святой Магдалины в Гефсимании, к тому же мы были приглашены туда милыми русскими сестрами. Снова мы пошли крестным путем Господа. Но смотри: и он сейчас совсем другой – прекраснее и светлее! Как легко стало на душе. Победа Христова поглотила смерть, а с ней – муки и страдание. Ничего не видно из-за сияния света воскресения.

Воистину, воистину воскресе Христос!

ПИСЬМО 33. ПРОФЕССОРУ М., КОТОРЫЙ НЕ ПРАЗДНУЕТ КРЕСТНУЮ СЛАВУ ИЗ-ЗА ТРАУРА

Я получил твое Письмо. Ты подтверждаешь опубликованное в газетах объявление, что не будешь праздновать Крестную Славу, потому что в твоем доме траур. Я сердечно разделяю с тобой твою скорбь. И снова скажу тебе: да простит Господь твоего благочестивого сына. Пока ты пребываешь с одной своей скорбью, обременил ты меня еще двумя скорбями. Первая та, что не празднуешь Славу, вторая – объявляешь об этом в газетах. Пятьдесят тысяч людей прочтут, что некий серб, профессор, не будет праздновать Славу. Не послужит ли это соблазном для них? Если бы ты смолчал... Или объявил только тем друзьям, которые приходят к тебе в дом. Почему все православные должны претыкаться о камень твоего неисполнения религиозного и нравственного долга?

Но все-таки почему не отмечаешь? Из-за траура! Но разве святых нужно почитать, только когда нам весело и когда мы преуспеваем? Наши отцы показывают нам иной пример. Князь Лазарь праздновал Славу накануне своего поражения в Косовской битве. Воевода Феодор праздновал день святого Георгия, свою Славу, в темнице среди узников. Его жена была в глубочайшей скорби, но принимала гостей в доме и праздновала. Такой пример подает нам наш народ и поныне. Во время войны сербские солдаты праздновали свои Славы в окопах, наполненных водой и трупами. То, что я расскажу тебе, похоже на сказку, но все это правда.

В день своей Славы солдат в окопе затеплил свечу и поставил ее на лоб убитого друга. На грудь ему поставил хлеб и вино. И, обнажив голову, продолжал стрелять, исполняя приказ.

– Что все это значит? – спросил его старшина.

– Сегодня день моей Крестной Славы, и... пусть она станет и поминовением моему земляку: он мне послужит столом в этом болоте.

Свеча, хлеб, вино и обнаженная голова! Понимаешь ли ты это? Четыре символа – свет веры, зависимость от Бога, любовь Божия и молитва к Нему. Вот что главное в праздновании Крестных Слав, прославлении святых Божиих. Разве не в состоянии и ты в день своей Славы совершить то же? Или ты считаешь, что твой дом, из которого несколько дней назад вынесли покойника, наполнен большей скорбью, чем окоп с множеством трупов, на которых еще и кровь не высохла?

Твоя отговорка о трауре нелогична. Именно тогда, когда приходят страдания и мука, следует с еще большим усердием праздновать и с молитвой припадать ко святым. Тогда святые, то есть Сам Бог по их ходатайству, скорее и сильнее помогают. А когда мы благополучны, когда все по нашей воле, тогда помощь их может остаться незамеченной. Ибо мы уже имеем то, что хотим.

Я твердо верю, что святой Георгий Победоносец явился воеводе Феодору и вывел его из темницы. Много, много есть примеров того, как те, кто праздновал дни святых своих и славил Бога в скорбные, тяжелые дни, получали скорое избавление от беды. И Священное Писание подтверждает это. Прочти, как святые апостолы Павел и Сила в темнице в узах славили Бога, и в тот же миг потряслась земля, и темница отворилась, и пали оковы с ног узников (см.: Деян. 16, 25–26).

Уверен, что отказ от празднования Крестной Славы происходит из-за смешения понятий. Только те отказываются от празднования, кто считает его чем-то вроде свадьбы. Но ты человек образованный и должен знать сам и научить других, что если в дни траура не играют свадеб, то Крестные Славы празднуют особенно в скорби.

Мир тебе и утешение от Господа.

ПИСЬМО 34. ПЕТРУ Ю., НА ВОПРОС, ЧЕМ СЕРБЫ ОБЯЗАНЫ ХРИСТУ

Хороший вопрос. Англичане часто задаются вопросом, чем они обязаны Христу. И отвечают на него длинным списком благ, полученных ими от Христа. Сейчас ты от имени своего народа спрашиваешь: чем сербы обязаны Христу? Отвечу тебе: воистину, много бо́льшим, чем англичане. Ибо англичане чем-то обязаны и древнему Риму, в то время как сербы своими самыми выдающимися людьми обязаны только Христу. Только святые сербы взошли на высоты, которые видны всем поколениям всех времен. А святость – от Господа нашего Иисуса Христа, от Его святой веры. Даже если бы сербы были обязаны Христу одним только святым Саввой – духовным князем и кормчим жизни сербского народа, долг был бы невозместимым. А святой Савва не единственная звезда на сербском духовном небосводе, освященная Солнцем – Христом: вокруг него сияет целое созвездие звезд, созвездие святых сербских.

Еще сербы обязаны Христу основными принципами жизни и нравственности. Обязаны Ему верой во единого Бога, в суд Божий, в Промысл Его, в правду и милость Божию, в бессмертную жизнь на небесах. Обязаны Христу пониманием природы и ее явлений через Бога и объяснением человеческих судеб не материальными причинами, но нравственными и духовными. Одним словом, сербы обязаны Христу знанием истины о земном и духовном мирах. Всем, что касается нравственной жизни народа, сербы обязаны заповедям Христовым. Воздержанность, целомудрие, честность, кротость, милосердие, миролюбие, трудолюбие, приветливость, мужество в отстаивании правды, жертвенность и все остальные добродетели – все они достались сербам от веры Христовой.

Еще сербы обязаны Христу своими благодатными и прекрасными обычаями. Все они – и по символике, и по сущности – евангельские. Ибо обычаи эти не просто украшение жизни, но главный нравственный порядок, охраняющий жизнь сербского народа от распада, смут и греха.

Еще сербы обязаны Христу вдохновенностью выражения своих идеалов в песнях и пословицах, в творениях своего ума и своих рук.

Еще сербы обязаны Христу своим первым царством, и своим рабством, и своим освобождением. То есть обязаны своим первым и последующими государствами, мудростью в их созидании, героическим терпением и прозорливым упованием во времена рабства, выдержкой и жертвенностью в период освобождения.

Все ли я перечислил? Далеко не все. Я только начал список того, чем сербы обязаны Христу. Но, думаю, я дал тебе направление, следуя которому, ты сам сможешь просчитать все остальные долги твоего народа Спасителю и Господу нашему Иисусу Христу. Когда же ты посчитаешь долги сербов Господу, тогда переверни страницу и сочти требования Христа к сербам. Подумай и задайся вопросом: чего Он ждет от сербов?

Мир тебе и радость от Господа.

ПИСЬМО 35. КРЕСТЬЯНИНУ С. И., КОТОРЫЙ ЖАЛУЕТСЯ НА НАПАДЕНИЕ БЕСА СТРАХА

Тебя искушает бес. Один из многочисленных бесов, которые трудятся над погибелью человеческой. Пишешь, что, когда он нападает на тебя, тебе кажется, что весь мир ополчился на тебя, что кругом одни враги, что и Бог ненавидит тебя. Ты спрашивал знающих людей, тебе сказали, что это своего рода безумие. Правда, безумие, верно сказали. И Церковь тебе то же скажет, но Церковь больше скажет тебе, по собственному опыту и знанию. Она скажет тебе, от кого и почему наступает такое безумие. От беса, но по твоим грехам. Церковь и лекарство тебе выпишет – исповедь и покаяние в грехах, и бес отступит от тебя. По своей воле он никогда не отступился бы, но Господь изгонит его. Знаешь из Евангелия, как всемогущий Христос изгонял из людей бесов, как они покорялись Ему, ибо имел Он над ними полную власть.

Но власть Божия над бесами распространяется не только на изгнание их из людей, но и на попущение этим невидимым псам нападать на людей. Поэтому даже бесы в Священном Писании названы Божиими. Мы читаем в Ветхом Завете: 'напал злой дух от Бога на Саула'[95]. Он 'от Бога' не потому, что он сродни Богу или от Него исходит; нет, конечно, но потому, что связан Божией властью. Прочти первую книгу Иова, и ты увидишь, что бес не может напасть на человека, если Бог не попустит.

Если это знаешь, не отчаивайся. Господь всемогущ и многомилостив. Он может отогнать и отгонит от тебя беса страха, который так жестоко мучает тебя. Только признай силу и милость Божию. Затем исповедуйся в грехах, покайся и помолись усердно Всевышнему Богу. Скажи в молитве: «Господи, перед Которым трепещут бесы и всякая тварь, всемогущий и всемилостивый, прости меня, грешного, помилуй и спаси меня ради крестных мук Сына Твоего и Спаса нашего Иисуса Христа!».И не сомневайся нисколько: Господь помилует тебя и отгонит от тебя это ничтожное страшилище.

Бог тебе в помощь!

ПИСЬМО 36. БОГОСЛОВУ Б. Р., НА ВОПРОС, КАК Я ПОНИМАЮ СЛОВА: «Я В ОТЦЕ И ОТЕЦ ВО МНЕ»[96]

Зачем испытываешь высокие небесные тайны, которые даже Херувимам недоступны? Верь, что это так, и вера принесет тебе награду. Ибо вечное благое бессмертное житие и Царство обещаны не знанию, а вере. Господь дал человеку неограниченные возможности верить и ограниченные – знать. Не признал ли то же самое философ Кант, критик человеческого разума?

Произнося эти слова, Христос обращал их к вере, а не к знанию. Сказал Он апостолу Филиппу: 'Разве ты не веришь, что Я в Отце и Отец во Мне?' Видишь, Он открывает тайну вере, а не знанию. Не говорит: «Разве ты не знаешь, что Я в Отце и Отец во Мне?», но: 'Разве ты не веришь'...

Кроме того, воспользуйся сравнением. Разве всякий сын не в своем отце еще до рождения и всякий отец не в сыне после его рождения? Разве уголь не в пламени, а пламя не в углях? Разве не в возвышенных помыслах благородное желание, а возвышенные помыслы не в благородном желании?

Мы постоянно претыкаемся о плотское, когда размышляем о духовном. Кто преодолеет это преткновение, тот приблизится к пониманию духовной реальности. Может ли быть на земле любовь большая, чем любовь матери к единственному сыну и сына к матери?

Представь себе их души, но только души. Душа матери целиком наполнена сыном, а душа сына – матерью. Особенно тогда, когда они в разлуке. Мать душой, умом и сердцем в сыне, а сын – в матери. И каждый, кто нас любит, носит нас в сердце и уме, а тот, кого мы любим, в нас живет. Говоря о любви ко Христу, апостол Павел говорит: 'уже не я живу, но живет во мне Христос'[97].

Христианский путь познания – любовь. Если хочешь познать небесные тайны, люби Бога всем своим сердцем, всей душой, всеми помыслами своими. И Господь вселится в тебя, и будешь в Боге, а Бог – в тебе. И ты ощутишь реальность многих вещей, которые стоят за пределами человеческого знания и разума.

Да просветит тебя Небесная Любовь.

ПИСЬМО 37. СЕСТРЕ, КОТОРАЯ СКОРБИТ ОБ ИСПОРЧЕННОСТИ БРАТА

Я понимаю твою скорбь. Как старшая сестра, ты после смерти матери заменила ему мать. Трудно тебе жилось, пока он учился. Из-за него ты опоздала с замужеством и решила не выходить замуж. Ты обеднила свою жизнь, чтобы обогатить его жизнь. Раньше он тебя любил и слушался. Но за последние два года сильно изменился. Сначала он объявил себя безбожником и стал издеваться над твоими иконами, молитвой, набожностью. Потом – я знал бы это, даже если бы ты не сказала, – предался развратной жизни. Неизбежное последствие неверия! Он гневлив, угрюм, ленив и дерзок. Требует того, чего ты не можешь ему дать. Приходит в бешенство, когда ты что-либо ему советуешь. Готов тебя убить! Ничего общего с прежним человеком, как будто бес в него вселился.

Бедная сестра! В него действительно вселился бес. Своего рода безумие, которое неминуемо поражает отпавших от Бога. Ибо не может человек, отвернувшись от Бога, не оказаться в густой тьме. Нельзя отречься от Бога и не обезуметь.

Я расскажу тебе о том, как одна мать спасла своего сына, похожего на твоего брата. Однажды, когда все материнские советы были исчерпаны, она вдруг замолчала. Ни слова больше сыну. И начала молиться Богу, чтобы Он послал сыну какую-нибудь болезнь. Ты скажешь: жестокая мать! Послушай до конца. Эта мать сама мне все это рассказывала.

– Я поняла, – говорила она, – что никто под небом не может спасти его, только один Бог, и только каким-то страданием. Поэтому я и молилась о том, чтобы Он послал сыну испытание. Долго молилась. И, действительно, сын заболел. Он пролежал в постели три месяца, я ухаживала за ним и на его глазах молилась Богу. Он думал, что я молюсь о его телесном здоровье, я же молилась об исцелении его души. Он видел мою заботу, любовь и молитву, и сердце его смягчилось. Однажды, когда у врачей уже опустились руки и он сам стал похож на тень, он заплакал и прошептал: «Милая мама, помолись Богу, чтобы я не умер!». Я ответила ему: «Обещай, сынок, что ты всегда будешь помнить Бога и благодарить Его, что ты исправишь свою жизнь». – «Да, мама, да. Да!» – шептал он в агонии. Я как-то знала, чувствовала, что он не умрет. И, слава Богу, он поправился. Сейчас он здоров и душой, и телом. Мягок, как воск, благочестив, как Ангел. Послушен и заботлив, как солнце.

И ты, сестра, оставь свои советы. Замолчи и не раздражай его. Он сейчас в горячке. Начни молиться за него, говоря: «Преблагий Господи, неисповедимы и бесчисленны пути Твои. Яко Сам веси, исцели душу брата моего, пусть тяжкой болезнью или мукой. Молюсь Тебе».

Еще выбери один день в неделю и постись за него. Раздавай милостыню за него. И Господь в свое время и по Своей воле дарует ему доброту души. И вернет его в твои руки здоровым и разумным, таинственным образом вливая в твое сердце евангельские слова: 'Вот брат твой был мертв и ожил'[98]. Воистину, сестра, велика любовь твоя, и жертва твоя не останется без награды.

Мир тебе и помощь Божия.

ПИСЬМО 38. ДВУМ ДРУЗЬЯМ, КОТОРЫЕ СПОРЯТ О ТОМ, НУЖНО ЛИ ПРИЧАЩАТЬ БОЛЬНЫХ

Один из вас говорит: не нужно. Не нужно потому, что существует поверье, что, если больной причастится, он умрет. Другой говорит: нужно, ибо грешно христианину уйти из этого мира без Причастия.

Я на стороне второго. Ибо это – заповедь Церкви. Многие пустынники, жившие вдалеке от храмов и священников, боялись умереть без Причастия и горячо молились Богу, чтобы перед смертью Он послал им священника с Причастием. Благой Промысл Божий исполнял молитвы Своих угодников и посылал им слуг алтаря, и причащались они Святых Таин. Причастившись, они озарялись радостью и расставались с этим миром смиренно и спокойно. Были случаи, когда сам больной желал причаститься, но умирал до прихода священника, потом возвращался, принимал Причастие и уходил уже безвозвратно. Недавно такой случай произошел недалеко от Кралева. Такие случаи ясно показывают волю Божию.

Безумие думать, что больной непременно умрет, если причастится. Множество примеров говорят об обратном. Я не раз присутствовал при причащении некоторых тяжелобольных, которые считались обреченными. Они живы по сей день. Если больные от Причастия умирают, то логично было бы думать, что здоровые от

Причастия болеют. А это безумие и богохульство. Если же случалось, что больной умирал после Причастия, то умирал он от болезни, а не от Причастия. Таков был Промысл Божий о нем. Но умирал с очищенной и прощенной душой, примиренный с Богом и людьми.

Мудрый человек думает о смерти и пока здоров, не говоря уже о болезни. В этом царстве умирания нет ничего реальнее смерти. Сказал Господь безумному богачу, который строил планы о том, как еще разбогатеть: 'Безумный! завтра возьму душу твою от тебя, а чье будет сокровище твое?'[99].

Когда больной умирает, горько раскаивается тот, кто не позволил ему причаститься. Однажды заболел некий человек; услышав об этом, местный священник пришел к нему в дом и предложил исповедать и причастить его. Жена больного отказала священнику, говоря: «Нет, отче, не к смерти болезнь, не нужно, отче!». Священник ушел. Больной умер в эту же ночь. Тяжко горевала жена его из-за того, что не допустила к нему священника с Причастием.

Или не знаете, братья, что Причастие для человека важнее любых поминок?

Мир вам от Господа.

ПИСЬМО 39. СУДЬЕ С. В., КОТОРЫЙ СПРАШИВАЕТ, КАК ЕМУ ОТБЛАГОДАРИТЬ СВОЕГО БЛАГОДЕТЕЛЯ

Я получил второе Ваше Письмо, в котором Вы описываете свою жизнь. Вы рано остались сиротой. Один благородный человек, Ваш сосед, усыновил Вас. Вырастил вместе со своими детьми, дал Вам образование, помог встать на ноги и завести семью. Но вдруг его дело потерпело крах, он обанкротился и умер от горя и стыда. Вы похоронили его на свои средства, поставили памятник на могиле. Вскоре умерла и его жена, Ваша мачеха. Вы похоронили и ее. Когда их дом продавался с молотка, Вы его выкупили и передали в собственность его детям. Одному из сыновей помогли открыть свое дело, чтобы он мог прокормить других. Второй сын на Ваши средства получает образование. Старшей дочери Вы дали хорошее приданое. Младшей нашли хорошую работу. Молитесь за детей, поминаете родителей. Все это я узнал из Вашего последнего письма.

Вы спрашиваете меня, что еще можно сделать, чтобы отблагодарить Вашего благодетеля? Может быть, построить от его имени церковь? В том городке церкви нет. Благодарный человек! Вы уже многократно отблагодарили его. И построили церковь перед Господом неба и земли не из камня и дерева, а из добрых дел своих. Но, если желаете, можете построить и церковь из камня и дерева, и советую Вам построить ее. Пусть

Ваша благодарность будет увенчана еще одним, видимым знаком. Пусть люди видят его и удивляются. Пусть видят неблагодарные сыновья и стыдятся: если пасынок так благодарит, как же сыновья должны благодарить?

Итак, постройте церковь. И назовите ее храмом благодарности. Это необходимо нашему времени, нашему поколению, пораженному неблагодарностью. И всем временам и поколениям до Страшного Суда.

Здравия Вам и благословение Божие.

ПИСЬМО 40. МОНАХУ АВВАКУМУ, О ГРЕХОВНЫХ ПОМЫСЛАХ

Спрашиваешь, опасны ли греховные помыслы. Ты монах, и тебе это хорошо известно. Знаешь, что святые отцы учили: сущность монашества – в очищении ума от злых помыслов. Знаешь, что и Церковь называет три вида грехов: делом, словом и помышлением. Потому мы и молимся Отцу светов об умерших, да простит им все грехи, аще словом, аще делом, аще помышлением. О том, что Господь обличает греховные помыслы, читаешь в Евангелии: 'видя помышления их, сказал: для чего вы мыслите худое в сердцах ваших?'[100] Сатана согрешил не чем иным, как помыслом гордости, за это и был низвержен от лица Божия во ад.

Злые помыслы – семя всякого зла. Из этого семени вырастают грешные слова, грешные желания и грешные дела. Вспомни притчу Христа о сеятеле[101]: человек посеял доброе семя на поле своем, а когда все заснули, пришел враг и посеял плевелы среди пшеницы. Господь сеет добрые помыслы в душу каждого человека, но если человек не бодрствует над своей душой, как над засеянной нивой, то он словно тот заснувший человек. И, пока он спит, приходит враг Бога и человека, злой дух, и сеет в душе плевелы, то есть злые помыслы. От злых мыслей до злых слов и дел не дальше, чем от семени растения до его корня. Следовательно, все органически связано. Поэтому будь на страже. Чаще закрывай глаза и, по слову святого Никиты Стифата, «испытывай плывущие по мысленному морю помыслы».

Одно из главных упражнений монашеской жизни – искоренение злых помыслов, пока не развились, не разрослись они, не овладели душой полностью и не превратились в дела. Разбивай их о камень. Как пишет псалмопевец: «Дщи Вавилоня окаянная, блажен, иже имет и разбиет младенцы твоя о камень»[102]. Понятен тебе духовный смысл этих слов? Вавилон – царство диавола, а младенцы – злые помыслы от него. Камень – Христос. Блажен тот, кто только зародившееся в душе зло разобьет о Вечный Камень – Христа. Если мы с тобой знаем это, нам не остается ничего иного, как сие исполнить.

Радуйся о Господе.

ПИСЬМО 41. ПИСАРЮ ВЕСЕЛИНУ Г., КОТОРЫЙ УДИВЛЯЕТСЯ ТОМУ, ЧТО СВЯТОЙ САВВА НЕ ПИСАЛ КНИГ

Не потому ли, спрашиваешь, что тогда не было бумаги? Была бумага и тогда, и намного лучше, чем сейчас, бумага из тонкой кожи. И чернила были, и сохранялись лучше, чем нынешние. Когда приедешь в Хиландар, увидишь рукописи тех времен, царские и святительские, которые выцвели меньше, чем завещание твоего дедушки.

Писал и святой Савва, но немного. Воистину, мало писал он чернилами на бумаге, но много, очень много писал иным образом: он писал, как апостолы Христовы. Прочти, что пишет апостол Павел коринфянам: 'Вы – наше Письмо, написанное в сердцах наших, узнаваемое и читаемое всеми человеками; вы показываете собою, что вы – Письмо Христово, через служение наше написанное не чернилами, но Духом Бога живаго' (2Кор. 3, 2–3). Таким образом им написано множество книг, миллионы книг. Сколько есть благочестивых сербов, столько святым Саввой книг написано. И сегодня он пишет. Все эти малыши, которые каждый год в конце января поют: «Воскликнем с любовью святителю Савве» (слова гимна святому Савве), – новые книги святого Саввы. Он пишет их не чернилами, а Духом Бога живаго. Он пишет не на бумаге, а в сердцах. Пишет слова не преходящие, а вечные. Пишет не слова смерти, а слова жизни, не слова мира сего, а слова неба. Величайший и удивительный писатель сербский, несравненный и непревзойденный! Его живая библиотека и на земле, и на небесах, собрание его сочинений невозможно увидеть до конца времен, до Страшного Суда. Тогда только все произведения Неманича Саввы, написанные Духом Христовым, живые слова, живые человеческие души, граждане Царства Небесного, предстанут пред взором Божиим. Святитель сербский – избранное перо Божие, а писатель – Сам Святый Дух Божий, по слову царя Давида: «язык мой – трость книжника скорописца» (Пс. 44, 2). Этот 'книжник скорописец' не кто иной, как Дух Святый, глаголавший через пророков, апостолов и святителей.

Писал святой Савва и штукатуркой, и кирпичом, и государственными законами, церквями и школами. Хиландар и Жича им написаны. И первое царство Сербское, непорочное и святое, им написано. Но все это вспомогательные средства создания его бессмертных произведений – душ человеческих, к которым он хочет причислить и твою душу.

Если кто-то из сербов – потрепанная и замусоленная книга, виноват не святой Савва, а сам серб. Каждый пачкает себя сам, но никто не может очистить и исправить себя без Духа Святаго. А ты знаешь, что значит пятно? Это то же, что животное, перед которым, по заповеди Всевышнего, не следует метать бисер.

Мир тебе и радость от Духа Святаго.

ПИСЬМО 42. РЕВНОСТНОМУ ЧИТАТЕЛЮ СВЯЩЕННОГО ПИСАНИЯ, НА ВОПРОС, ПОЧЕМУ ДУХ СВЯТЫЙ ЯВИЛСЯ В ВИДЕ ОГНЯ

Когда Господь крестился в Иордане, Дух Святый явился в виде голубя. Явился не для того, чтобы восполнить что-либо в Нем, но чтобы символически указать на то, чем Он обладает, – на незлобие, чистоту и кротость. Вот что символизирует голубь. А когда собрались апостолы на пятидесятый день по воскресении Христа, Дух явился им в виде огня. Явился, чтобы нечто изъять из них и нечто привнести. Изъять грех, немощь, боязнь и душевную нечистоту, а даровать силу, свет и тепло. Огонь символически означает эту троичность – силу, свет и тепло. Ты знаешь, как силен огонь, как он светит и как греет. Но, когда говоришь о Святом Духе, берегись, чтобы тебе не представить это телесно, а не духовно. Итак, речь о силе духовной, о свете духовном, о теплоте духовной. А это суть сила воли, свет разума и тепло любви. Этим духовным оружием Дух Святый вооружил против мира воинов Христовых, которым Учитель запретил любое физическое оружие, даже палку.

Почему огненное пламя излилось на головы апостолов в виде языков? Потому, что апостолы должны были языком благовествовать народам благую радостную весть – Евангелие истины и жизни, учение покаяния и прощения. Словом должны были учить, словом исцелять, словом утешать, словом советовать и управлять, словом созидать Церковь. Наконец, словом защищаться. Ибо заповедал и предрек им Глава, да не убоятся гонителей и не заботятся, что отвечать на судилищах, 'ибо не вы будете говорить, но Дух Святый'[103]. Да и возможно ли было сообщить обычным человеческим языком самую великую и радостную весть, которая когда-либо достигала человеческого уха, весть о том, что Господь явился на землю и отверз людям врата бессмертия? Разве от человека и от смертной человеческой природы мог пролиться этот животворный бальзам на мертвое тело Римской империи и мира? Нет, никогда. Только от Духа Божия огненного, Который устами святых апостолов рассыпал во тьме земной небесные искры.

Но, о сын человеческий, неужели никогда не ощущал ты Духа Божия в себе? Се, и ты крещен Духом, водою и Духом. Неужели тебя никогда вдруг не освещала великая и светлая мысль, безмолвное слово Духа Святаго? Неужели никогда в твоем сердце внезапно, как ветер, не поднималась любовь ко Творцу и не закипали от нее слезы на глазах?

Предайся воле Божией и внимай тому, что совершается в душе твоей, и ты познаешь чудо Пятидесятницы, которое совершилось с апостолами.

Мир тебе и утешение от Духа Святаго.

ПИСЬМО 43. ДРАГИЧУ М., КОТОРЫЙ ИНОГДА ЧУВСТВУЕТ СЕБЯ СОВСЕМ ДРУГИМ ЧЕЛОВЕКОМ

Ты пишешь, что иногда чувствуешь себя новым человеком, перерожденным и преображенным. Обычно это происходит во время молитвы, в ночной тишине. Этот мир словно исчезает для тебя, умирают мирские мысли: о людях, о вещах, о плотском; необыкновенный покой разливается в твоей душе, ты видишь в себе какой-то свет и чувствуешь неизреченную радость. К этому добавляется чудесное благоухание, не сравнимое ни с каким благоуханием на земле. Сладкое и животворное благоухание. Ты чувствуешь себя как бы вне тела. А когда все это прекращается и тихо и постепенно исчезает, словно тающая радуга, на тебя находит грусть, что это не продолжалось еще долго и долго, непрерывно и без конца, годами, веками, вечно. Ты спрашиваешь: что это могло быть?

Думаю, что Дух Божий коснулся тебя, брат мой. Это и есть то, о чем сказал Господь: 'Царство Божие внутрь вас есть'[104]. Ибо, когда Дух Божий воцаряется в наших душах, тогда прекращается все, что от нас, и приходит все, что от Бога. Пока царят в нас наши чувственные мысли, земные желания и своеволие, не Царство Божие будет в нас, а царство тьмы и страха, печали и неведения. Но, когда придет Дух Божий и возобладает, тогда все изменится. Но мой тебе совет: умались до праха пред величием Бога Всевышнего, Который открыл тебе эту тайну по превеликой милости Своей. И не сообщай о ней многим, непосвященным, особенно того «остального», о чем и я не упоминаю здесь. Чтобы не дать на поругание самого святого (читай: Мф. 7, 6) и чтобы сердце твое не вознеслось до высот гордыни, откуда падают в пропасть адскую. Послушай, как апостол предостерегает тебя: 'кто думает, что он стоит, берегись, чтобы не упасть'[105].

Ничего неизвестного и для Церкви нового с тобой не произошло. Многие праведники и угодники Божии ощутили сию дивную тайну и частью сообщили ее верным душам. Сообщили не для похвалы, но чтобы разделить свою радость и подвигнуть друзей своих к твердой вере в обетования Христа и к радостному прославлению Его.

Однажды зимней ночью нашел я приют у одного человека. Когда его домашние ушли спать, он сообщил мне «самую большую тайну своей жизни».

– Годами я хотел, – говорил он, – увидеть от Бога чудо. Но оно не давалось мне. Однажды я встал на рассвете и начал молиться Богу. Вдруг во мне явился некий свет, и я ощутил мир, и радость, и благоухание (все так же, как случилось и с тобой).

– С тех пор, – сказал он, – я перестал просить у Бога чудес, ибо видел самое большое чудо, о котором и не догадывался.

Не новое ли это подтверждение того, что говорил апостол: 'не видел того глаз, не слышало ухо, и не приходило то на сердце человеку, что приготовил Бог любящим Его'[106]?

Мир тебе и здравия от Господа.

ПИСЬМО 44. МИССИОНЕРУ ПЕТРУ С., НА ВОПРОС О ТОМ, ЧТО ЕСТЬ ХУЛА НА ДУХА СВЯТАГО

Ты прочел в Евангелии слова Христа: 'Всякий грех и хула простятся человекам, а хула на Духа Святаго не простится, ни в этом мире, ни в будущем'[107]. И спрашиваешь, что такое хула на Духа Святаго.

Это хула на Духа Святаго. Безбожник, ненавистник и гонитель истины Божией хулит Духа. Самоубийца, возненавидевший жизнь и убивающий ее в себе, хулит Духа. Ибо Дух Святый назван Духом истины и жизни Подателем. В Евангелии от Иоанна написано, что Господь Иисус Христос трижды назвал Духа Святаго Духом истины (Ин. 14, 17, 15:26, 16:13). Кто, отрекаясь, высмеивает истину, тот отрекается от Духа Святаго и высмеивает Его, ибо Он – Дух и Истина. Почему этот грех не простится, спрашиваешь ты, в то время как другие грехи простятся? Ведь простились же Закхею сребролюбие, блуднице – плотские грехи, разбойнику на кресте – насилие, и многим другим прощены их грехи. Почему же не простится отрицание истины, безверие и высмеивание Бога Духа? Потому, что тех грехов люди стыдились и каялись в них, а здесь нет этого. Там люди грешили, но стыдом и страхом были связаны с Богом. Здесь же связь с Богом прервана, и человек-безбожник бесконечно далеко, полностью отошел от Бога. Там – слабость, здесь – упорство воли. Там душа скитается во мраке, но ищет света. Здесь душа, скитаясь во мраке, мрак называет светом. Когда у человека нет воли ко спасению, Бог не хочет насильно спасать его.

Самоубийство, ненависть к жизни в себе, тоже хула на Духа Святаго, ибо Дух Святый назван Подателем жизни. Когда человек принимает жизнь от Духа жизни и по незнанию, откуда им получен сей дар, не благодарит Бога, то простится ему. Если же некто, приняв от Духа жизнь, с презрением отвергает ее, не простится ему ни в этом веке, ни в будущем. Чтобы это понять, разберемся, что значит «простить». Простить грешнику грехи – значит вернуть ему всю полноту жизни, заново даровать ему жизнь. Но, если кто-то не желает жить, презирает и ненавидит жизнь, Богу больше нечего дать ему и Он вычеркивает его из Книги жизни.

Молись Богу, чтобы сохранил тебя и твоих близких от смертного греха – безумного бунта твари против Творца.

От Господа тебе здравия и милость.

ПИСЬМО 45. МАШИНИСТУ СТАМЕНУ И., КОТОРЫЙ ЖАЛУЕТСЯ НА СКУЧНУЮ РАБОТУ

Жалуешься на свою скучную работу: она надоела тебе. Все другие профессии кажутся тебе лучше. Ты смущаешься и грустишь, что не можешь найти лучшую работу. Я долго размышлял, прежде чем взяться за перо и ответить тебе. Мысленно я вживался в твое положение и в твою работу. Я представлял себя на твоем месте, в машинном отделении, в грохоте и шуме. Весь в поту и копоти, я вглядывался в дорогу. За моей спиной целое маленькое государство – старики, дети, родители, князья, дипломаты, чиновники, крестьяне, рабочие, служащие. Все они, в силу обстоятельств, в невольном «родстве», и все зависят от меня, разговаривают между собой или сидят молча, в раздумье. Каждый мысленно стремится к станции назначения, к тем, к кому едет. Но доберется ли он туда, зависит от меня, а я – только от Бога. Они и не предполагают, сколько от меня зависит, они и не задумываются обо мне, не знают меня. И это радует меня. Когда поезд тронулся в путь, никто не пришел посмотреть на меня и познакомиться со мной. Ни у кого не возникло вопроса: не безумен ли этот человек? Не слеп ли или пьян? Ведь мы все доверили ему свои жизни! Он главный человек в этом грохочущем «городе», жителями которого мы на время становимся. Никому не пришла в голову эта мысль, и это меня бесконечно радует. Радует то, что столько людей без размышлений доверили мне свои жизни, мне, невидимому, незнакомому, скрытому среди грохочущих машин. И в радостном трепете я прославляю Бога: «О Господи, великий и чудный! Слава Тебе, и благодарю, что дал Ты мне жизнь и разум и такую важную работу! Дал Ты мне работу, подобную Твоей, Боже. Ибо и Ты, Господи мой, неведомый, сокрытый и невидимый, управляешь составом жизни нашей Святым Своим Духом. Ты машинист вселенной, многие и многие путники и не задумываются о Тебе, не исследуют тайны Твоего бытия, но с доверием входят в Твой состав и едут, едут... И это, должно быть, радует Тебя, бесконечно радует. Ты знаешь место, где дашь отдых Своим усталым путникам, где накормишь их, где кому надлежит сойти. Они неясно представляют себе конечную станцию Твоего чудесного поезда, но с доверием рассаживаются, с доверием едут, с доверием выходят – с доверием к Тебе, неведомому, сокрытому, невидимому. Тысячи и тысячи раз восхваляю Тебя, и славлю, и кланяюсь Тебе, всевидящий и всемогущий Творец мой и Водитель мой. На Тебя одного уповаю во всех испытаниях моих».

Друг мой молодой, какую же лучшую работу хочешь? Разве может быть работа лучше твоей? Апостол Петр ловил рыбу[108], Павел делал палатки[109]. Задумайся, насколько твоя работа важнее и выше, чем их занятия. И поклонись Промыслу, вверившему тебе именно такую работу.

От Бога тебе здравия и благословение.

ПИСЬМО 46. ГОСПОДИНУ СКОТТУ, АМЕРИКАНСКОМУ УНИАТУ, ВЫСТУПАЮЩЕМУ ПРОТИВ СВЯТОЙ ТРОИЦЫ

На скользкой стезе политики, на которой Вы оказались, Ваш протест против христианского учения о Святой Троице нисколько не удивляет меня. Ваша униатская секта основана на стремлении не к истине, а к уравниванию всех религий мира. Но как трудно уравнять гору с долиной, а Вы на гору сердитесь! Ибо Вам, конечно ошибочно, кажется, что спасительнее оставить гору, чем возвысить долину. При этом Вы утверждаете, что Ваша секта христианская.

Если Вы веруете во Христа, как же тогда Вы можете уравнять и отождествить истину с ложью? Неужели Христос указал Вам такой путь? Разве Он уравнивал свое учение с римским идолопоклонством, африканским фетишизмом, индийским нигилизмом и мертвящим иудейским фарисейством? Конечно, нет. И апостол Христов решительно восстает на Вас, говоря: 'какое может быть общение тьмы и света? Христа с Велиаром?'[110]. Знайте, что мир не распнет на кресте того, кто мирит истину с ложью, свет с тьмой и добро со злом. Мир распял Христа, ибо Он не уравнивал, не смешивал ложь и истину, не полемизировал с истиной. Следовательно, очевидно, что вы не веруете во Христа.

Попробуйте примирить и уравнять в какой-либо обычной науке истину с полуистиной и увидите, какой отпор Вы получите. Скажем, свет электролампы уравняйте со светом свечи или округлость земного шара с плоскостью. Или обычный пример из жизни. Скажем, спорят два человека. Один, с хорошим зрением, говорит, что видел высоко в небе трех орлов, а другой, со слабыми глазами, говорит, что не видел ни одного. Если Вы разумный человек, Вы испытаете каждого из них и поверите тому, кто хорошо видит. Но поскольку вашей секте важна не истина, а равенство, Вы сказали бы этим двум: «Мне недосуг смотреть вверх и испытывать вас, лучше всего вам примириться и согласиться на том, что вы оба видели в небесах одного орла».

Таков Ваш путь, Ваше учение, Ваша политика. Люди не пошли за Вашей сектой, как на то надеялись ее создатели. Вы остаетесь малочисленной, малоизвестной в христианском мире сектой, как утес в море. Почему? Потому, что люди, стремясь к миру, еще более стремятся к истине.

А истина о Боге, едином в трех Лицах, пришла в мир по Откровению Прозорливого – от Сына Божия Иисуса Христа. Три Лица без масок. Три Лица – одна Личность. Эту прекрасную и возвышенную реальность невозможно уравнять с грубыми и низкими призраками.

Да освятит Вас Дух истины.

ПИСЬМО 47. ОДНОМУ БРАТУ ИЗ САРАЕВА, НА ВОПРОС О ПОМИНОВЕНИИ УСОПШИХ ПОСЛЕ СВЕТЛОЙ СЕДМИЦЫ

Ты спрашиваешь, почему женщины каждый понедельник после Светлой седмицы приходят на кладбище. Для того, чтобы сохранить старый прекрасный, исполненный глубокого смысла обычай. После восьмидневного прославления воскресения Христа из мертвых христианки на девятый день приходят на могилы своих родных, чтобы помянуть их в молитвах, разделить с ними радость о воскресении Спасителя и освятить могилы. Сначала читаются заупокойные молитвы. Таким образом мы выражаем свою любовь к дорогим и милым нашему сердцу, которые телесно и временно в разлуке с нами. Знай: истинно любит тебя тот, кто втайне молится о тебе Богу. После молитвы бьют о крест красным пасхальным яйцом и восклицают: «Христос воскресе!». Этим радостным возгласом поздравляют усопших, объявляя им, что придет день воскресения из мертвых. Наконец, очищают могилу от прошлогодней травы и сажают новую зелень. Это выражает нашу надежду на то, что в день Всеобщего воскресения истлевшая плоть умерших преобразится в новую, небесную. Ибо, по истинному свидетельству Свидетеля воскресения[111] – Христа, 'есть тела небесные и тела земные'[112]. И еще: э тим тленным телам надлежит облечься в нетленные, и смертным – в бессмертное[113].

Когда христианки все это исполнят, они, еще раз помолившись Богу, кланяются на восток и покидают могилы.

Итак, молитвой они выражают любовь, красным яичком и поздравлением – веру в воскресение, а свежей весенней травой – надежду. Любовь, вера, надежда, и опять любовь. Вот в чем смысл и символика поминального понедельника.

Далее ты спрашиваешь, почему в этот день на кладбище приходят одни женщины, без мужчин, как в другие родительские поминальные дни. Этим понедельником начинается неделя жен-мироносиц, а мироносицы первыми пришли ко Гробу Господню и первыми объявили людям о воскресении Христа. Блаженны матери, сестры и вдовы, своей любовью к умершим подобные женам-мироносицам! Чувствуют усопшие наше присутствие на своих могилах, чувствуют – и как еще чувствуют! – наши молитвы и жертвоприношения за них, нашу любовь к ним. И мы с тобой скоро почувствуем это, по ту сторону могилы, и будем благодарны тем, кто помнит нас и молится о нас Богу.

Брат мой, слова человеческие бессильны выразить тайну жизни и смерти, чудесную и страшную тайну, о которой Ангелы перешептываются с умершими! Как наши христианские обычаи помогают нашим словам – обычаи прекрасные и полные глубокого смысла, – помогают немощным словам нашим!

От Бога тебе здравия и благословение.

ПИСЬМО 48. ПРАВОСЛАВНОМУ УЧЕНИКУ, НА ВОПРОС, ПОЧЕМУ У ПРАВОСЛАВНЫХ НЕТ СВОЕГО ПАПЫ

Есть, есть у православных свой «папа», старше всех пап и патриархов на свете. Он был от начала и будет до конца времен. Это тот «папа», Которого призывали все апостолы Христовы, – Дух Святый, Дух мудрости и разума, Дух утешения и силы Божией. Он – истинный Папа Церкви Христовой от начала и до конца веков, без изменений и перемен, без дискуссий и выборов, без предшественников и наследников. А то, что апостолы признавали Духа Святаго своим Верховным Главой, мы доподлинно знаем из документа, написанного их рукой. На Первом Соборе в Иерусалиме апостолы записали свои знаменитые слова: 'угодно Святому Духу и нам' (Деян. 15, 28). Перед каждым собором они Ему молились, Его призывали, Ему безусловно повиновались. Не так ли поступают и доныне архипастыри Церкви Православной? Накануне каждого собора они обращаются прежде всего к своему безгрешному Папе – Духу Святому. Со страхом и трепетом призывают Его благословение на всякое дело и безусловно повинуются Ему. И не только церковные главы, но и главы православных государств, министры, народные избранники начинали с молитвы к Духу Святому и только потом открывали соборный совет. Так же делали и делают школьные учителя: в начале учебного года они идут со своими учениками помолиться Святому Духу. И всеблагий, всемогущий и всеведущий Дух Святый всем руководит, все укрепляет, все вдохновляет – и Церковь, и государство, и просвещение. И управляет всем не насильно, как земные диктаторы, но, как отец, – мудростью и любовью. Вам известно, что греческое слово «папа» в переводе значит «отец». Следовательно, в самом прямом историческом и нравственном смысле Дух Святый – наш Отец, наш Папа. А для чего тогда Православной Церкви еще один отец, папа? Не предостерег ли нас Сам Господь Иисус Христос против земных «пап», «отцов»? Девятнадцать столетий назад Он заповедал нам: 'и отцом себе не называйте никого на земле, ибо один у вас Отец, Который на небесах' (Мф. 23, 9).

Мир Вам и здравия от Бога.

ПИСЬМО 49. ЖУРНАЛИСТУ И. Т., НА ВОПРОС О СОЖЖЕНИИ МЕРТВЫХ

Вы спрашиваете, почему Православная Церковь против кремирования усопших. Во-первых, потому, что считает это насилием. Сербы по сей день содрогаются от преступления Синан-паши[114], который сжег мощи святого Саввы на Врачаре. Сжигают ли люди мертвых коней, собак или кошек? Я о таком не слышал, но видел и слышал, что их закапывают в землю. Почему же тогда совершается насилие над мертвым телом человека, хозяина всех земных животных? Разве сожжение мертвых животных, особенно в больших городах, не было бы более оправданным, чем сожжение людей?

Во-вторых, этот языческий, варварский обычай был вытеснен из Европы христианской культурой почти две тысячи лет назад. Кто желает возродить его, тот пытается вернуть давно изжитый языческий обряд. В Англии, которую вряд ли можно назвать страной некультурной, этот вид неоязычества крайне непопулярен. Я расскажу вам одну историю.

Во время войны один известный серб повредился умом и незадолго до смерти попросил кремировать его, когда он умрет. В назначенный день наша небольшая сербская колония собралась у крематория на Голдерс Грин[115]. Когда тело покойного погрузили в печь, мы содрогнулись от ужаса при виде этого. Нас пригласили подождать с другой стороны печи: «четверть часа подождать прах»; мы подошли, чтобы встретить своего земляка в виде горсти пепла. Прождав больше часа, в удивлении, что огонь так долго мучается с одним нашим покойным, мы спросили служащего, в чем дело. Он извинился тем, что печь совсем остыла, «потому что используется не каждый день: редко кто добровольно хочет быть сожжен». Услышав это, мы разошлись, не в силах ждать конца мучений нашего брата. А если вам неизвестно, в Лондоне ежедневно умирает больше тысячи людей. В Америке я видел могилы президентов Вильямса, Рузвельта, Линкольна и многих других выдающихся людей. Никто из них не был кремирован. Тем больше удивило меня, что среди потомков святого Саввы есть единомышленники Синан-паши!

Один персидский адвокат рассказывал мне об их «самом разумном отношении» к мертвым. Они, то есть персидские огнепоклонники, хотя и поклоняются огню, как божеству, не сжигают своих умерших, а кладут их на землю, для трапезы птицам. Их кладбище огорожено высокими стенами, на которых в ожидании дремлют стаи орлов. Гробовщики вносят на кладбище покрытого полотном нагого мертвеца, кладут на землю и быстро удаляются. Тогда орлы проворно принимаются за работу, и через несколько часов от мертвого человеческого тела остаются голые кости, которые уже никто не погребает. Персидская логика объясняет это так: «При жизни мы питались животными, справедливо и нам накормить их собою». Я был удивлен такими рассуждениями, хотя должен был признать, что они не уступают рассуждениям приверженцев сожжения.

Но зачем создавать новые проблемы из уже решенных проблем? Если мы будем задаваться ненужными вопросами, то однажды начнем мучиться вопросом, не убивать ли нам престарелых людей, как это делают примитивные племена, и создавать общества, пропагандирующие эту «идею»!

И, наконец, станет ли разумный человек воевать против кладбищ на этой земле, где кладбища служат народной гордостью и источником вдохновения и, если хотите, паспортом государства?

Мир Вам и здравия от Господа.

ПИСЬМО 50. ВЛАДЕЛЬЦУ КОФЕЙНИ, КОТОРОМУ ПРИШЛОСЬ ВЫБИРАТЬ МЕЖДУ САМОУБИЙСТВОМ И НИЩЕТОЙ

Ты пишешь, что все твое имение пошло с молотка. Оказавшись на улице ни с чем, пошел ты ночью на кладбище, чтобы там покончить с собой. Несколько часов прошло в колебаниях и раздумьях. Истерзанный мучительными размышлениями, ты лег на могилу родителей и заснул. Во сне тебе явилась мать: она предостерегала тебя, говоря, что в Царстве Божием множество тех, кто был беден на земле, но ни одного из тех, кто сознательно лишил себя жизни. Этот сон удержал тебя от самоубийства. Именно твоя любимая мать, по Промыслу Божию, спасла тебя от него. Ты пошел просить подаяние и стал жить милостыней. И вот ты спрашиваешь, не нарушаешь ли этим закон Божий.

Ободрись, сын человеческий! Господь заповедал: «Не укради!»[116], но не сказал: «Не проси!». Прошение без крайней нужды – кража, но прошение в твоем случае не делает тебя вором. Воевода императора Юстиниана[117], славный Велиазар, в старости остался в нищете, слепым и одиноким. Сидел он у городских ворот и просил на хлеб. Как христианин, он и подумать не мог о самоубийстве. Ибо, насколько жизнь прекраснее смерти, настолько нищий лучше самоубийцы.

Ты говоришь, тебя снедает стыд и тоска иссушила тебе кости. Стоишь по ночам перед твоей бывшей кофейней и просишь милостыню у посетителей. Вспоминаешь, что недавно был ее хозяином, а теперь не смеешь войти, даже как гость. Глаза твои покраснели от слез.

Утешься, добрый человек! Рядом с тобой Ангелы Божии. Зачем оплакивать кофейню? Слышал ли ты об одном ресторане на окраине Белграда, который назывался «Чья бы ни была, не его будет». Поистине, написавший эти слова был философом. Ибо верны они для всех ресторанов, всех домов и дворцов на свете. Чьи бы ни были, не их будут.

Что ты потерял? То, что не было твоим, когда ты родился, не твое и теперь. Был хозяином, а стал нищим. Это не потеря. Потеря, когда кто-то был человеком, а стал зверем. А ты был человеком и остался человеком. Ты подписал ценные бумаги каким-то «знатным» гостям, они обманули тебя, и ты лишился кофейни. Сейчас ты видишь сквозь окно, как они смеются, пока ты на улице обливаешься слезами и сгораешь от стыда. Не бойся, есть правда Божия. Они ответят за свое беззаконие. И, если они решатся на самоубийство, кто знает, позволит ли Господь их матерям явиться из иного мира и удержать их от преступления. Не завидуй их счастью, ибо ты не знаешь их конца. Один древнегреческий мудрец сказал: «Никого не называй счастливым, пока не увидишь, как он будет умирать!».

Тяжело тебе быть нищим? Но не все ли мы нищие? Не зависим ли мы каждый день и каждый миг от Того, Кто дает нам жизнь и все для жизни? У тебя сейчас важная миссия – напоминать о Боге и о душе и делать людей милостивыми. Ты вынужден жить в молчании, а значит, углубись в свою душу и молитвенно беседуй с Богом. Нищенская жизнь требует большего мужества, чем хозяйская. Золото испытывается в огне, а люди, угодные Богу, – в горниле унижения. Но ты уже показал себя героем, победив черные мысли о самоубийстве. Ты победил бесов отчаяния. После такой победы всякая другая будет легче для тебя: Господь с тобою рядом.

Мир тебе и утешение от Господа.

ПИСЬМО 51. РЕМЕСЛЕННИКУ СИМЕ М., КОТОРОГО МУЧАЕТ МЫСЛЬ, ЧТО ЭТА ЖИЗНЬ – СУД БОЖИЙ

Ты услышал от кого-то, что наша жизнь уже есть суд Божий и другого не будет. Эта мысль легла на тебя тяжким бременем, которое ты не можешь ни понести, ни сбросить.

Представь себе жестокого человека, чьи злодеяния известны всему городу. Соседи избегают его, обсуждая между собой его преступления. Никто не ходит к нему в гости, никто не принимает в свой дом. Так судят его люди, так его наказывают. Но наконец этот человек попадает под суд, и суд приговаривает его к тюремному заключению. И это последний, законный суд. Итак, ты видишь два суда: один условный и ежедневный, другой законный и окончательный. Или еще проще: например, есть нерадивый ученик, которого в течение учебного года многократно наказывает учитель, чтобы исправить его, но в конце года исключает из школы, как неисправимого.

Так и два суда Божиих. Один условный и временный. Назовем его воспитательным судом Божиим над людьми в школе земной жизни. А другой Суд будет безусловным и окончательным. В Священном Писании мы видим множество примеров такого суда. Праведного Моисея Господь наказал за один грех тем, что не позволил ему войти в землю обетованную, в которую

Моисей сорок лет вел свой народ[118]. Это временный и воспитательный суд Божий. Чтобы видели грешники и со страхом говорили: «Если Господь такому праведнику не простил одного греха, что же Он сделает с нами, обремененными многими и тяжкими грехами?». Но наказание Моисея не было последним и окончательным судом над ним, и оно не означает, что Моисей не войдет в Царство Небесное. Тебе известно, что этот великий раб Божий явился вместе со святым пророком Илией и беседовал с Господом в момент Его Преображения. Это свидетельствует о том, что хоть и был он однажды наказан за грех, но не отвержен Господом и не лишен вечной жизни.

Воспитательное наказание, или воспитательный суд Божий, именно тому и служит, чтобы люди исправились и подготовились к Царству Небесному. Или посмотри на больного в Вифезде. Тридцать восемь лет лежал он расслабленным. Болезнь его была по грехам его. Об этом ясно сказал Господь после исцеления: 'не греши больше, чтобы не случилось с тобою чего хуже'[119]. А что хуже могло быть, как не то, что на Страшном Суде Божием он по своим грехам мог быть осужден и исключен из Царства жизни?

А о последнем Суде, Страшном Суде Божием, о дне, который «горит как огонь», ясно сказал наш Спаситель: 'солнце померкнет, и луна не даст света своего, и звезды спадут с неба, и силы небесные поколеблются; тогда явится знамение Сына Человеческого'[120], тогда явится Господь в силе и славе судить по правде всех живых и мертвых.

Держись этого учения, которое не от человека, и сбрось с себя бремя, которое возложил на твою душу тот человек-еретик.

Да благословит тебя Господь миром и здравием!

ПИСЬМО 52. СНОВА ВОИНУ И., В ПОДТВЕРЖДЕНИЕ СЛУЧИВШЕГОСЯ С НИМ

Если ты, будучи неверующим, ощутил, как Всевышний входит в человеческую жизнь, как же это чувствуют верующие и воцерковленные?

Один известный житель Белграда рассказывал мне, как Господь спас его от ареста. Согнали нас, говорил он, в полицейское управление и построили во дворе. Охранники кесаревы избивают, издеваются, заушают. Кого? Сыновей косовских! Детей князя Лазаря! Тех, кого хотят интернировать, толкают в сторону, кричат: «Войти в участок!». Тем, кого отпускают: «В переулок!», но тех, других, было меньшинство. Я в страхе стою и молюсь про себя: «Господи, спаси меня!». Подошла моя очередь. «Чем занимаешься?» – злобно спросил меня солдат. «Господи, спаси меня!» – последний раз прошептал я и, не раздумывая над ответом, сказал: «Господин, я держу булочную и кормлю своим хлебом детей». Он несколько раз отгонял меня то влево, то вправо, пока не крикнул: «В переулок!».

Пути всемудрого Господа неисповедимы, тысячи и тысячи путей защиты и спасения у тех, кто Ему молится: 'В страхе пред Господом – надежда твердая, и сынам Своим Он прибежище'[121]. Разве не знаем мы случаи, когда у гонителя помрачается зрение и не видит он того, кого ищет погубить? Или когда заблудится грабитель и не найдет дома, который шел ограбить? Жена одного сербского офицера свидетельствовала об этом.

Она смотрела, как вражеские солдаты идут из дома в дом, грабят, ломают, уводят людей в плен. Вот уж пришли они к соседям… что делать? Позвала свекровь и детей, и упали все на колени перед иконой святого Архангела Михаила и в слезах молились. А солдаты бесчинствовали у соседей. Вышли, хлопнула дверь. Вот, сейчас войдут в ее дом… Вот, вот... Не вошли, не дал Господь! Не напрасно молились. Выйдя от соседей, они прошли мимо дома того офицера и вошли в другой. Отвело их от дома, связанного молитвой с небом.

Тебе потребовалось получить пулю, чтобы, оставшись в живых, почувствовать присутствие Божие. А великие святые и праведники чувствовали присутствие Его даже в движениях мысли и сердца. Старайся и ты подняться до такой духовной высоты, к такому тонкому познанию путей Господних, к такому живому ощущению Бога.

Мир тебе и приветствие.

ПИСЬМО 53. МАРИИ Ж., НА ВОПРОС О ЗНАЧЕНИИ ЕВАНГЕЛЬСКОЙ ПРИТЧИ О ДЕСЯТИ ДЕВАХ[122]

Пять дев мудрых и пять неразумных. Читай: пять мудрых и пять неразумных человеческих душ. Мудрые несли светильники и масло, неразумные только светильники.

Светильник символизирует тело, а масло – милость. Отсюда происходит слово «полиелей», то есть многая милость. Полиелей совершается на утрене, во время пения псалмов о великой Божией милости к избранному народу[123], с повторением слов: 'яко в век милость Его. Аллилуиа!'

Мудрые девы, сохранив чистоту телесную и душевную, сохранили и милость великую, милость к тем, кто был их слабее и не освободился от греха. Неразумные, строго соблюдая чистоту телесную, немилостиво и холодно смотрели на других, надменно осуждая и презрительно отворачиваясь от них. «Справедливо называются они неразумными, – пишет святой Нил Синайский, – ибо, преуспев в трудном и едва возможном – в девстве, пренебрегли меньшим и легким».Пренебрегли милостью, состраданием, прощением! Чистые, но пустые и темные светильники! Когда наступит смерть и тела сойдут под землю, елей милости должен вести душу и освещать ей путь к Вечному Отечеству!

Оставшегося без этого елея поглотит тьма.

Врата тьмы! Как пройти через эти узкие врата? Душа в страхе и трепете: вокруг нее страшные тени и призраки, подобные кошмарным снам, мучающим спящего. Кто помилует? Кто протянет луч света? Господь помилует и милостивые, ибо сказано: 'Блаженны милостивые, ибо они помилованы будут'[124]. Тех, кто был милостив к творениям, и Творец помилует. Разве это не утешение и истина? Разве не угроза для немилостивых?

По соседству со мной жила одна пожилая женщина. Было известно, что она всю жизнь хранила телесную чистоту, и было это похвально и благочестиво, но изо дня в день она осыпала ядовитыми стрелами живущих в браке и в «грехе». С утра до вечера она хвалилась своим девством и поносила тех, кто жил, как ей казалось, нечистой жизнью. Один священник сказал в разговоре о ней: «Если вы не знаете, что такое неразумная дева из евангельской притчи, вот она!». И действительно, безумие умножается, когда человек имеет только одну добродетель, а в остальном грешит. Так путнику во мраке ночи тьма кажется более густой, когда, посмотрев на свет фонаря, он оглядывается вокруг. Премудрость заключается не в одной добродетели, но в их соцветии. Сказано: 'Премудрость построила себе дом, вытесала семь столбов его'[125]. Та душа премудра, которая стяжала семь основных добродетелей.

Эта притча Христова имеет и глубокое духовное значение. Под пятью неразумными девами следует понимать внешние пять чувств. Кто живет только тем, что видит и чувствует, без контроля над чувствами и без разума, тот имеет безумную душу. Когда смерть задернет свой занавес над такой душой, она останется в полной тьме. А под пятью разумными девами подразумеваются пять внутренних чувств, которые разумно контролируют внешние чувства и владеют ими. Эти внутренние чувства в земной жизни наполняют душу светом, который остается в ней и светит, когда смерть набрасывает покрывало на чувства внешние. Но сможешь ли ты постичь это в твои годы? Со временем – непременно.

Мир тебе и здравия от Господа!

ПИСЬМО 54. БРАТЬЯМ РАДОСЛАВУ И МИЛОСАВУ, НА ИХ ВОПРОС О КАМНЯХ, КОТОРЫЕ ВОПИЮТ[126]

Когда Господь последний раз входил в Иерусалим, народ вышел Ему навстречу. Множество глаз с удивлением смотрело на Него, и множество уст восклицало: 'осанна Сыну Давидову! благословен Царь Израилев!»[127] Услышав это, фарисеи, побледнев от зависти, сказали Ему, чтобы Он запретил народу приветствовать Его. Кроткий Господь ответил им: 'если они умолкнут, камни возопиют'. Сейчас, спустя девятнадцать столетий после этого события, вы спрашиваете, что это за камни и как камень может вопиять.

Разве вы не читали, как спустя пять дней евреи действительно умолкли, а камни возопили о том, что Христос – Сын Божий? Когда в Великую Пятницу Он умер на Кресте, земля потряслась и камни расселись. Камни трескались и с грохотом распадались. Это – язык камней, вопль камней. Может ли быть язык выразительнее и вопль страшнее? Может ли быть свидетельство о благословенном Царе, Который сошел к людям и Которого безумцы отвергли и умертвили, достовернее?

Другие камни. Когда евреи умолкли, язычники воскликнули: «Осанна!». Евреи смотрели на язычников как на мертвые камни. В духовном смысле они действительно были камнями, не знавшими о едином живом Боге, поклонниками идолов. Евреи умолкли о

Сыне Божием, и апостолы разошлись по свету крестить языческие народы. И народы эти стали ожившими камнями, по словам апостола Петра: 'и сами, как живые камни, устрояйте из себя дом духовный'[128]. Как живые камни, язычники стали славить Господа, пока евреи молчали и побивали их камнями.

Еще есть камни. Когда уста евреев умолкли, возопили камни храма Соломонова. И по сей день вопиют. Ибо исполнилось пророчество об этом храме: и камня на камне не осталось[129]. Гордости и славы Израиля, храма Соломонова, сегодня не существует. Сохранились только остатки стен, ровно столько, чтобы дщери и сыны Израиля могли каждую субботу биться о них головой, о «стену плача», с воплем и рыданием. Остатки этих камней своим молчанием возвещают о проигранной битве.

И еще есть камни. Евреи давно молчат о Христе. Не радуются Ему, не славят Его, не восклицают: «Осанна!». Потому оскорбленный Бог презрел их единственный храм и его жертвы. Попустил его разорение. Но сотни тысяч каменных храмов воздвигнуты во всем мире во славу Христа. И эти камни свидетельствуют и вопиют о том, о чем евреи молчат.

Есть и другие камни. До поры не вопиют они, но возопят в конце времен, пред Вторым пришествием Господа. Пророк Прозорливый о конце света: и земля потрясется, и 'солнце померкнет, и луна не даст света своего, и звезды спадут с неба'[130]. Что есть земля, луна и солнце, если не камни? На своем языке, так, как умеют, эти огненные камни возопят в назначенный час. В тот час, когда явятся многие лжепророки, и умножится беззаконие, и любовь к Богу охладеет. Одним словом, когда христиане умолкнут вслед за евреями. Тогда тела небесные, эти огненные каменья Божии, возопят на своем языке, как они умеют. И возвестят приход Судии, как когда-то восточная звезда возвестила о рождении Спасителя.

Мир вам и здравия от Господа.

ПИСЬМО 55. ОБРАЗОВАННОМУ ЧЕЛОВЕКУ, КОТОРЫЙ ПРИШЕЛ К ЗАКЛЮЧЕНИЮ, ЧТО ЕСТЬ «ЧТО-ТО»

Ты пишешь, что должно в конце концов «что-то» быть. Говоришь, что читал книгу какого-то великого астронома о звездах и тебе бросилось в глаза утверждение этого известного ученого: «В мире все необъяснимо без Бога». И это заставило тебя сделать вывод, что есть «что-то».

Скажи, сын Лазарев: «Есть Бог» – и радуйся! «Есть что-то», – так говорят многие образованные люди. Но если до конца жизни пребудешь только со словом «что-то», то и жизнь твоя останется ничтожной.

Одно мгновенное предчувствие, что видимый мир содержит какую-то великую тайну, – это еще далеко не та животворящая и плодоносная вера, освещающая наш путь и указующая цель.

Сказать, что «есть что-то», – еще не значит увидеть свет дня. Это значит, что путник едва-едва заметил в ночном мраке расширенными своими зеницами приближение рассвета. А от него до восхода солнца еще долгий путь. Если бы ты сказал: «Есть Кто-то», заря зарумянилась бы над горизонтом твоей жизни.

Познай Творца своего, дорогой брат. Это важнее познания Его творений. Не пополняй общество тех, о которых апостол говорил: 'и служили твари вместо Творца' (Рим. 1, 25). Се, Всевышний Художник стоит перед

Своим произведением. Ты слишком засмотрелся на Его прекрасные полотна, которые поначалу открывают глаза, а затем слепят. Почему не подойдешь к Художнику и не познакомишься с Ним? Христос для того и сошел на землю, чтобы протянуть тебе руку и познакомить с Творцом. Кто не подойдет ближе к Художнику на этом свете, в Его изумительной мастерской, не познакомится с Ним, не представится и не поклонится Ему, тот не будет допущен в небесный чертог Его.

Пишу тебе это, вернувшись с похорон. В Охриде умер один благочестивый молодой человек. Лицо его на смертном одре было светло, светлее, чем при жизни. Жил по вере и в вере упокоился. Совсем молодой, но мудрый. А ты уже немолод.

Мир тебе и милость от Господа.

ПИСЬМО 56. КНИГОТОРГОВЦУ СВЕТОЛИКУ М., О НОВЫХ ЕРЕТИКАХ

Пишешь, что слышал, как некие люди на берегу Дуная проповедовали народу новое и необычное учение. Суть его сводится к словам: «Чем хуже, тем лучше». Они утверждают, что конец света уже на пороге. Утверждают, что предсказанные признаки Второго пришествия Христова уже явлены в мире. Это и землетрясения, и войны, и безбожие, нарушение законов природы, раздоры между людьми и многое другое. И на основании этого они учат людей, что не следует противостоять злу в мире, чтобы зло умножилось и ускорился приход Христа. Нужно, говорят они, радоваться восстаниям, войнам, кризису, наводнениям, засухе, голоду, ссорам соседей, безбожию, преступлениям, беспорядкам, распаду семьи, церковным нестроениям, развалу государств. Не нужно исправлять эту жизнь, не нужно собирать то, что распадается, но пусть жизнь сама распадется, заржавеет, наполнится ядом и станет невыносимой. Все ради того, чтобы побудить Христа прийти скорее и положить всему конец. Одним словом, мы должны активно содействовать гибели мира, чтобы вынудить Христа снова прийти на землю. И без конца повторяют: «Чем хуже, тем лучше».

Это новое учение, учителя которого называют себя новыми адвентистами.

Я нисколько не удивлен, что людям приходят в голову такие мысли, но удивляет меня то, что они считают себя вправе ссылаться на Христа и Евангелие. Ибо как только кто-то, отпав от Церкви, начинает самовольно толковать ее учение, ему неизбежно приходят в голову самые безумные и нелепые мысли, подобные снам пьяницы. Как только кто-то покидает ладью, где Христос – Кормчий, он оказывается в лодке, которой правит сатана.

Это «новое учение» очень напоминает ересь николаитов, возникшую в апостольские времена: 'хорошо, что ты ненавидишь дела Николаитов, которые и Я ненавижу' (Откр. 2, 6).Они учили, что нужно как можно больше грешить, пока человеческая греховность не насытится и не иссякнет. Когда человек исчерпает свою греховность, он станет святым! И так же, как учили те безумцы, эти новые адвентисты учат, что, умножая зло в мире, они вынудят Господа приблизить конец света. Как будто Всевышнего можно к чему-либо принудить! Или как будто Он по незнанию и немощи медлит с приходом и оттягивает конец мира! Послушай, что пишет от этом апостол Петр: 'Не медлит Господь исполнением обетования, как некоторые почитают то медлением; но долготерпит нас, не желая, чтобы кто погиб, но чтобы все пришли к покаянию. Придет же день Господень, как тать ночью' (2Пет. 3, 9–10). То есть конец мира придет в определенное время, которое Господь держит в Своей власти. Но если кто-то и желает приближения его, не должен он делать зла, умножать зло и радоваться злу, с тем чтобы скорее пришло добро. Апостол Павел наставлял Тимофея: 'соблюсти заповедь чисто и неукоризненно, даже до явления Господа нашего Иисуса Христа' (1Тим. 6, 14). Следовательно, мы до конца во все времена должны держаться заповедей Христовых. А главная Его заповедь – заповедь любви к людям. Насколько уродлива любовь тех, кто учит людей грешить, оскверняться и отпадать от Бога; желает, чтобы умножались безбожники, осквернители, бунтовщики, разрушители, преступники! Как же не увидел ты сразу, что эти самозванные учителя вышли из лодки сатаниной!

Видим и мы многие признаки, предсказанные Господом Иисусом Христом, мы не слепые, но это не дает нам право определять день конца света и тем более умножать зло в мире. Ибо с умножением зла умножается и количество грешников, губящих свои души. А мы дети Божии и должны желать того же, чего и Отец наш желает, – спасения всем людям. Пусть море бушует и земля сотрясается, пусть звезды падают, мы должны твердо стоять и без смущения предаваться благой воле Творца, желая добра всем человеческим душам.

Мир тебе и радость от Господа.

ПИСЬМО 57. БРАНИСЛАВУ Н., НА ВОПРОС О ВНЕЗАПНОЙ СМЕРТИ

Пишешь, что часто слышишь разговоры о внезапной смерти. Говорят, что уж если она неизбежна, то пусть наступит внезапно и вдруг прервет жизнь. Лучше так, чем страдать от болезни и заставлять страдать других. Ожидаемая смерть страшнее внезапной. В вашем городке машина насмерть сбила женщину, ее гибель дала повод ко многим разговорам. Кто-то утверждает, что это лучшая смерть. Кто-то так высказался о смерти: «Пусть приходит, только пусть не гложет!». После всего этого ты решился написать и просишь объяснения.

Не следует желать внезапной смерти – следует быть готовым к ней, когда бы она ни наступила. Так учит Церковь. Существует много канонических молитв, в которых мы просим Господа сохранить нас от всяких бед, к которым причислена и внезапная смерть. Но Тот, в Чьей власти и жизнь, и смерть, действует по Своему святому Промыслу на пользу всякой человеческой душе, забирает ли Он ее из сего мира внезапно или оставляет до времени здесь. Иногда Он настигает внезапной смертью грешников, иногда – но реже – и праведников. В Ветхом Завете мы читаем, как Господь наказал внезапной смертью сыновей Аарона за самовольное служение[131], как наказал бунтовщиков против Моисея[132]; как Анания и Сапфира упали замертво за то, что солгали апостолам[133]. Многие гонители христиан умерли внезапной смертью; об этом мы читаем в житиях святых мучеников. Но иногда случалось и праведнику умереть внезапной смертью, хотя и очень редко. Так случилось с Афанасием Афонским[134]: когда он что-то строил, упала стена, и он с несколькими монахами погиб под камнями.

Посылая грешникам внезапную смерть, Господь преследует две цели: наказание грешника и назидание другим. Как это произошло после смерти Анании и Сапфиры: 'великий страх объял всю церковь и всех слышавших это'[135]. А когда люди излишне полагаются на праведника и начинают обожествлять его, как это было с Афанасием Афонским, Господь забирает душу праведника внезапно, чтобы напомнить людям, что только Он – Бог и нет богов, кроме Него. Во всех же случаях внезапной смерти урок оставшимся в живых прост, а именно: следует непрестанно готовить свои души к скорой разлуке с этим миром – покаянием, молитвой и милостыней.

Об известном валаамском старце Никите[136] рассказывают, что он очень боялся внезапной смерти и постоянно молился, чтобы Господь послал ему перед смертью долгую и тяжелую болезнь, чтобы, как он говорил, «терпением болезни умилостивить праведного Судию, Который, если захочет, посчитает мое терпение вместо добрых дел, которых у меня нет». Некто, лежа на одре болезни, утешал своих друзей словами: «Девять месяцев мучился я, чтобы войти в этот мир, разве не должен мучиться столько же, чтобы уйти из него?».

Воистину, предсмертная болезнь очень важна. Многим грешникам она принесла вечное спасение. И тысячи грешников познали Бога и свою собственную душу только на одре болезни. А познав эти две великие реальности, которыми пренебрегали всю жизнь, горько раскаивались и оплакивали свою неразумную жизнь, исповедовались и причащались и, очистившись слезами и Кровью Христовой, удостоились войти в светлые небесные Его чертоги. Следовательно, предсмертная болезнь дается по милости Божией. Не беспокойся о том, что наши близкие будут страдать из-за нашей тяжкой болезни: эти страдания ради их блага, они получат за это щедрую награду от Творца нашего.

Мир тебе и благословение Божие.

ПИСЬМО 58. МОНАХИНЕ ВАРВАРЕ В ИЕРУСАЛИМ, О ТРЕХ ОДЕЖДАХ ХРИСТОВЫХ

Ты спрашивала меня о трех одеждах Христа: о той, в которую был облачен Господь в течение Своего земного служения, и о тех, в которые Его дважды переоблачали за нескольких часов до казни в Великую Пятницу. Почему Ирод облачил Его в белые одежды? Почему Пилат облачил Его в багряницу? Почему исполнители смертной казни одели Христа в Его собственные одежды?

Все, что происходило в земной жизни Христа, исполнено глубокого смысла, все открывает ту или иную истину, все служит назиданию людей. Одни поучения непосредственны и понятны, другие таинственны и образны и требуют толкования. Переоблачения Христа в три разные одежды относятся к последнему типу наставлений.

Багряница – пурпурные одежды – это облачение римских царей. Когда Господь говорил перед Пилатом о Царстве Своем, которое не от мира сего, Его слова показались материалистически мыслящему римскому чиновнику безумием и поруганием царского достоинства. Поэтому воины Пилата и облачили Его в багряницу, разумеется в самую дешевую, чтобы Его, как самозванца, подвергнуть поруганию. Но уже сам пурпурный царский цвет Его одежд свидетельствовал о том, что Христос – воистину Царь. Люди Пилата, пусть в насмешку, объявили Его Тем, Кем Он был в действительности. Никто из них и подумать не мог, что Царство Христово наследуют и Римское, и все другие царства мира.

Нечистый царь Ирод ожидал, что Христос сотворит перед ним чудо, но не чуда милосердия и человеколюбия ожидал он, а чуда ярмарочного, на потеху любопытным. Перед ним же в это время было величайшее на свете чудо – безгрешный и чистый Человек. Полная противоположность ему самому, осквернителю рода и убийце святого пророка Иоанна, Крестителя Господня. Я думаю, что этот нечистый потомок Исава был способен поверить в любое чудо света, но никогда – в чудо чистоты и безгрешности Человека. А перед ним было именно это величайшее и невероятное чудо. Однако бездушный и нечистый не мог увидеть его. Как Пилат, погрязший во лжи идолопоклонства, глядя в лицо Истине, не мог увидеть истины, так и, ослепленный черными струпьями греха, Ирод, глядя в лицо Невинности, не мог видеть невинность. Обманувшись в своих ожиданиях, Ирод облек Христа в белые одежды. Но белый цвет – символ чистоты и невинности. Ты читала, что Ангелы Божии, чистые и безгрешные, являлись в белых одеяниях (см.: Ин. 20, 12). Итак, окаянный Ирод, причисливший Христа к подобным себе и многим другим грешникам, облачил Его в белые одежды. И так же как воины Пилата в насмешку признали Господа Царем, так и Ирод признал Его Человеком невинности. То есть и в первом, и во втором случаях Христос был признан и объявлен Своими недругами, пусть невольно и бессознательно, Тем, Кем Он в действительности был.

Наконец, перед распятием облачили Господа в Его собственные одежды. Это те одежды, которые Ему соткала Его Святая Мать Богородица. Та риза, в которой Он ходил по земле и о которой воины на Голгофе метали жребий[137].

Не видишь ли во всем этом великое назидание для нас? Люди по собственным представлениям выносят о нас добрый или недобрый суд, по собственным представлениям осуждают или хвалят. Не походят ли эти оценки на разные одежды? Нас одевают то в ризы мудреца, то в шутовское рубище. То наряжают в порфиру подвига, то покрывают лохмотьями праздности. И все эти одежды сменяются с быстротой непостоянства и неустойчивости человеческого суда. Но в конце концов, в смертный час, каждый из нас явится в своем истинном свете и в своих собственных одеждах.

Мир тебе, честная сестра, и Божие благословение.

ПИСЬМО 59. АМЕРИКАНЦУ ДЖОНУ ДЭВИСУ, КОТОРОГО ПУГАЕТ УМНОЖЕНИЕ РОДА ЧЕЛОВЕЧЕСКОГО

Тебя беспокоит вопрос, чем будут питаться люди, когда они заполнят всю землю. Странное и излишнее беспокойство. Этой ли заботе учил нас Господь наш Иисус Христос? Напротив, Он освободил нас от этой заботы. Он заповедал нам и о дне завтрашнем не заботиться, а тем паче о будущих столетиях. Не беспокойтесь о завтрашнем дне, ибо он сам позаботится о вас[138].

Конечно, забывающий о Боге берет на себя Божии заботы. Но немощные рамена человеческие не могут понести Его забот. Известна ли Вам греческая легенда об Атланте, который восстал против богов и хотел понести землю на своих плечах, но, когда тяжесть земная едва не раздавила его, раскаялся и вернул землю богам? Хотите ли Вы стать новым Атлантом, повторив ошибку древнего героя?

Откуда Ваше опасение, что человеческий род когда-нибудь настолько умножится, что земля будет не в силах прокормить его? Такое могло бы произойти уже сейчас, могло бы случиться не однажды от сотворения мира, если бы Господь не заботился о мире. Если Вы настолько верите своему расчету и калькулятору, посчитайте и убедитесь, что уже от Адама и до первых фараонов египетских люди могли бы наполнить землю, как саранча – поле. Уже тогда люди могли заселить все земли и острова нашей планеты. Но этого не произошло. Это свидетельствует о том, что мир развивается по логике, которая неподвластна ни нашим расчетам, ни нашим калькуляторам. Сами говорите, что если бы численность населения Бразилии не росла так быстро, она могла бы прокормить всю Европу и Америку. Но добавьте к тому: что было бы, если бы население в ней увеличилось настолько, что уже не хватало бы зерна для экспорта?

Удивительна Ваша забота. Кто вознаградит Вас за нее, если народы Бразилии, Америки и Европы не умножатся так, как Вам кажется? Меня беспокоит и другое: кто вознаградит Вас за заботы о том, что может случиться через сто лет и скорее всего не случится? Разве голод наступал от переизбытка людей? Разве Вы не читали в Библии о семи неурожайных годах в Египте во времена праведного Иосифа?[139] Голод наступил от неурожая, а не от перенаселения. А неурожай в Египте попустил Тот, в Чьей власти давать или не давать – в зависимости от праведности или неправедности людей. Голод был и в Палестине в период праотца Иакова[140], но опять не от перенаселения, ибо Иаков со своими сыновьями владел половиной Палестины.

Поэтому успокойтесь и не мучайте себя заботой о хлебе для тех, кто еще не родился. Если же Вы желаете беспокоиться о будущих судьбах людей, тогда побеспокойтесь о том, какими будут сами люди, а не о том, что они будут или не будут иметь. Уверяю Вас, что, если потомки Ваши будут искать прежде Царства Божия и правды Его, ни дня без хлеба не останутся, даже если будет их как песка в море.

Мир Вам и приветствие.

ПИСЬМО 60. МЕЛЕНТИЮ Д., НА ВОПРОС, ЧТО ОЗНАЧАЮТ СЛОВА «ВЕЧНАЯ ПАМЯТЬ»

Тебя мучает то, что ты не понимаешь значения этих слов, которые столько раз слышал и сам часто произносил над усопшими. Хорошо делаешь, что спрашиваешь: чем лучше человек знает нашу исконную и добрую православную веру, тем больше любит ее. «Вечная память» – вечное воспоминание о человеке. Однажды я слышал, как кто-то в прощальном слове над умершим воскликнул: «Вечная тебе память на этой земле!». Я был удивлен такому неверному истолкованию нашей веры. Может ли быть что-нибудь вечное на земле, где все преходяще, где все мы гости? В самом деле, ничтожного блага мы хотим покойному, если желаем вечного воспоминания о нем в мире, который сам приближается к концу. Но, даже если память о ком-то будет жить на земле до конца времен, что ему от того, если он будет забыт небесами?

Правильно думать, что мы желаем усопшему вечной памяти в вечности, в жизни вечной и в Царстве Божием. В этом заключен смысл слов «вечная память».

Однажды похвалились ученики Христовы Учителю своему, говоря: 'Господи! и бесы повинуются нам о имени Твоем'. Господь же ответил им на это: 'радуйтесь тому, что имена ваши написаны на небесах'[141], то есть тому, что их знают, помнят и поминают в Небесном Царстве света и жизни.

В Священном Писании часто говорится, что имена праведных будут записаны в Книгу живых, а имена грешников будут стерты и забыты. Из притчи о богаче и Лазаре мы знаем, что Господь Своими пречистыми устами называет имя Лазаря, имя же неправедного богача умалчивает[142]. Значит, Лазарь вошел в Царство Небесное и обрел вечную жизнь и вечную память, а грешный богач потерял жизнь, и Царство, и имя.

В божественной науке имя иногда отождествляется с самим человеком. В Откровении говорится: 'произошло великое землетрясение, и погибло семь тысяч имен человеческих' (ср.: Откр. 11, 13). Под землетрясением следует понимать великие искушения, которым поддались 'семь тысяч имен', отпали от Христа и погубили свои души. Погибли не только их тела – это менее важно, – но погибли имена и души. Их имена были вычеркнуты из Книги живых и из вечности.

Кто желает бессмертного поминовения в вечности, тот евангельского духа ищет. Кто хочет своему имени бессмертия на земле, тот тщеславится. Знай, что многие из тех, кто неслышно и незаметно прошел по этой жизни, обрели бессмертие именам своим в том мире, который выше смерти и перемен. Подумай об этом, брат Мелентий, и Господь еще многое откроет тебе. А когда услышишь о моей смерти, тихо помолись: «Вечная ему память».

Мир тебе и здравия от Господа.

ПИСЬМО 61. АФОНСКОМУ МОНАХУ, О ЗАЩИТНИЦЕ СВЯТОЙ ГОРЫ

О чем печалитесь, святогорцы? О чем скорбят ваши души? Люди вас притесняют? Посмотрите на сосны афонские, высокие, прямые и гладкие, а как стеснены они камнями!

Вам известна истина, а истина дарует внутреннюю свободу. А от истины и свободы приходит в душу мир. А мир в душе – источник радости. Вы столетиями были носителями радости и сеятелями утешения народу балканскому. Неужели же сейчас ищете радости и утешения от нас, живущих в сетях мира сего? Весь мир не может дать и малой части того утешения, которое дает вам бессмертная Царица ваша, Первая Дочь Царская. Все имена многочисленных Ее икон говорят об утешении и радости.

Знаете, что Господь предрек апостолам: «в мире скорбны будете»[143]. А кем были апостолы, если не скитальцами-подвижниками? Весь мир был им монастырем. В этом огромном монастыре каждый из них имел свою келью, в которую мир со всеми его соблазнами и смутами не имел доступа. В глубине своих сердец, как в кельях запертых, хранили они истину и свободу, тишину и радость. В тех тайных кельях души их встречались с Животворящим Духом Божиим. Поэтому и могли они бесстрашно противостоять мрачному соблазну мира и, подобно светлым лучам, сиять истиной и радостью. А вы на Святой Горе словно в тихой гавани бурного мира. Пусть вы не покидаете своих келий, но свет вашей истины и благоухание молитв распространяется по всему миру. Слиты вы со скалой, что Святой Горой называется, как столпники со столпом, и воистину все вы столпники. Если бури мирские бьются иногда о Столп ваш, разве убоитесь? Посмотрите, как белые волны афонские с ревом разбиваются о гору Афонскую и, рассыпавшись, отбегают назад. Так и немощные волны мирской злобы захлестывают ваши святые обители, но, разбитые и посрамленные, возвращаются в свое русло. Своим мощным жезлом встречает их Одигитрия. Когда люди притесняют и беспокоят вас, вы не на людей смотрите, а на Нее, Пречистую Победительницу. Она сумеет рассчитаться с врагами державы Своей и Своего достояния.

Читали Вы, как Она в давние времена грозно казнила захватчиков Святой Горы? Вспомните, как заботливей ласточки, птенцов защищающей, покрывала Она вас покровом Своим в годы мировой войны. Разве люди – такие страшные враги, чтобы вы убоялись их? Прах и пепел, в сравнении с духами злобы поднебесной, с которыми вы, крепко препоясанные, во всякий день сражаетесь. И если ваша Владычица спасает вас от лютых бесов, ни на миг не засыпающих, разве не защитит Она вас от ничтожной людской злобы? О вас думал пророк, когда сказал: «приведутся царю девы вслед Ея»[144]. Она Первая Дочь Царская, а души ваши – девы, за Ней следующие к престолу Царя царей. Ее рука ведет вас, Ее риза покрывает вас, Ее очи призирают на вас, Ее любовь согревает, Ее пример укрепляет.

Блаженны вы, неутомимо прославляющие Господа! Блаженны вы, избранные граждане державы Богородицы! Никаких податей Она не собирает с вас, но ждет в дар три золотника чистейшего золота. Первый золотник – чистота девственная. Второй – девственное смирение. Третий – послушание девственное. За три эти девственные дара Она обещает вознести вас с вашей земной Горы Святой на Святую Гору небесную. О чем же тогда печалитесь, святогорцы? О чем скорбят души ваши?

Благословение от Господа и спасение.

ПИСЬМО 62. СЕРБСКОЙ ЖЕНЩИНЕ, КОТОРАЯ СПРАШИВАЕТ, ПОЧЕМУ РУССКИЕ ОСОБО ПОЧИТАЮТ БОГОРОДИЦУ

А разве сербы не почитают? А греки, а болгары, а румыны? Самое большое количество наших царских задушбин(благочестивые сербские князья и цари строили при своей жизни монастыри и церкви – задушбины, то есть за душу, во спасение души. – 'Перев'.) посвящено Богородице. Хиландар, пример многим задушбинам и жемчужина драгоценная среди них, прославляет введение Ее во храм. Святой Савва посвятил Хиландар Божией Матери. Была ли ты в приморской Савине (монастырь на побережье Черногории. – 'Перев'.) и видела ли икону Пресвятой Девы, всю украшенную золотыми ожерельями, серьгами и подвесками? – Стольких и таких драгоценных наград не знал ни один воевода! Это особое признание за то, что Она воюет против зла в мире и побеждает его. Так приморские жители украшали Ее, Защитницу свою в коварной морской пучине. Была ли ты, дочь сербская, в Чайниче, ничем другим, кроме имени Богородицы, не известном? Икона Ее чудотворная, что в Чайниче, славится по всей Боснии и Герцеговине и в дальних странах. Если бы ты видела перед Чайницкой иконой почитание и восхищение, покаянное воздыхание и благодарное величание Божией Матери тысячами паломников! Если бы ты слышала удивительные повести о Ее дарах и милостях, которые

Она людям посылает! Но услышишь ты множество подобных повестей и в Печи, и в Охриде, и в Прилепе – по всем Балканам, от моря до моря. Из всех молитв, что звучат из уст сербских, не чаще ли других молитвы «Помоги, Боже» и «Богородице»? Почитание Богородицы жило в душах славных представителей народа. Когда умирал наш величайший поэт, владыка Раде[145], он попросил принести ему икону Пресвятой Богородицы из Цетиньского монастыря. Заплакал перед ней и, приложившись к ней, воскликнул: «Пресвятая Богородице, спаси мя!».

А тому, что наши русские братья особо почитают Богородицу, думаю, есть и особые причины, помимо наших общих, а именно: русские многократно получали от Нее помощь во времена самых судьбоносных государственных и церковных событий. Когда языческие русские князья Аскольд и Дир двинулись в поход на Цареград, они не только не смогли разорить его, но даже приняли крещение. Цареградские христиане молились о спасении города; патриарх Фотий[146] вынес икону Богородицы, и крестным ходом народ направился с ней к морю. Вдруг море разбушевалось и потопило все русские корабли. Аскольд и Дир едва добрались до берега и, узнав причину бури и своего спасения, приняли крещение и вернулись на Русь христианами. Когда возводилась Киево-Печерская Лавра, колыбель русского христианства, Богородица явила Свою чудесную помощь при строительстве монастыря и при написании для него икон.

Владимирская икона Божией Матери прославляется трижды в году. Три праздника посвящены ей в ознаменование трех великих побед, одержанных русскими над татарским войском. При окончательном освобождении Руси от татар царь Иоанн III с Владимирской иконой двинулся навстречу врагу. На реке Угре несколько месяцев стояли два войска друг против друга. Просто стояли, без битвы. Наконец, когда русские подняли икону вверх и запели величание Богородице, татары развернулись и бежали. Русская победа была одержана без единой капли крови, заступничеством Пресвятой Владычицы. Эти и другие выдающиеся события, в которых участие Богородицы было решающим, глубоко запечатлелись в душе русского народа. И чувство благодарности передается из поколения в поколение.

Мир тебе и милость от Господа.

ПИСЬМО 63. ХУДОЖНИКУ ПАВЛУ И., НА ВОПРОС О ТОМ, КАК УЗНАТЬ ПРАВОСЛАВНУЮ ИКОНУ ПРЕСВЯТОЙ БОГОРОДИЦЫ

К своему письму ты приложил фотографию картины, которая распространяется в народе с именем Пресвятой Богородицы. На картине изображена молодая веселая женщина, с распущенными волосами до плеч, с полным лицом, яркими устами, в пестрых одеждах. Без младенца на руках. Ты и сам понял, что это не православное изображение, но спрашиваешь, как человек может сразу узнать православное изображение Богородицы.

Одним из самых важных знаков, отличающих православную икону Богородицы, служат три звезды: одна над Ее челом, вторая на правом плече, третья на левом. Три звезды символизируют девственность Пресвятой Девы до рождества Христа, в момент рождества и после рождества.

Затем – цвета Ее одежд. Как правило, в Ее одеянии преобладают три цвета: золотой, красный и голубой. Золотой цвет символизирует бессмертие, красный – мученичество, славу и господство, голубой – небеса; все вместе это означает, что, облеченная бессмертной славой на небесах, Она некогда была Рабой Божией и Страдалицей на земле.

Лик Пресвятой Богородицы на православных иконах никогда не изображается полным или округлым, но всегда удлиненным и тонким. Глаза крупные и задумчивые. Тихая грусть, готовая к утешительной улыбке. Грусть о скорбях мира, а улыбка – упование на Господа Утешителя. Но и грусть, и улыбка сдержанны, лишь угадываются, все сдержанно и подчинено духу. Это лик Победительницы, пережившей всю горечь страданий и боли, Которая теперь может помочь всем, кто борется со страданием и болью. Волосы всегда убраны полностью. Об этом лице нельзя сказать, что оно красиво по-человечески. Оно отклоняет всякую мысль о телесности. Оно излучает небесную красоту, которая являет себя только в святости. Оно обращает мысли того, кто смотрит на него, к возвышенной реальности и красоте души.

Голова Богородицы мягко склоняется к Богомладенцу Христу, Которого Она держит на груди. Этот мягкий наклон символизирует Ее покорность воле Божией во всем, выраженную в ответе благовестителю Архангелу Гавриилу: 'се, Раба Господня; да будет Мне по слову твоему'[147]; а также означает признание Ею Того, Кого Она держит на руках, бо́льшим Себя.

На православных иконах очень редко видим Богородицу без Младенца Христа. В этих случаях Она изображается как Страдалица, у подножия Креста, со скрещенными руками и склоненной головой, иногда с символическими мечами, пронзающими Ее сердце. Но само сердце не изображается никогда. Наиболее же распространены Ее иконы с Богомладенцем на руках. Она явилась в мир ради Сына. Ее миссия была посвящена Сыну. Да никто и никогда не увидит в Ней женщину, но всегда только Мать. Она являет самое возвышенное, чистое и святое материнство от начала до конца времен. Она – Мать Господа нашего Иисуса Христа, но Она и наша Мать, Утешительница и скорая Помощница. Пусть и тебе всегда будет Она утешением и помощью.

ПИСЬМО 64. УЧИТЕЛЬНИЦЕ, О ЯВЛЕНИИ БОЖИЕЙ МАТЕРИ

Пишете мне в восхищении, что Вам явилась Божия Матерь и теперь Вы твердо вступили на путь веры.

Ваша дочка лежала в тяжелой лихорадке. Вы собрали врачей. Они, осмотрев девочку, удалились в другую комнату для совещания. Вы с замиранием сердца прислушивались к их разговору. Один из них сказал, что можно было бы ее спасти, если бы девочка хорошо пропотела. Другие считали, что уже поздно. Вы в отчаянии заламывали руки и плакали. Над детской кроваткой висела икона Пресвятой Богородицы. Раньше Вы смотрели на икону скорее как на украшение, чем как на жизненную необходимость. В этот черный миг Вы бросились перед иконой на колени и, задыхаясь от слез, возопили к Богородице: «О Пресвятая Богородице, Ты видишь мое горе. Ты знаешь, Мать над матерями, что значит иметь единственное дитя и потерять его. И Ты видела Своего Первенца в крестных муках. Умоляю Тебя, помилуй меня, грешную, и помоги. На Тебя одну сейчас надеюсь, на человеческую помощь нет больше надежды. Весь мир не может мне помочь. Только Ты, золотая Богородице, можешь, если захочешь. Скольких скорбящих матерей Ты утешила! И меня утешь, о Святая Пречистая!». После долгой молитвы и слез Вы взглянули на икону и увидели слезы на глазах Богородицы. После этого Вы подошли к своей дочери и – чудо: она вся была покрыта каплями пота. Наутро она приподнялась и поела, а вскоре совсем поправилась.

Слава Пресвятой Богородице! Спасибо и Вам за это свидетельство. Ваша вера основана на опыте, а не на своевольных рассуждениях и теориях. И мне очень драгоценно пережитое Вами. У нас прошлой зимой произошел подобный случай. Тяжело заболела дочка бедной вдовы. Месяц она не приходила в себя, не произнесла ни единого слова. Надежда была потеряна, и, убитая горем, мать уже начала занимать деньги на похороны. Однажды вечером сидела она у постели дочери и тихо плакала. Вдруг девочка открыла глаза и сказала: «Не плачь, мама; отвези меня завтра в Калиште, и я выздоровею, так мне сказала моя Небесная Мама, Она сейчас здесь со мной!». Пораженная, мать затрепетала. На следующий день она отвезла ребенка в монастырь Пресвятой Богородицы в Калиште, и девочка вернулась домой здоровой.

Но разве только два таких случая или три, или десять? Нет числа явлениям и случаям помощи Пресвятой Богородицы. Святой Серафим Саровский исповедал, что Богородица Сама являлась ему шесть раз в течение его жизни. А если бы весь безмолвствующий народ, который считает эти небесные явления драгоценной тайной своей, если бы он отверз уста и поведал все, чему был свидетелем, земля исполнилась бы удивления. Поверьте, когда человек приходит к познанию действия и проявлений небесного мира в нашей земной жизни, он чувствует, что вошел в безграничное и непостижимое царство чудесной действительности. В это царство, невидимое для телесных очей, наша душа может войти только с зажженным факелом любви и веры, по чудным словам апостола Павла: «да даст вам верою вселиться Христу в сердца ваши, чтобы вы, укорененные и утвержденные в любви, могли постигнуть со всеми святыми, что широта и долгота, и глубина и высота»[148]. А Вы благодарите Бога и Богородицу за то, что открыли

Вам духовное зрение, не ослепите его грехом и нерадением.

Да поможет Вам Господь во всем.

ПИСЬМО 65. ЧИНОВНИКУ ИОАННУ Ю., О ТРЕХ ВЕЛИКИХ ВЕЩАХ

Вы задаете мне три вопроса:

Какая величайшая мысль достойна человека? Какая величайшая забота достойна человека? Какое величайшее ожидание достойно человека?

Мысль о Промысле Божием в человеческой жизни – величайшая мысль, достойная человека.

Забота о спасении души – величайшая забота, достойная человека.

Ожидание смерти – величайшее ожидание, достойное человека.

Как надлежит думать о Промысле Божием в человеческой жизни? За меру нужно взять нравственный закон Божий, по нему сверять все, что происходит в жизни окружающих нас людей. Самое важное – исследовать нравственные причины всего, что происходит с кем-то из ваших близких. Это не всегда легко, ибо причины иногда бывают скрыты в прошлом родителей. Христианская исповедь основана на открытии этих причин. Псалмопевец говорит Богу: «аз же поглумлюся в заповедех Твоих»[149]. «Коль возлюбих закон Твой, Господи!»[150] Ибо на заповедях Божиих основано все, что происходит с детьми Адама. И закон Божий – свет, который освещает все, что с нами случается.

Как нужно заботиться о спасении души? Чтобы не перечислять мне здесь, читайте Евангелие и спросите Церковь. Нет в мире сокровища, драгоценнее души человеческой. И именно это сокровище должно спасти от погибели и смерти. Остальное, что не есть человек, но что человеческое, что человек ценит и бережет, неизбежно погибает и умирает. Человеческая душа в очах Божиих драгоценнее всего материального мира, по слову Христа: 'что вам пользы, если весь мир завоюете, а душу погубите?'[151] Не может быть, следовательно, заботы, более достойной человека, чем забота о спасении души.

Как нужно ожидать смерть? Так же, как воин перед битвой. Или как ученик, который усердно готовится к уроку, ожидая, что учитель каждую минуту может вызвать его. Об ожидании смертного часа напоминает нам Господь в притче о легкомысленном богаче, который строил новые амбары и готовился к долгому земному благоденствию, но вдруг услышал: 'в сию ночь душу твою возьмут у тебя, чьим будет сокровище твое?'[152]

Почему мысль о Промысле Божием в судьбах людей – величайшая мысль, достойная человека? Потому, что она приносит человеку мудрость и блаженство. Почему забота о спасении души – величайшая забота, достойная человека? Потому, что душа – величайшее сокровище на земле, а величайшее сокровище нуждается в наибольшей заботе. Почему ожидание смерти – величайшее ожидание, достойное человека? Потому, что оно очищает совесть и понуждает человека ко всякому добру. Когда одного благочестивого и доброго человека спросили, что в его жизни более всего понуждало его к труду и добродетели, он ответил: смерть.

Этих трех вещей мы не заметим в жизни животных. Они свойственны только человеку, и не просто человеку, а высшему его типу. Все остальное объединяет человека и животное.

От Бога вам мир и благословение.

ПИСЬМО 66. ПЕНСИОНЕРКЕ, КОТОРАЯ СЕТУЕТ НА МОДУ

Вы пишете, что Вам и трем Вашим дочерям вполне хватало бы пенсии, которую Вы получаете, как вдова офицера. Но «мода уносит все». Дочери перестали Вас слушаться и признают только суровый диктат моды. Советы, просьбы, объяснения – все напрасно, на все один ответ: «Ты ничего не понимаешь, мама, это культура, просвещенность, вкус. Почему мы должны быть не как все?». И каждую весну и каждую осень требуют новых модных платьев. А в доме нищета. Давно не было ремонта, мебель обветшала, посуда в трещинах, постельное белье превратилось в лохмотья. Живете впроголодь, если пообедаете, ужинать нечем. Не хватает денег на необходимое, но на модную одежду, на выход должны быть. Увы, мода и улица лишили Вас авторитета в доме. Спрашиваете, что Вам делать.

В Македонии каждый сказал бы Вам: молитесь Богу, чтобы Он очистил души чад Ваших. Советуйте с молитвой. Пусть насмехаются, а Вы свое говорите. Рано или поздно истина принесет свои плоды. Господь все слышит, и в свое время Он повторит дочерям Ваши уроки, но уже более сурово. Ибо и Священное Писание, и наш опыт нам свидетельствуют, что Господь ничто не наказывает так строго, как непочитание родителей.

Объясняйте дочерям, что модной одежды требуют не культура и просвещенность, а торговля. Те, кто выдумывает моду и навязывает ее легковерному миру, думают исключительно о деньгах. При своем торговом ремесле они думают о культуре и просвещенности не больше, чем жаба о звездах. Это обычные рыночные хищники, которые лукавством выманивают у людей деньги. У них своя агентура – дизайнеры, художники и опытные знатоки человеческих страстей. За деньги они выдумывают все новые и новые фасоны одежды, до изнеможения они работают над новыми моделями и начинают навязывать женщинам такую одежду, которая выходит за пределы приличия и нравственности. Но разве есть им дело до нравственности, девичьей стыдливости, человеческой души, здоровья нации и мизерных материнских пенсий? Деньги и только деньги – вот девиз и цель творцов модных поделок, торговцев и их агентов.

Еще скажите Вашим дочерям, что эти архиторговцы модой под именем культуры и просвещенности, красоты и эстетики рекламируют свои изобретения, думая только о прибыли и посмеиваясь в кулак. Эти слова, которые когда-то произносились с уважением, служат им теперь просто красочным торговым ярлыком для продажи товара.

Некогда европейские царские дворы служили образцом красивой одежды, при этом они прежде всего заботились о том, что в устах Ваших дочерей звучит как пустословие, – о культуре, красоте и вкусе. Но сегодня, к сожалению, и королевские, и княжеские дворы подчинились модной тирании, которую навязывают лавочники. Эти красивые господские одежды еще можно иногда увидеть на некоторых благочестивых людях, особенно в Македонии и Черногории. Одна американка, преподаватель, недавно посетила Цетине, и она мне рассказывала, что некое женское общество пригласило ее на чай. Черногорки пришли в своих прекрасных народных костюмах, а американка – в своем модном платье. «Мне было очень стыдно самой себя: я выглядела как цыганка среди цариц!» – говорила она.

Еще вы можете прочитать Вашим дочерям предостережение пророка Исаии еврейским модницам: 'И сказал Господь: за то, что дочери Сиона надменны и ходят, подняв шею и обольщая взорами, и выступают величавою поступью и гремят цепочками на ногах, – оголит Господь темя дочерей Сиона и обнажит Господь срамоту их; в тот день отнимет Господь красивые цепочки на ногах и звездочки, и луночки, серьги, и ожерелья, и опахала, увясла и запястья, и пояса, и сосудцы с духами, и привески волшебные, перстни и кольца в носу, верхнюю одежду и нижнюю, и платки, и кошельки, светлые тонкие епанчи и повязки, и покрывала. И будет вместо благовония зловоние, и вместо пояса будет веревка, и вместо завитых волос – плешь, и вместо широкой епанчи – узкое вретище, вместо красоты – клеймо. Мужи твои падут от меча, и храбрые твои – на войне. И будут воздыхать и плакать…' (Ис. 3, 16–25), которое со временем вполне подтвердилось.

От Господа мир Вам и здравия.

ПИСЬМО 67. БРАТСТВУ СВЯТОГО ПРОРОКА ИЛИИ, О СЕЯТЕЛЕ ПЛЕВЕЛ[153]

Вы мне пишете, что к вам пришел молодой человек с некой новой верой. Он опровергает все: Церковь, святых, иконы, кресты, Крестные Славы, а особенно он ополчился против Богородицы. Ходит из дома в дом, из лавки в лавку, бесплатно раздает книги и газеты, в которых написано все, что он проповедует, – хула на православную веру. Говорит, что приехал из Америки, чтобы просвещать вас. Еще утверждает, что все американцы верят так, как он. О том, какую секту представляет, молчит; в том, что он сектант, вы убедились сами.

Чтобы не говорить мне, братья, пусть апостол вам скажет. Святой апостол Петр называет таких ложными учителями и пророчествует об их появлении в мире: 'будут лжеучители, которые введут пагубные ереси, навлекут сами на себя скорую погибель' (2Пет. 2, 1). А прозорливый евангелист Иоанн Богослов предостерегает: 'Возлюбленные! не всякому духу верьте, но испытывайте духов, от Бога ли они, ибо много лжепророков появилось в мире' (1Ин. 4, 1).

А от себя скажу вам, братья: ложны слова его о вере американцев. Ложь то же, что и плевелы, а он сеятель плевел. И в Америке есть Православная Церковь, много храмов, священники и епископы. Это наши православные братья по вере: русские, сербы, болгары, румыны, сирийцы. Когда-то отягощенные мучительным бременем тяжкого труда, а сейчас еще более мучительным –

безработицей, они сохранили свою веру и свои души от таких сеятелей. Тогда, потерпев неудачу в Америке, сектанты направили своих агентов на Балканы, чтобы своими окаянными деньгами и бесплатными книгами покупать наши души. Не продались мы туркам, неужели продадимся американским лавочникам? Не в нашем обычае продавать веру за похлебку.

Мы больше тысячи лет идем по жизни с православной верой, мы пролили за нее кровь: она даровала нам дух. Наши святые живы и поныне являют себя в многочисленных знамениях и чудесах. Подобно тому как сила электричества струится по проводам, так и сила Божия струится к нам через святых Его. То Родитель желает прославить детей Своих и являет силу Свою через них. Силу и помощь угодников Божиих почувствовали не только мы, христиане, но и наши балканские мусульмане. Мусульмане признают силу нашей веры, но не признают нашу силу веры. Апостол Павел пишет Тимофею, что, имея облик благочестия, от веры отступили. И советует Тимофею: от сих уклоняйся[154]. Мы же держались и держимся Книги, то есть Священного Писания, и силы, то есть знамений и чудес Божиих, через святых, иконы, Крест, молитвы и Причастие явленных.

Нам ли защищать Богородицу от хулителей? Она Сама защитит Себя. Хулители Ее рыдают от мук на одре смертном. Был среди нас один крещеный человек, который совершил поругание иконы Богородицы. Долго болел он перед смертью, долго болел. И все защищался от кого-то, размахивая в воздухе руками. День и ночь кричал: «Арабы! Черные арабы! Оставьте меня!». Когда отслужили над ним молебен Богородице, он успокоился, потом заплакал и сказал: «Вот пришла Матерь Божия и жезлом Своим отогнала от меня арабов». Несколько дней он плакал, целуя икону Богоматери. «Слава Тебе, Матерь Божия! Ты простила меня», – шептал он и, тихо пропев «Достойно есть», мирно отошел от нас.

Благословение Божие да укрепит вас, братья!

ПИСЬМО 68. ЧЕЛОВЕКУ, КОТОРЫЙ СПРАШИВАЕТ, УКОРИЛ ЛИ ГОСПОДЬ СВОЮ МАТЕРЬ

На свадьбе в Кане Галилейской не хватило вина. Богородица, увидев удивленных гостей и посрамленного хозяина, в порыве сострадания обратилась к Сыну Своему за советом и помощью, говоря Ему: 'вина нет у них'. Сын ответил: 'что Мне и Тебе, Жено?'[155] Эти слова показались тебе укором, и ты спрашиваешь о них.

Нет, это не укор. Ибо, будь они укором, Богородица почувствовала бы это в тот же миг и умолкла бы и больше не произнесла бы ни слова. Между тем Она сразу за этим сказала слугам: 'что скажет Он вам, то сделайте'[156].

'Что Мне и Тебе, Жено?' – это слова откровения, а не укора. Господь хочет не укорить, а просветить Ее. Она из сострадания думала о телесной, низшей потребности гостей, а Он о высшей, духовной. Она хотела, чтобы все было по правилам и обычаю, чтобы никто не огорчился и не осрамился, а Он хотел пробудить спящих и исцелить больные души человеческие. Он сошел к людям, чтобы наше водянистое существо претворить в вино, золу в огонь. Богородица желала, чтобы Сын Ее сотворил добро людям – в этом Его сердце согласно с сердцем Матери, – но добро великое, соразмерное Его величию и полезное всему человечеству до конца времен. А из-за житейской потребности в вине можно было бы обратиться к соседям: в тех краях не было недостатка в вине. Но важно не вино, а чудо. Люди выпьют вино и забудут, а чудо не забудется. Вино, как телесная потребность, принадлежит земному царству, чудо же, как духовная потребность, принадлежит Царству Небесному. Богородица в тот момент позаботилась о первом, Господь же заботился о втором. Видя, что мысли Матери Его удалились от Его мыслей, Он, желая вернуть ее из низшего царства к высшему, ласково сказал Ей: 'что Мне и Тебе, Жено?' Златоуст пишет об этих словах следующее: «То были слова не обличения Матери, но домостроительства», то есть возведения Царства Небесного в душе Богородицы и всех тех, кто услышит или прочтет их. Вспомни, что сказал Господь Марфе, сестре Лазаря: 'Марфа! Марфа! ты заботишься и суетишься о многом, а одно только нужно'[157]. И это не слова укора, а слова просвещения. Царство Небесное выше всех забот, потому все человеческие труды и заботы следует направить к стяжанию его.

Но почему Господь сказал 'Жено', а не 'Мати'? Чтобы в тот миг подчеркнуть разницу в Их помыслах. Ибо, если бы сказал 'Мати', мы могли бы не обратить внимания на эти слова и не заметили бы разницы в Их помыслах. Апостолу Петру Господь дал более строгий урок, сказав ему: 'отойди от Меня, сатана, потому что ты думаешь не о том, что Божие, но что человеческое'[158]. А если бы сказал ему: «Отойди от Меня, Петр (или человек)», мы не заметили бы той пропасти, которая отделяла его от Господа.

Поняла ли в тот миг Богородица Сына Своего и приняла ли назидание? Совершенно. Она сразу перестала советовать Советнику и направлять Ведущего, но послушно и смиренно вернулась к Своей роли – готовить людям путь к Нему. Потому Она обратилась к слугам, говоря им: 'что скажет Он вам, то сделайте'. И когда слуги сделали то, что Он сказал им, тогда и Она вместе со всеми в душевном трепете ожидала чуда.

Послушаем, брат, и мы Пресвятую Богородицу. Сделаем все, что нам Ее Сын заповедал. Сие в нашей власти. А когда исполним все, что сказано, да с трепетом ожидаем неведомого, да ожидаем от Него чуда, чуда претворения телесного человека в духовного, земного – в небесного, воды – в вино.

Мир тебе и радость от Господа.

ПИСЬМО 69. НЕПРАВОСЛАВНОМУ СВЯЩЕННИКУ, НА ВОПРОС: «ЗА ЧТО БОГ НАКАЗЫВАЕТ ПРАВОСЛАВНУЮ РОССИЮ?»

Уверены ли Вы, что нынешние страдания православного русского народа — наказание Божие? Я, признаюсь, не уверен. Так и ошибиться недолго, если считать всякое страдание народа или личности наказанием Божиим. Три голгофских креста учат нас осторожности в оценке чьих-либо страданий. Разве Христос был распят в наказание? В длинной веренице мучеников мы видим и пророков, и апостолов, и многих светлых праведников и праведниц. Их страдания не были наказанием, а если и страдали они за грехи, то не за свои. Как и Тот Безгрешный, Который принял величайшую муку, воистину за грехи мучим был, но не за Свои, а за человеческие. Страдание Святой Руси за грехи попущено, но за чьи? Об этом спросите. Вспомните, знаток Священного Писания, как Господь истолковал евреям гибель тех восемнадцати человек, на которых упала башня Силоамская[159]. Сказал Он, что не потому погибли они, что были грешнее всех галилеян, но для того, чтобы предостеречь грешников, больших себя: 'если не покаетесь, все так же погибнете'[160].

Разве Россия грешнее всех других стран, что несет тяжелейшие страдания? Всему миру очевидны две вещи: первое, что русский народ горит в огне страданий, как когда-то три отрока в печи вавилонской;

второе, что материалистические и безбожные теории, которые разожгли в России этот огонь, возникли не в русском православном народе, а рождены народом нерусским и неправославным. Все остальное – тайна Промысла Божия. В эту страшную тайну проникать глубоко нам не должно. Мы можем уподобить русское страдание страданию праведного Иова, которое помогло и помогает многим и многим. Мы можем увидеть в муках России знак Божий всем народам, чтобы береглись материализма и в теории, и в практике, в мыслях и в делах. Самые благородные умы прошлого столетия (XIX) доказывали безумие и гибельность таких теорий.

Но слова не убедили, потому и попущен ужас воплощения этих теорий, попущен на практике. Подобно тому как Силоамская башня рухнула на бедных галилеян, и современная башня всех лжеидей рухнула на великий русский народ. Чтобы род человеческий увидел это и отрезвился от пагубных и разрушительных теорий. Но кто бы решился сказать, что эта современная башня лжи рухнула на Россию потому, что она грешнее всех? Я, словно сейчас, слышу предостережение Христово нам: 'если не покаетесь, все так же погибнете', – о племена и народы! К этому предостережению Божию мы можем добавить уроки мировой истории. Ни одна революция не завершилась тем, с чего началась. Этому учит нас прошлое. Часто то, что революция низвергает и разрушает, впоследствии торжествует как истина. Это произошло и с верой Христовой, гонимой, но неизгнанной, поругаемой, но непоруганной, избиваемой, но неубитой. И очевидно, что и славянская, и мировая миссия России не в том, что происходит там сейчас, но в том, что грядет после революции.

Во всяком случае сегодняшние крестные муки русского народа принесут миру непреходящую пользу. А сам русский народ выйдет из огня страданий более сильным, святым и славным, чем был прежде. Даже обычный кузнец бросает в огонь железо не для того, чтобы наказать его, но чтобы сделать его чище. Мы считаем и верим, что Творец попустил великому русскому народу огонь страданий не для того, чтобы наказать и истребить его, но чтобы этим страшным примером предостеречь и вразумить другие народы, а сам русский народ вовеки прославить пред землей и небом.

Мир Вам и здравия от Господа.

ПИСЬМО 70. СКРОМНОМУ ЧЕЛОВЕКУ, КОТОРЫЙ ПОКАЯЛСЯ В ТОМ, ЧТО СОГРЕШИЛ СЛОВОМ

Хорошо ты сделал, что сразу покаялся. Господь оставил нам покаяние для нашего спасения: если бы не было покаяния, и апостолы не спаслись бы, а тем более другие люди. Языком согрешаем, а сердцем каемся. Ты сказал злое слово против своего соседа, словно искру в сено бросил. Все село слышало и смеялось. Сосед огорчился и подал на тебя в суд. Тебя беспокоит не приговор суда, а наказание соседа. Он больше не желает с тобой разговаривать, он отвернулся от тебя. Что теперь делать?

Предоставь все Богу и времени. Молись всеведущему Творцу об умягчении сердца твоего соседа. Используй любую возможность сказать о нем доброе слово и жди. Господь, доброе слово и время сделают свое, и однажды вы снова, примиренные, пойдете вместе в храм.

Пусть послужат тебе назиданием слова Спасителя: «Истинно говорю вам, за всякое праздное слово, которое исходит из уст ваших, дадите ответ в день Страшного Суда»[161]. Не говорит ли это о том, что всякое злобное и лживое слово нарушает порядок вселенной и оскорбляет Спасителя? Доброе или злое слово, которое мы произносим явно или тайно, в мыслях, чувствует вся вселенная, чувствует и Творец чувств. Как слово может утаиться от Того, Кому все мысли ведомы? Древние греки говорили, что копье Ахилла может одним концом ранить, а другим исцелить рану. Мы не знаем, как копье, но знаем, что может это язык человеческий. Языком раны наносятся, языком исцеляются: 'Им благословляем Бога и Отца, и им проклинаем человеков' (Иак. 3, 9).

В одном селе произошел страшный случай. Был у одной матери единственный сын, школьник. Рассердилась как-то мать на сына и в гневе произнесла безумные слова: «Если бы глаза мои тебя никогда не видели, тогда я была бы счастлива!». Ребенок был настолько потрясен, что схватил ружье и застрелился; рядом с ним нашли его школьную дощечку, на которой он написал слова: «Мама, вот, исчезаю я с глаз твоих, только бы ты была счастлива». После этого одинокая мать каждый вечер сидела у очага и заливала огонь слезами, пока однажды утром не нашли ее мертвой у погасшего очага: умерла от горя.

Видишь, что безумное слово делает? Но не оставлю тебя без примера доброго слова. Во время войны послали одного боязливого солдата в разведку. Все знали его боязливость и смеялись, когда узнали, куда посылает его старшина. Только один солдат не смеялся. Он подошел к своему товарищу, чтобы поддержать и ободрить его. Но тот ответил ему: «Погибну я, враг совсем рядом!». – «Не бойся, брат: Господь еще ближе», – ответил ему добрый товарищ. И эти слова, как большой колокол, зазвонили в душе того солдата, и звонили до конца войны. И вот, некогда робкий солдат вернулся с войны награжденный многими орденами за храбрость. Так преобразило его благое слово: «Не бойся: Господь еще ближе!».

Мир тебе и здравия от Господа!

ПИСЬМО 71. ОБРАЗОВАННОЙ ЖЕНЩИНЕ, КОТОРАЯ ЖАЛУЕТСЯ НА НЕБЛАГОДАРНОСТЬ

Вы жалуетесь, что Ваш большой труд по сбору пожертвований для детского дома остался без признания и награды. Другие, кто не сделал и половины того, что сделали Вы, получили те или иные награды, Вы – ничего. Боже мой, на что Вы жалуетесь! На то, что по Евангелию должно радовать. Еще пишете, что Вы, как христианка, все делали ради Христа. Разве не знаете, что, кому человек посвящает свой труд, от того и ждет награды? По-евангельски, слуга пасет овец хозяина и не от овец ожидает награду, а от хозяина. Воин сражается во имя своего царя и от него ожидает похвалы, а не от тех, с кем или против кого воюет. Так и Вы, если, как христианка, делали добро во имя Христово, от Христа награды ждите. Разве не обещал Господь вечную награду всем, кто творит добро или терпит скорбь и гонения во имя Его? Разве не сказал Он: «Радуйтесь и веселитесь, яко мзда ваша многа на небесех»[162]? И еще: 'Когда исполните все заповеданное, скажите: «мы рабы ничего не стоящие, потому что сделали, что должны были сделать»'[163]? Некто Невидимый послал нас в этот мир. Некто Невидимый определяет место нашего служения в этом мире. Некто Невидимый уводит нас из этого мира. Этому Невидимому мы должны молиться, на Него взирать, от Него ожидать воздаяния. Что могут нам дать наемники, равные нам и такие же, как мы, нищие? И что можем мы ожидать от тех, кто ежеминутно погружается в пучину смерти, подобно кузнечикам, скачущим в пропасть с крутого обрыва?

Кроме того, уверены ли Вы, что могли бы понести славу и похвалы от людей? Святой Иоанн Лествичник, должно быть, знал человеческую природу лучше нас с Вами, если сказал: «Никто, кроме святых, не может слышать похвалу без вреда для себя».Ибо только святые люди провидят человека и понимают, откуда исходят слова похвал. Иногда самая мутная вода сверкает на солнце так же, как и прозрачная. Иногда под тонким слоем льда скрывается вязкий ил. Так и души тех, кто нас хвалит. Поэтому святые, слыша похвалы, воспринимают их или как незнание, или как заведомую ложь. Много больше душ погибло от мирской славы и похвал, чем от поруганий и презрения. Знаете, к кому причисляет Христос тех, кто ищет славы и человеческих похвал? К неверным. Прочтите Его беседу с евреями и спросите себя, к какой стороне вы принадлежите. Он говорит о Себе: 'не принимаю славы от человеков'[164], а их спрашивает: 'Как вы можете веровать, когда друг от друга принимаете славу, а славы, которая от Единого Бога, не ищете?'[165]. Итак, с кем Вы: со Христом или с евреями? Если Вы на стороне Христа, чего Вам искренне желаю, ищите тогда не мирской славы, а той, которая от единого Господа. Не завидуйте тем, кто принимает человеческую славу. Жалейте их. И они, когда разочаруются, станут жалеть себя. И снова скажу Вам: жалейте их, ибо по близорукости своей отдали они вечное за временное, Божественное за человеческое, истинное за ложное.

Да просветит и благословит Вас Господь.

ПИСЬМО 72. ОДИНОКОЙ БОЛЬНОЙ ЖЕНЩИНЕ, О САМОУБИЙСТВЕ

Знаю, как тебе трудно. Несколько лет назад умер твой муж. Горя – через край. Пережила. Вскоре женился сын – радость вернулась. Особенно тебя утешал любимый внук. Но того, кого ты любила, любил и Господь и взял к Себе. Вскоре после этого тяжко заболела невестка. Иссушили ее печаль и скорбь, и пошла она за сыном. За ними ушел и твой сын единственный. Ты пыталась отравиться – осталась жива. Приготовила веревку, чтобы повеситься, но помешала девочка-соседка. Увидев тебя с веревкой, она сказала то, что слышала от старших: что самоубийство – смертный грех, который не прощается ни на этом, ни на том свете. Правильно сказала; эта девочка спасла твою душу. Воистину, благодаря ей ты сможешь в том мире увидеть и сына, и невестку, и внука, и мужа.

Церковь Христова от начала решительно восстала против самоубийства, как против смертного греха. Западный учитель Церкви блаженный Августин сказал: «Убивающий себя убивает человека», то есть самоубийца приравнивается к убийцам. Но в нашей, Восточной Церкви самоубийство осуждалось еще строже. Согласно 14-му правилу Александрийского патриарха Тимофея[166], самоубийца лишался отпевания и церковного погребения. Православная Церковь установила строгое наказание даже за попытку самоубийства. За это налагалась двенадцатилетняя епитимья. Знаю, ты скажешь, что это слишком строго. Но эта строгость рождена милосердием. Поверь, Церковь строга к самоубийцам из любви к людям. Ибо Церковь хранит в своей «ризнице» реальный опыт, что самоубийцы не наследуют Царство бессмертной жизни и вечной милости. Своей строгостью хочет Церковь предостеречь людей от вечной погибели.

В Священном Писании упоминаются два человека, отнявшие у себя жизнь. Первый – Ахитофел, предатель царя Давида (2Цар. 17, 23), второй – Иуда, предатель Господа Иисуса Христа (Мф. 27:5; Деян. 1:16–18). Не допускай мысли о том, чтобы по ту сторону могилы оказаться тебе в их обществе.

Претерпевший же до конца спасется,– сказал Господь (Мф. 10, 22). Множество разных испытаний попускает Он людям, но цель одна – горечью исцелить человеческие души от греха и тем приготовить их к вечному спасению. Как бы трудно тебе ни было, помни две вещи: первое, что Сам Отец твой Небесный определяет меру страдания; второе, что Он знает твою меру. Когда бы ни пришла к тебе мысль о самоубийстве, гони ее. Ибо это шепот сатаны.

Милость Божия да укрепит тебя.

ПИСЬМО 73. ПОЛИТИКУ Н. Н., О ПОЛИТИЧЕСКОЙ МОРАЛИ

Из Вашего письма я понял, что Вы склонны признавать за политикой некую особую мораль, отличную от общечеловеческой морали. Это означает только одно, хотя выразились Вы осторожно и тонко: то, что непорядочно в обычных человеческих отношениях, в политике порядочно; то, что в обычных человеческих отношениях недопустимо, в политике допустимо. Эта опасная тенденция рождена не вчера и не Вами; к сожалению, люди действительно стали считать политическую мораль особой моралью, то есть аморальностью. Разве нам с Вами не приходилось слышать такое мнение: «Неужели ты думаешь, что он говорит правду? Нет, он просто политик».

Видите, какая пропасть разделяет Вашу теорию и мнение народа? Вашу особую, политическую мораль народ называет просто ложью и обманом. А Вы должны считаться с народным мнением, потому что политика в лучшем своем смысле – дело народное, великое служение народу. Я понимаю, что Вы хотите. Вы хотели бы изыскать некий особый способ правления, чтобы и народ преуспевал, и государство развивалось. И этот особый способ, неизбежно напоминающий рулетку, Вы называете политической моралью. Я не сомневаюсь в благородстве Ваших намерений, но все, что Вы говорите, находится вне понятия морали, вне христианства, вне культуры. Это давно известные игры сильного со слабым, заигрывания, в которых, когда не помогают искусственные улыбки, в ход идут зубы, когти, и наоборот. Народ говорит так: правдой земля стоит. Если Вы презираете эту незыблемую народную аксиому, как «невежество», послушайте, что утверждают цивилизованные англичане: «Честность – лучшая политика». Были времена в политической истории Англии, когда они думали иначе, но опыт научил их тому, что честность воистину лучшая политика.

Один известный американский государственный деятель сказал: «Если бы американцы шли в парламент с теми же мыслями и чувствами, с какими идут в церковь, тогда государство наше было бы крепким и народ счастливым». Даже среди древних язычников на Балканах наиболее прославились те правители, которые и в государственных делах, и в частных держались одних и тех же моральных правил. Вспомните, как поступил праведный Аристид[167], когда голосовали об изгнании его из отечества. Один незнакомый безграмотный человек попросил Аристида написать на черепке: «Изгнать Аристида!». И Аристид не колеблясь написал слова, которые были ему в ущерб.

Христианская вера, как ничто и никогда раньше, объявила и утвердила единство морали. Одной из главных причин нынешних смут и бедствий небольшого европейского континента является двойная мораль. Одна мораль применяется в частной жизни, другая – в общественной. О том, что двойная мораль не приводит народ к добру, свидетельствуют нам отношение израильских старейшин ко Христу и дальнейшая история народа Израиля. Казня лжесвидетелей в своем народе, первосвященники сами искали лжесвидетелей для суда над Христом. Между собой они говорили, что Он на стороне римлян (см.: Ин. 11, 48), а перед римлянином Пилатом – что Иисус против римлян и кесаря, ибо Сам Себя царем делает (см.: Ин. 19, 12), прибавляя лицемерно: 'нет у нас царя, кроме кесаря'[168]. Вот двойная мораль. Вот политическая мораль, которой иудейские политики, желая спасти свой народ, погубили его. Видя все эти сети, всю эту безнравственную фарисейскую возню вокруг Себя, Господь прорек: 'Се, оставляется вам дом ваш пуст'[169]. Вот Вам плод политической морали. Вот страшный урок всем народным лидерам, которые раздирают мораль надвое, удаляясь от народной аксиомы: правдой земля стоит.

Мир Вам и здравия от Господа.

ПИСЬМО 74. БОГОМОЛЬЦУ, НАД КОТОРЫМ НАСМЕХАЮТСЯ ДОМАШНИЕ

Пока ты не начал молиться, все любили тебя, а сейчас вдруг ты чувствуешь себя в доме как во вражеском лагере. Раньше ты пил и курил, понемножку воровал, сквернословил, прогуливал работу, делал многое противное Богу и людям. И все-таки тогда домашние любили тебя. А теперь, когда ты пошел по пути правды, благочестия и молитвы, все бросаются на тебя, как осы.

Радуйся, брат, стократно радуйся. Не видишь разве: евангельские события разыгрываются в твоем доме? В том доме, где еще недавно велись разговоры о налогах и поборах, о ворах и сообщниках, стали исполняться евангельские пророчества. Ваш дом вознесся до небес, стал ареной христианской драмы, невидимой связью он связан теперь с временами мучеников и апостолов. История христианской Церкви разыгрывается на небольшом пространстве вашего дома. Вот пророчества Христовы, которые многократно сбывались на земле и теперь начинают сбываться в вашем доме: 'и будете ненавидимы всеми за имя Мое' (Мф. 10, 22). 'И враги человеку – домашние его' (Мф. 10, 36). 'Блаженны плачущие ныне, ибо воссмеетесь. Блаженны вы, когда возненавидят вас люди и когда отлучат вас, и будут поносить, и пронесут имя ваше, как бесчестное, за Сына Человеческого' (Лк. 6, 21–22). 'Истинно, истинно говорю вам: вы восплачете и возрыдаете, а мир возрадуется; вы печальны будете, но печаль ваша в радость будет' (Ин. 16, 20).

Что может быть яснее этих пророчеств? Се, они исполняются сегодня, у твоего очага, на тебе. Потому принимай поношения не как поношения, а как ордена и награды. Знай, покаются твои гонители, насмешники умолкнут, а ты возрадуешься. Сегодня ты последний в доме отца, но скоро первым станешь. А те, кто гонит тебя, будут служить тебе. Это пророчество тысячи раз исполнялось и на тебе исполнится.

Мир тебе и благословение от Господа.

ПИСЬМО 75. ЧЕЛОВЕКУ, КОТОРЫЙ СОКРУШАЕТСЯ О ТОМ, ЧТО НЕ ВЕРУЕТ В БОГА

Какой грех ты совершил, что случилась с тобой эта беда из бед, что пресек ты связь с Источником жизни и Подателем разума, что отрекся от Того, вечное бытие Которого очевиднее нашего мгновенного бытия, и наше существование только Им оправдывается?

Бог не скрывается от человека. Грешный человек скрывается от Бога, скрывается и прячется, пока совсем не потеряет Его из вида. Как написано о прародителях, что, когда согрешили, 'скрылся Адам и жена его от лица Господа Бога между деревьями рая'[170]. Как тогда, так и теперь. Как только совершит человек тяжкий грех, он прячется от Бога за спину природы. И теряется среди тварей, среди камней, деревьев и животных, как бы среди мнимых родственников, тонет в тени природы. И как говорится о затмении солнца, когда луна заслоняет этого светлого царя природы, так можно говорить о «затмении Бога» – Солнца Правды – для тех, кто природой заслоняется от очей Творца природы.

Но это только наши человеческие слова, ибо затмение солнца означает не то, что солнце потеряло свет, а лишь то, что свет скрыт от наших глаз. Так же и «затмение Бога» не значит, что Бог пропал и Его нет больше, но то, что между Богом и человеком встало нечто и закрыло собой Бога от его разума. Это нечто есть грех человеческий.

Не виновата природа, если обожествляет ее безбожник. Вся она противится отрицанию Бога и своим обожателям. Вся природа, от необъятного солнца до мельчайшего атома, единогласно и гармонично свидетельствует о бытии и действии своего Творца. Древние египтяне, например, обожествляли всю тварь, а более всех черного быка, которого называли Апис[171]. Согласно одной легенде, пришел некий фараон, чтобы принести жертву Апису. Когда он поклонился так называемому богу, бык поддел его на рога и отбросил далеко от себя. «Сейчас вижу, что ты не Бог, а бык!» – в гневе воскликнул фараон. На это Апис ему ответил: «Это я и хотел тебе показать! Отныне кланяйся Тому, Кто создал тебя и меня!».

Ты говоришь: «Трудно уверовать, пока не увидишь!». Но чем видеть желаешь: оком или духом? Если оком телесным, тогда Тот, Который больше вселенной, должен умалиться, чтобы поместиться в ограниченном поле твоего зрения. Видишь ли ты свой разум глазами? Между тем рассердился бы, если бы кто-то сказал тебе, что не поверит в твой разум, пока глазами не увидит. Если же духом желаешь видеть Бога, тогда можешь увидеть Его, ибо дух человеческий пространнее вселенной и 'Бог есть дух…'[172] Но дух твой должен быть чист, ибо только чистым обещано 'зреть Бога'[173].

Беги скорее из той тьмы, которая, как паук, опутала твою душу. После грехопадения Адам бежал от Бога. Но милостивый Творец не бежал от творения Своего, а приблизился и позвал: 'Адам, где ты?'[174] И тебя Он зовет, разве не слышишь: «Благое, где ты?». Обрати лицо свое к Свету, сын Света, ибо Отец Света с пламенной любовью зовет тебя.

Слушай и знай: никто в роде и народе твоем не прославился, кроме тех, кто Бога прославил.

Милость тебе и здравия от Господа!

ПИСЬМО 76. ЧЕЛОВЕКУ, КОТОРЫЙ ПОЛУЧИЛ ВЫСОКУЮ ДОЛЖНОСТЬ, НО НЕ СТАЛ СЧАСТЛИВЫМ

Ваше Письмо словно истекает слезами. Вы хлопотали о высокой должности: Вам казалось, что она принесет счастье. Окружающие Вас люди поступали так же, поэтому приходилось Вам бороться, бояться, оттеснять других. Вы считали, что счастье, и не просто счастье, сама жизнь, начнется для Вас с получением этой высокой должности. До этого Вы считали себя несчастным, почти несуществующим. Наконец Вы достигли цели. Несколько дней Вы чувствовали себя словно заново рожденным, затем пришло разочарование. Счастье было так же далеко, как и прежде. Только тогда Вы верили, что оно существует, где-то там, в высоких званиях, а теперь Вы и веру утратили. Возвысились до облаков, почти до звезд, а сейчас горько раскаиваетесь в том, что гнались за счастьем ложными путями, подражая другим. Потому хотите Вы снова вернуться к своему прежнему скромному званию, когда ответственности было меньше, а жало зависти окружающих слабее. Может быть, Вам поможет рассказ о фальшивых золотниках.

В большом парке готовилось народное гулянье, но пускали только по билетам. Многие хотели войти, но денег на билеты не было. Некий богатый человек решил испытать человеческие страсти и бросил в толпу детей горсть монет: это были фальшивые золотые монеты, среди которых был один настоящий серебряный динар. Бросились дети за монетами, перессорились, передрались, пока не собрали все монеты. Но на серебряный динар никто не обратил внимания, ибо каждый думал: золото дороже серебра. Те, кто держал в руках подделку, чувствовали себя совершенно счастливыми, но исход был горьким и неожиданным. Когда они пришли купить билеты, выяснилось, что деньги фальшивые, и полицейские сопроводили их в тюрьму. Один был находчивее всех: увидев, что случилось с его товарищами, он бросил фальшивый золотник и пошел искать серебряный динар. Когда нашел его, купил билет и попал в парк на гулянье.

Толкование: веселье есть Царство Небесное, или Царство бессмертной радости. Фальшивые монеты – плотские желания, земное тщеславие и самообман, отдаляющие людей от Царства истинной радости и уводящие их в царство муки и тьмы. Чистое серебро символизирует внутреннюю доброту и истину праведной души. Дети, падкие на обманчивый блеск сего мира, суть грешники. Ребенок, который отбросил фальшивое золото и поспешил за сребреником, символизирует раскаявшегося грешника.

ПИСЬМО 77. СПАСОЕ С., НА ВОПРОС О ТОМ, ПОЧЕМУ НЕПРАВЕДНЫЕ ПРЕУСПЕВАЮТ

До каких пор преуспевают? И что с ними будет в конце? Что будет с родом их? Задавался ли ты этим вопросом? Да не претыкаются мысли твои, когда видишь, что кто-то, похваляясь силой, забывает о Подателе сил. Вспомни, как надменный и самоуверенный Голиаф погиб от рогатки мальчика Давида[175]. Да не смущается сердце твое, когда видишь, что кто-то обогащается неправедным путем. Есть будет и не насытится; отнимет, и не хватит ему. Вспомни богатых содомлян, в один миг засыпанных огнем и пеплом вместе со всем богатством своим[176].

Ты христианин, а христианин воспринимает события в их полноте, а не частично. Преуспеяние неправедных христианин не оценивает как нечто окончательное, но ждет, что последует дальше, ибо знает, что грешник добивается успеха не своими силами и способностями, а потому, что Господь попускает ему, чтобы он вспомнил о Нем. По неизреченной Своей милости, попускает Господь грешным то, чего они желают, чтобы они, вспомнив Бога, устыдились беззаконий своих и исправились. Богу дороги кающиеся; очень дороги Ему те, кто в сокрушении сердца кается в неправедных делах своих. Творец не таков, как тварь, наказующая виновного, стоит только ему оступиться. Он ждет, пока заблудший сам найдет истинный путь. Он смотрит и молчит. Ждет и никогда не опаздывает. Непостижим в Своей мудрости, дивен в Своей милости.

Неразумный ропщет на то, что Господь не управляет миром по его разумению, а разумный непрестанно ревнует о Божием разуме. Но и разумному иногда невозможно понять, почему с тем или иным человеком происходят необъяснимые, казалось бы, события; почему молодой, жаждущий жизни человек умирает, а старик, уставший от жизни, живет; почему праведный страдает, а безбожник благоденствует.

В Священном Предании упоминается такой случай: умер грешный богач, грехи которого были очевидны всем; его торжественно похоронили. На похоронах присутствовали епископы и священники. Вскоре после этого гиена напала на одного пустынника и растерзала его. Некий монах, который присутствовал на похоронах того грешника, видя кровавые останки праведника, зарыдал и в душевном смятении воскликнул: «Господи, почему так, за что? Почему тот грешник в довольстве жил и с почестями похоронен, а праведник этот так горько жил и так страшно умер?». Явился ему Ангел Божий и сказал: «Тот грешник при жизни совершил одно только доброе дело, а этот пустынник совершил только один тяжкий грех. Торжественными и почетными похоронами Всевышний вознаградил злого грешника за его доброе дело, и больше нечего ему ожидать в ином мире, а лютой смертью праведника изгладился один-единственный его грех, чтобы на небесах получил он полноту радости».

Так же и ты рассуждай о путях Божиих и возложи все упование свое на Творца. Не смотри с негодованием на грешников, «ниже завиди творящим беззаконие»[177], по слову царя Давида, который долго мучился тем же, чем ты сейчас мучаешься, пока Господь просветил его разум. Чаще читай Псалтирь, тогда поймешь и утешишься.

Мир тебе и благословение от Господа.

ПИСЬМО 78. ПРАВОСЛАВНОМУ АМЕРИКАНЦУ, КОТОРОГО СМУТИЛ НЕКИЙ ПИСАТЕЛЬ

Я получил журнал, в котором опубликовано жестокое обвинение христианской веры писателем, которого ты упоминаешь. Кратко его смысл таков: «В нынешнем кризисе, охватившем Америку, виновно христианство. Оно учило нас трудиться как можно больше, мы слушались и исполняли. Работали маниакально. Но оттого, что все работали, многие остались сейчас без работы. Поэтому теперь мы создаем новую веру, которая учит нас не работать, с ее помощью мы выйдем из кризиса». Этот новый «мессия» смутил тебя, и ты просишь объяснения.

Не смущайся. Слова, сказанные в беде, теряют половину своей силы. Когда дети попадают в беду, они обвиняют своих родителей. Недавно мне жаловалась одна мать, что ее распутный сын досаждает ей, требуя денег, а когда она упрекает его, говоря, что деньгами нельзя разбрасываться, он в гневе оскорбляет ее. Подобное происходит и с христианской верой, духовной матерью всех христианских народов; происходит это со времени ее возникновения в мире. Ее обвиняли все, кто не хотел и не умел обвинять себя. Еще во втором столетии Тертуллиан[178] писал: «Если Тибр разольется или Нил не выйдет из берегов своих, если небо не даст дождя или море разбушуется и опустошит землю, сразу раздается крик: «Христиан ко львам!»». Так в России сегодня раздается крик протеста против православной веры, причина тому – экономический кризис, в Испании – из-за политических неудач, а в Америке – из-за безработицы, но всегда один и тот же крик: «Христиан ко львам!».

А ты, наследник Христов, знай, что гонимые переживут гонителей. Ни одна вера в мире не была гонима так, как христианская, и вчера, и сегодня, и завтра... Для христиан в этом нет ничего неожиданного, ибо все это предвидел и предсказал наш Спаситель и на все обвинения и гонения наперед заповедал верным Своим: 'радуйтесь и веселитесь!'[179]

Воистину, христианская вера от начала учила людей трудиться. Но вера наша учила и тому, что должно, а что не должно. А сколько того, что не должно и не нужно человеку, сделано в Америке, ты и сам видишь. Излишки производства возникли не от усердия в труде, а от погони за долларом. Наша вера исповедует не просто труд, а труд со страхом Божиим, и милосердие, и братолюбие. Когда же труд отделяется от всего того, что делает его благородным и достойным человека и ставится в исключительную зависимость от денег, тогда он, как и всякое проклятие, приносит миру опустошение, не меньшее, чем праздность. Я не могу поверить, что труд, каким бы напряженным он ни был, если он соединен со страхом Божиим, милосердием и братолюбием, может быть опасен для человека. Нет благословения ни труду сребролюбца, ни милостыне праздного. Заповеди Христа представляют совершенство в своей полноте, а не по отдельности, словно дерево с ветвистой кроной и плодами, ибо одна отсеченная ветвь сохнет и гибнет. Знай, что закон Христов – камень краеугольный, скала спасения. Когда люди сходят с этого камня, тогда множатся законодатели и законы, противоречивые и однобокие. А законодатели эти и законы их – песок, и когда на песке возводится дом человечества, он, по словам Христа, разрушится и упадет[180].

Мир тебе и радость от Господа.

ПИСЬМО 79. БОЛЯЩЕЙ СТАНИИ Д., НА ВОПРОС О ТОМ, ЧТО ТАКОЕ ОБЕТ

Это обещание, которое человек дает Господу из благодарности или за свои грехи. Многие молодые люди из окрестных сел Битолы едут на заработки в далекие края. Матери и сестры, провожая их, дают обеты Богу за их здоровье и благополучное возвращение. Как-то в субботу мы неожиданно оказались в маленькой деревенской церкви; когда вошли, то увидели пожилую женщину, которая мыла пол. На наш вопрос она ответила, что дала обет каждую субботу приходить в церковь и мыть здесь пол: ее сын уже полтора года на заработках в Америке. Потом мы узнали, что, когда ее сын вернулся, она еще полгода приходила в церковь мыть полы в благодарность Богу за его благополучное возвращение.

«Ветао сам се» (то есть «дал обет Богу». – 'Перев'.) – обычные слова в здешних краях; по обету люди приходят в монастыри, чтобы пожить, потрудиться там какое-то время. Когда горело село Л., юноша Феодор выбежал из своего дома и, увидев, что соседний дом охвачен пламенем, в страхе воззвал к святому Науму[181], прося о помощи, и пообещал год служить во славу его. В тот же миг налетел порыв ветра и отнес пламя в сторону от дома. Спустя короткое время Феодор пришел в наш монастырь, рассказал о случившемся и попросил игумена принять его в монастырь, чтобы исполнить обет.

Обычное дело, когда мать дает обет поститься в непостные дни за свое больное дитя. Это вполне по-библейски. И царь Давид постился, пока болел его сын[182].

«Ветала сам се», – говорит старица Моисея из окрестности Дебара, которая вот уже девятнадцать лет работает в храме и постится без масла. За что? Более девятнадцати лет назад ее муж взял в компаньоны албанца. Как-то в пятницу собрался он в Дебар, чтобы расплатиться со своим компаньоном. Перед дорогой он сел завтракать, разложил сыр и яйца. Жена, увидев, что он нарушает пост, сердито воскликнула: «Чтобы Господь не дал тебе обратной дороги, если уж ты и в вере с албанцем побратался!». В тот же вечер ее муж, возвращаясь домой, был ограблен и убит. Это потрясло женщину. И она дала обет служить в церкви и поститься до конца жизни.

Есть обычай давать обеты и в Англии. После войны один английский священник совершил противозаконное венчание. Владыка жестко укорил его. Раскаявшись, он дал обет всю жизнь поститься по понедельникам, ибо согрешил в понедельник.

Но, давая обет Богу за себя ли, за другого ли человека, за грехи или из благодарности, человек должен быть очень осторожен, чтобы не переоценить свои силы и не обещать то, что сверх его сил и неразумно. Из Библии мы знаем о неразумном обете Иеффая: дал он Богу обет, что в случае победы над аммонитянами принесет Ему в жертву первое, что увидит, вернувшись с войны. И победил Иеффай, и, когда возвращался он домой, дочь его первая вышла навстречу ему. Увы, дочь моя, зарыдал отец, как раненый лев, дал я обет Господу и не могу нарушить его[183].

Бог да благословит вас.

ПИСЬМО 80. ОДНОМУ РАНТЬЕ, КОТОРЫЙ РАССКАЗЫВАЕТ, КАК ОН ОБЕСПЕЧИЛ СЕБЕ БЕЗБЕДНОЕ СУЩЕСТВОВАНИЕ

Мне страшно за Вас. Вы пишете, что обеспечили себя и своих детей так надежно, что можете теперь жить совершенно беззаботно. Похоже, что Ваша беззаботность изгнала из Вашей души страх Божий.

Чем Вы обеспечены? Деньгами? Разве не слышите, как лопаются банки и в один миг делают миллионеров нищими или, еще хуже, самоубийцами? Разве не читали Вы о многочисленных землетрясениях, за минуту превращающих целые города в развалины? Вы купили сады и поля? Разве забыли Вы о недавних засухах, наводнениях и тучах саранчи? Если бы Вы читали Евангелие, то уразумели бы слова Христовы – 'обольщение богатства'[184']. Я удивлен, что именно в эти дни, когда гнев Божий сокрушает всякий щит человеческий, которым люди хотят защитить себя вне веры в Него, Всесильного, Вы считаете себя защищенным таким ничтожным щитом, как богатство и кусок земли. Вы напоминаете мне китайцев, которые во время войны с японцами раскрывали над головой зонтики, чтобы защититься от неприятельских пуль.

Рядом с Вашей наказуемой беззаботностью из-за богатства, что есть мерзость пред Господом, предполагаю и другое зло, а именно что богатство Ваше нажито неправедно. А это значит есть червивый хлеб. И себя, и детей отравите. Послушайте, что говорит святитель Иоанн Златоуст: «Кто неправедно обогащается, хуже нищих; лучше просить милостыню, чем красть».

Библейская повесть о праведном Иове свидетельствует о том, как праведный человек может в один день потерять земное богатство, а что уж говорить о неправедном? В один день потерял Иов все свое имение, а потом сыновей и дочерей. Затем лишился здоровья и сидел, как нищий, на гноище своем. Разве Вы не боитесь, что с Вами может произойти подобное? В своей нищете и болезни благочестивый Иов хранил свою душу от отчаяния крепкой верой в Бога, а Вы чем душу сохраните? Что сможет удержать Вас от самоубийства, то есть от того, чтобы к материальной гибели не прибавилась гибель душевная?

В Священном Писании сказано: «любяй же неправду ненавидит свою душу»[185]. В уединении, в тихие ночные часы, поговорите со своей совестью, спросите себя, что любите Вы более: неправду или душу свою?

Поспешите в Бога богатеть, по слову Спасителя[186]. А богатеть в Бога – значит богатеть тем богатством, которое Богу угодно и которое никогда не оставит человека. Это богатство веры и твердое упование на Бога, богатство милосердия и сострадания, истины и братолюбия. Этим щитом защитите Вы свою жизнь и жизнь своих детей надежнее, чем всеми богатствами мира.

Господь да просветит и благословит Вас.

ПИСЬМО 81. ГЛИГОРУ И., НА ВОПРОС О ЗНАЧЕНИИ СЛОВ «ИГО» И «БРЕМЯ»

Ты прочитал в Евангелии святые слова Спасителя об иге и бремени и спрашиваешь меня, что они означают. Вот как сказал Господь: 'иго Мое благо, и бремя Мое легко'[187]. Иго означает служение, а бремя означает страдание. Читал ты, как Господь и словом учил, и примером наставлял, что пришел Он не для того, чтобы Ему служили, но чтобы Самому послужить. Читал ты и о том, что Сыну Человеческому надлежит пострадать. И, воистину, Он служил и страдал. Кому служил преславный Господь наш? Служил праведным и грешным, слепым и прокаженным, бесноватым и расслабленным. И это тяжкое иго Он назвал благим! А назвал его так потому, что служил с любовью. И страдал безгрешный Господь: от кого только Он не страдал! От царей и царедворцев, от друзей и недругов, от ученых и неученых. Оплеван и бичеван, осмеян и оклеветан, наконец, распят на Кресте. И это страдание Господь назвал бременем легким! А легким назвал Он это страшное бремя потому, что страдал с прозорливой надеждой.

Пока Христос не открыл миру спасительную истину о Боге живом, Родителе и Промыслителе, о вечной правде Божией, о ничтожности смерти и о воскресении из мертвых, любое служение было связано с ненавистью, а страдание – с отчаянием. Ибо служение считалось унижением, а страдание – несчастьем. Потому и самое мягкое иго казалось язычникам жестким, а самое легкое бремя – непосильным. Никто не может назвать свое иго благим без любви Божией, и бремя свое – легким без надежды на Бога. Как велика разница между безбожниками и христианами! Апостолы с радостью называли себя рабами Христовыми. Почему Христовыми, если они служили людям? Да, служили людям, но из любви ко Христу, потому иго их служения было благим. Мученики за Христа пели в темницах и на плахах, пели потому, что страдали за Христа с надеждой на Христа. И было легким бремя их страдания.

И ныне есть в мире много христианских душ, которые с любовью несут служение ради Христа, которые терпят тяжкие болезни, поругания, клевету с надеждой на Бога живаго, Промыслителя. Это те великие души, которые научились от Спасителя своего, что жизнь земная – служение и страдание, а не забава и наслаждения, преддверие рая, а не рай, странствие, а не пристань. Этим великим душам иго, воистину, благо, а бремя легко. Ибо их любовь – Христос, их надежда – Христос. А со Христом и на кресте легко, и в могиле светло, и в аду сладко.

И тебя, брат честный, я причисляю к этим великим душам.

Мир тебе и благословение.

ПИСЬМО 82. О ВЕРЕ И МУЖЕСТВЕ

Верно наблюдение твое, отважная душа! Без искренней и твердой веры в Бога живаго нет мужества. А где нет мужества, там люди прибегают к лукавству и изворотливости. Одно только село Гацко дало больше героев, чем целый европейский город. А Невесине, а Дробняки! Каждый, кого упомянул ты в письме, – герой; и отец Богдан Зимонич, и отец Новица Церович, Иаков Джакович, Стоян Ковачевич – все они великие сыны народа. Их вера в Бога и конечную победу истины была чистой и простой, детской верой, не знающей сомнений и не запятнанной нечистыми расчетами. Богобоязненные патриоты не могут не быть героями. Для того, кто Бога боится и народ любит, смерть – ничто. А кто не боится смерти, чего еще может бояться? Того, что рассказывают об отце Богдане очевидцы, ни один эпос не знал. Он настолько верил, что Промысл Божий хранит его от гибели, что крикнул своим друзьям: «Спрячьтесь за моей спиной!». А как широка была спина отца Богдана, ты лучше знаешь: ты видел его живым.

Такое было время, такое мужество. Мне очень дорога твоя искренность в отдании должного мусульманским героям. Но и среди них лишь те считаются героями, кто в Бога верил и Бога боялся. По моему мнению, не сабля турецкая покорила Балканы и Европу до Вены, а крепкая вера мусульман. С крепкой верой всегда соединяются дисциплина и преданность. Вооруженные этим невидимым, и тогда, и ныне, и всегда решающим оружием, турки были в состоянии создать государство, простиравшееся от Индии до Будима, одно из величайших государств в мире, создать и удерживать его крепче, чем держали Индию англичане. Когда султан Сулейман[188] двинулся в поход на Венгрию со стотысячным войском, он издал приказ, по которому лишался головы каждый воин, позволивший себе оскорблять словом или грабить людей, встречавшихся им на пути. Как в Ветхом Завете! Но в черногорцах и герцеговинцах этот храбрый азиатский народ нашел достойных соперников в вере и благородстве.

А сейчас ты сетуешь, что после войны не осталось героев и героизма. Это послевоенное поколение напоминает тебе, как ты говоришь, стаю пиявок, присосавшихся к земным наслаждениям, выросших на крови балканских героев и мучеников. Но разве война прекратилась? В книге Иова написано: человек в этом мире – воин[189].

Да, война продолжается, но ведется она уже не с помощью мечей или пушек, а тайно, незримо: битва идет за спасение душ человеческих. Кто-то борется с болезнями, кто-то с искушениями, кто-то за совесть и честь, кто-то за слабых и беспомощных и тому подобное. А где борьба, там и герои. Если герои эти не видны всем и всюду, не значит, что их нет. Они есть, их много. Они есть в домах, на улицах, в больницах, на полях. Ибо героизм – привилегия не только генералов жизни, но и ее рядовых.

Радуйся о Господе.

ПИСЬМО 83. МОЛОДОМУ ЧЕЛОВЕКУ, КОТОРЫЙ БЕСПОКОИТСЯ О СВОЕМ ТЩЕСЛАВНОМ ДРУГЕ

Тщеславие – духовный недуг. Оно овладевает теми, кто утратил страх Божий или не стяжал его. В Книге жизни написано: 'Начало мудрости – страх Господень'[190]. Премудрый жаждет разговора о Творце мира, а тщеславный – разговоров о себе. Твой друг прилепляется только к тем, кто его хвалит и возвеличивает. Он говорит только о себе и требует, чтобы говорили только о нем. Собирает свои фотографии из газет, хотя знает, что в газетах публикуются и фотографии преступников, и всем читает письма, в которых кто-то хвалит его. Он досаждает всем, и все его избегают. Он утверждает свою славу на самом ненадежном фундаменте – на людской молве. Несчастный человек! Он требует серьезного лечения, ибо, если это продлится, болезнь тщеславия неминуемо приведет его к преступлению над кем-либо или над самим собой. Попробуй почитать ему книгу Екклезиаста, особенно выдели слова: 'суета сует, всё – суета'[191]. Пройдись с ним по кладбищу и скажи ему: «Вот здесь под нашими ногами тлеют уста, которые восхваляли нас!».

Расскажи ему эту восточную притчу. У дороги росла пальма, а под ней колючка. По дороге проходили путники, и колючка цепляла и царапала каждого из них. Путники сердились и ругали колючку, сожалея, что никто ее не вырвет, чтобы она не вредила людям. Возгордилась колючка, подняла голову и надменно сказала пальме: «Что тебе толку от твоей высоты, если никто не сказал о тебе ни слова? Слышишь ли, только обо мне и говорят? Велика моя слава в мире, а ты ничтожество». – «Злая слава у тебя, такая же злая, как и ты сама. А то, что говорят о тебе, хуже молчания, – ответила ей пальма. – Обо мне говорят, только когда собирают финики с моих ветвей. Ты права, редко говорят, но слова эти полны благодарности и благословения».

Настоящие люди заботятся о том, чтобы их жизнь принесла достойные плоды, а не о славе и похвале соседей. Слава сама сопутствует им, как эхо. Даже если эхо не всегда слышится на земле, оно непременно отзывается на небе. Ибо жизнь настоящего человека всегда связана с небом и вечностью. Когда Христос творил добро, Он часто решительно запрещал говорить об этом[192]. Святые Божии усвоили Его науку и бегали людской славы, как огня. Некая римская матрона отправилась из Рима в Египет, чтобы увидеть святого Арсения Великого. Арсений принял ее, но, когда она стала восхвалять его, он быстро вернулся в келью и закрыл за собой дверь. Другой евангельский наследник говорил: «Всякое похвальное слово обо мне заново открывает исцеленные раны моей души».

Кто от всего сердца желает исправить заблудшего человека, тому Сам Господь помогает. Я верю, что преблагий Творец поможет тебе излечить твоего друга от тщеславия. Не ты излечишь его, но небесный Лекарь, по твоей горячей молитве и сердечному желанию.

Мир и здравия от Господа вам обоим.

ПИСЬМО 84. ЧЕЛОВЕКУ, КОТОРОМУ ОТВЕЧАЮТ НА ДОБРО ЗЛОМ

Жалуешься, что люди стали жестокосердными. Ни разу не встретился тебе добрый человек. Тебя удивляет, почему Бог терпит этот мир и не положит ему конец. Еще больше ты удивишься, если услышишь, что твой сосед сетовал мне на то же. И он говорит, что не осталось добрых людей и ему очень одиноко на пути к истине и добру. Это значит, что ты незнаком с ним, а он – с тобой. Если бы вы, два хороших человека, познакомились, вы изменили бы свое мнение о мире и ваша печаль обратилась бы в радость. Сказал Господь учениками Своим: 'в мире скорбны будете, но печаль ваша обратится в радость'[193].

Я назову тебе имя того человека, а ты найди его. И, когда вы вместе встанете на молитву, молитесь Господу, чтобы Он открыл вам и других хороших людей в вашем городе. Верю, что вам откроется множество людей, пока вам незнакомых. Люди подобны рудникам, а в рудники обычно приходится проникать глубоко, чтобы найти сокрытые в них сокровища. Таков порядок этой вселенной: чем драгоценнее сокровище, тем глубже сокрыто. Если бы праведный Лот сетовал на злых людей в Содоме, ему легко было бы поверить. Но трудно поверить, что в христианском городе, где проповедуется учение Христа и служится литургия, нет ни одного хорошего человека.

Говоришь, соседи тебя не любят. Каждое твое доброе дело высмеивают и перетолковывают. Поносят тебя всюду. И ты спрашиваешь в скорби: «Почему так? Доколе?». Потому, что они не познали истину, не ищут ее, не желают ее. Они рабы лжи, ложных мыслей, ложных чувств, дурных привычек. Господь сказал: 'познаете истину, и истина сделает вас свободными'[194]. Это сказано и для твоих соседей. Если бы они познали истину, они радовались бы твоей доброте, как своей. Если бы они не были рабами того, кого Спаситель назвал отцом лжи[195], они обладали бы божественной свободой видеть чисто, судить справедливо, радоваться каждому доброму человеку. Но это сказано и для тебя. Это есть святое слово Христово о познании истины как об условии свободы.

Если ты познаешь истину глубже, чем знаешь ее сейчас, ты перестанешь обвинять тех, кто не любит тебя, поносит, высмеивает и мучает. Среди учеников одного древнего мудреца был один богатый и гордый юноша: из-за одного только недоброго слова он был готов биться до крови. Чтобы исцелить его от гордости и вспыльчивости, мудрец наложил на него такую епитимью: три года гордец должен был странствовать по свету и платить каждому, кто оскорбит его. Юноша покорился учителю и отправился в путь. Ходил по свету и платил всякому, кто соглашался оскорбить его. Когда прошло три года, он вернулся к учителю. Но при входе в город ему встретился рассерженный кем-то прежде страж и обрушил весь свой гнев на юношу. Тот, вместо того чтобы ответить ему оскорблением на оскорбление, улыбнулся. «Чему ты улыбаешься?» – спросил удивленный страж. И мудрый ученик ответил ему: «Три года я платил каждому, кто бы оскорбил меня хоть немного, а ты бесплатно изругал меня больше тех, кому я давал деньги». Когда мудрец узнал о случившемся, то, встретив своего исправившегося ученика, радовался и перед всеми хвалил его.

А ты прочти Нагорную проповедь, стих одиннадцатый, и радуйся и веселись, «яко мзда твоя многа на небесех»[196].

От Господа тебе мир и благословение.

ПИСЬМО 85. РЕМЕСЛЕННИКУ ПЕТРУ Ч., ОБ ИСПОВЕДИ

Ты хочешь знать, действительно ли исповедь необходима. Раньше ты часто исповедовался, но перестал, потому что кто-то посмеялся над тобой. Над кем люди не смеялись? Знаешь, что сказал Всеведущий? – 'Горе вам, смеющиеся ныне! ибо восплачете и возрыдаете'[197]. Кроме твоего ремесла, кормит тебя и виноградник. Он приносит хороший урожай, потому что ты хорошо его возделываешь. А если бы кто-то, запустив свой виноградник, посмеялся над твоим усердием, разве ты бросил бы из-за этого виноградник и перестал заботиться о нем? Как же ты мог поколебаться в заботе о своей душе, которая важнее всех виноградников на земле? Ибо, когда умрешь, душу возьмешь с собой, а виноградник оставишь.

Из всех забот забота о душе – самая важная; из всех трудов, которые несет человек на земле, труд над душой – самый разумный. Поэтому вернись к прежнему труду над душой и снова начни исповедоваться. Вот что говорит апостол Иаков: 'Признавайтесь друг пред другом в проступках'[198]. Сокрытые грехи растут и множатся, а когда выносятся на свет, засыхают и гибнут. Не говори: я негрешен! Прочти, что пишет праведник в Псалтири: «в беззакониих зачат есмь, и во гресех роди мя мати моя»[199]. Не говори: Богу исповедую я грехи мои, и нет мне нужды исповедоваться человеку.

Кто был праведнее апостола Павла? И он согрешил прежде апостольства своего, будучи Савлом, и этот грех исповедал он явно, исповедал не только перед верными, но и перед язычниками, и не однажды. «Известно вам», – пишет он некрещеным галатам, – 'жестоко гнал Церковь Божию'[200]. О том же говорит и перед некрещеным царем Агриппой (см.: Деян. 26). Если святой апостол Павел поступал так, почему ты держишь раны своей души в тайне? Зачем даешь змеям множиться в недрах своих? Неужели только потому, что кто-то посмеялся над тобой? Если посмеялся однажды, будет ли смеяться над тобой вечно? Помолись о нем Богу втайне: может быть, и он покается и изгладит свой грех слезами.

Что на свете ненадежнее мыслей человеческих? Сколько людей раскаиваются вечером в том, что говорили днем? Если не хочешь навредить своей душе, не слушай всякого, кто мимоходом скажет тебе что-то, но слушай, что Церковь Божия говорит!

Поговори с духовниками, которые исповедуют людей, и услышишь от них множество примеров о духовной помощи тем, кто усердно исповедуется. Услышишь, что многие умирающие получали облегчение в предсмертной агонии, только когда исповедовали свои грехи перед священником, и это не сказка, но сама истина. И я бы мог привести тебе такие примеры, очевидцем которых был сам. Господь наш – Господь милости и доброты, Он всем желает спасения. Но как человек может спастись, если ясно не осознает разницы между грехом и правдой Божией, если не изгонит грех и не признает истину?

С тем человек предстанет пред судом Божиим, что при жизни носил в душе: если грех – с грехом, если правду – с правдой. Господь ожидает покаяния от каждого смертного, а покаяния нет без исповеди. Ибо каждый день и каждый миг Ангел смерти может прийти за душой, поэтому Церковь предлагает верным частую исповедь и частое покаяние.

Господь да просветит и благословит тебя.

ПИСЬМО 86. СТУДЕНТУ И. К., О КНИГЕ ЕККЛЕЗИАСТА

Ты не понимаешь, почему книга Екклезиаста включена в Библию. По твоему мнению, эта книга – выражение чисто индуистского пессимизма, ибо отрицает все ценности и, как таковая, противоречит всему учению Божию. Но святые мужи, которые включили книгу Екклезиаста в библейский канон, так не думали. Они отнесли ее к книгам учительным, и Церковь, как учительную, считает и предлагает ее поныне.

'Суета сует, сказал Екклезиаст, всё – суета!'[201] Кто этот Екклезиаст? Это был самый мудрый, самый богатый, самый счастливый царь до рождества Христова – Соломон, сын Давидов. Человек, который достиг всего и имел все, чего только может жаждать человеческое сердце на земле, называет суетой и тенью все свое имение и знание, блеск и роскошь, царскую власть и величие, все почести и наслаждения. Разве это не бесценное назидание миру? Разве не холодный ливень, отрезвляющий тех, кто неправдой и преступлением, богоборчеством и братоненавидением, угашением совести и убиением своей души безумно гонится за тем, что, вкусив сполна, великий царь называет суетой, обманом и ничтожеством? Если бы эти слова произнес какой-нибудь босой индийский философ, они и отдаленно не имели бы того победительного смысла, который имеют в устах пресыщенного всеми земными наслаждениями. Ибо кто ел и наслаждался более меня?[202] 'И это – суета и томление духа!'[203]

А то, что, по твоим словам, Екклезиаст отрицает все ценности, это неверно. Не отрицает он Бога и правду. А это есть две главные ценности в этом суетном мире: 'Бог на небе, а ты на земле; бойся Бога', – говорит Екклезиаст[204]; 'праведного и нечестивого будет судить Бог', – говорит он[205]. 'Хотя грешник сто раз делает зло и коснеет в нем, но я знаю, что благо будет боящимся Бога, которые благоговеют пред лицем Его'[206].

Он видит, что на земле праведник часто страдает так же, как и безбожник, и это для него томление духа, но он носит в сердце пророческое чувство, что праведнику благо будет. Какое благо – он не умеет сказать. Ты должен знать, что Екклезиаст жил за тысячу лет до Христа и не мог слышать чудесных слов Спасителя, не мог знать о новом мире – о Царстве Божием, которое Господь открыл людям. Сейчас обычный христианин знает больше него, самого мудрого дохристианского царя. Христианин знает от Христа, что праведный наследует жизнь вечную и воссияет, словно солнце, в Царстве Отца своего Небесного. Но, не зная этого, премудрый царь предчувствовал по вдохновению свыше, что праведнику благо великое будет, а грешнику – зло. 'Веселись, юноша, в юности твоей, и да вкушает сердце твое радости во дни юности твоей', – говорит тебе мудрый царь, – 'и ходи по путям сердца своего и по видению очей твоих; только знай, что за все это Бог приведет тебя на суд'[207] 'И за все тайное, хорошо ли оно, или худо'[208].

Поэтому оставь индийский пессимизм и скажи с Екклезиастом: «Воистину все суета, кроме Бога и Божией правды»[209]. И управь путь свой так, чтобы ни тебе не попрать правды, ни ей не устыдиться тебя.

Господь тебе в помощь!

ПИСЬМО 87. БОЛГАРСКОМУ СВЯЩЕННИКУ ИВАНУ Д., ОТЧАЯВШЕМУСЯ ИЗ-ЗА БЕЗБОЖНИКОВ

Не отчаивайтесь, отче. Не каждая туча приносит грозу. Вы пишете, что безбожники в Болгарии создали свой союз и открыто борются с верой Христовой, оскверняют христианские святыни. Это приводит Вас в отчаяние. Загляните глубоко в свою душу и посмотрите, сильна ли Ваша личная вера? Ибо отчаяние – плод маловерия, а не истинного благочестия. Благочестивый решительно воюет с отчаянием непобедимым оружием веры. Уединение – пробный камень: испытайте свою веру в уединении. Сколь бы ни возносился безбожник перед людьми, наедине с собой он впадает в отчаяние. А верующий в уединении ощущает прилив сил и радости. Никогда не бойтесь тех, кто покинул крепость Христову и нападает извне. Каждый их удар укрепляет твердыню Церкви, а их обессиливает.

Вспомните апостола Павла, одинокого среди тьмы языческой и еврейского беснования. Гонимый и израненный, он не отчаивался. Насколько его слово послужило распространению христианства, настолько же этому служили и удары неприятельские. Те, кто, казалось бы, разрушал, невольно укрепляли; те, кто гасил Божественный огонь, на самом деле раздували его. Эта тайна неведома безбожникам, никогда они не узнают о ней. Они заблуждаются, думая, что дело Божие можно разрушить теми же средствами, что и человеческое. Божественный огонь любви, сошедший со Христом с небес на землю, мог бы угасить только огонь, который сильнее огня Божественного. А где такой огонь? Где любовь безбожника? Источник их побуждений в животном царстве, а не в Небесном. А животность не может победить Христа. Вспомните Юлиана Отступника, который вел войну против Церкви Христовой, вооружившись всем земным оружием и царской властью. Убоялись ли Василий Великий и Афанасий Великий? Нет, но предрекли отпавшему от Церкви царю близкую и постыдную гибель. «Пройдет эта тучка!» – говорил святой Афанасий своей пастве. И прошла, так же как проходят все тучи безбожия, тучи и туманы, уносимые ветром, по слову апостола Петра[210]. Вспомните и загорских мучеников: Стара-Загора[211] – гордость балканского Православия! Приняли они мученическую кончину, но остались непобежденными. И победа их поныне вдохновляет болгарский народ на мужество в вере и на самопожертвование; преподобный Иоанн Рыльский[212] силой препоясывает, а святые отцы тырновские[213] благословляют из Царства Христова благословением Божиим.

Вы молодой священник и не помните болгарские страдания, потрясшие в свое время сердце и совесть не только православной России, но и всей Европы. Хотя, думаю, в Болгарии осталось немало очевидцев того ужаса, когда прекрасная болгарская земля обагрилась христианской кровью. Однако, если ненасытный османский меч не смог поколебать веру болгарского народа, неужели чье-то празднословие ее поколеблет? Разве поколеблют ее пустые обещания зоологического рая на земле? Обещания тех несчастных, которые, оторвавшись от великой души своего народа, отправились на Запад купить себе душу у бездушных? Они купили ее, да мертвую. Неужели живые убоятся мертвых? Конечно, нет.

Может быть, болгарский народ и послушает этих новых учителей счастья без Бога, но быстро и решительно отвернется от них и прилепится ко Христу и вместе с апостолом Петром покаянно воскликнет: Господи! к кому нам идти? Ты имеешь глаголы вечной жизни[214].

Мир Вам и радость от Господа.

ПИСЬМО 88. СИРОТЕ, КОТОРАЯ СПРАШИВАЕТ, ПОЧЕМУ В ЕВАНГЕЛИИ НЕ ГОВОРИТСЯ О СЧАСТЬЕ

Как же не говорится, душа благочестивая? О чем в Евангелии говорится чаще? Мне кажется, что Евангелие можно назвать так: «Книга счастья». Учение Христа – учение о счастье. Тебя, конечно, смутило то, что в Евангелии не встречается само слово «счастье». Но вместо него употребляются другие слова: «блаженство», «радость», «веселье», «рай», «спасение», «вечная жизнь». В особенности слово «блаженство»: оно означает счастье в высшем смысле. Если знаешь это, прочти снова проповедь Господню о блаженствах (см.: Мф. 5, 3–12). Первым учением, которое Христос дал людям, было учение о счастье. Это учение Православная Церковь повторяет своим чадам в начале каждой литургии в песни «Блаженны». Согласно учению Христа, блаженные, или счастливые, те,кто с сокрушенной душой предстоит пред Богом, ибо их есть Царство Небесное; кто слезами омывает свои молитвы, ибо утешится вечным утешением; кто кроток и незлобив, как агнец, ибо наследует землю живых; кто милостив сердцем и рукой, ибо помилует его десница Господня; кто чист сердцем, ибо узрит Царя, Отца своего Небесного; кто гоним за правду бесами и людьми, ибо Царство вечной правды гонимым принадлежит; кто оклеветан и посрамлен за Христа, ибо возрадуется и возвеселится в

Отечестве Ангелов. С ними блаженные и те, кто верует в Спасителя своего, ибо спасется; кто горит любовью ко Творцу и Его творениям, ибо увенчается бессмертной славой; кто жертвует земной жизнью, ибо обретет жизнь вечную.

В этом состоит истинное, непризрачное счастье, которое Господь открыл и явил роду человеческому. Для такого счастья цари жертвовали своими престолами, богачи – богатством, мученики – жизнью так же легко, как деревья сбрасывают осенью листву. Но тому, кто не вкусил хоть малость такого счастья, и восковая свеча – непосильная жертва.

А ты, чадо Божие, не отчаивайся в своем счастье. Ты осталась одна, без друзей и родных, врата земного счастья для тебя закрылись. И пишешь ты больше слезами, чем чернилами. Но не думала ли ты о том, что все это случилось по Промыслу Отца твоего Небесного для того, чтобы ты обратилась к вратам счастья вечного? Господь часто, очень часто закрывает от людей двери счастья призрачного, в то время как врата в истинное счастье Он всегда держит открытыми для всех, кто только пожелает войти. Войди и ты, чадо Христово. Когда заглянешь в эти врата, увидишь Царство счастливых, Отечество блаженных. Увидишь небеса, населенные угодниками и праведниками Божиими, уже на земле познавшими счастье служения Христу и на небесах полной чашей вкушающими его. Когда почувствуешь все это и духом прозреешь, ни минуты не пребудешь одна и не почувствуешь одиночества. Ибо бесчисленную небесную семью Божию назовешь своими братьями и сестрами, родными и друзьями.

Радуйся и веселись о Господе.

ПИСЬМО 89. АНГЛИЧАНИНУ ЧАРЛЬЗУ Б., НА ВОПРОС О ЛИЧНОСТИ ИНДИЙЦА ГАНДИ[215]

Как верующего человека, Вас мучает вопрос: «Что Промысл Божий ждет от правления и личности Ганди? Что означает появление этой необычной фигуры среди политиков и правителей нашего времени?».

Предупреждение Божие – вот в чем состоит роль современного вождя индийского народа. Промысл предостерегает политиков и правителей всего мира, и христианских тоже, о том, что в политике существуют и другие методы, помимо интриг, лукавства и насилия. Политический метод Ганди совсем прост и очевиден, он не требует ничего, кроме самого человека, вопиющего к Богу и слушающего Его.

Оружию, боеприпасам и армии Ганди противопоставляет пост; интригам, лукавству и насилию – молитву, политическим раздорам – безмолвие. Каким смешным и ничтожным это выглядит в глазах современных людей, не правда ли? В современных политических учебниках эти три оружия не упоминаются, даже в примечаниях к тексту. Пост, молитва и безмолвие! Вряд ли найдется в Европе и Америке политик, который без иронии посмотрит на эти три тайны индийского правителя, на три хрупких прутика против стали, олова и ядов.

Однако успехи Ганди с его тремя «волшебными» прутиками удивляют весь мир. Хотят они или не хотят, но политическим законодателям Англии и других стран придется ввести в новые учебники отдельную главу: «Пост, молитва и безмолвие как мощное политическое оружие». Как Вы думаете, человечество не станет счастливее, если эти методы некрещеного Ганди заменят в политической науке методы крещеного Макиавелли[216]?

Но не столько метод индийца удивителен для мира, сколько сама личность, которая этим методом пользуется. Это христианский метод, древний, как сама вера, и новый, как нынешний день. Пример поста, молитвы и безмолвия показал Своим ученикам Сам Христос, они передали его Церкви вместе со своим личным опытом, а Церковь передает его верным своим из поколения в поколение до нынешних дней. Пост – это жертва, безмолвие – самоуглубление, а молитва – вопль к Богу. Вот три источника великой духовной силы, которая делает человека победителем в борьбе и праведником в жизни. Кто из людей не способен вооружиться таким оружием? И какая грубая сила может сокрушить это оружие? Конечно, этими тремя элементами христианская вера не исчерпывается: они представляют собой лишь часть ее правил, ее неземных тайн.

К сожалению, в наше время христиане пренебрегают многими из этих правил и забывают о чудотворных тайнах. Преобладает мнение, что побеждает только сталь, что тучи разгоняют только пушки, а излечивают только таблетки. Поэтому я думаю, что Господь по милости Своей выдвинул Ганди, не христианина, но служащего предупреждением христианам, особенно тем, которые умножают беды и несчастья своих народов, используя грубые и жестокие средства правления.

И Евангелие нам свидетельствует, что Господь иногда прибегал к таким предупреждениям ради блага людей. Ваша честь сразу же вспомнит, о чем я говорю, – о римском сотнике из Капернаума (см.: Мф. 8, 5–13).

С одной стороны, Вы видите израильских вождей, которые похвалялись своим избранничеством и верой во единого Бога, но при этом отвергли Христа, а с другой – презренного римского язычника, того сотника, который с крепкой верой и сокрушением припал ко Христу, прося исцелить его слугу: 'Услышав сие, Иисус удивился ему и, обратившись, сказал идущему за Ним народу: сказываю вам, что и в Израиле не нашел Я такой веры'[217].

Христиане, это – новый, крещеный Израиль. Прислушайтесь! Разве не обращается Христос в наши дни с подобными словами к совести христианских правителей, указуя на сегодняшнего сотника индийского?

Мир Вам и здравия от Господа.

ПИСЬМО 90. БРАТСТВУ РОЖДЕСТВА ХРИСТОВА НА ВОПРОС О ТОМ, ПОЧЕМУ МЫ ПРИВЕТСТВУЕМ ДРУГ ДРУГА СЛОВАМИ: «ХРИСТОС РОДИЛСЯ!»

Когда мы восклицаем: «Христос родился!», это означает то же, как если бы мы воскликнули: «Мессия родился!», или: «Царь родился!», или: «Спаситель родился!». Этим приветствием мы подтверждаем и свидетельствуем друг другу, что в мир пришел Тот, Которому должно было прийти ради спасения людей, и предупреждаем, чтобы другого, кроме Него, не ждали; пришел Тот, Которого Бог Отец обещал нашим прародителям, изгнанным из рая; Тот, приход Которого языческие племена и народы предчувствовали; Тот, о Котором пророки еврейские прорекали; Тот, о Котором тысячелетиями с тоскою воздыхало беспомощное человечество; Тот, Который воссиял на земле, словно солнце после долгой темной ночи. Итак, когда мы восклицаем: «Христос родился!», мы свидетельствуем, что Всевышний исполнил Свое обетование, что человеческие упования и предсказания пророков осуществились и многовековое воздыхание сменилось радостью. Мессия родился, чудеснейший, Бог и Человек одновременно, и утомленные взоры человеческие Им да утешатся и другого мессии не узрят. Царь родился, сильнейший, с жезлом силы и лампадой милости одновременно, и самые немощные да воспрянут и воскликнут: мы дети Царские! Витязь родился, непобедимый, да защитит праведных и обратит грешных, да низвергнет духов злобы поднебесной. Указующий родился, прозорливый, да заблудших выведет и поведет. Просветитель родился, светлейший, да разгонит мрак и просветит помраченных. Пастырь родился, заботливый, да спасет стадо от волков и соберет его под Свой покров. Питатель родился, щедрый, да насытит алчущих не земным, но небесным Телом Своим Божественным и пламенной Своей Кровью. Человеколюбец родился, единственный, да укроет на груди Своей и оживит любовью всех сирот Своих, скитавшихся долго от гроба жизни до гроба смерти. Открыватель родился, величайший, да отдернет завесу и откроет смертным бессмертное Царство Небесное.

Все это означают те чудесные слова, которыми христиане приветствуют друг друга в Рождество Христово и которыми и я вас, братья, приветствую:

Христос родился!

ПИСЬМО 91. МАЛЫШУ, КОТОРЫЙ ПРОСИЛ РАССКАЗАТЬ РОЖДЕСТВЕНСКУЮ СКАЗКУ

Расскажу я тебе сказку, которую услышал от православных арабов из села Бетджала, близ Вифлеема. В давние, давние времена, задолго до рождества Христова, жил в Вифлееме человек, по имени Иессей, сын Овида, внук Вооза и Руфи. Было у Иессея восемь сыновей; самого младшего сына звали Давид. Был он пастухом, пас вифлеемских овец. Священное Писание говорит, что был он отроком стройным, светловолосым и красивым[218]. Был этот молодой красивый пастух удивительно сильным и храбрым: если лев или медведь похищали овцу из его стада, он легко настигал зверя, вырывал ее из кровожадной пасти и убивал похитителя[219]. Итак, был наш Давид воистину добрым и верным пастырем белоснежного своего стада. И отца своего почитал, как велит Господь.

Часто ночевал он в поле, на широкой земной постели, укрытый златотканым покрывалом звездного неба. Но то, что расскажу тебе, произошло не в поле под звездами, а в одной каменной вифлеемской пещере.

Выдался однажды очень жаркий день (такие дни не редкость в этой восточной стране). Овцы Давида улеглись в тени маслин. Солнце жгло немилосердно, и овцы стонали от жажды. Мучился от жажды и Давид. Вошел он в одну пещеру, чтобы укрыться от зноя и отдохнуть. В этих пещерах прохладно летом и тепло зимой. Войдя в пещеру, молодой пастух сел на камень, но дремота одолела его, и он прилег и заснул. Только сон был недолгим: сквозь сон Давид почувствовал на теле что-то холодное, вздрогнул и проснулся. Открыв глаза, он увидел, что мерзкая змея, свернувшись на его груди, обвилась вокруг рук! Вот подняла она над лицом его свою плоскую голову и злобно, не мигая смотрела на отрока горящими, как уголь, глазами. Давид содрогнулся от ужаса. Положение его было отчаянным, спасения, казалось, не было. Стоит ему шевельнуться — змея вопьется в него и прольет ему в кровь свой яд. О, насколько легче было ему бороться с рычащим львом или ревущим медведем, чем с этим ползучим и цепким гадом!

Что делать? И тут Давид вспомнил своего неизменного помощника в бедах, своего Господа, и возопил всем сердцем, полным боли и слез: «Не оставь меня, Господи Боже мой, не отступи от меня! Поспеши на помощь мне, Избавитель мой в стольких бедах!». Лишь произнес он эти слова, как необыкновенный свет засветился в углу пещеры. Свет имел форму круга, высотой в человеческий рост. Посреди этого сияющего круга Давид увидел прекрасную Отроковицу с ласковым и серьезным лицом. Отроковица села, голова Ее чуть склонилась к Младенцу, Которого Она держала на руках: такого прекрасного Младенца сын Иессея еще никогда не видел. Вдруг Ребенок выпрямился в объятиях Матери и зорко посмотрел на змею очами, подобными двум молниям. И перстом указал ей на выход из пещеры, словно повелевая исчезнуть. Вскочил Давид и пал ниц пред Отроковицей и сияющим Младенцем. Он хотел поблагодарить Их за нежданное спасение, но только было отверз уста, глянул и — никого не увидел. После этого вся пещера наполнилась каким-то чудным благоуханием, напоминающим аромат самого дорогого ладана или смирны.

До последнего дня своей жизни Давид не мог забыть это чудесное явление. Вознесенный Господом от пастушества на царский трон, он всегда помнил об этом чуде. Уже будучи царем, он написал две богодухновенные песни – одну Прекраснейшему из сыновей человеческих[220], а другую – Царице в позлащенных ризах[221]. И, играя на арфе, пел эти песни в высокой башне своего Иерусалимского замка.

А ты, малыш, угадай поскорее: что это за пещера? Что означает ужасная змея? Кто эта Отроковица? Кто Младенец? Я подскажу тебе радостным приветствием: Христос родился!

ПИСЬМО 92. УЧИТЕЛЮ НИКОЛЕ С., О ТОМ, ПОЧЕМУ ХРИСТОС ДОЛЖЕН БЫЛ РОДИТЬСЯ, А НЕ ПРОСТО ЯВИТЬСЯ

Вы спрашиваете, почему Христос должен был родиться, возрастать и наконец пострадать? Почему Он не вдруг явился с небес мужем зрелым, подобно тому как, согласно греческим легендам, явился людям Аполлон? Вовсе не достойное сравнение! Как возможно сравнить истинного Человека с призраком, Бога истинного с вымышленным чудищем?

Насколько высоко небо над землей, настолько мудрость Божия превышает разум человеческий. По Промыслу Всевышнего, Христу надлежало явить Себя миру и Младенцем, и Отроком, и зрелым Человеком, чтобы для всех быть доступным и привлечь к Себе всех. Если бы не был Он ребенком на земле, слово Его: 'пустите детей приходить ко Мне, ибо таковых есть Царство Небесное'[222] – осталось бы холодным и безжизненным; или: 'Если не обратитесь и не будете как дети, не войдете в Царство Небесное'[223]. Вы учите детей, но представьте себе, какими были бы Ваши отношения с детьми, если бы, скажем, Вы сами никогда не были ребенком? Несомненно, Христос мог явить Себя так, как бы Вы хотели, но если бы сделал так, то не стал бы для рода человеческого Тем, Кем Он желал быть, – Учителем и Спасителем всех, Примером всем поколениям человеческим.

Вас мучает мысль, что Господь Своим чудесным рождением еще более углубил тайну Своего бытия. А разве не была бы Его тайна глубже и непостижимее, если бы Он неожиданно спустился с небес без предшествующих родственных уз с людьми? Разве люди не стали бы говорить о Нем как о неком призраке? Тогда Его личность, а с ней и Его учение и жертва утратили бы реальное основание и реальное значение. Ибо, будь Он призраком, кто бы из нас послушал призрака и стал подражать ему?

Еще Господу должно было родиться — и именно таким образом, каким родился, — чтобы показать нам возможность нашего духовного рождения, которое стоит в центре Его учения о человеке, и подчеркнуть важность его. По слову Его, 'если кто не родится свыше, не может увидеть Царствия Божия'[224]. Подобно тому как Он родился от Духа Святаго из Пречистого тела Приснодевы, так и мы можем духовно родиться от Духа Святаго в чистоте своей души. Великие православные святые отцы веками учили, что духовное рождение человека обусловлено девственной чистотой души, иными словами, души, которая, вполне очистившись даже от греховных помыслов, уподобляется Пречистой Деве и благоволением Божиим удостаивается стать обиталищем Христа. Если рождение Христа от Девы непостижимо для обычного разума, то оно утешает и ободряет всех, кто стремится к духовному и нравственному перерождению своего существа.

Поэтому успокойтесь и возблагодарите вечную Мудрость, что Спаситель рода человеческого явился так, как Он Сам нашел наилучшим. И воскликните вместе с апостолом Павлом: 'О, бездна богатства и премудрости и ведения Божия!'[225] И с детской радостью поздравьте своих учеников: «Дети, Христос родился!».

ПИСЬМО 93. ОДНОМУ ПАЛОМНИКУ, О ВИФЛЕЕМСКОЙ ПЕЩЕРЕ

Ты собираешься в паломничество на Святую Землю Господню. Рассказ владыки Нектария о прошлогоднем паломническом путешествии еще более укрепил тебя в этом благом намерении. Но в канун Рождества ты хочешь больше узнать о Вифлеемской пещере, этом земном чертоге Царя Небесного.

Самая знаменитая из пещер находится на окраине города Вифлеема. Ровная, белая, как полотно, дорога ведет паломников из Иерусалима в Вифлеем. Но дорога не так важна для нас; наблюдая за дорогой, мыслями переносимся в ту священную пещеру. Вокруг каменные скалы; вдоль дороги скудная зелень; мелькнет виноградник, маслина, иногда небольшая пшеничная нива, но преобладает камень. Однако разве это нам важно? Мы скользим взглядом по окрестности, а душа томится в ожидании – скорей бы оказаться в желанной пещере.

Проезжаем монастырь святого Илии, где восточные мудрецы останавливались для ночлега на обратном пути из Вифлеема, где им был дан знак не ходить к Ироду, а вернуться на родину другой дорогой[226]. Въезжаем в Вифлеем, в Бетлехем, что значит – Дом хлеба. Таинственно и многозначительно название города, в котором родился Тот, Который сказал о Себе: 'Я есмь хлеб жизни'[227].

Арабский город. Одни арабы; иногда попадается грек или еврей. Многие говорят по-русски, выучили язык ради русских паломников, которые тысячами стекались сюда. Наши говорят с ними по-сербски и как-то договариваются. Обступают нас, предлагают четки, иконы, перламутровые крестики: продают их и на это живут. Весь город живет Христом, и не только теперь – веками.

Но сейчас мы мало интересуемся их предложениями: наши глаза ищут святую пещеру. Спрашиваем, где она. Нас ведут по длинной улице и вводят в просторную церковь, внутри которой много мраморных столбов. Здесь. В самой церкви: Царь Юстиниан воздвиг эту большую церковь над пещерой спустя полтысячелетия после рождества Христова. Вниз по ступенькам спускаемся в пещеру. Сердце трепещет и горит. В этой холодной пещере раздались первые удары самого теплого Сердца, которое когда-либо билось на земле. Билось оно любовью, одной только любовью к роду человеческому. Справа алтарь со множеством серебряных и золотых лампад. Здесь Он родился от Пречистой Девы. Слева другой алтарь: тоже множество лампадок. Здесь находились ясли, здесь лежал Он, спеленутый, на соломе. Многие паломники заплакали от волнения. Сказал Господь устами пророка: 'и возьму из плоти вашей сердце каменное, и дам вам сердце плотяное'[228].В этой пещере – если не здесь, то нигде – каменное сердце становится мягким, как разогретый воск. Сама пещера мрачна и печальна.

На Святой Земле множество просторных и не столь темных пещер. В тех пещерах укрывается скот, живут люди, иногда устраиваются могилы. Но Сын Божий, человеколюбивый, сойдя с престола вечного Света на землю, даже среди пещер не выбрал Себе пещеру светлую и удобную. Какое смирение! Какое унижение нас ради! Мы все падаем на колени – все; все совершаем пред Ним покаянные поклоны, поклоны пред вечным Разумом и вечной Любовью. А души наши возносятся к Нему, Царю неба и земли, Победителю греха и смерти. Что для нас пещера Его, если не пощечина нашему тщеславию и не вечное свидетельство Его величия?

Он, Он, воскресший и живой Господь, невидимо идет с нами, как когда-то с двумя учениками Своими в Эммаус. И мы чувствуем присутствие Его и радуемся каждому шагу. Когда мы пропели рождественский тропарь, один паломник воскликнул: «Христос родился!», а мы в ответ: «Воистину родился!». И зазвенела пещера, как большой колокол.

Мы вышли из пещеры и отправились к греческому митрополиту, а потом дальше, дальше… Но душа осталась в святой пещере, и святая пещера живет в душе и поныне.

ПИСЬМО 94. ОДИНОКОЙ ЖЕНЩИНЕ, О ПРАЗДНИКЕ РОЖДЕСТВА ХРИСТОВА ДЛЯ СЕСТРЫ ЙОВАНКИ

Ты жалуешься на одиночество в большом городе: столько людей вокруг тебя, словно в муравейнике, а ты чувствуешь себя, как в пустыне. Тяжелее всего в праздники. Все вокруг искрится радостью, а твое сердце сжимает тоска. Рождество и Пасха напоминают тебе пустые сосуды, которые ты наполняешь слезами. Когда праздник проходит, а до следующего далеко, тебе спокойнее. Но, как только наступает предпраздничное время, как только приходит праздник, тоска и пустота наполняют твою душу.

Чем помочь тебе? Я расскажу тебе повесть о Рождестве, которую услышал от сестры Йованки; может быть, она поможет тебе. Пусть она сама расскажет тебе так, как рассказала мне.

…Вот уже больше сорока лет живу я на свете одна. Никогда не знала я радости, кроме детских лет в родительском доме. Но никто не видел меня в печали: на людях я всегда была веселой и радостной, а оставшись одна, плакала. Все считали меня счастливой, потому что другой меня не видели. Со всех сторон слышала я от людей жалобы, от семейных и одиноких, от богатых и бедных, – ото всех. И думала: что мне жаловаться несчастным на несчастье мое и умножать печаль вокруг себя? Лучше буду казаться веселой: может быть, так я принесу больше пользы этому печальному миру, а свою тайну скрою и буду оплакивать ее наедине с собой.

Я молилась Богу, чтобы Он явился мне, чтобы подал хоть малый знак перстом Своим. Молилась так, чтобы не погибнуть от моей тайной скорби. От всякого своего дохода я творила милостыню. Посещала больных и бедных и приносила им радость своей показной веселостью. «Я верю в Тебя, преблагий Господи, – говорила я часто, – но прошу Тебя, явись мне, как Сам хочешь, чтобы окрепла вера моя. 'Верую, Господи! Помоги моему неверию'[229],– повторяла я евангельскую молитву. И в самом деле Господь явился мне.

Мне было тяжелее всего по великим праздникам. После богослужения я запиралась в комнате и плакала целый день, и в Рождество, и в Пасху. Но на прошедшее Рождество явился мне Господь. А было это так. Приближался день великого праздника. Я решила приготовить все, как когда-то учила меня мама. Я постелила на пол солому, бросила в каждый угол по три ореха: да будет милость Святой Троицы во всех четырех концах света. Исполняя все это, непрестанно молилась: «Господи, пошли мне гостей, но совсем бедных и голодных! Прошу Тебя, явись мне в образе обездоленных!». Иногда приходил помысл: «Безумная Йованка, каких гостей ждешь в Рождество! Этот святой день все встречают в своем доме, кто бы мог посетить тебя?». И я снова плакала и плакала, и повторяла молитву, готовила и плакала.

Когда я вернулась из храма с рождественской службы, зажгла в комнате свечу, собрала на стол угощение и стала ходить по комнате. «Господи, не оставь меня!» – молилась я. Но на пустынной улице не было прохожих: Рождество! Наша улица безлюдна. Вдруг снег скрипнул под ногами, я – к дверям! Не мой ли гость? Нет, прошел мимо. Часы пробили полдень, а я одна. Я заплакала и воскликнула: «Сейчас вижу, Господи, что оставил Ты меня!». И рыдала, и плакала, как вдруг!.. Вдруг кто-то постучал в дверь, и я услышала охрипший от слез голос: «Подай, брат! Подай, сестра!». Я вскочила и открыла дверь, передо мной стоял слепой с поводырем, оба в лохмотьях, продрогшие. «Христос родился, братья мои!» – воскликнула я радостно. «Воистину родился! – растрогались они в ответ. – Помилуй нас, сестра! Не просим мы денег, с самого утра никто не подал нам хлеба, только глоток ракии или копеечку, а хлеба – никто. Мы очень голодны». Я, словно на небесах, провела их в комнату, усадила за стол и служила им, плача от радости. Они удивленно спросили: «Почему плачешь, сестра?». – «От радости, братья, от чистой и светлой радости! Господь дал мне то, о чем просила Его. Вот уже несколько дней молюсь Ему, чтобы послал мне таких, как вы, гостей, и вот, послал. Не просто вы пришли ко мне: преблагий Господь послал вас. Он явился мне сегодня с вами. Это самое радостное Рождество в моей жизни. Сейчас знаю: жив Господь наш!». – «Слава Ему и хвала! Аминь», – ответили мои гости. Я оставила их у себя до вечера, потом, наполнив их торбы снедью, проводила.

Таким было Рождество Христово для Йованки. Дай, Боже, в этом году будет еще радостнее. Помолись и ты, чадо, чтобы явился тебе Отец Небесный, у Него много милости: и тебе чудо будет. Не готовься к скорби в этот святой день – готовься к радости. И Всеведущий, Всемилостивый сотворит тебе радость.

ПИСЬМО 95. МИССИОНЕРУ ДАНИИЛУ М., О БУКВАХ НА НИМБЕ ХРИСТОВОМ

Ты хочешь знать, что означают те три буквы, которые изображаются на иконах Спасителя, на нимбе над Его головой. Это три греческие буквы – O W N.

Эти греческие буквы переведены на славянский язык как одно слово: «Сый», или «Сущий», на сербский язык они переводятся тремя словами: «Тот, Который есть». Так мы читаем и Ветхом Завете: 'Бог сказал Моисею: Я есмь Сущий… так скажи сынам Израилевым: Сущий (Иегова) послал меня к вам' (Исх. 3, 14). В Откровении Иоанна Богослова мы читаем об имени Божием следующее: 'Иоанн семи церквам, находящимся в Асии: благодать вам и мир от Того, Который есть' (Откр. 1, 4). Этим словом O W N, или Сый, – Тот же, вечно Существующий, – выражена Божественная природа Господа нашего Иисуса Христа. От вечного Отца, совечный Сын. Свет – Отец, Свет и Сын. Отец – Бог, и Сын – Бог. Как бы могло быть иначе?

Мы видим тот же образ на земле, в земных телесных существах: какова природа родителя, таково и потомство. Плотской родитель – плотское и потомство. Смертный родитель – смертно и потомство. Временем и пространством ограничен родитель – ограничено и потомство. Вечность же не имеет границ, и потому Рождающийся от Вечного – Вечен. Сын Божий той же природы, что и вечный Отец Его. Если Отец вечно Сущий, вечно Существующий, вечно Неизменный, таков и Сын вечного Отца. Поэтому Сын Божий мог сказать о Себе: 'Я и Отец – одно'[230].

Но в силу того, что Бог есть Дух, вечное рождение Сына следует понимать духовно. Как правило, людям бывает очень трудно освободиться от временных символов и представлений о плотском рождении, когда они думают о Боге и Сыне Божием. Но представь себе, как любовь рождает мудрость: это поможет тебе в понимании неисчерпаемых небесных тайн. Человек, стяжавший чистую любовь, стяжает и истинную мудрость. Человеку, не имеющему любви, не откроется и мудрость.

Но в исследовании вечных небесных тайн необходима мера и смирение. Не довольно ли нам того, что милостью Божией открыто нам? А нам открыто, что Сын Божий явился в мир во плоти, родившись от Приснодевы Марии. Он облек Свое духовное Божественное существо в душу и плоть человеческую и явился среди людей как Человек, но при этом Он ни на миг не отделился ни от вечности, ни от Своего вечного Родителя. Он не перестал быть Сущим, Неизменным, Вечным, O W N. Он был подвержен изменениям, как человек: рос, голодал, страдал, умер, но, как Бог, Он оставался неизменным: совершенный Бог и совершенный Человек.

В одной старинной народной легенде говорится, что в давние времена ласточки не умели в холодную пору переселяться в теплые края. И, когда выпадал снег и ударял мороз, они жестоко страдали и гибли. Видя это, один милосердный человек сжалился над ними и стал делать все, что умел и знал, чтобы научить ласточек улетать на юг. Он подавал им знаки – ласточки не понимали их, он манил их пищей в сторону юга – не помогало, пугал и гнал их – напрасно. Ничего не получалось у него. Тогда стал он молиться Богу, чтобы Он превратил его в ласточку. Бог исполнил его желание и превратил человека в ласточку, которая могла мыслить и чувствовать как человек. Тогда человек-ласточка легко объяснился с ласточками и увел их осенью в теплые края.

С тех пор ласточки научились улетать на юг. Конечно, это только поэтический вымысел. Но пусть он поможет тебе, хотя бы в какой-то мере, понять, как вечная Мудрость, рожденная от вечной Любви, воплотилась и стала Человеком среди людей, чтобы их, продрогших от земной горечи, повести новым путем, в теплые края, в Царство Божие, «идеже несть болезнь, ни печаль, ни воздыхание». Но и в малом, человеческом теле великий Господь оставался Сущим, Неизменным, Вечным. Всегда таким, каким Он был от века в беспредельности Царства Своего и неизреченной Своей славе.

ПИСЬМО 96. ВОИНУ СВЕТИСЛАВУ К., НА ВОПРОС О ТОМ, ЧТО ЗНАЧИТ: «БОГ ВНУТРИ ЧЕЛОВЕКА»

Ты спросил кого-то: где Бог? Тебе ответили: Бог в тебе. Ты удивлен таким словам: как это возможно? Примерно так же, как свет в комнате или огонь в печи. Когда-нибудь ты почувствуешь Бога в себе и познаешь, что Он в тебе, но тебе будет трудно объяснить это другому. Ты будешь искать образы и сравнения в природе, и ты скажешь так же, как я говорю тебе: Бог во мне, словно свет в доме, или как огонь в печи, или как воздух в легких, или как жизнь в творении, или как сила, и любовь, и мысль в человеке. Конечно, это лишь образы, сравнения, и все они не могут выразить того, что чувствует человек, когда Бог вселяется в него в полноте Своей. Апостол Божий, духовный отец наш Павел, желает верным 'исполниться всею полнотою Божиею' (Еф. 3, 19). Бог действует внутри человека двояко – помогая и господствуя. Помогая, Бог действует в человеке маловерном, который иногда вспоминает о Боге, знает заповеди и в какой-то мере старается их исполнять. Бог не оставляет его, ибо и он старается держаться Бога. Господствуя же, Бог действует в человеке великой веры, широко открывшем Ему врата своей души. Написано: 'кто отворит врата, войду к нему' (ср.: Откр. 3, 20). Такой человек ни в чем не полагается на себя, но только на Бога Всевышнего. Он чувствует присутствие и действие Духа Божия в себе и великую любовь ко Господу своему. А Христос обещал любящим Бога вселиться в них: 'кто любит Меня, тот соблюдет слово Мое; и Отец Мой возлюбит его, Мы придем к нему и обитель у него сотворим'[231]. Ты не сможешь понять этого, если забудешь, что Бог есть Дух, Который Своей силой и волей может проникать всюду. Подобно солнцу, стоящему высоко над землей, Он обитает выше всякой твари, но может светом Своим войти всюду, где открыто Ему. Как говорит апостол: 'один Бог и Отец всех, Который над всеми, и через всех, и во всех нас' (Еф.4, 6).

Но если кто-то отвергает Бога, поносит Его в мыслях и говорит против Него, того оставляет Он. Подобно тому как человек, сделав окна в доме, не дает свету войти в дом. Своевольному царю Саулу пророк Самуил сказал: 'отверг ты слово Божие, и Господь отвернулся от тебя'[232]. И Дух Божий отошел от Саула. Но и тогда, когда Бог оставляет душу упрямого человека, Он продолжает действовать на него извне, так же как действует на воду, камень или дерево. Но если человек упорствует в неверии до конца и не кается, тогда Бог попускает бесам вселиться в него. Как сказано о Сауле, когда оставил его Дух Божий: 'и возмущал его злой дух от Господа'[233]. Или еще страшнее – об Иуде-предателе: 'и вошел в него сатана'[234]. Люди, которые восстают на Бога, конечно же, никогда не смогут ощутить Его в себе и сказать: «Бог внутрь нас есть[235]». Но те, кто любит, желает, взыскует Его и молится, чтобы Он вселился в них, ощущают Бога в себе и могут сказать: Бог в нас Духом Своим Святым. Благо таким светлым душам, ибо навечно воцарятся в Царстве Христовом, как обещал Господь любящим Его, говоря: 'возьму вас к Себе, и будете со Мною'[236].

Христос рождается!

ПИСЬМО 97. РАБОЧЕМУ М. Ф., О ТОМ, ПОЧЕМУ СПАСИТЕЛЬ РОДИЛСЯ В ПЕЩЕРЕ

Давно ты задал мне этот вопрос, но, прости меня, чтобы ответить тебе, я ждал того благодатного дня, когда все мысли наши устремлены к той пещере, из которой воссияло миру Солнце Правды.

Смирение – первая добродетель, которую Христос проповедал людям в Нагорной проповеди. И Своим примером Он явил эту добродетель, родившись не в царских палатах, а в овечьей пещере.

Другое важное практическое наставление, которое Господь дал миру рождением в пещере, заключено в том, чтобы стеснить себя, чтобы дать место другим, удовольствоваться необходимым, чтобы и другие имели необходимое. Как сказал апостол Божий: 'а когда имеем пищу и одежду, да будем этим довольны'[237]. Разве это не урок нынешнему, переживающему кризис миру?

Еще одно наставление заключено в том, что не место делает человека значительным, а человек – место. Человек – самая большая ценность на земле. Роскошь и внешний блеск не прибавляют достоинства человеку, так же как нищета не умаляет его. Знаешь, что сказал Господь об Иоанне Крестителе? 'Что пришли видеть вы? человека ли в мягких одеждах?'[238] Царь Ирод – в палатах царских и мягких одеждах, но не человек, а лис. Пилат в чертогах, но не человек, а римский волк. Так и фарисеи не люди – порождения ехиднины. А бездомный Иоанн больше всех этих, в палатах пребывающих. Ни один из рожденных женами не больше Иоанна Крестителя.

Еще одно наставление от Господа: Царство Небесное важнее всего сущего в мире. И Царство это человек может стяжать независимо от того, где он родился и где он живет – в городе, в деревне, в пустыне или пещере. Миру, ожидающему света от великих городов, Господь хотел преподать урок, что истинный свет может явиться и из бедной пещеры. Впоследствии это доказали и многие отшельники, великие старцы и истинные светильники духа.

По моему мнению, есть и еще одна важная причина, почему Христос родился в пещере. На Святой Земле и доныне сохранились четыре великие горы; они стоят со времени пришествия Христова. Одна в Вифлееме, где родился Христос; другая – Гора искушений, где Он был искушаем сатаной; третья – Голгофская, на которой распят был, похоронен и воскрес; и четвертая – гора Елеон, с которой вознесся на небеса. Четыре важнейших события в жизни Спасителя связаны с четырьмя непоколебимыми горами. Не сохранились ни дом в Назарете, в котором Он жил, ни дом в Капернауме, в котором Он нашел приют. Не сохранился ни один из домов, где Он останавливался, ни дворец Ирода, ни палаты Пилата, ни даже храм Соломона. Все, что человеческой рукой построено, разрушено временем. Но эти четыре горы, Господом созданные, стоят и поныне. Чтобы никто не мог усомниться в том, что Он воистину родился, что искушаем был, как человек, что распят был за грехи человеческие и воскрес и что во славе вознесся на небеса в вечное Отечество Свое, где ожидает Своих праведников. Знал Всеведущий каменное сердце человеческое и колеблющийся разум людской, поэтому Он мудро соединил эти четыре великие события четырьмя несокрушимыми горами. А если бы Христос родился в каком-то городском или деревенском доме, разве сохранился бы он и свидетельствовал нам Его рождество? Не существует уже и города, в котором родился Александр Великий[239]. Не существует многих городов и государств, где родились великие люди, а Христова святая пещера в Вифлееме стоит, стоит и свидетельствует.

Знай и это: так же как Тело Его – дом души Его – не от человека, но от Бога Духа Святаго, так и дом Тела Его – пещера Вифлеемская – не от человека и не от рук человеческих, но от Бога Творца и Промыслителя. Он создал ее прежде человека и, сотворив, приготовил ее для временного Своего обитания, чтобы прийти и посетить потомство Адама и Евы. И еще: для вечного свидетельства о пребывании Его на земле.

Пусть не удивляет тебя, что Господь избрал такое скромное место для Своего рождения. То, что для людей высоко, мерзость пред Господом. Мерзостью пред Господом был дворец кесаря в Риме, ибо воистину был разбойничьим вертепом преступлений и разврата. То же, что презираемо и ничтожно перед людьми, Господь часто избирает и прославляет. Это – образ действий Всемудрого. Так Он избрал рыбарей в апостолы и пещеру колыбелью Своей.

ПИСЬМО 98. НЕМЕЦКОМУ БОГОСЛОВУ, О ПРАВОСЛАВНОЙ ЦЕРКВИ И МИРЕ

Вам кажется, что Православная Церковь мало интересуется проблемами мира, и это Вас беспокоит. Как же мало? Кто желал мира больше, чем мученики и исповедники? А мучениками и исповедниками являются все православные народы. Пишу это, не хвалясь и не сожалея, а свидетельствуя известный исторический факт. На Вашем родном языке Вы можете найти книги, в которых содержатся описания многовековых страданий и мук православных народов. Но это лишь небольшая часть той неописуемой глубины страдания, в которую они были погружены столетиями.

Когда мира желают народы богатые и свободные, боюсь, они желают его ради житейских, мирских наслаждений, они желают его, как покоя и отдыха. Естественно, совершенно естественно, что Православная Церковь, как хранительница души православных народов, всем сердцем желает мира в мире, мира, а не войны. Поэтому в наших храмах утром и вечером возносятся молитвы о мире на земле. Почему молитвы? Потому, что мы, православные, верим, что мир на земле — дар Божий, так же как и «благорастворение воздухов», изобилие плодов, и дождь, и здоровье, и сама жизнь. Поэтому мы молимся Дародавцу всех благих даров, чтобы даровал мир на земле.

Вы сами понимаете, что мир есть следствие добродетелей, а не человеческой изобретательности. Знаете, как Ангелы Божии в своей песне над Вифлеемской пещерой прежде восславили Бога, а потом мир на земле: 'слава в вышних Богу, и на земле мир, в человеках благоволение!'[240] Тот, кто вначале с верой и молитвой не восславит Всевышнего своего Творца, может ли иметь мир в душе, может ли он дать миру то, чего сам не имеет? Вспомните далее слово апостола Павла: 'Он – мир наш'[241]. Что еще сказать? Вы знаете, что все Евангелие Христово по сути своей является единственной на свете наукой о мире. Зная его, как же можно не согласиться с тем, что мир есть следствие добродетели, а не дело изобретательности, что мира можно достичь только добродетелью и никогда ловкостью.

Возьмите в пример семью, в которой муж и жена, без добродетелей, поддерживают мир между собой только изобретательностью ума. Разве мир в такой семье может быть продолжительным? В семье же, где прославляется Бог, где царит благочестие, разговоры о мире не ведутся, ибо мир существует в ней сам по себе, от добродетельности. Так же, как, скажем, тепло – следствие света, а свет – следствие огня. Так же и в народе, и во всем человечестве.

Если бы добродетель в мире не подвергалась сомнению, не было бы столько разговоров о мире. Ибо мир проистекал бы из добродетели. Но в мире сейчас гораздо больше говорится о мире, чем в прежние времена, и люди больше, чем когда-либо, стараются не вернуть добродетель, как условие мира, а создать его изобретательностью ума. Но так же как крышу нельзя покрыть раньше фундамента, так и мира не достигнуть прежде добродетели. А основание и вдохновение всякой добродетели для нас, христиан, есть Господь и Спаситель наш Иисус Христос. Ибо кто иной мог бы быть основанием мира на земле, как не Тот, Кто назван Царем мира?

Тогда же, когда предводители народов и племен станут создавать мир на земле не так, как их древние предки, которые возводили Вавилонскую башню без

Бога, полагаясь только на свое умение, а не на молитву; когда они созовут народы и племена, чтобы пасть пред Всевышним на колени; когда будут установлены пост и воздержание от всех развлечений и наслаждений, хотя бы на некоторое время; когда будет строго запрещено всякое богохульство; когда всякая добродетель в сознании людей возобладает, как необходимое условие мира, – тогда Церковь Православная с великой радостью и готовностью принесет все жертвы, к которым Бог и человечество призовут ее ради мира между людьми.

А до тех пор Церковь будет делать то, что может. Наставлять своих верных в добродетели, укреплять их в вере и любви и таким образом поддерживать мир среди них. И будет молиться Царю мира, да удостоит Он всех людей Своего Божественного дара – мира на земле.

Мир Вам и радость от Господа.

ПИСЬМО 99. ЛЕСНИКУ МАНОЙЛО, О КРЫЛЬЯХ СВЯТОГО ИОАННА

Говоришь, что ты родом из Баната и твоя Крестная Слава – день святого Иоанна Крестителя. Православную веру ты считаешь смыслом своей жизни. После смерти отца судьба привела тебя в Македонию; семейную икону пророка Иоанна ты оставил дома матери и сестрам. Когда ты попросил македонского иконописца написать для тебя новую икону твоего небесного покровителя, то, к твоему великому изумлению, иконописец написал святого Иоанна с крыльями. Когда ты спросил мастера, он объяснил тебе, что так Креститель Господа изображается во всех македонских храмах. Ты обошел многие церкви и убедился, что это так, и удивился еще больше. И спрашиваешь меня, почему святой Иоанн Предтеча изображается с крыльями.

Тебе известно (известно ли?), что с крыльями изображаются только Ангелы Божии. Так они изображаются потому, что они духи бесплотные, легкие и быстрые в исполнении послушаний, на которые посылает их Творец. А сейчас послушай свидетельство Христа об Иоанне: 'Вот, Я посылаю Ангела Моего, и он приготовит путь предо Мною' (Мал. 3, 1). Кто это писал? Пророк Божий по вдохновению Духа Божия. Пророк Мессии и Сам Мессия называют святого Иоанна Ангелом. И, поистине, служение Иоанна было подобно служению Ангелов небесных. Когда Спаситель мира родился в Вифлееме, Ангелы объявили о Его рождении пастухам и призвали их радоваться и славить Бога. С тех пор прошло тридцать лет, и Господь явился на Иордане, чтобы начать Свое спасительное служение. Тогда святой Иоанн объявил Его народу, призывая людей к покаянию и очищению, чтобы они стали достойны принять Его – Мессию и Спасителя.

Поэтому иконописцы с давних пор часто изображали Предтечу Христова, как Ангела, с крыльями. Поэтому и назван он Ангелом в Священном Писании, ибо нес ангельское служение в мессианской истории спасения людей.

Да покроет тебя святой Иоанн своими крылами от всякого зла. Аминь.

ПИСЬМО 100. К. К., НА ВОПРОС, МОЖНО ЛИ ГАДАТЬ НА КРЕСТЕ

Пишете мне, что на праздник святого Георгия в одном из сел наблюдали «гадание на кресте». Вы видели, как люди вдоль поля «сажали» в землю кресты из тонких прутьев, и спрашиваете меня, что это за гадание. Сразу скажу Вам: это не гадание.

Какое может быть гадание на крестном знамении? Крест символизирует крестные страдания Христа, которые Он принял именно ради избавления людей от всяких гаданий и идолопоклонства. Этому святому знамению дана сила свыше до конца времен изгонять все злые и нечистые духи и хранить от них людей. Церковь посвящает Честному Кресту Христову два дня в неделе – среду и пятницу. Этим она напоминает христианам о страданиях Господа за род человеческий и напоминает своим чадам, что Крест – непобедимое оружие.

Берегитесь, ибо для тех, кто губит свою душу и погибает на веки веков, крестное знамение – безумие, как сказано апостолом: 'Ибо слово о кресте для погибающих юродство есть, а для нас, спасаемых, – сила Божия' (1Кор. 1, 18). Кому приходилось путешествовать по Шотландии, мог видеть стоящие вдоль дорог, на полях, над домами, над пасеками плиты с надписями, взятыми из Священного Писания. На них можно прочесть: «Господи, Ты еси упование мое, избави мя от гонящих мя»[242], 'Господь – Пастырь мой'[243], 'Господня есть земля и вси живущие на ней'²⁴⁴, «Господь – Защититель мой, кого убоюся?»²⁴⁵ 'Всегда радуйтесь. Непрестанно молитесь. За все благодарите'²⁴⁶. Так в Шотландии.

В наших краях иные обычаи: вместо этого мы носим крест на груди, вырезаем его на двери при входе в дом, устанавливаем на домах и в полях, вышиваем на одежде. Вместо слов из Священного Писания наш народ устанавливает кресты. В словах Священного Писания заключена большая сила, как Христос говорил апостолам: 'Вы уже очищены словом Моим'²⁴⁷. Но какая же тогда сила в кресте! Сила, которая очищает, защищает и освящает! Крестом освящаются вода и елей, хлеб и первые плоды земные, дом и человек. Эту силу наш народ знает опытно, потому он и освящает крестом Христовым посевы и дома, скот, одежду и пищу. А проклятое гадание несовместимо с крестом, как и крест с гаданием.

От Господа Вам мир и здравия.

ПИСЬМО 101. УЧИТЕЛЬНИЦЕ В. Ш., О СВИДЕТЕЛЬСТВАХ СУЩЕСТВОВАНИЯ БОГА

И ты, и твоя старушка мать преданы православной вере. С тех пор как вы начали соблюдать заповеди о посте, молитве, милостыне и Причастии, тайны истины открываются вам все больше. Поистине, это верный путь: упражнение в известном приводит к познанию неизвестного. В безмолвной и долгой молитве истина являет себя. Но твое сердце горит желанием направить на путь истины и многих других. Однако люди есть люди: у кого-то ум помрачен ложью, у кого-то сердце окаменело от страстей, и ничего у тебя не получается. Необходим долгий путь очищения. Один рабочий ошеломил тебя вопросом: «Кто мне докажет, что Бог есть?». И ты в растерянности не знаешь, что ему ответить. Сначала помолись за него, а потом скажи так: трава докажет. Если ищешь свидетельства, оно под ногами твоими. Трава зеленая – свидетель, ее родословная восходит к 'траве, сеющей семя (по роду и по подобию ее, и) дереву плодовитому, в котором семя его на земле' (читай книгу Бытия, первую страницу[248]).

Докажут солнце, луна и звезды. Если ищешь свидетельства над головой, свидетели тебе – солнце яркое, луна тихая и стаи звездные. Проследи их родословие – не найдешь конца, пока не дойдешь до того дня и часа, в которые над мраком и хаосом отозвалось слово Божие: 'да будут светила на тверди небесной, два светила великие и звезды'[249].

Докажет весь мир, докажет воздух. Ищешь ли свидетельства вокруг себя, свидетели тебе – море и воздух, горы и дубравы, замки муравьиные и соты пчелиные и все населяющее воду и сушу, горы и дубравы. Проследи родословную их, не уклоняясь ни вправо, ни влево, но спрашивай о пути каждого из них и дойдешь до того торжественного часа, когда с небес заструился глас любви: «Да будет!.. Да будет!.. И бысть»[250].

Докажут осел и вол, по слову пророка, который вопиет: 'Вол знает владетеля своего, и осел – ясли господина своего: а Израиль не знает (Меня), народ Мой не разумеет' (Ис. 1, 3).

Скажи мне, брат, какая из поднебесных тварей не свидетельствует о Боге? Даю тебе сто лет бесплодной муки, чтобы ты отыскал хоть единую травинку, которая не свидетельствует о величественном бытии Творца своего. Но, чтобы сократить срок напрасного поиска, я помогу тебе найти того, кто не свидетельствует о Господе, – одного-единственного во всей вселенной, одного-единственного! – поврежденного грехом человека.

Свидетельствуют порядок и мера, числа и Божественная гармония всего тварного мира. Свидетельствуют разум и совесть всех святых и праведных душ. Но над всем и вся свидетельствует Сам Господь наш Иисус Христос, в Котором великий и вечный Бог вочеловечился и во плоти явился, пришел к людям, открыл тайны, показал путь, отверз рай. Для тех, кто желал и очами зреть Бога, и ухом Его слышать, исполнил Он желание их, явив Христа. И видели, и слышали, и новой жизнью исполнились.

Так можешь ответить ты той бедной душе, взыскующей Бога, жаждущей видеть и слышать Его. Но это далеко не все, что можно сказать. Это только один букетик с огромной нивы Божией, на которой все свидетельствует о Творце и растет ради того, чтобы свидетельствовать о Нем: да идет и видит! А ты, чадо, продолжай укрепляться в добродетели. Не уклоняйся с пути спасения ни влево, ни вправо. Близок час смертный, а там, по смерти, – Суд Божий о том, как мы, верные, свидетельствовали о Боге. И на Суде том будут два войска человеческих: одно – одесную Господа Славы, которое не постыдилось Христа, а другое – ошуюю от Него, постыдившееся Его в 'роде сем прелюбодейном и грешном' (Мк. 8, 38).

ПИСЬМО 102. ВДОВЕ, КОТОРАЯ СПРАШИВАЕТ, УХОДИТЬ ЛИ ЕЙ В МОНАСТЫРЬ

Куда же Вам еще идти? Тем более, что Вы остались без детей. Знатная римлянка Мелания[251] уговорила своего мужа, после того как они похоронили своих детей, разойтись по монастырям. Вам не препятствуют ни дети, ни муж. Не с кем Вам советоваться, кроме себя самой. Идите же во имя Бога живаго!

Вы вкусили брачной жизни. Говорите, разочаровались в ней. Разве только Вы одна? Разве не разочаровались сотни других, ожидавших от брака небесного рая? Сейчас говорите: довольно брака, больше никогда! Неужели придется вновь пережить все эти горести? Одна горесть — из-за плотской жизни и физического стыда, другая — из-за подчинения безбожному, бесчеловечному мужу и зависимости от него, третья — из-за постоянного страха за детей, рожденных и нерожденных, четвертая — из-за смерти мужа и детей. Апостол говорит о жене, как о первой преступившей заповедь Божию, что 'спасется через чадородие, если пребудет в вере и любви и в святости с целомудрием' (1Тим. 2, 15). Этот путь Вами пройден, и Вы не хотите вновь ступить на него. Что же, хорошо, тогда во имя Божие идите в монастырь.

Как попугай, который быстро проговорит все, что выучил, так и мир сразу показывает все свои «наслаждения», а потом клюет и бьет немилосердно. Вы не хотите еще раз пережить «попугайство» обманчивой мирской жизни. Вы не хотите снова ступить на пестрый корабль, который сначала заманивает своей яркостью, но вскоре попадает в страшную бурю. Хорошо, если Вы, потерпев кораблекрушение, желаете пойти иным путем. Если Вы решите остаться вдовой, послушайте, что сказал апостол Божий об истинном вдовстве: 'Истинная вдовица и одинокая надеется на Бога и пребывает в молениях и молитвах день и ночь; а сластолюбивая заживо умерла' (1Тим. 5, 5–6). Иметь надежду на Бога и непрестанно день и ночь молиться могут и супруги, если они единодушны в благочестии. Это могут и вдовец, и вдовица в миру. Но, конечно, легче всего исполнять это в тишине монастыря. Поэтому решайтесь и постучите во врата монастырские, подобно Растко Неманичу, княгине Милице, княгине Евфимии или блаженной Стойне Девичской.

В монашестве дается обет полной верности Христу. Собственно, монашество – это таинственное обручение души со Христом. В монашестве тело и душа одухотворяются и перерождаются в новое существо, которое Царь Небесный приемлет как Свою невесту. 'Тайна сия велика'[252], говорит ученик Христов, но это не какая-то сказочная тайна, а реальность, истинная небесная неизменная реальность. В этом новом обручении нет вдовства и не может быть никогда, если только душа человека не отпадет и не нарушит верности. Увы, тогда вдовство будет двояким – и телесным, и духовным. Этот духовный брак сильно отличается от плотского брака. Плотской брак начинается с радости, а продолжается горечью, в духовном же – наоборот: вначале – горечь, а потом – радость. Если хотите вкусить духовный брак, в котором любовь, чем дольше длится, тем больше возрастает, что еще могу посоветовать Вам: во имя Божие идите в монастырь.

Благословение Божие да пребудет с Вами.

ПИСЬМО 103. КРЕСТЬЯНИНУ ОСТОЕ Р., НА ВОПРОС О ТОМ, ЕСТЬ ЛИ БЛАГОСЛОВЕННЫЕ И НЕБЛАГОСЛОВЕННЫЕ ДУШИ

Конечно, есть. Ибо, если бы не было, не было бы смысла и в благословении. Благословенный и неблагословенный – вот в чем основная разница между людьми. Нерасторжимая общность с Богом приносит благословение, а отпадение от Бога – значит лишение благословения. Об этом говорит и евангельская притча о блудном и послушном сыновьях.

От одного благословенного чада весь дом может получить благословение и преуспевать во всем, а от одного неблагословенного весь род может терпеть скорби. Читал ли ты в Священном Писании прекрасную повесть о благословенном Иосифе, которого завистливые братья продали египетским торговцам? По благому Промыслу Божию, который всегда хранит праведника, Иосиф был продан Потифару, вельможе фараона. И тот, увидев благочестие Иосифа, поставил его над всем своим имением. 'И с того времени, как он поставил его над домом своим и над всем, что имел, Господь благословил дом Египтянина ради Иосифа, и было благословение Господне на всем, что имел он в доме и в поле' (Быт. 39, 5). Так в Священном Писании, так и в жизни во все времена. Разве никогда ты не слышал, как говорят твои односельчане: «Как появилось чадо это в моем доме, благословение Божие пришло в дом»? Проницательный народный разум, вдохновленный Духом Божиим, проникает в тайны бытия глубже утомленных мозгов, что судят и мерят без Духа Божия.

Также существуют и неблагословенные люди, тщетные. Безбожная и нравственно нечистая душа всегда тщетна. Пророк Иона бегал Бога и противился заповедям Его: так отпал он от благословения Божия. Из-за этого едва не погиб корабль, на котором он плыл. Когда Иону высадили с корабля, буря прекратилась. Благословенный Павел на пути в Рим спас от бури другой корабль и двести семьдесят шесть душ, находящихся на нем, по слову Ангела, который явился ему во сне и сказал: 'не бойся, Павел! тебе должно предстать пред кесаря, и вот, Бог даровал тебе всех плывущих с тобою' (Деян. 27, 24).

Во время войн особенно много говорится о людях везучих и невезучих, а это и есть люди благословенные и неблагословенные. Иисус Навин потерпел поражение в битве из-за вора Ахана, сына Хармии[253]. А разве не слышал, как говорят люди: «С тех пор как этот человек в доме моем (или: с тех пор как стал мне сотрудником этот человек), ничего у меня не ладится»? Когда сотрудничают человек добра и человек зла, какая может быть работа? Если один тянет назад, а другой вперед? Пока царь Соломон служил одному истинному Богу, и ему, и народу его благо было, но взял он в жены египтянок-язычниц, и принесли они несчастье и ему, и царству его. Ибо жены эти навек осрамили его, дом его обагрился братской кровью, а царство распалось. Так в Священном Писании, так и в жизни во веки веков.

А ты не бойся, прислушайся только к словам отца Соломонова, которых Соломон не захотел послушаться: «Блажен муж, иже не иде на совет нечестивых, и на пути грешных не ста, и на седалищи губителей не седе» (Пс. 1, 1).

Благословен тебе год наступающий!

ПИСЬМО 104. ОДНОЙ МАТЕРИ, ОБ ИЗБРАНИИ КОРОЛЕВЫ КРАСОТЫ

Вы в безумной радости сообщаете мне, что Ваша дочь избрана королевой красоты, и словно ожидаете моих поздравлений. Мне и писать об этом стыдно, и вместо поздравлений я выражаю Вам свое глубокое соболезнование.

Почему-то Вы еще пишете в письме: «Моей дочери, как образованной девушке, это очень лестно». Что сказать об образованных и необразованных в наше время? Среди множества различных кризисов современности кризис образования – один из главных. Кто знает, кого скорее можно назвать образованным: какую-нибудь городскую даму или стыдливую деревенскую пастушку? Здесь трудно будет прийти к общему мнению, пока мы не определим понятие образованности и не скажем вместе с народом, что образован тот, кто несет образ, то есть хранит честь. А кто чести не имеет, образованным быть не может, где бы он ни жил, какое бы положение ни занимал, сколько бы знаний ни скопил.

В наших сербских деревнях о красоте говорили шепотом, а о нраве – в голос. Это исходило из глубокого народного сознания, что красота – нечто преходящее и от человека не зависящее, а характер постоянен и зависит от воли человека. Слышали народную песню о девице Милице: «Я не волшебница, чтобы тучи гонять, я девица, чтобы себя охранять»?

Избрание королевы красоты – возрожденный обычай древних латинских народов. По сути, это не что иное, как искусно прикрытая торговля белыми рабами. Известны ли Вам судьбы таких красавиц? Они страшны! Невенчанные браки, внебрачные дети – бедные дети! – сенсационные бракоразводные процессы, самоубийства. Вот та стезя, по которой чаще всего следуют королевы красоты! Неужели и Ваша дочь... Лучше было бы дать ей прочесть о героической гибели ее отца на горе Цер, чем вывести ее на этот ярмарочный и опасный спектакль. Кто может поручиться, что Ваша радость не обернется вскоре глубокой печалью и стыдом, таким стыдом, от которого Вы при свете дня будете прятать лицо? А соседи будут злорадно насмехаться над Вами, и это еще больше будет терзать Ваше сердце.

Из всех искушений, которые человеку надлежит преодолеть, красота – одно из самых сильных. Святые великомученицы Екатерина и Варвара, Анастасия и Параскева и многие другие преодолели его, ибо познали другую красоту, ту, что дороже физической. Но сможет ли преодолеть его Ваша дочь, которая не обладает духовным зрением, которая добровольно пошла на это торжище? Да поможет ей крепкий Господь! Но красота, как и богатство, и больше, чем богатство, ведет к надменности, а надменность – престол, с которого неминуемо срываются в адскую бездну.

Американские киноторговцы выдумали ради большей прибыли, что Иуда-предатель был самым красивым из двенадцати апостолов. Это, конечно, не доказуемо ничем, кроме смерти Иуды. Конечно, вы слышали и читали, что гибель его была подобна гибели многих современных королев и королей красоты. Этот «прекрасный» Иуда после предательства Сына Божия, 'бросив сребреники в храме, пошел и удавился'[254].

Тому, кто далеко зайдет по тропе диавольской, трудно вернуться назад. Что Вам посоветовать? Как можно скорее выдайте свою дочь замуж; чем скромнее будет жених, тем лучше; выдайте за какого-нибудь пекаря или кондитера (конечно, если благочестивый человек не побоится взять на себя такую ответственность). Только в этом случае Вы можете надеяться на законных внуков и благословение Божие. Силой Своей Творец может сохранить человека от падения на скользком пути, по которому он по незнанию или по немощи следует. Да поможет Он Вам и тем, кого вы любите сильнее всех на свете, – Вашим детям!

ПИСЬМО 105. ПОДМАСТЕРЬЮ, КОТОРЫЙ ПРОСИТ СОВЕТА В ДУХОВНОЙ ЖИЗНИ

Не могу тебе выразить, как меня обрадовало твое Письмо! Прочитав его, я воскликнул: «Вот воин Твой, Господи, благослови его!». Ибо ты поистине воин, хотя тебе лишь пятнадцать лет. В доме своего хозяина ты каждый день видишь раздоры, ненависть и злобное шипение. На складе, когда разбираешь ящики, слышишь от своих товарищей сквернословие и брань. На улице и повсюду вокруг тебя – соблазны, одни соблазны! Но твой мужественный дух не приемлет ни один их этих соблазнов, которые через зрение и слух наваливаются на тебя. И ты чувствуешь себя так, как будто и, когда видел, не видел, и, когда слышал, не слышал.

Насколько иначе ты представлял себе жизнь, когда приехал из деревни в город! Впервые попав в город, увидел ты дома, что были красивее вашей сельской церкви. И ты с трепетом и почтением шагал по улицам, досадуя на свои ноги, которые принесли деревенскую глину в эту невиданную красоту и чистоту. Ты крестился перед многими высокими домами, как крестится человек, завидев храм. Но однажды произошло что-то ужасное для тебя, после чего ты понял, что дома эти совсем не храмы. Какой-то человек, выскочив из одного из этих прекрасных домов, поносил самую великую небесную святыню. У тебя перехватило дыхание! Ты повернулся назад и побежал к своей деревне. Но вдруг ты вспомнил, что тебе нельзя возвращаться домой; ты горько заплакал и, утирая рукавом слезы, опять побрел в город.

С тех пор изо дня в день ты должен собирать все свои силы, всю свою юношескую храбрость, чтобы противостоять ужасам, которые окружают тебя со всех сторон. Иногда ты слышал звон церковного колокола, но ни разу не видел церкви в этом городе, и ты подумал, что это Ангелы на небесах звонят, чтобы объявить о Страшном Суде развратному миру.

Твои хозяева никогда не ходят в церковь и не дают ходить вам. Истосковавшись по службе Божией, однажды ты решился спросить у хозяйки разрешения пойти в церковь. В ответ на твою просьбу она расхохоталась и, схватив тебя за волосы, потащила в столовую и крикнула сквозь смех: «Представьте себе, что этому «попу» пришло в голову – проситься в церковь!». И все стали хохотать, как безумные.

Но все эти бури только укрепляли древо твоей веры. Насколько росла в тебе ненависть к соблазнам, настолько возрастала в тебе любовь к Богу. И ты сохранил свою веру, чистоту и благочестие. Великий воин Христов, да благословит тебя Господь! Ты напоминаешь мне Давида, поразившего Голиафа, и ты победил многие голиафские соблазны, которые хотели умертвить твою душу. И вот теперь, когда ты с помощью Божией спас свою душу от многих искушений, спрашиваешь у меня совета, как тебе дальше спасаться. Чадо мое золотое, оставайся мужественным, и Господь не оставит тебя.

Ты просишь дать тебе не более двух или трех советов, чтобы тебе было легче их помнить. Хорошо, дам тебе три совета: во-первых, перечитывай заповеди Христовы из этого маленького Евангелия, которое я посылаю тебе; во-вторых, исполняй их по своим силам; в-третьих, молись Богу, чтобы Он дал тебе разум правильно понимать все, что прочтешь, и Духом Своим укрепил тебя исполнять прочитанное.

Да укрепит тебя Господь благословением Своим.

ПИСЬМО 106. ФАБРИЧНОЙ РАБОТНИЦЕ СТАНКЕ К., НА ВОПРОС О ЗНАЧЕНИИ СЛОВ: «ТЕБЕ, ГОСПОДИ!»

В конце каждой ектеньи священник призывает народ полностью предаться Господу Иисусу Христу, возглашая: «Сами себе, и друг друга, и весь живот наш Христу Богу предадим», народ отвечает на это: «Тебе, Господи!».

Это очень важные слова, и их можно применить во всех обстоятельствах человеческой жизни.

Когда ты здоров и преуспеваешь в работе, вознеси сердце свое к Богу и скажи: благодарю Тебя, Господи! Когда люди воздают тебе почести и хвалят, скажи в себе: я не заслуживаю этого, это принадлежит не мне, но Тебе, Господи! Когда провожаешь детей своих на работу, или в школу, или в армию, благослови их на пороге дома и скажи: предаю их в руки Тебе, Господи! Когда одолеет тебя зависть людская и неверность друзей, не падай духом и не носи горечь в своем сердце, но скажи: предаю все это на суд и оправдание Тебе, Господи! Когда пойдешь за гробом своего самого дорогого человека, иди твердо, как будто несешь дар лучшему другу, и скажи: эту любимую душу приношу в дар Тебе, Господи! Когда стеснят тебя черные тучи бесовских искушений, страдания и болезни, не отчаивайся, но скажи: за помощью и милостью обращаюсь к Тебе, Господи! Когда Ангел смерти встанет у твоей постели, не бойся:

он друг твой, но, простившись с миром, скажи: душу мою покаянную предаю в руки Тебе, Господи!

ПИСЬМО 107. СТАВРО И., О СТРАХЕ СМЕРТИ

Слышал ли ты о блаженном диаконе Аввакуме[255]? Когда турки вели его через весь Белград, закованного в вериги, чтобы посадить на кол, этот мужественный босниец пел: «Серб Христов радуется смерти!». Слова эти в духе апостола Павла, который обращался к филиппийцам: 'имею желание разрешиться и быть со Христом, потому что это несравненно лучше; а оставаться во плоти нужнее для вас' (Флп. 1, 23). Апостол говорит не о смерти, а о переходе из этой жизни в иную жизнь. И той жизни радуется больше, нежели этой.

Я спросил недавно одного старика, чего больше всего он хотел бы получить от Бога. Положив руку на грудь, он ответил:

– Смерти, только смерти!

– А веруешь ли ты в жизнь после смерти?

– Именно по этой вере я и желаю скорой смерти, – сказал старец.

Неверующие боятся смерти, ибо видят в ней уничтожение жизни. Многие верующие боятся смерти, потому что считают, что не исполнили свое послушание в этом мире: не поставили детей на ноги или не закончили начатое. Даже некоторые святые испытывали страх в смертный час. Когда Ангелы спустились, чтобы принять душу святого Сисоя, этот небесный человек молился, чтобы они оставили его еще немного в этой жизни, чтобы он мог покаяться и подготовиться к иной жизни. Вернее, святые боялись не смерти, а Суда Божия после смерти. И это единственный оправданный страх христианина, который твердо верит в вечную жизнь и Божий Суд.

А без веры в иную, небесную жизнь страх смерти просто веревка на шее, за которую смерть тащит осужденных в свою пасть. Жизнь для неверующего не что иное, как дуновение смерти, дуновение, которое поднимает и низвергает мертвый пепел, ворошит и прибивает его к земле. Если бы безбожник мог до конца логически все продумать, он должен был бы сказать, что жизни вообще нет. Смерть – его единственная вера, смерть – единственная вечная сила, смерть – единственный бог.

Для нас же, христиан, смерть – это окончание школы, сигнал окончания военной службы и призыв к возвращению на родину; для верующих во Христа смерть сама по себе – ничто. Господь сказал Марфе и говорит нам сегодня: 'Я есмь воскресение и живот, верующий в Меня не умрет'[256]. Кому же нам верить, если не Христу, брат Ставро? Людям не можешь верить, даже когда они называют свое имя, и еще меньше, когда скажут: «Я заплачу тебе завтра», а особенно если говорят о глубоких и возвышенных вещах. Кроме Сына Божия, никто ничего не знает ни о смерти, ни о том, что нас ждет после смерти. Но Он знал, и явил, и показал. Его победа, по словам апостола, истребила смерть[257]. Зачем же нам бояться того, что побеждено воскресением Христовым? Страх смертный не прилепляется к прилепившимся ко Христу, Победителю смерти и Жизнодавцу.

И все-таки один страх остается, совершенно уместный и оправданный: тот страх, который чувствовали и святые души в свой смертный час. Это не страх смерти, но страх своей неподготовленности к вечной жизни. Страх своей душевной нечистоты. Ибо нечистые не узрят Бога и жизнь истинную на святых небесах.

Господь да будет твоей храбростью и утешением.

ПИСЬМО 108. «СТЕПАНУ Д., НА ВОПРОС О ТОМ, ЧТО НАМ ДЕЛАТЬ, ЧТОБЫ ЛУЧШЕ ЖИТЬ

Как сам пишешь, много лет служил ты одному господину. Не проходило дня, чтобы ты не думал о нем, о том, чего он хочет, о чем просит, что планирует. Однако твой господин был смертным человеком и – умер. Но существует Господин бессмертный, Который не умирает, Который был Господином и над твоим господином, и над всеми царями и царедворцами этого мира. Это – Господь Бог, Творец и Вседержитель неба и земли. Разве не естественно людям, подданным этого Господина над господами, всякий день помышлять о Нем? Узнавать Его волю, изучать Его заповеди, проникать в Его намерения? Но именно то, что было бы совершенно естественно, люди отвергли и стали жить по своей воле, своими мыслями, по своим правилам и законам. И плод такой жизни очевиден: смуты, заблуждения, отчаяние, пропасть в душах людей и между людьми.

Видя все это сам, ты с удивлением спрашиваешь: что нам делать, чтобы жить лучше? Не я отвечу тебе, я дам слово одному святому человеку...

Говорят, что некогда в Древнем Египте начались раздоры между людьми, подобные нынешним. Тогда два храбрых друга из Александрии решили пойти по свету, чтобы найти хотя бы одного мудрого и счастливого человека. После долгих и бесплодных поисков они пришли к некоему святому, который жил в уединении в лесу. Он поклонился им до земли и радостно принял в своей хижине. После долгого разговора и расспросов путники, убедившись, что они действительно нашли человека, в котором соединились мудрость и счастье, воскликнули: «Человек Божий, но мы не можем жить так, как ты! Как же нам обрести счастье?». Заплакал человек Божий, возвел глаза к небу и сквозь слезы сказал: «И не должны вы жить, как я. Но, чтобы стать счастливыми, держитесь этих правил: думайте о Боге хотя бы столько же, сколько думаете о людях; бойтесь Бога хотя бы столько же, сколько боитесь людей; почитайте Бога хотя бы столько же, сколько уважаете людей; молитесь Богу хотя бы столько же, сколько просите людей; надейтесь на Бога хотя бы столько же, сколько надеетесь на людей; просите помощи у Бога хотя бы столько же, сколько просите у людей; исполняйте закон Божий хотя бы столько же, сколько исполняете человеческий; благодарите Бога хотя бы столько же, сколько благодарите людей; славьте Бога хотя бы столько же, сколько славите людей!».

Выслушав этот урок жизни, друзья счастливыми вернулись домой. Это и тебе ответ, брат Степан, а ты кричи об этом в уши ближнему. Я же могу одно добавить: минуя этот нехитрый букварь, никто и никогда не сможет взяться за трудный учебник.

Господь да обрадует тебя.

ПИСЬМО 109. МОНАХИНЕ, О ЗАКВАСКЕ И ТРЕХ МЕРАХ МУКИ

Господь сказал: 'Царство Небесное подобно закваске, которую женщина, взяв, положила в три меры муки, доколе не вскисло все' (Мф. 13, 33). Ты хотела бы знать тайну этих слов, сестра. Поистине, в них заключена великая духовная тайна. Плотскому разуму эта притча кажется до смешного простой. Ибо телесный человек не разумеет того, что от Духа Божия, а здесь требуется рассуждение духовное. А когда рассудишь духовно, как рассуждали святые, тогда увидишь, что эта притча означает следующее: закваска символизирует Духа Святаго. Женщина символизирует человеческую душу. Взяв, положить – взяв от Бога, в себя вместить. Три меры – три способности души: разум, сердце и воля. Мука – три способности души в своем обычном естественном состоянии. Пока не вскисло, пока все они не взойдут, не проникнутся Святым Духом.

Иными словами, душа христианина, когда становится достойной, приемлет от Творца своего Духа Его. Приняв, держит Его в уме своем, пока ум не обожится; и держит в сердце, пока сердце не обожится; и держит в воле, пока воля не обожится; и непрестанно держит Его в 'трех мерах' одновременно, пока душа полностью не обожится. А когда все обожится, тогда и просветится, и взойдет, как перебродившее тесто. Так душа становится великой, богатой и святой. Тогда душа приобретает способность переродить, одухотворить, освятить и тело, как свой орган. Разве не таково Царство Божие? И разве не чудесна притча эта?

Мир тебе и благодать от Господа.

ПИСЬМО 110. ОТЦУ, КОТОРЫЙ ЖАЛУЕТСЯ НА НЕБЛАГОДАРНОГО СЫНА

...Пишешь о своем сыне. Ты посылал его учиться торговле, чтобы он стал образованнее и лучше тебя. Стал он образованнее, да не стал лучше. За короткое время уничтожил и твою, и свою добрую репутацию в городе. Пока он учился, ты экономил на самом необходимом для себя, и не только для тела, но и для души. Ты перестал ходить в церковь – дорого: и свечку надо поставить, и на тарелку грошик положить. Перестал ты Славу праздновать – дорого: славский хлеб, гости, священник! Все ты оставил ради того, чтобы сын мог учиться в Вене и в Париже.

Действительно, он во многом превзошел тебя; он много знает; лучше, чем ты, разбирается в бухгалтерских книгах. Но постоянные покупатели стали избегать твою лавку. Ты в удивлении. «Почему? – спрашивал ты себя. – Мой сын знает иностранные языки и торговое искусство, валюты и балансы всей Европы, почему ко мне, невежде, шел народ, а к нему, ученому, не идет?». Бедный брат, ты забыл одну «мелочь», от которой зависит и успех в торговле, и победа в бою. Народ хочет человека, а ты предлагаешь ему ученого. Народ боится иметь дело с ученым нелюдем. Поэтому твои постоянные покупатели, опустив голову, проходят мимо твоей лавки и заходят в другие двери.

За большие деньги приобрел ты нелюдя, негодяя. Твой сын и знать не хочет о том, что в вашем городе пользуется уважением, что почитается в народе. Бог, душа, молитва, милосердие, человечность, снисходительность – все это для него сказки старых безграмотных торговцев. В лавке он всегда раздражен и зол, а в кабаке весел. По сути, в кабаке он дома, а в лавке и в родном доме – на повинности. Но, кого «благословляет» кабак, того проклинает дом.

В конце концов он так искусно тебя обманул, что сейчас ты вполне убедился, что сын способнее тебя: он объяснил тебе, что для успеха современной торговли необходимо переписать лавку на него. Ты наивно согласился на это предложение, и сей «знаток» экономики и бухгалтерии довел тебя до суда. Тебе и в голову не могло такое прийти, пока он в один прекрасный день, злой после ночной попойки, прямо не сказал тебе, что ты просто уличный нищий, без гроша и крова над головой. Душевно разбитый, пошел ты в суд, к адвокатам, к друзьям... Но все они, посмотрев дело, сказали тебе, что твой сын ловко лишил тебя всего имения. Много написал ты мне о том, как пытался вернуть то, что тяжелым и честным трудом собирал всю жизнь. Наконец в отчаянии спрашиваешь: грех ли убить своего сына, негодяя?

Что убивать мертвого? Разве не мертвец всякий негодяй, разлагающийся на глазах у всех? Не убивай своего сына, но обратись к Тому единственному, Кто может оживить и спасти твоего сына. Лучше будь нищим, чем преступником, потерявшим душу. Ты до сих пор намного богаче своего сына. И можешь ему помочь больше, чем он тебе. Вернись к Тому, Кого ты оставил ради сына. Вернись к Богу, Церкви, Крестной Славе, к душе своей вернись. Даже если нет у тебя ни свечи, ни славского хлеба, ни монетки: Господь все видит. Ты принеси Ему вместо этого воздыхание, слезы и молитвы. Если придется тебе просить милостыню, говори, переступая порог: «Подайте на хлеб и на свечу: хлеб – мне, старику, а свечу – во спасение моего сына!». Скажи так и на пороге своей лавки, пусть слышит. Потом пойди в церковь Божию и поставь свечу. Она потрясет всеведущие небеса, и помогут они тебе.

Свечой решишь дело лучше, чем топором.

Да поможет тебе Господь.

ПИСЬМО 111. СТОЛЯРУ ИЛЬЕ С., О СЛОВАХ ХРИСТА ИЗ ЕВАНГЕЛИЯ ОТ МАРКА

Слова Спасителя, о которых ты спрашиваешь: 'истинно говорю вам: есть некоторые из стоящих здесь, которые не вкусят смерти, как уже увидят Царствие Божие, пришедшее в силе'[258], некоторые ложные толкователи Евангелия объясняют так, что Господь имел в виду, будто конец мира наступит уже в том поколении и некоторые из присутствующих доживут до него. Так говорят те, кто видит свою голову на плечах Христа.

Но Христос говорит 'не вкусят смерти' – это значит, что телесно они все-таки должны будут умереть. Следовательно, очевидно, что слова Его относятся не к концу света и всеобщему видению того Божиего ангельского мира, но Спаситель говорит о Царстве Небесном, которое проникает из горнего мира в души праведных уже в земной жизни, до вкушения смерти, в виде силы Духа Святаго.

Когда человек очищается покаянием от всякой скверны, в его душу сходит свыше сила Духа Божия и тогда душа чувствует Царство Божие внутри себя. Ты спросишь: как она его чувствует? Как 'праведность и мир и радость во Святом Духе' (Рим. 14, 17). И еще чувствуют его, как внутреннюю силу, духовную, по словам того же апостола: 'не в слове, а в силе' (1Кор. 4, 20). И еще, как необычный свет небесный: 'потому что Бог, повелевший из тьмы воссиять свету, озарил наши сердца, дабы просветить нас познанием славы Божией' (2Кор. 4, 6). А когда человеческая душа наполняется истиной, и миром, радостью, и силой, и светом, тогда человек восхищенно вопиет, как некто нашедший сокровище: 'Авва Отче!'

Сын Божий умалился и сошел к людям, чтобы сделать людей сынами Божиими. 'А как вы – сыны, то Бог послал в сердца ваши Духа Сына Своего, вопиющего: «Авва Отче!»' (Гал. 4, 6). То есть те, которые приемлют в себя того Духа, что был и в Сыне Божием Иисусе Христе, становятся сродниками Божиими, чадами Его по милости и благодати Всевышнего.

Как это, снова спросишь ты, Царство Божие входит в нас и мы входим в Царство Божие? Это совсем просто. Как воздух входит в нас, а мы – в воздух. И свет входит в нас, и мы в свет. И далекий аромат полевых цветов входит в нас, и мы входим в него. Так и Царство Божие. Оно приходит к нам и входит в нас еще при нашей временной, земной жизни, а когда мы разлучаемся с этим миром, мы входим в Царство Божие. Когда мы молимся Господней молитвой, мы говорим: 'да приидет Царство Твое'[259], то есть да вселишься в нас Духом Твоим и воцаришься в душах наших, как в Своем Царстве!

Это относится ко всем христианам, которые потрудятся молитвенно испросить у Бога Царства Небесного, ибо Господь обращал Свои слова и к апостолам, и ко всему народу. Но особенно пророчески они звучат в преображении Господа, которое, по словам святого Феофилакта, «было образом будущей небесной славы, то есть той славы, в которой будут пребывать праведные... и подобно тому, как Христос сиял молниями, так же воссияют и праведные».Петр, Иаков и Иоанн были теми 'некоторыми', видевшими преображение Христово на горе Фавор. Были ими и все апостолы в Пятидесятницу, когда видели и ощутили силу Царства Божия в Духе Святом, сошедшем с неба в виде огненных языков.

Христос да благословит тебя, да увидишь и ты Царство Божие в силе уже в этой жизни, в смертном теле своем. Да увидишь и объявишь своим братьям радостную весть о Царстве жизни, света и вечной радости.

ПИСЬМО 112. ПИСАТЕЛЮ О ТОМ, ЧТО НАМ СДЕЛАТЬ В ЭТОМ ГОДУ ДЛЯ МИРА В МИРЕ

В своем обширном письме Вы сами изволили дать ответ на поставленный вопрос, ответ, который мне легко понять, но с которым трудно согласиться. Вы говорите: не нужно встреч министров разных стран по вопросам мира в мире, пусть в каждой стране народ выберет несколько представителей, которые бы решали вопросы о мире. Вы утверждаете, что тогда мир избежит войны и установится прочный мир между народами. А я спрошу Вас: кто будет руководить выборами, если опять не те же министры? Следовательно, кто еще будет избран, если не те же самые министры и их единомышленники? Если бы Вы сказали: пусть пригласят священника, да освятит он воду там, где будет решаться вопрос о мире, да осенит стены крестным знамением, да совершит каждение, и только потом приступят к переговорам и совещаниям, народ Божий в мире понял бы Ваше предложение, как оправданное обращение ко всесильному Творцу (а политические миротворцы, вероятно, как неуместное).

Но не лучше ли оставить всякому разумному человеку делать то, чему его учит совесть, а я, и Вы, и многие другие, которые не выбирают и не бывают избраны, спросим себя: что мы в силах сделать для благословенного мира между людьми в этом году? Если мы поставим вопрос так, тогда я снова вернусь к тому, с чем православный священник входит в каждый христианский дом, а это – вода, крест и ладан. Вода – слезы, крест — вера, ладан — молитва. Слезами покаяния да омоемся от грехов минувшего года, верой да оживим свои души и обратим их к святым небесам, молитвой да вымолим у Господа все необходимое нам и нашим братьям на этой планете, то есть благословенный мир между людьми.

Вам известно, что в этом году взойдет и даст урожай пшеница, посеянная в прошлом году. Так и все наше зло, посеянное в прошлом году, взойдет и принесет плод — проклятый плод, если мы не искореним злое семя и на его месте не посеем доброе. Да не будет новый год таким, как старый, а то и хуже! Искоренение же злого семени и сеяние семени доброго, духовного называется покаянием. Покаяние — начальное слово Евангелия. 'Покайтесь'[260] — первое слово молчаливого иорданского пророка Иоанна, Крестителя Христова. 'Покайтесь и веруйте в Евангелие'[261] — первая проповедь Христа, и только по прошествии трех лет наставления учеников во всех добродетелях Господь открыл им тайное учение о мире: 'Сие сказал Я вам, чтобы вы имели во Мне мир'[262]. 'Мир оставляю вам, мир Мой даю вам'[263]. А это значит, что мир — дар Божий и приходит от Бога, что мир дается как венец и плод многих нравственных усилий и добродетелей на вершине лестницы, первая ступень которой — покаяние.

Прежде мир в человеке, затем между людьми. Кто знал бы об этом, не будь это открыто в Евангелии? Сначала мир с Богом, и потом лишь мир с людьми. Очевидно, что не будет мира, если человек будет смотреть на человека не через Христа, а через воздух. Очевидно и то, что каждый живой человек может послужить установлению мира, может быть сотрудником на конгрессе ради мира, не покидая своего места и оставаясь не известным никому, кроме одного Бога.

Пусть Промысл Божий дарует нам как можно больше таких тайных сотрудников в деле мира между всеми чадами Божиими, у которых один праотец на земле и один Отец на небесах.

ПИСЬМО 113. ОСУЖДЕННОМУ П. Ю., КОТОРЫЙ ЖАЛУЕТСЯ НА ЧЕЛОВЕЧЕСКУЮ НЕСПРАВЕДЛИВОСТЬ

Ты говоришь, что не виновен в том, за что тебя осудили. В какой-то ночной драке на улице погиб человек, убийцы разбежались, а ты случайно оказался рядом, когда прибыла полиция. Тебя арестовали. Осудили. Клянешься, что осужден безвинно. После твоего первого письма я просил тебя исповедаться мне за всю твою жизнь. Ты сделал это. Прочитав твое второе Письмо, я воскликнул: «По заслугам!».

Человек Божий, ты заслужил это тяжкое наказание если не за это преступление, то за все твои прежние беззакония. Всевидящий Судия видел их, но, по милости Своей и по Своему Промыслу, закрыл от суда человеческого, ожидая твоего покаяния. Однако ты не каялся и не исповедовался, не молился, не причащался. Напротив, ты продолжал творить тайное зло и был готов истребить всякого, кто помешал бы тебе в твоих бесчестных деяниях. Только за свою жестокость к жене ты заслужил заключение. Она не обвиняла тебя перед земным судом, но вопль ее достиг вечного Судии.

Чтобы обратить тебя от злых путей твоих и направить на путь правды, чтобы напомнить тебе о душе и Страшном Суде, Господь, творящий судьбы, привел тебя тогда на место преступления. И ты людьми арестован и людьми приговорен к заключению.

Твой случай живо напоминает мне великого христианского святого Ефрема Сирина. В молодости святой Ефрем много грешил, но ни за один грех не был осужден. Случилось, однако, что как-то у его соседа воры украли овцу. Сосед обвинил Ефрема. И Ефрем, непричастный к краже, оказался в тюрьме. Удрученный человеческой несправедливостью, он стал плакать и жаловаться Богу. Но, сидя в тюрьме с другими заключенными, он вступил в разговоры с ними. Каждого из них он спрашивал, как тот оказался в тюрьме. Один говорил одно, другой – другое. В их грехах Ефрем узнавал свои грехи, за которые его прежде не судили и не сажали. Дух его отрезвился, и он понял, что попал в тюрьму не за украденную овцу, но за множество своих прежних проступков. И Ефрем сокрушенно покаялся пред Богом в своих грехах. И слезно стал молиться Богу о прощении своих тайных согрешений, одновременно благодаря Его за то, что брошен в темницу, будучи невиновным в краже овцы. И вскоре был оправдан и освобожден. Но это переживание произвело переворот в душе Ефрема. Тюрьма приняла его грешником, а выпустила святым.

Мир тебе и здравия от Господа.

ПИСЬМО 114. БРАТСТВУ СВЯТОГО АПОСТОЛА ИОАННА, ОБ АПОКАЛИПТИЧЕСКИХ ЯВЛЕНИЯХ В НАШЕ ВРЕМЯ

Что-то вы немножко напугались. Вы читали Откровение апостола Иоанна, и вас охватил страх. Вам кажется, что все описанные там ужасы относятся именно к нашему времени. Кто-то истолковал вам, что все те грозные змеи и звери уже пришли в мир: багряный змей в виде социализма, черный зверь с десятью рогами в виде ересей. И все эти чудища объявили войну против христианства!

Даже если и так, братья мои, даже если в наше время ад поднял свое войско против Христа, истинные христиане должны без страха смотреть вперед с крепкой верой и упованием на единого Непобедимого. Не предсказал ли Господь Своим наследникам, когда их была малая горстка среди огромной Римской империи: 'Не бойся, малое стадо! ибо Отец ваш благоволил дать вам Царство'[264]? И эти пророческие слова осуществились. Наследники Христовы победили Римское государство и многие другие земные царства, стяжав к этому и самое главное царство – Небесное.

Думаю, что Апокалипсис – книга, имеющая пророческое значение для всех поколений христиан до конца времен. Поэтому каждое поколение применяет ее смысл к своему времени. Ибо во все времена против веры Христовой поднимался свой змей. Облаченный в броню всех безбожных земных орудий, змей этот вздымался, нависал, шипел, изрыгал яд, но в конце концов лопался и рассыпался в прах. И всегда всемогущий Христос выходил победителем всех апокалиптических чудовищ.

Так было во все века, так будет и в последний век, перед Судом Божиим. Внимательно прочтите, что говорит апокалиптический провидец: все звери и змеи и все лжецы восстанут на Агнца и Агнец победит всех. Ибо Агнец – Царь царей и Господин господ.

Что еще хотите вы, кроме этого залога победы Христа? Ибо Христос – тот Агнец. В земных войнах за имения и власть никогда наперед не известно, кто станет победителем, и все же многие воины обеих воюющих сторон сражаются храбро и с надеждой. А мы ведем духовную брань, в которой заранее Самим Богом нам обещана победа, предсказана и подтверждена многими и многими прежними победами непобедимого Христа над всеми апостолами лжи и адептами мрака.

Последний ли ныне век? Кому это ведомо? Ибо Он сказал: 'день и час тот никто не знает, ни Ангелы небесные, никто, кроме Отца Моего'[265]. Последняя ли это брань против Христа? Даже если и последняя! Если и последняя, именно поэтому возрадуемся и возвеселимся! Ибо пусть эта последняя брань будет самой жестокой, но венцы славы будут самыми светлыми. Последняя брань будет означать последнюю и окончательную великую победу Агнца. Кто из христиан не желал бы всем сердцем стать участником этой победы из побед?

Не бойтесь же: победа веры Христовой обещана тверже, чем основание вселенной. Он по Своей воле откладывает последнюю победу; может быть, для того, чтобы как можно больше людей 'на небеси и на земли' могло видеть ее и как можно больше сердец могло радоваться ей.

ПИСЬМО 115. РАНТЬЕ МОМЧИЛО Н., НА ВОПРОС О ТОМ, ЧТО БЫЛО ДО ХРИСТА

Хоть Вы и христианин, Вы спрашиваете: «Если люди говорят о Христе как о центре и оси человеческой истории, то что же было в мире до рождества Христова?». Я вижу, что Вы человек духовный и начитанный, и уверен, что, когда Вы более серьезно изучите науку веры Христовой, Вам все станет понятно. Вам станет понятно, что и до Христа был Христос. И по скончании времен будет Христос. Это значит: до явления Слова Божия, Мудрости Божией, вечного Логоса, во плоти человеческой, с личной миссией на земле, было то же Слово Божие, Мудрость Божия, тот же вечный Логос Божественной Троицы, не явленный во плоти, но неустанно действующий через избранных слуг Своих – пророков, праведников, прозорливцев и мудрецов. Все они называли себя слугами, рабами Божиими. А Христос не раб, но Сын. Не воин Царя, но Царь. Не предтеча, но Мессия. Вы, конечно, видели какую-нибудь пьесу, в которой главный герой появляется не сразу, а спустя некоторое время. Но все персонажи на сцене ждут его, говорят о нем, и все, что происходит, предвещает его появление. Так и в огромном театре мира: все ждали и все предвещало величественного Мессию, главного Героя. Пророк так и называет Его, говоря: и выйдет Господь, как герой[266] И пророчество исполнилось. Ибо величие пьесы Христовой вечно и безгранично. Прочтите притчу о злых виноградарях (см.: Мф. 21, 33). Она Вам все объяснит лучше, чем я, смертный. И послушайте свидетельство Господа о Себе Самом: истинно, истинно говорю вам: прежде нежели был Авраам, Я есмь (Ин. 8, 58), а Авраам родился на несколько тысячелетий раньше Него. Еще одно свидетельство из уст Христа. Когда евреи спросили Его: кто же Ты? – Иисус сказал им: от начала Сущий (Ин. 8, 25),– так называет Его и четвертый евангелист, говоря: 'В начале было Слово' (Ин. 1, 1). Наконец, в апокалиптическом пророчестве Иоанна Господь Сам о Себе говорит с небес: Я есмь Альфа и Омега, начало и конец, Который есть и был и грядет, Вседержитель Первый и Последний, и живый; и был мертв, и се, жив во веки веков, аминь (ср.: Откр. 1:8, 17–18). Итак, Вы видите, что прежде Христа был Христос и после Христа будет Христос. А о том, что в конце мира Он придет в силе и славе великой, читайте в святом Евангелии и Апокалипсисе. Придет Он вновь, чтобы завершить эту вселенскую пьесу, которую Сам когда-то начал. Скажете, тайна сия велика. А разве маленький мотылек не великая тайна? Какова же тайна его Творца?.. Мир Вам и радость от Христа Господа.

ПИСЬМО 116. ПАЛОМНИКУ МЛАДЕНУ С., О ПОРЯДКЕ ЗАПОВЕДЕЙ

Ты знаешь десять Божиих заповедей. Знаешь, в каком порядке они идут одна за другой. Этот порядок тебе нравится. На скрижалях Моисея все заповеди написаны в этом порядке, четыре на первой скрижали и шесть на второй. Первые четыре заповеди определяют отношение человека к Богу, а последующие шесть – человека к человеку. На древних иконостасах ты можешь это видеть: четыре заповеди на одной скрижали и шесть на другой.

Но вдруг ты смутился! Читая Евангелие, ты нашел, что Господь изложил известные нам заповеди в другом порядке, не в том, к которому ты привык и как учил в школе. Действительно, когда к Господу подошел юноша и спросил, что надлежит делать, чтобы наследовать Царство Небесное и вечную жизнь, Господь ответил ему: 'не прелюбодействуй, не убивай, не кради, не лжесвидетельствуй, почитай отца твоего и матерь твою' (Лк. 18, 20). Ты удивлен и спрашиваешь, почему Христос не изрек заповеди в прежнем порядке, но поменял их местами.

Дорогой брат, неизреченна мудрость Божия! При всей Своей небесной мудрости с людьми Он был вполне практичен. Он применял Свою мудрость подобно тому, как изливается елей на рану. Вспомни, Он говорит это молодому и богатому юноше. А какой грех быстрее других прилепляется к молодости и богатству, как не прелюбодеяние? Как полип к мощному стволу. Господь хочет не просто напомнить ему о заповедях Божиих, но и о грехах, присущих молодости. Если бы перед Господом стоял убийца и спрашивал о заповедях Божиих, Господь начал бы с заповеди: не убий! Если бы перед Ним стоял вор, Он сказал бы: не укради! Если бы перед Ним стоял лжесвидетель, Он бы начал с заповеди: не лжесвидетельствуй! Если бы перед Ним оказался обидчик родителей, Он поставил бы на первое место заповедь: почитай отца твоего и мать твою.

Да не помыслишь, что Господь случайно изменил порядок заповедей или, более того, забыл его. Если Сам дал их, как мог забыть! Он в облаке Синайском, среди грома и молний, перстом начертал на скрижалях десять Своих заповедей и передал их рабу Своему Моисею. Но, когда Он сошел к людям как Врач, Он применял их как лекарство во исцеление всякой болезни.

Мир тебе и от Христа благословение.

ПИСЬМО 117. СТАНИМИРУ И., НА ВОПРОС, ДЕЙСТВИТЕЛЬНО ЛИ ВТОРНИК — НЕСЧАСТЛИВЫЙ ДЕНЬ

И отец Ваш, говорите, считал вторник несчастливым днем, а вот теперь Вы. Думаю, что Вы погрешили против святого Иоанна Крестителя, считая его день несчастливым. Однако день Вашей Крестной Славы падает именно на праздник святого Иоанна. Может быть, Вы не знаете, что Церковь посвятила вторник этому великому и дивному святому? Не один, а каждый вторник. Но прежде позвольте мне дать краткое объяснение относительно посвящений седмичных дней. Православная Церковь, Духом Божиим ведомая, посвятила: понедельники — святым Ангелам Божиим, вторники — святому Иоанну Крестителю, среды — Честному Кресту Господню, четверги — святым апостолам Божиим, пятницы — Кресту Господню, субботы — святым мученикам, воскресенья — воскресению Христову.

Согласно этим посвящениям расписаны и каноны, и чтения, песнопения и молитвы на каждый день недели, которые Вы, «хороший православный», как вы себя называете, должны были бы читать и знать. И каждое из этих посвящений служит залогом нашей победы в брани и подвигах во спасение души. Победоносные Ангелы Божии, как хранители и спутники наши, укрепляют нас, да не падем духом. Святой Иоанн победил и своих убийц, и время. Честный Крест Господень — вечный символ победы истины Божией над ложью, правды над неправдой. Святые Божии апостолы победили мир. Святые мученики победили честной смертью своей всех мучителей и все силы адовы. А Христос – главный Победитель греха, ада и смерти. Он – вдохновитель и объединитель всех побед добра. Потому воскресение по превосходству представляет собой победу из побед. Мы, христиане, верим, что властвуют днями победительные силы света, а не какие-то непреодолимые астрологические предначертания.

Во Христе человек выше звезд и сильнее всех созвездий. Следовательно, вторник – день великого пророка и не содержит в себе никакого зла, кроме того, которое приписывают ему люди. Ибо дни и времена в Божией власти, и Господь дает нам дни чистые, как неисписанный лист бумаги, и освещенные солнечным светом. Чтобы человек оставил отпечаток своей души на каждом листе, от рождения до смерти, подобно тому как Спаситель оставил отпечаток Своего лица на убрусе святой Вероники. Вообразите себе, сколько безобразных и уродливых оттисков предстанет пред лицем Божиим, если мы вовремя не покаемся и не исправимся! Но, если покаемся, Господь убелит все наши запятнанные дни и наши уродливые лица превратит в сияющие ангельские лики. По слову пророческому: если грехи ваши как багрянец, станут белыми, как снег(см.: Ис. 1, 18).

Понимаете ли, не дни делают нас несчастными, а мы сами. Не удачи или неудачи дней падают на людей, а удачи или неудачи людей ложатся на дни Божии. Вы упоминаете, что Косовская битва произошла во вторник. Неудачное доказательство. Ибо сербы пострадали на Косовом поле не из-за злосчастного вторника, а из-за злосчастной знати.

Но все-таки существует одна зловещая тайна, связанная с днем. Случилось, что один человек в пятницу поджег дом своего соседа, но его вина осталась в тайне. Спустя короткое время дети погорельца в игре случайно подожгли дом злоумышленника, опять в пятницу. Разве пятница – несчастливый день? Нет, не пятница, но грех человеческий принес беду.

Один из византийских правителей[267], иконоборец, в Рождество выбросил из храма Святой Софии все иконы. На следующий год он был убит заговорщиками при входе во Святую Софию, в Рождество. Разве Рождество – зловещий день? Нет, грех человеческий принес несчастье. Кто видит в этом слепую фатальность дня, тот гадатель. А кто прочитывает такие удивительные совпадения как предостережения и знаки Божии, тот имеет ум чистый.

Обычно люди боятся дней, в которые они совершили грех. Но этот проникающий страх вливает в них Всеведущий, а не сам день. Все дни Божии чисты и невинны.

Мир тебе и радость от Господа.

ПИСЬМО 118. ОСУЖДЕННОМУ, КОТОРЫЙ СПРАШИВАЕТ О ЛЖЕСВИДЕТЕЛЬСТВЕ

Ты приговорен к заключению. Сидишь теперь в камере и в тишине просеиваешь всю свою жизнь, словно через мелкое сито. Тебя удивляет, как быстро все случилось, словно камень под гору скатился. Твоя жизнь текла мирно и благополучно, пока ты не дал ложного свидетельства в пользу своего брата. Ты оправдывал себя: «Ведь он брат мой! Кому еще мне помогать, как не ему, пусть даже ложной клятвой?». Такими помыслами ты оправдывался и перед собой, и перед судьями. Но один судья сказал тебе: «Все мы братья, но что будет, если все станут поступать, как ты?». Только тогда ты понял, что грешные мысли довели тебя до преступления.

Один лжесвидетель рассказывал мне такую историю: «Я дал ложное свидетельство. Чтобы избежать наказания, я не заявил в суд. А должен был, ибо наказание человеческое легче Божиего. За два года со дня моего преступления наш дом превратился в ад. Первое несчастье произошло с моими быками: запряженные в телегу, они сорвались в пропасть и погибли. С этим известием меня встретила жена вечером того же дня, когда после своего лжесвидетельства я вернулся из уезда домой. Спустя несколько недель молния ударила в хлев, и погибли все овцы. Воры обокрали дом. Заболела жена, я занял денег на лечение, но она вскоре в муках умерла. Мой бедный ребенок тяжело заболел той болезнью, от которой днем и ночью бьются в припадках с пеной у рта и скрежетом зубов. Обедневший, весь в долгах, в отчаянии я пожаловался одному моему другу на злую свою судьбу. Как гром среди ясного неба был его вопрос: «Не лжесвидетельствовал ли ты когда-нибудь?». Словно ледяной ливень отрезвил меня, и я все вспомнил. Ничего не ответив, я встал и пошел прямо в суд и во всем признался. Отсидел срок, вышел и начал заново строить свою жизнь. И навсегда научился бояться Бога».

Видишь, какая беда может случиться со лжесвидетельствующим? Ибо таков закон Божий, брат мой: не можешь погасить огонь и не обжечься. Когда нарушаешь человеческие законы, которые меняются с быстротой сгорающих листьев, беды и несчастья наваливаются на тебя. Что же тогда с вечным и огненным законом Божиим?

'Не лжесвидетельствуй'[268] – заповедь Божия, записанная в обоих Заветах, Ветхом и Новом. Не шутка произнести ложное свидетельство пред лицем Божиим и Ангелами Его. Не шутка встать с обнаженной головой пред Крестом и Евангелием и воскликнуть: клянусь живым и всемогущим Богом, что эта истина – ложь; или: эта ложь – истина, и да сотворит мне Господь по правде моей! Неудивительно, что Бог истины и правды бичует лжесвидетелей Своих, кого по рукам, кого по ногам, третьего по глазам, четвертого по семье и родным, пятого по овцам и тому подобное. По соседству от меня есть живой пример, как невидимый бич Божий ударил лжесвидетеля по глазам: дал человек ложную клятву ради меры земли; поистине, душой своей заплатил за нее. Получил он этот окаянный кусок и, только ступил на него, лишился зрения. И вот сидит теперь, слепой, у очага.

Вот что происходит в мире Божием с теми, кто думает, что мир принадлежит им, а не Богу.

А ты читай Священное Писание и бойся Бога. И освятишься, и все будет у тебя хорошо.

Мир тебе и милость Божия.

ПИСЬМО 119. СТУДЕНТУ ДУХОВНОЙ СЕМИНАРИИ, О ЗНАЧЕНИИ СЛОВ ИЗ ПОСЛАНИЯ АПОСТОЛА ПАВЛА К ЕФЕСЯНАМ

'Дорожа временем' – так говорит святой отец наш апостол Павел[269]. Спрашиваешь, что означают слова: 'дорожа временем'? Блаженный Иероним толкует их так: «Когда используем время на добрые дела, мы дорожим временем»; святитель Феофан Затворник говорит: «Обращайте время на пользу себе и своим вечным целям». Слова апостола Божия имеют значение, подобное словам Господа: «Торгуйте, пока Я вернусь»[270]. А когда Он вернется, то есть когда Христос придет снова, чтобы судить мир, то спросит нас, как распорядились мы данными нам талантами. Как использовали мы время своей жизни? Отдавали дешевое за дорогое, как Иаков, или дорогое за дешевое, как Исав? Поддались ли соблазнам этого преходящего времени и продали душу за сладкую земную горечь или все отдали за душу свою?

Потому исполняй заповеди Христовы каждый день, при всякой возможности. Так ты будешь дорожить днями, которые даровал тебе Бог. Ибо дорожить – буквально означает платить. Плати мелким, чтобы получить крупным. Стань ненадолго поденщиком, чтобы царствовать вечно. Ибо Творец наш обещал нам вечное Царство в вечной жизни. Если даже кто-то заключен в темницу, пусть не отчаивается, но день и ночь во мраке тюремном кается и молится Богу. И Господь зачтет ему так же, как и тому, кто свое богатство отдал на строительство церквей. Творец наш видит обстоятельства и ждет от каждого человека, чтобы делал по силам и обстоятельствам своим.

Подчини каждый день службе на пользу твоей души. Исполни его дыханием Духа Божия, да направит Он тебя на всякое благо. Если не сделаешь этого, Он сомнет тебя, как тряпку, и бросит в пустоту. Подобно бурному потоку, который неумелые не могут направить на свою мельницу, и поток увлекает их вниз, в бездну, так и время нашей жизни на земле спасает и несет на крыльях разумных, а безумных опрокидывает и сталкивает в пропасть. Одним служит, над другими господствует. Время для одних – седло, для других – наездник.

Да просветит тебя свет Христов.

ПИСЬМО 120. ПОЧТАЛЬОНУ ИЛЬЕ К., О ДОКАЗАТЕЛЬСТВАХ СУЩЕСТВОВАНИЯ БОГА

Один Ваш друг постоянно твердит: нет Бога! Его слова Вас мучают и хлещут, как плеть. Вы боретесь за свою жизнь и за свою душу. Вы правильно понимаете, что, если нет всесильного Бога живаго, Который сильнее смерти, тогда единственный всесильный бог – смерть. Тогда все живые существа на свете просто игрушки в лапах всемогущей смерти, словно мышь в когтях голодной кошки. Однажды Вы, разволновавшись, сказали своему бедному другу: «Бог есть, это тебя нет!». И Вы не ошиблись, ибо те, кто отпал от вечного Жизнодавца в этом мире, будут отлучены от Него и в мире ином. И ни здесь, ни там не узнают они величественного Создателя всех тварей. А быть в разлуке с Ним – это хуже, чем не быть вовсе.

На Вашем месте я бы сказал ему так.

Неверно говоришь, друг: «Нет Бога». Вернее сказать: «У меня нет Бога», ибо и сам видишь, что многие люди вокруг тебя ощущают присутствие Бога и говорят: «Есть Бог!». Следовательно, Бога нет у тебя, а не вообще.

Ты говоришь так, как если бы больной сказал: «Нет на свете здоровья». Он, не солгав, может сказать только, что он не имеет здоровья, но если скажет: «Здоровья в мире вообще нет», солжет.

Ты говоришь так, как если бы слепой сказал: «Нет в мире света». Есть свет, весь мир наполнен светом, но он, бедный слепой, не видит света. Но если бы верно сказал, сказал бы: «Не имею света».

Ты говоришь так, как если бы нищий сказал: «Нет на свете золота». Есть золото и на земле, и под землей. Кто скажет, что нет золота, неправду скажет. А если скажет правду, должен сказать: «У меня нет золота».

Ты говоришь так, как если бы злодей сказал: «Нет на свете доброты». В нем самом нет доброты, а не на свете. Потому не ошибся бы, если бы сказал: «Во мне нет доброты».

Так же и ты, друг мой, неверно говоришь: «Нет Бога!». Ибо, если ты чего не имеешь, не значит, что не имеет этого никто и нет этого в мире. А кто дал тебе власть говорить от имени всего мира? Кто дал тебе право свою болезнь и свою бедность навязывать всем?

Если же признаешь и скажешь: «У меня нет Бога», тогда признаешь истину, и это будет твоя исповедь. Ибо были и есть выдающиеся люди, у которых не было Бога, но они были у Бога до их последнего вздоха. Если и при последнем вздохе скажут, что не имеют Бога, тогда и Бог отойдет от них. И вычеркнет их из Книги жизни. Поэтому прошу тебя, друг мой, ради твоей души, ради вечной жизни и вечного Царства, ради слез и ран Христовых, прошу тебя: обрати твое дерзкое исповедание в исповедание покаянное. А то, что после этого должен будешь делать, Церковь тебе скажет, спрашивай!

Мир тебе и благословение от Господа.

ПИСЬМО 121. ОТЦУ, КОТОРЫЙ ВСЮДУ ИСКАЛ ИСЦЕЛЕНИЯ ДЛЯ СЫНА

Всюду искал ты исцеления для сына. Если слышал о какой-нибудь знахарке, шел к ней. Обошел ты всю Боснию. Наконец, когда понял, что ничего не помогает, ты позвал священника. Но и молитва священника не помогла сыну: он умер. Теперь твоя жизнь потеряла и цель, и смысл. Ты начал думать о самоубийстве, достал яд, спрятал его под подушкой и ночи напролет размышляешь, выпить его или нет. И спрашиваешь меня, за что Господь заставляет тебя так страдать?

И я кое о чем спрошу тебя. За что ты заставляешь Бога страдать? За что мучаешь на Кресте за тебя замученного Господа Иисуса Христа? Тяжкие страдания Он претерпел, чтобы спасти людей от ложных богов, от ложных спасителей, от всех темных сил, действующих через этих ложных спасителей. И все-таки ты прошел мимо Него, единственного истинного, и пошел искать помощи к Его врагам – гадалкам и знахарям. Вот что советует апостол Христов: 'Болен ли кто из вас, пусть призовет пресвитеров Церкви, и пусть помолятся над ним, помазав его елеем во имя Господне. И молитва веры исцелит болящего, и восставит его Господь; и если он соделал грехи, простятся ему' (Иак. 5, 14–15). Ты, действительно, позвал священника, пресвитера Церкви, помолиться над больным, но когда? После того как обошел всех гадалок и знахарей! После того как прогневил Того единственного, Кто дает жизнь и здоровье, только после этого ты начал молиться.

Было ли твое сердце чистым и вера крепкой? Господь – скорый помощник тем, кто с кротким сердцем и крепкой верой только к Нему прибегает. Тот же, кто молится и бесам, и Богу, остается без помощи, ибо Господь не желает, а бесы не могут помочь. Святой пророк Илия говорил людям с двоящимся сердцем: 'Если Господь есть Бог, идите за Ним, а если Ваал, идите за ним'[271]. А когда заболел царь Охозия, он не обратился к Богу живому, а послал слуг к Веельзевулу, чтобы у него спросить, поправится ли он. Святой Илия, услышав об этом, пришел к царю и сказал: «так говорит Господь: для чего посылал ты посланников, чтобы спросить Веельзевула, как будто нет Бога в Израиле, не поднимешься с постели, на которой лежишь, но умрешь»[272].

Так же и ты измучил и разгневал Бога, да простит Он тебе. Возблагодари Его за то, что взял Он твоего сына и тебя сохранил от самоубийства, от погибели душевной, и что оставил тебе время на покаяние. Предайся сейчас Ему одному всем своим сердцем. И Его любовь укрепит тебя и освятит близких, а сыну твоему дарует Царство Небесное.

Мир тебе от Христа воскресшего.

ПИСЬМО 122. ЮРИСТУ Д. М., О ВТОРОЙ ЗАПОВЕДИ

Как верный православный, ты хотел бы защитить свою веру от наемников, которые из побуждений Иуды-предателя отступили от истинной веры и своего народа. Они говорят, что иконы – это идолы и поклонение иконам противоречит второй заповеди Божией[273]. Таким образом получается, что христианство – идолопоклонство.

Спроси их, кто уничтожил идолов на Балканах? Кто избавил Афины и Рим от скопища статуй, языческих идолов и храмов? Кто победил Юпитера и Диану эфесскую, вавилонскую Астарту и египетскую Изиду? Кто очистил от идолов Малую Азию, северную Африку и всю Европу? Очередные сектанты или великая Христова Церковь, которая в суровой борьбе против идолопоклонства принесла миллионные жертвы и пополнила свой календарь именами мучеников за веру во единого истинного Бога?

Есть ли среди сектантов хоть один мученик за веру Христову? Освободил ли кто-нибудь из них мир хотя бы от одного идола? Они не имеют даже христианского календаря, а если бы захотели составить его, не нашли бы ни одного святого и составили бы его из своих агитаторов и журналистов.

Если они желают бороться с идолопоклонством, то что они делают на Балканах, где языческие идолы сохранились лишь в краеведческих музеях? Если их сердца горят ревностью против идолов, то почему они не едут в Азию и Африку, к американским индейцам, где язычество господствует, как и тысячи лет назад? Не едут туда, ибо там жизнь миссионера подвергается большому риску. Читал ли ты о Дон Кихоте, который объявил мирные мельницы крепостями своих врагов и в полном боевом снаряжении пытался осаждать их? Так и они объявили православные иконы идолами и беснуются против них, ибо не решаются отправиться в африканские джунгли.

А ты знай: как день отличается от ночи, так же христианские иконы отличны от языческих идолов. Идолы – это изображения вымышленных существ, а на иконе изображены святые, которые действительно жили на земле и своей верой прославляли Христа и за это на небесах удостоились Царства Божия. Там выдумки, здесь – реальность. Там ложь и иллюзия, здесь – истина, и только истина. Идолы уводят человека от истинного Бога, в то время как иконы приводят человека к Богу. Своей второй заповедью Творец хотел предостеречь человеческий род от того, что отвращает от Него, то есть предостеречь от всех бесовских прельщений, фантазий и мечтаний.

ПИСЬМО 123. ОДНОМУ ХОЗЯИНУ, КОТОРЫЙ ЖАЛУЕТСЯ НА «ГОЛОДНЫЙ ХЛЕБ»

Ты один из самых состоятельных людей в деревне, каждый год собираешь такой урожай, что твой сосед этим количеством хлеба мог бы накормить свою многодетную семью. Он не собирает и половины того, что ты, и ему хватает, а ты со стыдом каждый год занимаешь. Пишешь, что домочадцы твои непрестанно едят и никогда не насыщаются, как будто «бес ненасытный вселился в них, едят и едят и всегда голодные. Как будто проклято!».

Не знаю, проклято или нет, но неблагословенно. Я не знал, что ответить на твое первое Письмо, пока в следующем письме ты не описал мне жизнь твоего соседа. Твой сосед – человек верующий; когда он готовится к севу, он прежде несет семена в храм, чтобы священник благословил их. Ты никогда этого не делаешь. Это первое. Второе, сам признаешь, что твой отец под проценты присвоил имение своего должника, стоимость которого должник оплатил уже трижды. Бедняге, чтобы прокормить своих детей, пришлось оставить родной очаг и уехать в город. Со временем его сын разбогател и открыл бакалейную лавку. Сейчас этот обобранный должник твоего отца стал богаче сына твоего отца. Господь судил справедливо.

Напомню тебе две народных мудрости: первая – что неблагословенно, то голодно; вторая – что отнято, то проклято. Они объясняют, что происходит в твоем доме, объясняют то, что хорошо назвал ты «голодным хлебом». Устами пророка сказал Господь избранному народу: 'Если же не будешь слушать гласа Господа Бога твоего и не будешь стараться исполнять все заповеди Его и постановления Его, которые Я заповедую тебе сегодня, то придут на тебя все проклятия сии и постигнут тебя. Семян много вынесешь в поле, а соберешь мало' (Втор. 28, 15, 38). И еще: 'Вы сеете много, а собираете мало; едите, но не в сытость; пьете, но не напиваетесь; одеваетесь, а не согреваетесь; зарабатывающий плату зарабатывает для дырявого кошелька' (Агг. 1, 6).

Не довольно ли этого мудрому? Когда Бог благословит, тогда и пятью хлебами нетрудно накормить пять тысяч. А когда не благословит, тогда бывает то, что происходит в твоем доме. Как Господь наполняет колос зерном, так и хлеб наполняет Он сытостью, и, как оставляет колос пустым, так же Он, всемогущий, отнимает сытость от хлеба неблагословенного. Если хочешь, выучи этот урок и с сокрушением ищи от Господа того, чего весь мир тебе дать не сможет.

Мир тебе и благословение от Господа.

ПИСЬМО 124. ТОРГОВЦУ С. Т., КОТОРОГО «БОГ НЕ СЛЫШИТ»

Жалуешься, что Бог не слышит твоих молитв. Во многих несчастьях молился ты Ему, но ни от одного не защитил Он тебя! Удивлен твоими словами: как же не защитил, если ты пережил несчастья, а не они тебя? Позволь задать тебе вопрос: слушаешь ли ты Бога? В двух Своих Заветах, Ветхом и Новом, Всевышний обещал слушать людей при условии, что они будут слышать Его. Слышишь ли ты Бога, желая, чтобы Он слышал тебя? Исполняешь ли закон Божий и держишься ли Его постановлений? Если не делаешь этого, тогда странно требование твое, чтобы Бог тебя услышал и послушался.

Бог сошел на землю и омыл ноги тем, кто любил Его. Для Творца нашего великая радость – слушать послушных чад Своих. Моисея, Авраама и Иакова Создатель послушал во всем, о чем они просили Его. И через природные и через чудесные явления изливал Он милость Свою на тех, кто исполнял Его закон. Если и не желал Он услышать мои и твои молитвы, то потому, что мы не желали исполнять заповеди Его, или же потому, что мы молились неправильно. Устами Исаии говорил Господь непослушному народу: 'когда вы умножаете моления ваши, Я не слышу' (Ис. 1, 15). 'Если захотите и послушаетесь, то будете вкушать блага земли' (Ис. 1, 19). Следовательно, Господь слышит нас тогда, когда мы слышим, и не слышит, когда мы не слышим.

Не слышит Господь нас и тогда, когда мы просим у Него что-либо вредное и неразумное. Апостолы Иаков и Иоанн попросили однажды Господа низвести огонь с неба на селение, которое не захотело принять их на ночлег[274]. Но Он, обратившись к ним, запретил им. Не просто не услышал прошения, но укорил их. Вспомни и ты: всегда ли твои молитвы были достойны человека и достойны Бога? И еще: почему ты молишься только в несчастье? Этим унижаешь себя и оскорбляешь Бога. Создатель ждет от нас, чтобы мы всегда чувствовали присутствие Его и непрестанно пребывали в молитвенном общении с Ним: 'Непрестанно молитесь'[275]. Обращаясь к Богу только в беде, ты унижаешь Бога, ибо призываешь Его, словно пожарника, чтобы потушить горящий дом.

Христос дал нам право называть Его Отца нашим Отцом. Что может быть слаще этого? Что может быть слаще для детей, как не находиться в присутствии своих родителей? Постараемся же и мы всегда предстоять пред Отцом нашим Небесным сердцем, мыслями и молитвами. Наша молитва в дни успеха и радости – это как бы некий молитвенный капитал, который послужит нам больше, чем сиюминутная молитва в дни скорби и муки, когда они наступают.

Мир тебе от Господа.

ПИСЬМО 125. ЧЕЛОВЕКУ, КОТОРЫЙ ЖАЛУЕТСЯ НА НЕРАЗУМНУЮ ЖЕНУ

«Как все, так и я!» – такими словами отвечает Вам супруга всякий раз, когда Вы пытаетесь образумить ее, когда упрекаете в расточительстве и щегольстве. Вы говорите ей: «Смотри, Господь дал нам троих детей: они словно три золотых яблока! И теперь мы должны жить не только для себя, но и для них. Мы с тобой уже не так молоды, чтобы гнаться за модой и увеселениями. Мы должны беречь свое здоровье ради наших детей. Ты часто жалуешься на головные боли, сама же делаешь все для того, чтобы у тебя болела голова. Нездоровые испарения парфюмерии, душный воздух ресторанов и театров, возлияния, игорные страсти, нерегулярный сон – все это не ведет к добру». Но на все Ваши аргументы жена отвечает Вам одно: «Как все, так и я!».

Кто эти «все», несравненная? Разве весь мир заключен в той разнузданной толпе, из которой ты не хочешь вырваться, которая поглощает все твои мысли день и ночь? Ты настолько ограничила свой мир, что не видишь мира Божия, который простирается за пределами твоего тесного мирка. Такой образ жизни не ведут не только женщины в мире, но и женщины твоей улицы. Огромное множество матерей, вдов и девиц живут совершенно иной жизнью. Как же ты можешь говорить: «Как все, так и я!»? Ты берешь пример с нескольких распущенных и безответственных женщин и только на них смотришь, по ним судишь, в них весь мир видишь. В то время как большинство смотрит на вас как на цирковую труппу, в которой вы и звери, и дрессировщики.

Допустим, что весь белый свет пойдет по пути безумия и погибели. Разве тогда ты, мать троих сыновей, не найдешь в себе мужество сказать: «Нет, я по этому пути не пойду!»? Воистину, это было бы мужество, которое приклонило бы к себе небеса. Такое мужество вписано в золотые страницы Священного Писания. Таким мужеством обладали две дочери Лота, покинувшие Содом[276]. Если бы дочери Лота, девицы, рассуждали так же, как мать троих детей в наши дни: «Давайте же и мы будем, как все», мир не узнал бы ни их имен, ни имени их отца, имена эти не упоминались бы в вечной Золотой книге. Но они не говорили так, как говоришь ты. Поэтому благословение Божие почило на Лоте и дщерях его. И когда пробил час, Ангел Божий вывел эту благочестивую семью за пределы города, чтобы не видели они отмщения тем, кто осквернял небеса; и ушел под землю развратный город, а на его месте возникло Мертвое море.

Или, скажем, если бы Растко Неманич сказал: «Как все, так и я!». Разве стал бы он святым Саввой, отцом своего народа и вечным укором совести потомкам, говорящим: «Как все, так и я!»? Если же эти примеры и множество других не трогают твоей души, то не знаю, что сказать тебе. Если примеры доброй жизни не научают тебя, тогда ужаснись примерам страшной смерти. Посмотри, какой смертью умирают те, за кем ты следуешь, оставив мужа и детей. Неизлечимые болезни, преступления и самоубийства – без исключения!

Могу ли я обратиться к лучшему в твоей душе, дочь примерных родителей? К тому, что еще не совсем помрачилось в тебе от мрака ночной жизни? Отрезвись, одумайся, воспрянь! Вспомни, когда будешь хохотать в дыму полночной оргии, свое проснувшееся в слезах дитя, которое ищет в темноте твою руку и ждет твоего ласкового слова.

Забудь опасные слова: «Как все, так и я!». Чтобы благословение Того, Который благословил тебе трех детей, осталось с тобой до конца веков.

ПИСЬМО 126. ПЕНСИОНЕРУ П. Н., О НЕОБЫЧНОМ ВИДЕНИИ

Вы сообщаете мне о необычном видении, явившемся Вам во время молитвы в церкви. Вы видели, как из алтаря вышел Господь Иисус Христос и встал перед алтарем. Затем вышел некто похожий на еврейского раввина и встал слева от Господа. За ним вышел некто с чалмой на голове и, поздоровавшись с Господом за руку, встал рядом с Ним. Такое видение было Вам. Вы его толкуете как желание Господа уравнять все религии и создать единую веру для всех!

Каждый, кто посвящен в тайну Царства Божия, скажет Вам, что и видение, и толкование ложны. Дух, явившийся Вам, не от Бога, но от того, кто от века поднимает рога на веру Христову. «Отче наш» заканчивается молением ко Господу: «но избави нас от лукаваго»[277]. Человече Божий, кто же может дерзать приветствовать за руку Господа? Кто может встать рядом с Богом? Не сказал ли Христос евреям: 'Се, оставляется вам дом ваш пуст' (Мф. 23, 38)? Пророчество исполнилось. Евреи остались без священства и без Жертвы. То и другое отошло к христианам в тот миг, когда завеса Храма раздралась надвое сверху донизу. И мусульмане не имеют ни Жертвы, ни священства. Не сказал ли евреям выходец из евреев апостол Павел, апостол Божий: 'потому что конец закона – Христос' (Рим. 10, 4), и еще: 'Отменяет первое, чтобы постановить второе' (Евр. 10, 9)? Как же тогда то, что опустело, что отошло и заменилось другим, новым, можно уравнять с живой верой Христовой? Когда сам Магомет, несмотря на свою ненависть к христианам, признает и записывает в Коран, что Иисус, Сын Марии, будет судить мир и, следовательно, самого Магомета? Какое может быть равенство и единство?

Откуда это видение – спрашиваете Вы. От искусителя. Присмотритесь внимательно к своей жизни, и Вы это увидите. В наше время очень много говорят о равенстве всех религий: об этом говорят маловерные. Поддались этим же помыслам и желаниям и Вы. Господь попустил Вам увидеть Ваше субъективное желание реально и зримо. И Вы радуетесь этому, как милости Божией. Я назвал бы это не милостью, а предостережением. Простите, но Вы путаете понятия. Равенство гражданских прав и обязанностей – это одно, а равенство религий – другое. Христианам строго заповедано милосердие ко всем людям, независимо от их вероисповедания, но в то же время и строгое хранение истины Христовой.

Как христианин, Вы можете пожертвовать для иноверного имением и жизнью, но истиной – никогда, ибо она существует независимо от Вас, она не принадлежит Вам. Здесь Ваш камень преткновения, в непонимании этой разницы. От этого непонимания и произошла путаница в Вашей душе. Не Христа и Магомета Вы видели – Вы видели свою душу.

Да поможет Вам Бог!

ПИСЬМО 127. БРАТУ ЗДРАВКО Т., О ВОЗНЕСЕНИИ ГОСПОДА

Как Господь вознесся от земли на небо? Этот вопрос мучает тебя? Скажи так: Господь вознесся из Своего земного царства в Свое Небесное Царство Божественной силой, и успокойся этим. Ибо, если ты начнешь испытывать глубины всех тайн Божиих, тебя начнет мучить множество других вопросов: а как Он родился? Как ходил по воде? Как изгонял бесов и исцелял людей? Как преобразился? Как воскрешал мертвых? Как воскрес Сам? Ответ на все эти вопросы один: все это было возможно Его Божественной силой. Мир тебе и радость!

Не дано нам постичь тайны Божии, но особенно не следует стремиться к этому тем, кто не достиг высоты совершенной преданности воле Божией, совершенной веры, любви, чистоты и смирения. Ориген[278] был образованнейшим человеком своего времени. Вооруженный всесторонними знаниями, светскими и богословскими, он дерзнул испытывать тончайшие духовные тайны и – впал в заблуждение. И Церковь осудила его ложное учение. Святой Симеон юродивый[279] сказал о нем: «Ориген… зашел в море, не мог из него выйти и потонул в глубине».

Достаточно нам знать о вознесении то, что написано в Евангелии. А там написано: 'И, когда благословлял их, стал отдаляться от них и возноситься на небо' (Лк. 24, 51). Итак, благословляя людей, Он возносился на небо. Таким образом, Господь открыл нам великую практическую мудрость. Благословляя ближних своих, и только благословляя, мы сможем духом вознестись к небесам. Благословением мы себя возносим, а проклятием низвергаем. Что даем, то и принимаем. Если благословение – благословение, если проклятие – проклятие. Итак, благословение – условие нашего духовного вознесения.

С Вознесением Христовым!

ПИСЬМО 128. ПОСЛУШНИКУ ГАВРИИЛУ Ю., НА ВОПРОС О ТОМ, ПОЧЕМУ ХРИСТОС УШЕЛ

Когда господин идет на ниву свою, чтобы накормить, ободрить и наставить своих работников, то, исполнив сие, возвращается домой. Когда царь идет на битву с неприятелем, то, низложив его, возвращается в столицу. Когда врач идет в лечебницу, чтобы осмотреть, назначить лечение, прописать уход и навести порядок, то, сделав это, покидает лечебницу. Когда родители навестят своих детей в далеких краях, то, оплатив их долги, обеспечив им хорошее образование, сами возвращаются к своему очагу и ждут возвращения детей.

Так же и Спаситель мира, завершив Свое земное служение, вернулся в Свою небесную столицу. Вознесся в Царство Небесное, из которого сошел как Господин, как Царь, как Врач, как Родитель и как Искупитель и Освободитель. 'Лучше для вас, чтобы Я пошел', – сказал Он при расставании с учениками Своими (Ин. 16, 7). Не сказал: «Лучше для Меня скрыться из этой юдоли печали, пока безумцы снова не распяли Меня». Нет, так Он не думал, ибо истинная любовь думает не о себе, но о возлюбленных. Каждое Его движение, каждый шаг, каждое слово и мысль – все было ради спасения людей, спасения возлюбленных. Чтобы люди сами смогли осознать, что для них лучшее, а что худшее. А люди не поняли бы этого без Него, если бы Он не сошел на землю.

'Лучше для вас, чтобы Я пошел'. А позже добавил: 'се, Я с вами во все дни до скончания века'[280]. Не смущайся: в этих словах нет противоречия. Он действительно ушел, но послал ученикам Своим равного Себе – Духа Святаго, Утешителя. Вознесся на небеса воскресшим Телом Своим, но Духом остался в Церкви, пребывая в ней и доныне, и будет пребывать до скончания века.

– Господи! не знаем, куда идешь?..

' – Иду от вас и приду к вам. Если бы вы любили Меня, то возрадовались бы'(ср.: Ин. 14, 5, 28).

ПИСЬМО 129. БОГОМОЛЬЦУ ПЕТРУ, О ПЕЧАЛИ РАДИ ХРИСТА

Сказал Господь ученикам Своим: 'В мире скорбны будете, но скорбь ваша в радость обратится'[281]. Господь и тебе это говорит, Петр, ибо и твоя скорбь – скорбь апостольская. Ты скорбишь из-за богоборчества, которое творится сегодня в России. Ты постоянно задаешься вопросом: «Как это может быть, что в самой боголюбивой стране народ восстал на Бога? Как это может быть, что на Святой Руси Иуда глумится над Христом?». И плачешь, каждый день плачешь о поруганном Христе.

Скорби, старче: не один скорбишь. И Ангелы небесные скорбят вместе с тобой о русском православном народе. Говоришь: «Скорблю о том, что ничего не могу сделать для православной России». Достаточно уже того, что скорбишь. Свята скорбь твоя, ибо скорбишь не о юности своей, не о земном богатстве или славе, но о Христе. А Христос, сильнейший и славнейший из царей, вознаградит твою святую скорбь и благородные слезы. Твоя скорбь принесет добро и тебе, и народу русскому.

Мудрый Исаак Сирин сказал: «Малая скорбь о Боге драгоценнее великого дела, сделанного без нее». Почему? «Потому, – говорит он, – что добровольная скорбь любовью свидетельствует о вере». И вера, и любовь сверкают в слезах твоих. Потому да будет благословенна твоя скорбь! Когда-нибудь она обратится в радость.

Христос озарит небесной радостью и тебя, и Россию – и всех, кто в этом мире скорбит о Нем.

Знает Господь, что святая скорбь освящает человека, и потому не сразу прерывает ее. Ибо от святой скорби рождается истинно небесный человек, новый человек, так же как телесный человек рождается в муках от матери своей. «Но когда жена родит, не помнит скорби от радости, ибо человек на свет родился»[282]. Ведает Всеведущий, что от святой скорби рождается великое добро. Потому и смотрит Он на скорбь твою, и считает слезы твои, но молчит, ибо знает день и час, когда обратит твою скорбь в великую радость. Его устами дано миру великое свидетельство: 'Блаженны плачущие, ибо они утешатся'[283].

Мир тебе и утешение от Господа.

ПИСЬМО 130. ДИАКОНУ П. Н., О СУЕВЕРИИ БЕЗБОЖНИКА

Ты встретил человека, который не верит в Бога, но полон суеверий. Он признался тебе, что, никогда не веря в Бога, с детства протягивал ладонь цыганкам, чтобы они гадали ему. И сейчас продолжает это делать. И, вероятно, доказывает, что его гадалка знает больше, чем «все академии наук». К тому же боится сглаза и ходит по улице, опустив голову. Вторник считает черным днем: по вторникам ничего не делает и не выходит из дома. От числа «13» бежит как от огня. Однажды кто-то в шутку написал на его столе: «13» – он замахнулся на шутника стулом. Сам же он человек образованный и обеспеченный.

Что же удивляет тебя, дорогой диакон? То, что безбожие и суеверие идут рука об руку? Такая противоестественность естественна. И то, и другое – ложь. И то, и другое рождает тот, кого самые истинные Уста назвали отцом лжи. Истина всегда одна и та же, а ложь словно изменяющий цвета хамелеон. Никакого парадокса в дружбе суеверия и безбожия нет, напрасно ты так думаешь: они дополняют друг друга, как рама и картина. Всякое безбожие обрамлено суеверием. И одна ложь постоянно гостит у другой.

Когда Царь Саул впал в непослушание Богу и Самуилу, пророку Божию, он отправился в Аэндор к гадалке, чтобы у нее искать совета[284]. Король Франции Филипп Эгальский[285] похвалялся двумя вещами – безбожием и искусством гадать на кофейной гуще. Разве не читал ты в Писании, как два лжеца, Пилат и Ирод, примирились между собой перед тем, как осудить Христа на смерть? 'И сделались в тот день Пилат и Ирод друзьями между собою, ибо прежде были во вражде друг с другом' (Лк. 23, 12). И сейчас две лжи часто объединяются, когда им предстоит борьба с истиной.

А вспомни суеверие безбожных евреев, когда они любой ценой хотели убить Христа! 'От Каиафы повели Иисуса в преторию. Было утро; и они не вошли в преторию, чтобы не оскверниться, но чтобы можно было есть пасху' (Ин. 18, 28). Ибо был их праздник. Не убийство Невинного они считали осквернением, а вхождение в преторию. Подобное же творят безбожники в России.

Те, кто отрекся от веры, захлебнулись в волнах суеверия. Но не догадываются, несчастные, что, отрекшись от истинного Бога, они полностью отдали себя во власть Его извечного противника, того тайного хулителя, который назван врагом рода человеческого, ложью и отцом лжи[286]. Об этом, конечно, не догадывается и твой знакомый господин, который, отказавшись от Бога, променял Его на цыганку-гадалку.

ПИСЬМО 131. РОДИТЕЛЮ, КОТОРЫЙ СПРАШИВАЕТ, СУЩЕСТВУЮТ ЛИ ДУХИ

Скорбь о погибшем сыне только сейчас, в старости уже, привела Вас в церковь, в ней ищете Вы утешения. Вы спрашиваете, существуют ли духи. Это равнозначно вопросу: «Есть ли Бог?». Ибо Бог есть Дух, нетварный, вечный, всеведущий, всемогущий, всеблагий.

Вокруг Бога Творца существует царство тварных духов. Круги святых блаженных Ангелов. Бесчисленное множество раз они являлись людям, и даже животным, от сотворения мира и доныне. Случаи явлений Ангелов рассказаны в Библии, особенно в Новом Завете, и в истории христианской Церкви. Не говоря уже о темных духах злобы, которых Христос изгонял из людей: это отпавшие от Бога демоны, пребывающие в вечной сени смертной и отчаянии.

Знаю, что Вас более всего интересует, существуют ли духи умерших людей, существует ли дух Вашего умершего сына. Существуют. Жизнь души после смерти и есть единственная цель и смысл нашего краткого пребывания на земле. Человече Божий, во Христе и через Христа все открыто и явлено: и Бог, и духи света, и духи тьмы, и живые души умерших праведников, и отчаявшиеся души нераскаянных грешников (притча о богаче и Лазаре[287]).

Прочтите в Евангелии, как в момент преображения Господня на горе Фавор явились души пророков Моисея и Илии. Прочтите, как в момент смерти Христа открылись гробы и умершие ожили. Таким образом всеблагий Спаситель хотел уже до Своего воскресения засвидетельствовать миру всеобщее воскресение людей, но 'творивших добро в воскресение жизни, а делавших зло – в воскресение осуждения' (ср.: Ин. 5, 29).

Еще Вы спрашиваете: если существуют духи, каковы они? Да не даст Вам Господь видеть духов тьмы и злобы ни на этом свете, ни на том! А каковы те, которые удостоились Царства Небесного, сказано в Евангелии. Ответ дал Сам Мессия, говоря, что они как Ангелы и сыны Божии.

Да удостоит всесильный Господь наш Иисус Христос сына Вашего того Царства истинного и жизни среди святых Ангелов Своих.

ПИСЬМО 132. СТАРИЦЕ, О ВОСКРЕСЕНИИ ТЕЛА

Вся наша вера пронизана верой в воскресение. Она, воскрешающая погибающие души (что само по себе чудо), как же не сможет воскресить тел? Ты исповедуешь свою твердую веру во всесилие Бога, Творца неба и земли, но все-таки тебя мучает вопрос: «Как Господь воскресит одряхлевшие и немощные тела?». Смотри, да не уподобишься врагам Христовым, саддукеям, которые как будто верили в Бога, но отрицали воскресение мертвых. Молодые тела или старые не одинаковы ли после смерти? Разве не рассыпаются и те, и другие в прах, из которого созданы? Но и те, и другие одинаково легко воскреснут в последний день, в день Суда, по слову Творца. И ни старческая слабость, ни юношеская легкость не замедлят и не ускорят восстание мертвых из могильного праха. Слово Божие всесильно: оно воскрешает и мертвит, творит и истребляет. У Бога все возможно.

Ты наивно рассуждаешь, что не хотела бы в твоем нынешнем старческом и немощном теле пребывать в Царстве Христовом. И не будешь, сестра, не бойся! Когда погибающая душа безбожника воскреснет и оживет верой, его новая душа едва будет напоминать старую, но личность его остается той же в течение всей жизни. Нечто подобное происходит, когда кто-то сбрасывает рубище и облекается в шелк. Так же будет и с телами. Есть тела небесные и тела земные, тела духовные – нетленные и тела земные – тленные[288]. Святой мученик Ипполит[289] пишет: «Мы верим, что тело воскреснет не так, каково ныне, но чистое и не подлежащее повреждению. Всякому телу возвратится своя душа». Как разительно отличаются крона и корни дерева! И все-таки жизнь дерева содержится в корне в целости и сущности своей, так же как в целости и сущности содержится она в цветке; и как цветок своей красотой превосходит корень, так же воскресшие тела превзойдут красотой наши земные тела.

Радуйся, дщерь воскресшего Господа! И с радостью причащайся Тела и Крови Христовой. Так ты приготовишь себе тело небесное, подобное Его Телу, которое по силе и красоте превосходит все, что на свете можно оком увидеть и во сне представить.

ПИСЬМО 133. ПРЕПОДАВАТЕЛЮ МИЛАНУ И., КОТОРЫЙ ПРОСИТ РАСТОЛКОВАТЬ ПЕРВОЕ ПОСЛАНИЕ К КОРИНФЯНАМ

В Священном Писании Вам попались непонятные слова, и Вы просите пояснить их. Вот они: 'Никто не обольщай самого себя. Если кто из вас думает быть мудрым в веке сем, тот будь безумным, чтобы быть мудрым' (1Кор. 3, 18). Эти слова Вас удивили и смутили. Я не совсем понимаю почему, ибо они вполне в духе Евангелия. Конечно, апостол далек от того, чтобы советовать людям безумие: он говорит о том, чтобы свое плотское, мирское мудрование они считали безумием по сравнению со спасительной богодухновенной Христовой истиной. Еще яснее апостол говорит об этом в первой главе того же Послания к Коринфянам: 'мудрость мира сего есть безумие пред Богом'[290]. И кто не считает себя нищим духом, по словам Господа, не сможет войти в Царство Небесное.

Скажите, что дали человеку все языческие философы с их мирским знанием и мудростью? – Привели себя и мир к отчаянию. Известный римский философ Сенека покончил с собой, тому же последовал и его ученик царь Нерон. Когда дельфийские прорицательницы объявили Сократа мудрейшим человеком, Сократ, признав это, ответил: «Воистину я мудрее других, ибо знаю, что ничего не знаю».

Апостолы Христа говорили о себе: 'Мы безумны Христа ради'[291]. То есть безумцы перед миром и для мира, но не пред Богом и не для Бога. Вы знаете, что каждого первооткрывателя нового таинственного закона природы люди сначала считали безумцем. Как же не сочтут они безумцем открывателя Царства жизни, сверхъестественного, реального и вечного! Познание Царства, открытого Спасителем Христом, несравненно важнее всех познаний. Только в свете этого познания все остальные знания обретают смысл и ценность. Как пишет великий апостол: 'все почитаю тщетою ради превосходства познания Христа Иисуса, Господа моего: для Него я от всего отказался, и все почитаю за сор, чтобы приобрести Христа' (Флп. 3, 8).

Без Христа всё в этом мире тьма и безумие. И тот из смертных, кто желает познания истинной, то есть небесной мудрости, которая освещает нашу жизнь на земле и всю поднебесную тварь, пусть считает безумием всякое плотское мудрование от себя и от людей, ибо оно ведет не дальше могилы. Воистину, безумие – всякая самозванная мудрость, стоящая вне Бога, живаго и единосущного, вне Христа воскресшего и Его Царства вечного света и радости. Посему полезно каждому считать себя безумным перед неизмеримой мудростью Христовой, ибо только так возможно стать мудрым во Христе.

Мир Вам и здравия от Господа.

ПИСЬМО 134. ЧИНОВНИКУ С. П., ПРИТЧА ОБ УСЫНОВЛЕНИИ

Вы хотите знать истину о жизни человеческой. Трудно поведать о ней в письме. Давайте обратимся к притче.

Некий богатый человек имел единственного сына. Но усыновил он и сироту и считал его своим сыном. Вот однажды в дом этого человека тайно проник колдун и уговорил пасынка оставить дом своего благодетеля, пообещав ему славу, во много раз превосходящую славу приемного отца. Околдованный пасынок пришел к своему благодетелю с просьбой отпустить его. Тот прозрел все, что произошло, но не стал противиться и предоставил ему свободу. Однако, провожая его в путь, сжалился над ним и дал ему плетеный мешочек, полный золота и драгоценных камней. Со слезами отпустил он пасынка. Злодей же не только не помогал одинокому путнику, но посылал своих сродников грабить его. И несчастный, попадая в руки разбойников, откупался от них золотом и драгоценностями, но только просил не трогать его плетеный мешочек. Засада следовала за засадой, пока драгоценный мешочек не опустел. Тогда перед ним появился сам колдун; бедняга бросился к нему за помощью, как к другу. Но злодей сбросил маску и, скрипя зубами, стал отнимать у несчастного плетеный мешочек. Все это время человек, усыновивший сироту, прозревал происходившее с пасынком в дороге. Он сокрушался о судьбе юноши и послал своего единственного сына спасти его от погибели. Сын подоспел в тот последний миг, когда пасынок уже изнемог в борьбе за плетеный мешочек, и, ударив колдуна, ранил его смертельно, а сироте опять наполнил мешочек золотом и самоцветами и сказал, чтобы скорее возвращался в дом, где ждет его отец.

Понятна ли Вам эта притча? Человек-хозяин – Бог. Сын Его – Иисус Христос. Пасынок – Адам и род его. Колдун – сатана. Плетеный мешочек – тело человеческое. Золото и дорогие камни – дары Божии, украшающие душу человеческую. Удалившись от Бога, самовольный род человеческий постепенно растерял духовные сокровища и остался один на один с жизнью телесной. И, когда сатана сделал попытку присвоить и ее и тем самым полностью уничтожить творение Божие, явился на землю Сын Божий. Он смертельно ранил сатану и, раненого и бессильного, низверг в адскую бездну, а в телесную жизнь снова вдохнул душу живую и исполнил ее Божественными дарами. В то же время Он заповедал роду Адамову с новым сокровищем вернуться в дом Отца Небесного.

Мир Вам и благословение Христово.

ПИСЬМО 135. ЧЕСТОЛЮБИВОМУ, О КЛЕВЕТНИКАХ

Ты страдаешь от нападок злоречивых. Ты уже претерпел напраслину от сорока четырех клеветников! Они оскорбили твою честь. Оболгали тебя, твое дело, твою семью, принизили твои успехи. Ты истратил большую часть имения на судебные процессы против наветчиков. Твоя жизнь была бы прекрасна, если бы не «злые языки». Они преследуют тебя, ты страдаешь и бросаешь деньги на защиту чести от каждого из них.

В самом деле, они поступают не по-христиански, но и ты борешься с ними не как христианин. Вспомни, как Начальник нашей веры поступал в случаях клеветнических нападок: 'как овца, веден был Он на заклание, и, как агнец пред стригущим его безгласен, так Он не отверзает уст Своих' (Деян. 8, 32). Но вот тебе в пример и поступок царя земного, Константина Великого[292]. Однажды некие льстецы стали жаловаться царю на его недоброжелателей, которые клевещут и поносят своего царя. «Эти злодеи, – говорили они, – не просто лгали и клеветали, они совершили худшее поругание. Они пришли к твоей мраморной статуе, стоящей в центре города, и до тех пор били по ней камнями и прутьями, пока не отбили нос и не изуродовали все лицо». Молча выслушал царь это известие, потом потрогал свое лицо и сказал: «И лицо мое чисто, и лоб цел, и нос на месте!». Постыдились доносчики и бежали от лица царского.

Кто на свете был оклеветан больше Сына Божия и апостолов Его? Но землей засыпаны уста клеветников, а в честь апостолов по всей вселенной возводятся храмы. Если душа твоя здорова и чиста пред Богом, ничем не повредит ей клевета – ни людская, ни бесовская. Ибо ложь, словно ветер, кружащий пыль, налетит и пройдет, а истина останется. Это подтверждено опытом всех мудрых людей сего мира.

Итак, не терзайся и не бросай деньги затем, чтобы защитить свое достоинство от недостойных, ибо они как пустой звук. Лучше защищай Божие достоинство, а Господь защитит твое. А Его защитишь хранением и проповедованием правды Божией.

Мир тебе и радость от Господа.

ПИСЬМО 136. Н. Н., О НАРУШЕННОМ ОБЕТЕ

С тобой произошло подобное тому, что однажды случилось во времена апостольские.

У тебя заболел ребенок. В тревоге за него ты даешь обет пожертвовать церкви пшеничное поле, только бы ребенок поправился. Церковный комитет не однажды просил тебя продать это поле, потому что оно граничит с территорией церкви. Но ты просил слишком высокую цену. И вот в горе ты пообещал церкви подарить эту землю. И ребенок поправился. Ты же нарушил обет. Жена постоянно напоминала тебе, просила исполнить обещание. Но тебе стало жаль земли. В конце концов ты пошел на хитрость, для того чтобы исполнить обещание частично: ты продал поле какому-то человеку, оставил половину денег себе, а другую половину собрался отнести в церковь. Однако и эту половину тебе стало жаль выпустить из рук: и от нее взял ты часть и истратил. Но снова заболел твой ребенок, заболел и умер. Сейчас пишешь мне под бременем великой скорби. Смерть ребенка ты связываешь с нарушением обета. Говоришь, что тебя охватил великий страх «чего-то таинственного, что немилосердно наказывает людей».

Прочти пятую главу Деяний. Там повествуется о подобном случае; запомни слова апостола Петра: 'Ты солгал не человекам, а Богу'[293].

Знаю я такой случай и в наши дни. В каком-то искушении человек обещал пожертвовать монастырю быка. Когда искушение миновало, он подумал, что это слишком большая жертва и можно откупиться чем-то меньшим. Он продал быка, купил для монастыря теленка, а разницу хотел принести домой, чтобы израсходовать на хозяйство. Но по дороге с рынка он потерял деньги. А ночью другой бык забодал теленка насмерть.

Не Промысл Божий немилосерден, а мы немилосердны к душам своим. Не быки и поля нужны Богу, а чистые и искренние души. То, что Господин жизни и смерти сделал дому твоему, – это не наказание, а милость. Он взял у тебя невинное дитя, чтобы спасти его от тебя в раю, а тебе попустил скорбь, чтобы ты покаялся, очистился, переменился и удостоился рая и встречи с милым тебе чадом. Если бы из-за нарушенного обета ничего не случилось, что бы тогда было? Ты еще более беззаботно стал бы множить грех за грехом, ребенок привык бы к твоей грешной жизни, и вы оба потеряли бы свои души. А сейчас Создатель обратил твою неправду на спасение тебе и ребенку. Посему не ропщи на немилосердие Всевышнего, но благодари Его за милость.

Благословение тебе и утешение от Господа.

ПИСЬМО 137. БАКАЛЕЙЩИКУ, О ПРАВОЙ МЕРЕ

Сказал нам Спаситель: 'какою мерою мерите, такою и вам будут мерить'[294]. Об истинности этих святых слов ты свидетельствуешь своим личным опытом. С твоего согласия я излагаю его здесь на пользу многим.

Тебя обкрадывали приказчики, один за другим. Ты увольнял их и заменял новыми. Ты принимал на работу людей с лучшими рекомендациями, как честных и ответственных, но они оказывались мошенниками. Иногда ты приходил в бешенство, иногда в отчаяние. Ты бесконечно жаловался своим друзьям-торговцам, но никто не мог дать тебе совета и говорили обычно: «Что поделаешь, такой нынче народ!». Наконец Господь послал тебе настоящего советчика. В ваш город приехали русские монахи, чтобы просить пожертвования для своего монастыря. Однажды утром они вошли и в твою лавку. Долго ты разговаривал с ними, наконец посетовал на своих приказчиков. Во время твоего рассказа один старый монах пристально и молча смотрел тебе в лицо. Когда ты изложил свою жалобу, сказал старец: «Есть от этого спасение!».

– Где, в чем? – удивился ты.

– Оно в тебе самом, – ответил старец, – отныне хорошо смотри, какой мерой меришь ты своим покупателям. Давай сверх меры, всегда сверх меры! И перестанут тебя обкрадывать!

Гром среди ясного неба! Никто тебе раньше и не намекал на то, что тебя обкрадывают из-за того, что ты сам крадешь. Ты обвешивал покупателей, а приказчики обкрадывали тебя. Ты исполнил совет монаха: давал сторицей каждому – несколько лишних кусочков сахара или кофейных зерен, несколько грамм риса или других продуктов. Так, как когда-то поступали прежние лавочники. И с тех пор прекратились кражи в твоей лавке. У тебя служат те же приказчики, которые раньше воровали, все работают честно, и никто не ворует. Вся твоя торговля пошла в гору. Ты просто чувствуешь, что с тех пор, как старый монах открыл тебе глаза на истину, благословение Божие сошло на тебя. И сейчас ты, словно евангельский проповедник, наставляешь все купечество и уже не ищешь советов, а сам даешь их. Еще повесил ты у себя в лавке доску с надписью крупными буквами: 'Какою мерою мерите, такою и вам будут мерить'.

Господь да благословит и укрепит тебя.

ПИСЬМО 138. УНИАТУ, О ПЕРЕМЕНЕ ВЕРЫ

Кто-то из священников вашего города испугал тебя словами: «Проклят будет всякий, кто переменит веру, в которой рожден». Боясь проклятия, ты спрашиваешь, правда ли это.

Если бы это было так, тогда были бы прокляты все наши языческие предки, которые оставили веру в идолов и приняли христианство. Были бы прокляты – со страхом произношу эти слова – и святые апостолы, оставившие иудаизм и побудившие многих оставить его. Были бы прокляты и святые отцы наши, Кирилл и Мефодий, просветители славян, которые первыми принесли свечу истинной веры нашим славянским прадедам в Карпатах и Моравии. Был бы проклят и святой царь Борис[295], крестивший болгар, и святой Григорий[296], крестивший армян, и святая равноапостольная Нина[297], крестившая грузин, и святой Патрик[298], крестивший ирландцев, и святой князь Владимир, крестивший русских. Но если бы они были прокляты, кто был бы благословен? Страшно говорить о проклятии благословеннейших чад Божиих, да простит нам Господь.

Рассмотрим этот предмет с другой стороны. Может быть, тот, кто так испугал тебя проклятием, рассуждал так: «Я имел в виду не язычников, но крещеных христиан, то есть тех, кто, крестившись в одной христианской Церкви, переходит в другую». Что мы можем ответить на это? Помолимся Господу и спросим этого господина: если он был крещен в лютеранской Церкви, а затем оставил лютеранство и перешел в униатство, проклят ли он? Нет, тысячу раз нет, скажет господин.

Поэтому, когда ты услышишь от него такие слова, обратись на восток и скажи: «Воистину, нет проклятия на том, кто, будучи рожден униатом, вернулся к исконной вере своих предков – к православной вере, вере святых Кирилла и Мефодия, святого Владимира Киевского, святого Вацлава Чешского[299], святого Прокопия Карпатского[300], святого Бориса, святого Саввы Сербского, святого Петра Цетиньского[301]. Не проклят он, а благословен, так же как благословенны все эти святые мужи. А они благословенны в двух мирах – среди Ангелов небесных и среди народов Божиих на земле, ныне и вовеки. Аминь».

Мир тебе и радость от Господа.

ПИСЬМО 139. ЖЕСТЯНЩИКУ С. П., О КРЕСТНЫХ ХОДАХ

Крестные ходы проводятся в храмах. Но ты спрашиваешь о крестных ходах, которые проводятся на улицах и полях. В чем их значение?

Соборные молитвы, которые проходят под открытым небом, под солнцем – во вселенском святилище, созданном Самим Творцом, имеют большое значение. Нечто подобное совершали и древние израильтяне, когда осаждали Иерихон. Такое шествие, по указанию Божию, совершил Иисус Навин. Впереди несли ковчег Завета, а перед ковчегом шли священники, трубя в трубы. Семь дней народ обходил Иерихон в торжественном молитвенном молчании. На седьмой день иерихонские стены рухнули и город был взят (см.: Нав. 6). Мы, христиане, носим вместо ковчега Завета кресты, иконы и хоругви, вместо труб – у нас колокола, и поем духовные песнопения:

Кресты носим, Бога просим:

Господи, помилуй! Господи, помилуй! Господи, помилуй!

Из всех знамений, которые мы носим, крест занимает первое место. Ибо ему еще на Христовой Голгофе дана сила изгонять нечистого, оздоровлять, очищать, освящать людей и животных, человеческие жилища и дома. Народ Божий знает об этом, потому и называет такие шествия крестными ходами.

Тебе почему-то пришел недобрый помысл, что на крестных ходах «святыни оскверняются и выносятся на посмешище». Не просто не оскверняется святыня, но ею освящается все, что осквернено человеческим грехом. Крестный ход – это духовный боевой поход против бесовского зла, а народ, идущий крестным ходом, – воинство Христово. А если кто-то насмехается над крестным ходом, разве это важно? Человек, лишенный Духа Божия, так же насмехается и над храмом, и над теми, кто молится в храме, и над молитвой, и над верой вообще. Разве насмешки могут устрашить крестоносцев, воюющих против невидимых сатанинских сил, куда более страшных, чем эти несчастные насмешники? И, наконец, те, кто насмехается над святыней, насмехаются над собственным счастьем. Подтверждений тому множество. Вот одно из них.

Как-то по деревне к полю шел крестный ход. Один человек, недавно вернувшийся из Америки с заработков, стоял перед своим домом и насмехался над молящимися. Вскоре на ту деревню обрушился сильный ливень. Он не повредил деревне, но на поле насмешника намыл столько песка, что не было видно ни земли, ни пшеницы.

Соборная молитва никогда не оставалась без добрых плодов, особенно когда молитва носила покаянный характер и выражала преданность воле Божией. Народ знает духовную пользу крестных ходов и потому так любит их. Если бы они множество раз не пролили дождь на иссохшие нивы, не притупили косу смерти во время эпидемий, не вернули мир во время смут, разве народ любил бы так крестные ходы и разве носил бы так ревностно кресты по городам и селам?

У мусульман нет крестных ходов. Однажды в период турецкого ига в неком македонском городе произошло одно незабываемое событие. Была страшная засуха. Турки попросили христиан пройти крестным ходом, и народ во главе с владыкой и духовенством двинулся крестным ходом к источникам за пределами города. В одной процессии шли мусульмане, а в другой – христиане. Молитвы еще не были прочитаны до конца, когда небо затянулось облаками и хлынул такой ливень, что молящиеся вмиг разбежались по домам.

От Господа мир тебе и благословение.

ПИСЬМО 140. ОТЦУ, О ЗЛОСЧАСТНОМ ПРИДАНОМ

Господь благословил тебя единственной дочерью. И ты безумием своим погубил этот дар. Ты вбил себе в голову, что для ее счастья достаточно лишь большого приданого. Ты не заботился о том, что приносит человеку истинное счастье в жизни, – о воспитании, свойствах характера, о сердце и душе. Ты копил и копил деньги.

Ты думал: чем больше приданое, тем надежнее счастье. Ты старался собрать как можно больше денег и купить самого дорогого зятя. К этой безумной мысли ты прибавил еще и дурное дело. Когда умер твой сотрудник, ты с помощью подлога присвоил часть его заработка и оставил без хлеба его вдову и сирот. Ты наполнил сундуки дочери приданым, а свою душу – неправдой. На безумии и беззаконии строил ты счастье своего самого дорогого существа, ради которого ты жил и работал. Что же удивительного в том, что здание, возведенное на таком основании, рухнуло и придавило тебя и твою дочь? Ты забыл, если и знал когда-то, что небеса строго наказывают безумие и неправду.

Женихи, падкие на деньги, осаждали твой дом. И одному из них, твоему «единомышленнику» в любви к деньгам, удалось повенчаться телом с твоей дочерью, а душой – с твоими деньгами. Но и года не прошло, как однажды ночью твоя любимица прибежала к дверям родного дома, окровавленная, растерзанная и опозоренная. Пьяный муж избил ее и выгнал из дома, беременную, и бежал с твоими деньгами. Сейчас ты нянчишь внука рядом с постелью своей дочери, которая тяжело больна туберкулезом, и врачи рекомендуют ей поселиться в Альпах. А у тебя теперь нет денег на Златибор, не говоря уже об Альпах. Проклиная зятя, ты спрашиваешь, есть ли на свете правда Божия.

Как же нет правды Божией? И тот, кто в нее не верил, поверит, когда узнает, что случилось с тобой. Приданым ты хотел осчастливить свое дитя и приданым принес ему несчастье. Ты отнял кусок хлеба у сирот, чтобы твоя дочь могла пить шампанское. Ты довел себя, свою дочь и внука до голода. Приданым ты купил несчастье четверым — себе, дочери, внуку и зятю. Ибо и его душу ты погубил приданым: прельстившись легкими деньгами, он быстро «преуспеет» среди мошенников, которых хоронят за оградами кладбищ.

На тебе исполнилась правда Божия, и твой ропот на нее лишь показывает твое помрачение неправдой. Так и будешь ты нянькой своему внуку, в постоянной заботе о том, что еще продать в доме, чтобы купить ему хлеба, а дочери — лекарства. И со страхом будешь ожидать наступления нового дня, как голодной вечности. И будешь слышать плач голодного ребенка и кашель его матери, как свист бича судьбы, хлещущего по твоей спине.

Если бы ты жил скромно и учил скромности дочь свою! Пела бы твоя любимица сейчас в доме какого-нибудь скромного человека. Но скромность, как и любая другая добродетель, казалась тебе сказкой давно ушедших времен. Не знал ты, что евангельские добродетели — это стена нерушимая, о которую разбивается счастье нечестивых!

Но ты — человек. И, как человек, ты согрешил. И, как человек, восстань в своей беде. И помолись Богу, и Он, а не зять, рассчитается с тобой. Господь явил Свою правду над неправдой твоей, покажет Он и милость к слезам твоим. Он любит кающихся и слышит молящихся. Не осуждай никого, кроме себя. И людской суд смягчает приговор при искреннем раскаянии. А вечный Судия по милости Своей, кроме избавления от осуждения, дает кающемуся дары жизни, света и радости. Не бойся же. Создатель с тобой, Он только ждет, чтобы почувствовал ты близость Его. А чувство Его близкого присутствия быстро растопит лед отчаяния в твоем сердце.

ПИСЬМО 141. КРЕСТЬЯНИНУ НИКОЛЕ Ч., О ВНУТРЕННЕЙ МИЛОСТЫНЕ

Некий фарисей пригласил Господа Иисуса Христа на обед. Позвал не из уважения, а из личного расчета. Иисус, прозревая нечистые побуждения фарисея, не омыл рук перед трапезой. Разве не справедливо принимать нечистое нечистыми руками? Фарисей возмутился против этого, а Господь использовал возмущение его, чтобы обличить фарисеев, которые внешне показывали свою чистоту, а внутренность их была 'исполнена хищения и лукавства' (Лк. 11, 39). Фарисей думал, что он своим приглашением оказывает особую милость Господу, но Господь укорил его, говоря: 'Подавайте лучше милостыню из того, что у вас есть, тогда всё будет у вас чисто' (Лк. 11, 41). Ты спрашиваешь меня, что значат эти слова Господа.

Означают они милостивое сердце, которое побуждает руку подать милостыню. Господь, Который сердце видит, принимал только такую милостыню. Если же сердце злое и черствое, напрасно рука будет давать: отвергнет ее Господь. Людей можно обмануть внешней милостыней, а Бога – никогда. Сердце нечисто – нечист и дар, как бы велик ни был. Из нечистого сердца вытекают нечистые мысли и нечистые желания и грязнят и внешние дела человеческие, какими бы добрыми и чистыми они ни выглядели. Что пользы мыть руки, если нечистота сердечная делает их грязными? Если дом изнутри полон смрада и мерзости, что пользы мыть и украшать двери и окна? Своей Божественной прозорливостью Христос прозирал и чувствовал нечистую душу фарисея. Он не захотел вымыть рук Своих, Он не захотел исполнить малого долга, чтобы напомнить хозяину о большем, не захотел исполнить незначительного, чтобы укорить в значительном. Самые нечистые руки чисты в сравнении с нечистым сердцем. Омоем же свои сердца, и все будет у нас чисто.

О грозном царе Калигуле[302] рассказывают, что он как-то пригласил сенаторов на трапезу со злым умыслом. Царский двор сиял чистотой. И ничего нечистого не было в нем, кроме сердца самого царя. По обычаю он умыл лицо и руки и натер их дорогими благовониями. Только сердце его было переполнено нечистотой. В тот момент, когда он любезно раскланивался со своими гостями, восхваляя и превознося их, его палачи убивали их сыновей по его приказу.

Эти примеры и тысячи других ясно говорят о том, что Сын Божий должен был сойти на землю, ибо такая нечистота воцарилась в сердцах человеческих, такое смещение ценностей, что существование мира, населенного столь развращенными людьми, становилось бессмысленным. И никто другой не мог очистить сердца и изменить мир, кроме единого Бога. Господу нашему слава и похвала, а тебе живот и спасение.

ПИСЬМО 142. ОДНОМУ БОЛЬНОМУ ПОЛКОВОДЦУ, О ВЕЧНОЙ НАГРАДЕ

Пишете мне с одра болезни. Вас окружают чужие люди, их имена Вам неизвестны, и они знают Ваше имя только из истории болезни. Никто из близких и родных не приходит к Вам. А когда-то Вы командовали полками. Тысячи людей произносили Ваше имя с уважением, хвалили и возвеличивали. Ваша грудь по количеству наград напоминала иконостас. И вот, Вы забыты и одиноки, чужой среди чужих. Сквозь ночь своего настоящего Вы смотрите в светлый день своего прошлого.

Будьте мужественны. Ваша нынешняя брань много трудней былых битв. Потому что нет битвы тяжелее, чем та, которую человек ведет один на один с самим собою. Вспомните Господа в Гефсиманском саду: 'И, находясь в борении, прилежнее молился, и был пот Его, как капли крови, падающие на землю' (Лк. 22, 44). Но потом были воскресение, и честь, и слава, которая разносится вот уже десятки веков от края до края земли. Великий святой отец, Иоанн Златоуст, под старость оказался в немилости у императора, был оклеветан, поруган и изгнан из столицы в пустыню. Измученный, больной и одинокий, Вы думаете, он роптал и жаловался? Нет. Вот что он писал из бездны своего страдания и унижения: «Что значит изгнание из отечества, чужбина, осуждение, клевета, насилие и издевательства, зло от людей, мучения от рабов и свободных, что это значит, если награда за это все – небо и вечные сокровища, которым нет границ, которые приносят нам бессмертие и вечное блаженство?».

О, как прекрасны и велики ожидающие награды только от святых небес, знающие изменчивость мирской славы и судьбы, забывающие о всех земных встречах, дурных и добрых, и всем своим существом устремленные навстречу вечной Любви!

Пишете, что вера помогала Вам в борьбе за свободу народа. Сейчас вера в Бога нужна Вам как никогда. Ни в чем так ясно не проявляется ее действие, как в жизни одинокого, забытого, отверженного и больного человека. В то время, когда мир шепчет ему на ухо: ты никому не нужен, вера говорит ему: ты нужен Богу. В пору шумной мирской славы, которая венчала Вас лаврами, вера была для Вас усаждением души, ныне же она может стать для Вас ее единственным хлебом. Читайте Псалтирь и Евангелие.

Утешение и мир Вам от Господа!

ПИСЬМО 143. СУДЬЕ ПЕТРУ П., О «РЕЗКОСТИ» ХРИСТА

Вас смутила «резкость» Христа, с которой Он отказал в просьбе одному человеку. Некто пришел к Господу и сказал: 'Учитель! скажи брату моему, чтобы он разделил со мною наследство', на что Спаситель ответил: 'кто поставил Меня судить или делить вас?' (Лк. 12, 13–14). Эти слова Господа показались Вам слишком резкими и не подобающими Ему; Вы ссылаетесь на другие слова Христа: 'просите и дано будет'[303] – и находите в них противоречие.

Но понимаете ли Вы, о чем просил Христа тот человек? Он просил Его быть присяжным в деле раздела имущества. Разве может разделить братьев Тот, Кто пришел на землю мирить и соединять? Человек хотел, чтобы Царь царей, пришедший на землю сделать людей Царскими сыновьями, участвовал в мелком судебном разбирательстве! Хотел этого с тайным желанием, чтобы Христос был на его стороне против брата; он хотел, чтобы Праведник из праведников вынес неправедное решение и оскорбил его брата! Что же удивительного и неевангельского в том, что Господь решительно отвергает такую просьбу?

Некто почитал святого Архангела Михаила и превозносился тем, что святой Архангел исполняет всякую его просьбу. Однажды поссорился он со своим соседом и стал просить Архангела поразить соседа мечом. Когда его просьба осталась без ответа, он разгневался и перестал праздновать Славу святого Михаила. Тогда явился ему Архангел и сказал: «Я был тебе помощником, когда ты просил добра для себя и своих близких, но раз ты дерзнул просить меня стать палачом обидчику твоему, я оставляю тебя». После чего тот человек тяжело заболел и оставался прикован к постели до тех пор, пока не покаялся и не научился по-евангельски мыслить и молиться.

Вспомните, как Господь отверг просьбу двух апостолов, которые просили Его покарать негостеприимных жителей одного города (см.: Лк. 9, 54). Брат мой, Господь являет милость Свою именно в том, что не исполняет всех молитв наших. Если бы Он исполнял всякую молитву каждого человека, человеческий род давно бы погиб. Считаете ли Вы немилосердной мать, которая не дает в руки ребенку ружье? Нет, именно из великого милосердия к чаду своему она не исполняет всех просьб его. Жестокой была бы мать, которая делала бы все по воле малого ребенка. Откуда дитя может знать, что полезно, а что пагубно? Своим любимым ученикам Господь сказал однажды: 'не знаете, чего просите' (Мф. 20, 22). Святой апостол Павел говорит: 'мы не знаем, о чем молиться, как должно'[304]. Поэтому должно нам молиться о том, чтобы Создатель даровал нам Духа Своего Святаго. Ибо, кто имеет в себе Духа, тот умеет правильно обращаться ко Господу, потому что 'Сам Дух ходатайствует за нас воздыханиями неизреченными' (Рим. 8, 26), и тогда молитва наша будет исправна и Господь услышит ее.

Да пошлет Вам Господь Духа Своего.

ПИСЬМО 144. МАЛЯРУ ЛЮБИСАВУ И., О БОЖИЕМ ДНЕ

Все мы, христиане, по слову апостола Петра, ожидаем прихода дня Божия[305]. Но не все ли дни – Божии дни? Каждый день и каждая ночь принадлежат Богу, как сказал пророк: 'Твой день и Твоя ночь'[306]. Бог – Господин времени и вечности. Но тот последний день назван Божиим днем по превосходству. В этот день Господь придет судить мир, это – день победы Божией истины и правды. Представь себе хозяина, который посеял семя на своей ниве. В один день он сеял, в другой поливал и пропалывал, в третий разгонял птиц и животных, в четвертый выпрямлял ниву, и наконец настал день жатвы. Какой из всех этих дней ты назвал бы днем хозяина? Конечно, тот последний, когда хозяин молотит и просеивает зерна на гумне. И все прежние дни были его днями, но этот последний – день из дней его, ибо он соберет прибыль свою, отделит пшеницу от плевел. Да поможет тебе твой Ангел-хранитель быть в приобретение Господу и не оказаться среди плевел! О, как велик и страшен будет тот день Хозяина, когда Он будет веять и просеивать; когда зерна будут отделяться от плевел; когда цепкие плевелы не смогут больше питаться соками пшеницы; когда тайно посеянные семена врага Хозяина будут брошены в огонь неугасимый; когда всякая тварь, которая самовольно истребила в себе печать Хозяина, печать Духа Святаго, будет изгнана со двора и лишена заботы Его; когда будут утерты слезы и исцелены раны тех, кто в веке сем плакал среди смеющихся и насмешников; когда сонмы праведников воспоют песнь славы и победы; когда трубы возгласят свет безо всякой тьмы! Слава и радость и жизнь бесконечная! Торжество агнцев Божиих над всеми зверями! Победоносное завершение неизреченной драмы, которая началась ложным торжеством сатаны над прародителями в раю! Конец страданиям Христа, которые разделили с Ним миллионы праведников от сотворения мира!

ПИСЬМО 145. СТУДЕНТУ, НА ВОПРОС О ВЛИЯНИИ МИРА ДУХОВНОГО НА МИР ЗЕМНОЙ

Согласно христианскому учению, духовный мир, помимо Господа Творца, населяют Ангелы и души умерших людей. Вы спрашиваете: «Влияет ли духовный мир на людей и на события нашего мира в целом?». Все Священное Писание от первой и до последней его страницы учит нас, что наш мир находится под наблюдением и руководством духовного мира, который направляет его к добру. Но люди обладают свободой выбора и, к большому несчастью своему, могут отвратиться от этого доброго влияния и по своему своеволию ввергнуться в погибель.

Руководимый светлыми силами духовного мира, Моисей вывел народ Израиля из рабства к свободе. Благодаря влиянию светлых сил Иисус Навин побеждал своих и Божиих врагов. Благодаря влиянию светлых духовных сил пророки пророчествовали, праведники утверждались на пути правды, а грешники обращались к Богу и истине. Благодаря этому влиянию пророк Самуил выбирал и помазывал царей, Давид покаялся, Иосиф и Даниил толковали сновидения, три отрока спаслись от смерти в огненной печи, Навуходоносор прославил Бога единого, Зоровавель восстановил Иерусалимский храм, Иосиф бежал с Младенцем Иисусом в Египет от меча Ирода. Но разве совокупность всех этих влияний не явилась миру в личности воплощенного Сына Божия, Спасителя нашего? Вся сила, и мудрость, и милость вечной небесной реальности в полноте истины явились в Нем, Господе Иисусе Христе, настолько, насколько она доступна людям в их телесной ограниченности.

Со времени воплощения Сына Божия мы знаем, что все небесные влияния святых приходили и приходят от Него, через Него: от Него сошествие Духа Святаго на апостолов; от Него обращение Савла-гонителя в Павла-апостола; от Него и множество других чудес, которые день дню сообщает и ночь ночи являет до нашего времени; от Него таинственные знаки, удивительные явления природы, таинственные голоса, благие сны и те явления, которые выводят людей на добрый путь и приносят утешение.

В «Исповеди» блаженный Августин говорит о чуде своего обращения от язычества в правую веру. Он был язычником, жил в Милане и какое-то время находился в непрестанных колебаниях, креститься ему или нет, то есть предаться Христу или остаться на бесплодной ниве латинской философии. Но его размышления ни к чему не привели. В отчаянии Августин уединился и стал оплакивать собственную немощь. Долго он пребывал в слезной молитве к Богу, чтобы Он указал ему путь. И однажды услышал голос, как будто далекое девичье пение, в той песне ясно были слышны слова: «Возьми и прочти! возьми и прочти!». Августин стал оглядываться кругом, чтобы узнать, откуда этот голос, но не мог понять. Не ответ ли это на его молитву? В недоумении он вернулся в комнату своего друга: у него на столе лежала книга Апостол. Августин быстро взял и раскрыл книгу, его взгляд упал на слова апостола Павла: 'отвергнем дела тьмы и облечемся в оружия света'[307]. Эти слова решили судьбу блаженного Августина и соделали из языческого философа христианского проповедника. Не влияние ли это духовного мира на наш земной мир – от Христа и через Христа?

Приведу Вам более современный пример. Великий ревнитель и защитник Православия в России Алексей Хомяков[308] трагически потерял свою супругу, с которой жил в счастливом браке. И, хотя он был крепок в вере, эта разлука повергла его в отчаяние. Как-то во сне покойная супруга явилась ему и сказала: «Не отчаивайся!». Это явление вернуло его к жизни, и он с прежним жаром продолжил борьбу за веру Христову. Не влияние ли это духовного мира на наш земной мир – от Христа и через Христа? И где конец неисчерпаемому богатству подобных примеров, не один из которых Вы могли бы вспомнить и в своей жизни?

ПИСЬМО 146. РАДОСАВУ И., ОБ ИУДЕ – ПРЕДАТЕЛЕ

Спрашиваешь: «Простится ли Иуде грех предательства Учителя его и Господа Иисуса Христа?». Не знаю, почему тебя это интересует. Разве не важнее для нас, чтобы мы сами своими преступлениями не предали Господа своего? И разве не более важен вопрос: спасем ли мы свои души? Ибо часы нашей жизни быстро отсчитывают время, напоминая нам о скорой разлуке с этим миром. И все мы предстанем пред вечным Судией, Который перед всем народом небесным вынесет Свой праведный Суд обо всем, что мы в этой жизни соделали. А когда человек идет на суд, каждый думает о своих грехах и неправдах, о том, как самому перед судьей оправдаться. Ни у кого нет ни времени, ни желания размышлять о чужих грехах или проникать в душевные тайны судьи, пред которым ныне предстанут. Кто знает, каков будет Суд вечного Судии обо мне и о тебе? Одно только известно, что судить Он будет по правде, а не по лжи. Мы же все хотели бы, чтобы судили нас по милости, а не по правде. Но напрасно: Он обещал судить праведно. И потому охватывает нас страх и трепет. И потому не желаю я ни тебе, ни себе, никому на свете оказаться с той стороны, где обрящется Иуда-предатель.

Ибо Иуда – предатель. Предатель Бога, людей и себя самого. Он предал Христа, предал апостолов, предал и человека в себе. Христа и апостолов предал иудеям, а себя – диаволу. Ибо сказано: тогда 'вошел в него сатана' (Ин. 13, 27). Трудно измерить всю глубину зла, которое овладело Иудой. Был он неверным, вором, сребролюбцем, лицемером, предателем и, наконец, отчаявшимся самоубийцей. Сын Божий много раз предостерегал его, чтобы он отвратился от своего гибельного пути, но Иуда упорствовал. Сын Божий проявлял к нему ту же любовь, что и к другим ученикам, но Иуда отвечал на Его любовь враждой. Сын Божий преклонился и омыл ему ноги перед самым предательством и из рук Своих дал ему осоленный ломоть хлеба. А хлебом и солью принято встречать самых высоких гостей. Кроткий и смиренный Господь хотел возвысить достоинство Иудино и протянул ему хлеб с солью, приветствовал его хлебом и солью перед самым предательством! Иуда принял хлеб и соль из руки Божией, рукой принял, а сердцем отверг с презрением. Смертный человек отверг любовь Бессмертного! Потому и Господь отверг его решительно, и тогда вместе с хлебом вошел в него сатана. И с того момента Иуда, бывший ученик Христа, вычеркнут из списка людей и вписан в список адских духов. Сейчас ты искушаешь Бога и спрашиваешь, простит ли Господь адских духов и спасет ли их? Ты искушаешь милость Божию так же, как евреи искушали силу Божию на Голгофе, говоря: 'если Ты Сын Божий, сойди с креста'[309]. И за это искушение приняли евреи достойную плату уже в этом мире. Берегись, чтобы и тебе не принять плату единомышленников Иуды.

Неверно, что Иуде было предопределено быть предателем, как ты думаешь. Ибо, если бы это было так, для чего бы Сын Божий так старался, чтобы отвратить Иуду от злых дел? Для чего бы взял его в ученики Свои и держал рядом с Собой три года? Зачем смирялся бы перед ним, зачем преклонялся бы и омывал ему ноги? Зачем давал бы ему Своей святой рукой хлеб с солью? Читая в душе Иуды страшное намерение, Господь делал все, чтобы спасти его от вечной погибели. Если же сказано, что должно прийти соблазну, сказано еще и это, как строгое предостережение: 'горе тому человеку, через которого соблазн приходит' (Мф. 18, 7).

Соблазнитель – это сатана, и ему надлежит творить свое дело, потому надлежит прийти и соблазну, от него и через него. Но горе человеку, который подчинится сатане и станет его орудием. Горе тому, кто, вопреки любви Божией, проявит любовь к Его противнику.

Молись Господу, чтобы Он сохранил тебя от соблазнителя, который соблазнил Иуду и иудеев. Да никогда не будешь рабом и орудием его.

ПИСЬМО 147. ТОМУ ЖЕ, О СПАСЕНИИ ВСЕХ ГРЕШНИКОВ

Ты хотел бы, чтобы Господь на Страшном Своем Суде помиловал всех грешников. Снова ты искушаешь Господа, как искушал Его противник Божий на Горе искушений?[310] «Если Ты Сын Божий многомилостивый, помилуй Иуду и Каина и всех грешников, и поклонюсь Тебе», – такими словами можно выразить твое испытывание Христа. Господь мог бы ответить тебе на это: «Разве был Я немилостив, когда из вечной славы Своей сошел во мрак человеческий и всего Себя предал в жертву за людей? Как помиловать Мне тех, кто никогда не просил Моей милости? Кто до последнего вздоха презирал предложенную им милость? Кто кровь наследников Моих проливал, как воду? И кто до конца оставался рабом сатаны?».

И как это может быть, чтобы смертный человек соревновался в милости с премилостивым Господом, да еще воображал себя милостивее Его? Испытай самого себя и посмотри, как ограниченна и ничтожна милость человеческая. Испытай: легко бы простил ты своего друга, который трижды отрекся от тебя? И легко бы ты простил человека, истребившего твой род? Или того, кто осквернил самое для тебя святое? А Господь простил Петра, трижды отрекшегося от Него. Простил Савла, гнавшего и избивавшего наследников Его, родных Его. Простил Августина, осквернившего христианскую святыню. Простил всех, кто всем сердцем покаялся и обратил противление свое в верность Богу и святыням Его. Простит Он на Суде Страшном и тех, кто покаялся на смертном одре, в свой последний час, во всех беззакониях своих, кто признал Христа Сыном Божиим и возопил к Нему о спасении. Простит и тех, кто во имя Его проявил хотя бы малую милость и чашей воды напоил одного из наследников Его.

Но недостаточно этого искусителям Господа! Недостаточно тем, кто сам не знает, что значит простить, что значит покаяться. Не знают они, насколько милость Божия превосходит наш ум. Они хотели бы, чтобы Господь смешал Царство вечного света с тьмой, чтобы и на небе, как и на земле, наступило смешение добра и зла. Хотели бы, чтобы Иуда, и Каин, и все братоубийцы, все безбожники, кровопийцы, развратники, мошенники, богохульники, осквернители святынь — все, все нераскаявшиеся преступники встали одесную Христа на последнем Суде вместе со святыми, мучениками и праведниками и чтобы ошую Его никого не осталось! Разве это справедливость? Разве справедливо дать ту же плату тем, кто даже не ступил на ниву Хозяина, и тем, кто трудился на ней весь день? Разве это милость — смешать свет и тьму, истину и ложь, пшеницу и плевелы?

Человече, кто еси, чтобы учить справедливости Начальника справедливости? Чтобы напоминать о милости Тому, Кто дал Себя распять за людей? Поклонись святыне справедливости Его и неисчерпаемой глубине милости Его и возопи: «Всемилостивый, помилуй и спаси меня, грешного!».

ПИСЬМО 148. ОДНОМУ ПОПЕЧИТЕЛЮ, О СВЯЩЕНСТВЕ

Ты услышал, как еретики говорят: «Все христиане являются священниками, и поэтому особые священники нам не нужны. Ибо каждый крещеный в крещении получил священническое достоинство. Следовательно, каждый христианин или христианка могут совершать священнические действия, которые сейчас совершают только рукоположенные священники!».

Знай, что это великое заблуждение. В таком случае можно было бы сказать, что все христиане – апостолы, но мы знаем, что Господь наш избрал в апостолы особых людей. Апостолы в свою очередь рукополагали сначала диаконов, потом священников и епископов или патриархов. Об этом ясно написано в Деяниях апостольских (см.: Деян. 6, 6, 14:23) и в посланиях святого апостола Павла (см.: 1Тим. 3; 1Тим. 4:14; 1Тим.5:17, 22; Тит. 1, 5). И святой апостол Иаков утверждает, что старейшинам церковным – пресвитерам Церкви – дана власть совершать священнодействия. Прочти слова его Послания: 'Болен ли кто из вас, пусть призовет пресвитеров Церкви, и пусть помолятся над ним, помазав его елеем во имя Господне' (Иак. 5, 14). Как видишь, такое распоряжение Церкви было дано еще святыми апостолами, чтобы пресвитеры, имеющие власть от Духа Святаго, совершали таинства Божии и руководили народом крещеным и вели ко спасению. Слава Богу, это так! Ибо, если бы Промыслом Божиим не было так установлено, тогда каждый мог бы назваться священником и раскол христианства наступил бы в самом начале. Наступил бы раскол и в вере, и в церковном порядке; разве корабль церковный преодолел бы эти расколы всех минувших девятнадцати веков, подобных девятнадцати бурным океанам?

И по закону Ветхого Завета священником мог быть не каждый, а лишь тот, кто был поставлен и посвящен. Но и в те времена появлялись бунтовщики, которые беззаконно присваивали себе власть совершать священнические обязанности. Так мы читали о Корее, Дафане и Авироне, которые восстали на Моисея и Аарона, восклицая: 'все святы, и среди них Господь! почему же вы ставите себя выше народа Господня?' (Чис. 16, 3). Но разгневался на них Господь и жестоко наказал их, и 'разверзла земля уста свои и поглотила их и домы их,... и сошли они ...живыми в преисподнюю, и покрыла их земля' (ср.: Чис. 16, 32–33).

Итак, мы видим, что оба Завета говорят об одном: нет воли Божией на то, чтобы все верующие были священниками. Но есть одно достоинство выше священнического, которое доступно всем верным, если они захотят стяжать его. Это – святость. Апостолы называют святыми всех настоящих христиан. Имена святых заносятся в календарь и в Книгу вечной жизни. Многим и многим крестьянам, ремесленникам отсутствие земного священнического достоинства не помешало войти в список святых Божиих. А некоторым священникам-еретикам и раскольникам и священнический чин не помог спастись от вечной погибели.

Мир тебе и здравия от Господа.

ПИСЬМО 149. БЕДНОЙ ЖЕНЩИНЕ, О КРЕПКОЙ МОЛИТВЕ

Вы живете с мужем и младшим сыном в большой бедности. Ваш старший сын – чиновник, но он давно бросил вас. Годами он не пишет, не присылает подарков своим заботливым и неимущим родителям. Отец не хочет и слышать о нем, но Вы пытались успокоить его и защищали сына, извиняли его невнимание к Вам. А втайне Вы проливали слезы и молились за блудного сына Богу. Так продолжалось несколько лет. Вашу материнскую душу переполняли страх и стыд: страх, что отец проклянет сына, и стыд, что он публично отречется от него. Поэтому Вы все чаще и усерднее возносили молитвы Тому Единственному, Кто может помочь. Вы молились, постились, возжигали свечи, творили милостыню и делали все, что следует делать верующей матери. Непрестанно, изо дня в день вот уже семь лет. Не отступая и не сомневаясь!

Наконец, спустя семь лет, Вы получили то, о чем просили Бога. Окаменевшее сердце сына обратилось к родителям. На прошлую Пасху Вы получили от него покаянное Письмо и денежный перевод. Просит прощения. Не понимает, почему так долго мог быть жесток к своим родителям, словно какая-то жесткая скорлупа покрывала сердце. Обещает усердно писать и посылать помощь. Каждую неделю приходит от него Письмо, каждый месяц – деньги. Материнской радости не было конца, Ваша благодарность Богу превзошла все слова и вылилась в слезах.

И я радуюсь Вашей радости и благодарю Бога, уважаемая госпожа. Я со всей серьезностью называю Вас госпожой. Господство Ваше не в изобилии земного имения, не во временном богатстве и не в тщеславии людском. Господство Ваше основано не на господской крови, а на господском духе. Вы вознеслись душой до Царя царей и Господина над господами. Мысленно Вы с Ним общаетесь, молитвами с Ним говорите. Он воздух и свет Вашей души, всегда присутствующий перед духовным Вашим взором. С кем бы ни говорили, Вы как будто с третьим говорите, ибо Господь – второй между Вами и каждым Вашим собеседником. Вы, прежде чем сказать, в Боге мыслите, Вы раба Божия, а потому и дщерь Божия. Отсюда господство Ваше и благородство Ваше, а это единственное господство, которое никогда не будет утрачено, и единственное вечное благородство. Оно приобретается верой и сохраняется слезами и молитвами.

Таинственно ответил Господь на Ваши молитвы Вашему сердцу так, как когда-то хананеянке: 'женщина, велика вера твоя; да будет, как хочешь»[311]. И произошло то, что Вы хотели. Вернул Господь заблудшего сына на правый путь, спас его от отцовского проклятия, которое ведет к вечной погибели, а отца – от отчаяния. Вас же Всевышний наградит за Вашу веру и тем, что еще крепче утвердит Ваше духовное господство и благородство, пока не перейдете Вы в вечное Царство, где господствуют господа Христовы.

Мир Вам и благословение Христово.

ПИСЬМО 150. НОСИЛЬЩИКУ БРАНИМИРУ И., О ПОСЛАНИИ К ГАЛАТАМ

Признаешься, что находишь большое утешение в чтении Нового Завета и Псалтири. «Если бы не это, я бы пал под тяжестью жизненного бремени». Так пишешь. Но мучает тебя то, что тебе понятны не все слова, которые ты читаешь. Например, тебе непонятно значение слов апостола Павла: 'все вы, во Христа крестившиеся, во Христа облеклись'[312]. Эти слова поются вместо «Святый Боже» по великим праздникам: «Елицы во Христа крестистеся, во Христа облекостеся». Ту же мысль апостол Павел выражает и в форме заповеди: 'облекитесь в Господа нашего Иисуса Христа, и попечения о плоти не превращайте в похоти' (Рим. 13, 14). Что значит облечься во Христа?

Чтобы Вам было понятнее, в первую очередь необходимо познать, что здесь идет речь о душе. Душа проста по естеству, душа новорожденного обнажена так же, как и он сам. Телесная нагота новорожденного – это символ наготы душевной, в которой остался наш прародитель со всем потомством своим, преступив Божию заповедь в раю. Когда мы крестимся во имя Христово, наши души во Христа облачаются. Облачаются в невидимые, но реальные облачения, в которые и Христова душа была облачена, ибо, как душа невидима, так же невидимы и облачения ее. Истина и справедливость, доброта и незлобивость, кротость и скромность, чистота и благочестие, боголюбие и братолюбие – вот одеяния души, вот облачения ее. Для плотского человека, знающего лишь телесную, материальную одежду, все это словно дым и ветер.

Доказать это плотскому человеку будет очень трудно. Доказательство само придет к нему, когда душа разлучится с телом и войдет в невидимое духовное царство. Тогда он с ужасом и стыдом увидит или наготу своей души, или запятнанные, нечистые одежды порока, которые перечисляет апостол: 'чревоугодие и пьянство, сладострастие и распутство, ссоры и зависть' (ср.: Рим. 13, 13).

Апостол заповедует и крещеным совлечь с себя эти нечистые одежды и во Христа облечься. Для чего это, если мы и так знаем, что в крещении мы однажды уже облеклись во Христа? Потому, что мы снова обнажились, мы отвергли царские одеяния детей царских и снова оделись в лохмотья греха. Но, если в крещении однажды облеклись во Христа, а потом совлеклись, как нам снова облачиться во Христа? Не новым крещением, конечно, ибо 'едино крещение'[313]; нет, не крещением – покаянием. Сказано, что Господь оставил покаяние для спасения[314]. Кто воистину устыдится своих греховных дел, исповедуется и покается, тот снова облечется во Христа. По слову апостола, мы до тех пор 'сыны Божии по вере во Христа Иисуса' (Гал. 3, 26), пока сами не совлечем с себя Христовы одежды, и тогда мы снова становимся чужими Богу, нечистыми рабами и наемниками, а не сынами Его.

Из этого следует вывод, что все мы, идущие к Царству света и вечной жизни, каждый день должны следить, в какие одеяния облечена наша душа. Пусть будут нам примером те, кто ежедневно одевается и переодевается, прихорашивается, украшается, чтобы выглядеть как можно лучше. С такой же заботой и с еще большей должны мы относиться к одеяниям своей души. Они смотрятся в зеркало, а наше зеркало – Иисус Христос. Глядя на Него, самого чистого, самого светлого, самого прекрасного Человека, мы познаём себя. Поэтому, как только заметим на своей душе пятно или увидим греховные лохмотья, мы должны сразу же сбросить эту нечистоту и в чистоту, святость и красоту Христовы облечься. Ибо все, что плотские делают для внешней красоты тела, символ того, что духовные должны делать по отношению к духу.

Мир те и возрастание в Господе.

ПИСЬМО 151. РУССКОМУ К. Т., О РУССКОЙ ТРАГЕДИИ

Как русский, Вы лучше меня должны знать причины страшной трагедии, которая произошла с русским народом. Но, насколько известно мне, беда в России произошла не по грехам русского народа, а по грехам части русской «интеллигенции», точнее из-за иудействующей русской интеллигенции.

Вам известно, что русский народ выбрал Царство Небесное, еще когда принимал крещение от святого князя Владимира Киевского. И выбора своего он доныне не менял. Но русская интеллигенция поколебалась и изменила основополагающим жизненным понятиям, и то не вся интеллигенция, а некоторая ее часть. Еще во времена легковерной царицы Екатерины[315] русская интеллигенция стала раскалываться на два лагеря. В одном лагере были те, кто вместе с народом хотел, чтобы Россия навсегда осталась Святой Русью, сохранила идеалы христианской святости в каждом человеке и во всем народе. В другом лагере те, кто хотел, чтобы Россия восприняла идеал земного владычества и земной культуры. Первые видели цель человеческой жизни над земным, в Царстве вечной духовной действительности – в Царстве Божием. Вторые ограничивали все цели жизни пределами времени и границами плоти. Говоря сербским, косовским языком, можно сказать так: первые избрали Царство Небесное, вторые – царство земное. Нет ничего удивительного в том, что те, другие оказались в одном лагере с иудеями, которые еще до Голгофской Жертвы выбрали земное царство и распяли на Кресте Начальника Царства Небесного.

Когда Христос благословил и чудесно умножил хлебы и накормил пятью хлебами пять тысяч человек, противники Его, приверженцы земного царства, сразу восхотели сделать Его своим царем. А когда Иисус узнал, что 'хотят придти, нечаянно взять Его и сделать царем, опять удалился на гору один' (Ин. 6, 15). Он мыслил о небесном – они о земном. Чудом над хлебами Он хотел явить неограниченную силу духовного мира по отношению к материальному, пассивному и бессильному. Однако иудеи истолковали это материально, и сущность Христова чуда была потеряна для них. Они хотели сделать Его царем, как своего рода волшебника, который освободил бы их от Рима и создал бы для них великое земное царство, и только земное. За такие приземленные и извращенные помыслы укорил их Господь словами, сказав им в глаза: 'Ваш отец диавол; и вы хотите исполнять похоти отца вашего' (Ин. 8, 44).

И действительно, с духовной точки зрения, порождение сатанино все те, кто, потеряв из вида бессмертное Царство неба, единственную цель и единственное достояние человеческое, ищет исключительно земного. Ибо очевидно, что не может быть конечной цели человека там, где царит смерть, как бы ни был богат человек. Известно и другое, что плата дается в конце службы, а конец нашей службы наступает в конце нашей жизни. Следовательно, награда воздается после смерти. А человеческая служба в этом мире в соответствии с понятием жизненной цели может быть троякой: служба Богу; служба Богу и маммоне; служба диаволу.

Истинная служба только первая, ни с чем иным не смешанная. Две другие – службы диаволу. Народная русская интеллигенция совершала службу Богу, подчиняя все интересы земного царства интересам Царства Небесного, Царства «не от мира сего». Антинародная русская интеллигенция хотела служить и Небесному, и земному царствам, при этом первое используя как средство для получения второго, поэтому сбылись на ней слова Спасителя: 'не можете служить двум господам'[316]. Антинародная русская интеллигенция, презирая народ, как «непросвещенную массу», как бесформенное и слепое болото, желала, так сказать, осчастливить народ укреплением земного царства, отвергая Небесное.

Около двух веков велась борьба между двумя лагерями русской интеллигенции – и в политике, и в литературе, и в искусстве. Наконец антинародная русская интеллигенция с земными умом и сердцем возобладала над народной интеллигенцией с небесными сердцем и умом, и первая осталась в отношении ко второй, как два относится к единице. Попущением сил небесных возобладали и пришли к власти иудействующие, они и поныне властвуют над Россией – Русской землей, но не русской совестью. Подобно слову, которое сказал Господь сатане об искушении праведного Иова: 'вот, он в руке твоей, только душу его сбереги' (Иов. 2, 6).

Сколько бы сатана ни выглядел умным в своих собственных глазах, он глуп во всех своих кознях против святой небесной логики. И рука сатаны не коснется души русского народа: Господь не попустит. И сила иудействующих в России не означает их победы, но только прелюдию к русской победе. Как и в случае с Иовом, так и в случае с Россией диавол покорно рабствует Всевышнему, всемогущему, непобедимому, победоносному Отцу Света. Об этом свидетельствует и это подтверждает нам иудейская Библия, которую отвергли иудействующие. Словно странствующие акробаты, иудействующие безбожники ходят по канату князя ада, от провала к провалу, от поражения к поражению, со времен истории змия-искусителя и доныне. Их всегдашнее дело, испокон веков, – дерзко оболгать Бога, злобно отрицая Небесное Царство, и тщетно строить земное царство. Но, когда воссияет свет Христов, их тень в истории станет мрачным пугалом человечеству и толкнет его еще ближе ко Христу.

ПИСЬМО 152. ОДНОМУ СВЯЩЕННИКУ, О ВНЕШНИХ «МЕЛОЧАХ»

Вы, честный отче, считаете священнические одежды, бороду и волосы «мелочью». Вас удивляет, что священноначалие беспокоится о них. Однако далее Вы говорите о важности проведения реформы, касающейся внешности и поведения священника. Как же согласуются «мелочь» и важность реформы? Каждый друг Церкви должен спросить себя: почему офицеры царя земного не протестуют против своей униформы, не протестуют ни таможенники, ни полицейские, ни лесники, ни железнодорожники? Они носят то, что предписывает начальство, без ропота и ведут себя так, как требуют правила. Как это возможно, чтобы одни только «офицеры» Царя Небесного восставали против своей «униформы» и правил поведения? Если народ хочет видеть своего батюшку в рясе, с бородой и длинными волосами, все остальные причины не обсуждаются. Если народу неприятно видеть священника в одежде торговца со стрижкой и без бороды, такую «реформу» нужно любой ценой прекратить, как оскорбляющую благочестие народа. В таком деле, следовательно, критерием является религиозное чувство народа и его суд, а не вкусы отдельных священников. Кроме того, если борода и длинные волосы не мешают поэтам, художникам, даже партийным вождям, почему же они будут мешать священникам Христовым, духовникам и пастырям народным?

Блаженный Иероним с иронией писал о священниках своего времени, любящих внешний лоск: «Мне стыдно сказать, но есть люди, принимающие священнический или диаконский сан с той целью, чтобы свободнее общаться с женщинами. Они заботятся исключительно о своем костюме, длине волос, носят драгоценные перстни с бриллиантами; ходят, едва касаясь земли, чтобы не испачкаться. Можно подумать, что это новобрачные, а не священники!».

В античные времена борода была отличием философов. Однажды случилось так, что в силу появления множества философов-шарлатанов кесарь издал распоряжение обрить бороды всем философам. Эпиктет[317], величайший философ того времени, ответил на это: «Кесарь может лишить меня головы, но не бороды!». Вот какое значение он придавал этому внешнему отличию своего звания.

Все это мелочи, скажете вы. Да, мелочи, без сомнения. По сравнению с душой христианина, одежда и борода – вещь незначительная. Но вся жизнь состоит из незначительного и значительного. А наша вера настолько хрупка и утонченна, что и мелочи могут вредить или помогать ей. Если словесное стадо хочет, чтобы его пастыри и внешне отличались от него, и имели определенные и привычные знаки отличия, зачем противиться этому? Католическим миссионерам в Китае, учитывающим психологию народа, которому они проповедуют, не стыдно носить косички, длинные жилеты и шаровары. Почему бы христолюбивым священникам противиться народу и из-за «незначительного» ставить под вопрос значительное в духовной жизни и возрастании?

Мир Вам от Господа.

ПИСЬМО 153. ПРЕПОДАВАТЕЛЮ ЗАКОНА БОЖИЯ

Вы сердитесь на некоторых своих коллег, которые неодобрительно смотрят на преподавание в школах Закона Божия. И Вы правы. Ваш гнев – гнев праведника, такой гнев угоден Богу. Но не стоит только гневаться или только настаивать. Необходимо еще и молиться за тех, кто по неразумию восстает против преподавания Закона Божия в школах, чтобы Господь открыл им глаза и они увидели, что рубят сук, на котором сидят, так как все воспитание молодого поколения зиждется на непоколебимой скале христианского учения. Так было у нас на протяжении нашей тысячелетней православной истории, так должно быть и сегодня, и завтра, и во веки веков. Такое воспитание не посрамило нас в прошлом, не посрамит и в будущем. Оно дало нам исключительных людей, ставших украшением нашей истории, так же как звезды украшают небосвод. Таких людей, звезд на небосводе нашей истории, множество. А что еще может быть целью воспитания, если не люди, настоящие люди?

Педагогическая наука и у нас, и во всех христианских странах должна совпадать с Христовой наукой. Если воспитание отпадет от Христовой науки, пострадает не она – пострадает воспитание, будут потеряны люди. Если христианская основа воспитания в школах будет разрушена, школа станет представлять опасность и для людей, и для народов. Ибо образованный, но невоспитанный человек куда опаснее для себя и для других, чем человек воспитанный, но необразованный. Трещина в вере неизбежно влечет за собой трещину в характере человека. Об этом свидетельствуют как священная, так и общая история крещеных народов. Какой бы из царей Израиля ни отступал от Бога, он отступал и от нравственности. Ибо подобно тому как река связана со своим источником, а свет с солнцем, так же и нравственность связана с верой.

'Я есмь путь',– сказал Христос[318], и еще сказал: 'Я вода живая'[319] и 'Я свет миру'[320]. Куда мы направим своих детей с этого Пути, если не в пропасть? Чем мы напоим их живые души без этой Воды Живой, если не болотной мутью, которую пьет скот? Чем осветим мы их без этого Света, если не призрачными бликами?

Но, говорят, Закон Божий не для нашего времени. Не знаю, вижу только, что и в наше время отличаются лишь те люди, которые держатся веры и Закона Божиего. И не знаю, какое учение могло бы заменить учение Христа в деле воспитания молодежи. Ведь не существует никакой другой науки о человеке, о смысле человеческой жизни, о нравственности вне православного учения.

Таким образом, никто не может положить иного фундамента ни в наше время, ни спустя тысячи лет после нас, кроме того живого Фундамента, Который Сам Себя им соделал и сказал: «без Мене не можете творити ничесоже»[321].

Мир Вам и благословение от Господа.

ПИСЬМО 154. МОНАХУ СИМЕОНУ, О ДНЕ И НОЧИ

В беседе о конце мира и приходе Сына Человеческого Господь Иисус Христос попеременно прибегает к сравнению с днем и ночью (см.: Лк. 17). Он сравнивает Свое Второе пришествие с внезапностью и быстротой молнии и говорит: 'так будет Сын Человеческий в день Свой'[322]. А немного позже: 'в ту ночь будут двое на одной постели'...[323] Говоря об одном и том же времени, Он, однако, употребляет то слова 'в день Свой', то 'в ту ночь'; ты спрашиваешь, как это объяснить.

Непогрешимо каждое слово из уст Христовых, непогрешимы и эти Его слова. Говоря о Своем дне, Он говорит о Своем Втором пришествии, говоря же о «той ночи», Он говорит о конце этого мира и времени. Это одно и то же время, а именно отделение времени от вечности, смерти времени от вечности, когда померкнет и больше никогда не засияет солнце и явится светлый знак Сына Человеческого и воссияет навеки. Тогда не станет времени, а наступит день Божий, тогда эта материальная вселенная 'с шумом прейдет, стихии же, разгоревшись, разрушатся, земля и все дела на ней сгорят' (ср.: 2Пет. 3, 10). Это будет последняя встреча дня и ночи перед вечной разлукой. Поэтому, когда говорится о последней встрече и вечной разлуке дня и ночи, не имеет большого значения, как сказать – 'в день Свой' или 'в ту ночь'. То, что выглядит противоречивым сегодня и для сегодня, когда колесо времени поочередно приносит день и ночь, утратит свою противоречивость на пороге решительного разделения временного и вечного.

Мир Вам и благословение от Господа.

ПИСЬМО 155. ИОКСИМУ П., О ЗЛОМ РАБЕ

Говоря о Своем Втором пришествии, Христос называет людей то рабами, то хозяевами. В обоих случаях Он напоминает каждому, что всем должно в трезвении и бодрствовании ожидать Его, Господа славы и Судию мира. Каждый человек – господин и хозяин духовного сокровища, которое находится в его душе. Каждый должен хранить свое внутреннее сокровище с такой же осторожностью и заботой, с какими хозяин хранит свое видимое земное сокровище. 'Если бы ведал хозяин дома, в какую стражу придет вор, то бодрствовал бы и не дал бы подкопать дома своего' (Мф. 24, 43). Поскольку же не знает того времени, должен беречь дом непрестанно в любое время, днем и ночью.

Так и мы должны непрестанно хранить свою душу от бесов, злых и невидимых воров, чтобы не разграбили они наше сокровище и не оставили нашу душу разоренной и пустой ко дню пришествия Христова.

Рабами называет нас Господь потому, что мы пользуемся в этом веке сокровищем, заимствованным у Господа. В этом месте Он особенно обращается к вождям народа, которые, как рабы Божии, во имя Божие должны заботиться о своем народе. Здесь Он разделяет вождей на верных и на злых. Верный и мудрый раб – царь или священник, родитель или учитель – постоянно живет ожиданием Господина своего, то есть Христа, и старается детям Божиим давать пищу вовремя, то есть правильно и методично, а это значит питать их советом и примером в законе Божием, хранить от зла и готовить к Царству Небесному. Злой же раб скажет в сердце своем: 'не скоро придет господин мой'[324] – и начнет истязать народ и проводить время в объядении и пьянстве. Но придет внезапно господин и накажет злого раба. Вижу, что Вас смущает именно это наказание. Как накажет господин злого и неверного раба? Рассечет его. Что это значит – рассечь? – спрашиваете Вы. Думаю, что это значит – отделить душу от тела и предать тело земному тлению, а душу гееннскому пламени, где будет плач и скрежет зубовный. Вот что будет со злым рабом, который не ожидает прихода господина своего и который не себя ставит на службу народу, а народ на службу себе.

От Бога Вам здравия и спасение.

ПИСЬМО 156. ЗЕМЛЕДЕЛЬЦУ ПРЕДРАГУ А., О ТОМ, ЧЕГО БОЯТСЯ БЕСЫ

Ты прочитал рассказ о жизни святого Иоанна Вострского. Однажды, когда блаженный Иоанн стоял на молитве, у него открылось духовное зрение и он увидел бесов. Они не смели приблизиться к человеку Божию, но и не хотели отойти. Видя их в таком страхе, святой спросил их, чего они больше всего боятся. «Трех вещей, – ответили бесы, – того, что христиане носят на груди; того, чем христиане омываются в церкви; и того, что они вкушают в церкви». – «А из этих трех вещей, – снова спросил праведник, – что самое страшное для вас?» – «То, что вы вкушаете в церкви», – ответили ему служители ада.

Что же тебе непонятно? То, что христиане носят на груди, это – крест. То, чем христиане омываются в церкви, это – святая вода. То, что они вкушают в церкви, это – Святое Причастие. Крест – знамение победы любви, прошедшей сквозь страдания. Святая вода очищает и означает чистоту духовную и телесную. Причастие – небесная трапеза, на которой душе в пищу предлагаются Тело и Кровь Господа. Разве удивительно, что бесы трепещут от этих трех святынь? Трепещут и нашептывают людям прямо противоположные советы: любой ценой избегать страданий (желая таким образом искоренить из человеческого сердца любовь и человеколюбие); жить в греховной нечистоте (чтобы сделать людей своими рабами и близкими сродниками и отторгнуть их от пречистого Бога); морить и уморить свою душу голодом, не давая ей Божественной пищи, которой алчет душа по своей природе, а питать ее только земной пищей, как животное (Причастия больше всего боятся адские духи потому, что Причастие есть то, что венчает человеческое восхождение к Богу и соединяет с Ним).

От Бога тебе мир и благословение.

ПИСЬМО 157. ОДИНОКОЙ ЖЕНЩИНЕ, О МОЛИТВЕ

Вы огорчены тем, что Господь не слышит Вашей молитвы! Не ропщите на Того, Кто дал нам душу и жизнь, разум и дух. Прошу Вас, не жалуйтесь на Того, Кто имеет в тысячу раз больше прав жаловаться на нас и Ангелам, и святым Своим. Пусть Господь и не исполняет наших просьб буквально, но молитвы приносят плод в наших душах, делая их богаче и мужественнее. Это тайна, которая открылась духовным делателям. Скажем, кто-то посеял пшеницу и молится, чтобы семена принесли обильный урожай. Вместо пшеницы из семян вырастает трава. Он снова молится о пшенице, но из этой травы вырастают овес и просо. Он опять молится о пшенице, и наконец колосья наполняются пшеничными зернами и созревают и ложатся от тяжести к ногам молитвенника.

Все наши молитвы в свое время приносят свой плод, как говорит русский поэт Петр Вяземский:
И в ясный день, и средь метели,
При встрече с счастьем иль бедой –
Несется ль туча над тобой,
Или звезда сияет –
Молись! Молись! Молись!
В нас тайные плоды
Святой молитвы созревают!

Господь заповедал нам молиться не для того, чтобы узнать, что нам нужно: еще до зачатия нашего ведомо

Ему все, что нам потребуется в каждый миг жизни. Он заповедал нам молиться для того, чтобы в лучах молитвы наши души росли, возвышались, ширились и созревали. Если Он сразу же не отзывается на наши молитвы, то, значит, Он хочет, чтобы с нами было не по нашей, а по Его воле. Значит, Он готовит нам нечто большее и лучшее, нежели то, чего мы просим у Него в молитве. Поэтому всякую молитву мы должны сокрушенно завершать словами: «Отче, да будет, как Ты хочешь, а не как я»[325].

ПИСЬМО 158. ПЕЧАТНИКУ Ю. К., О ЦЕЛОВАНИИ РУКИ СВЯЩЕННИКА

Ваш приходской священник умер, и на его место пришел совсем молодой батюшка. Прежнему священнику Вы с радостью целовали руку при благословении, но целовать руку священнику, который много моложе Вас, Вам кажется неудобным.

Разве Вы не знаете историю о князе Милоше[326] и молодом священнике? История эта такова: один молодой священник служил литургию в Крагуевце в присутствии князя Милоша. Старый князь был очень благочестив, приходил в храм задолго до начала службы, до конца богослужения стоял как вкопанный и сокрушенно молился Богу. Когда молодой священник закончил службу, он вышел из алтаря с крестом и антидором. Князь подошел, чтобы приложиться ко кресту и поцеловать священнику руку. Но молодой человек отдернул руку, словно стыдясь того, что пожилой человек, князь, хочет поцеловать его руку. Князь Милош посмотрел на него и сказал: дай мне поцеловать руку, ибо не руку твою целую, а твой сан, который древнее меня и тебя!

Думаю, что это объясняет все. Старый князь изрек в церкви слова от Самого Духа Святаго. Сами подумайте, если Вашему священнику 25 лет, то его сану тысяча девятьсот лет. И, когда Вы целуете ему руку, Вы целуете сан, который от апостолов Христовых перешел на множество служителей алтаря Божия. А целуя священнический сан, Вы целуете всех великих святителей и духовников, которые этот сан носили, начиная от апостолов и доныне. Целуете святого Игнатия[327], святого Николая, святого Василия, святого Савву, святого Арсения[328] и многих других, которые служили украшением земли и стали украшением небес и которые названы «земными Ангелами и небесными людьми». Целование руки священника не обычное целование, но, по слову апостола Павла, 'целование святое' (ср.: 1Кор. 16, 20).

Целуйте же без смущения благословляющую руку и сан, который благословлен Духом Святым.

Целовать руку того, кто младше нас по возрасту, слушать того, кто моложе нас, хорошо еще и потому, что это охраняет от надменности и учит смирению.

Радость Вам и мир от Господа.

ПИСЬМО 159. ЛЮБИТЕЛЮ СВЯЩЕННОГО ПИСАНИЯ, О БЛАГОУХАНИИ И ЗАПАХЕ[329]

Ты прочитал эти слова и удивился! А разве человек удивляется только отдельным словам Священного Писания? Каждое слово в Писании словно новая жизнь! Тебя удивляет, что апостол говорит о благоухании познания. Как, спрашиваешь ты, в духовном царстве может быть благоухание? Очень просто: как может быть духовное зрение и духовное слышание, так же есть и духовное благоухание. Слепой Исаак ощутил душу сына своего Иакова по запаху и сказал: 'вот, запах от сына моего, как запах от поля, которое благословил Господь' (ср.: Быт. 27, 27). Пророк с огромного временного расстояния духом прозревает Христа, как прекраснейшего из сынов человеческих, и говорит о благоухании одежд Его, под одеждами, конечно, имея в виду добродетели, в которые была облечена Его душа.

Не напрасно говорит наш народ: «благоуханная душа», или: «смердит его душа!». Явления ангельских сил людям всегда сопровождались удивительным, неземным благоуханием, но когда к кому-то подступали бесы, они, являясь, распространяли вокруг невыносимый, отвратительный смрад. Вспомни неожиданно приятное благоухание при молитве или от мощей святых. Но все это относится к тайнам духовного мира и недоступно тому, кто телесно мыслит и телесно живет. Правда и то, что особый запах имеют некрещеные души. Апостол благодарит Бога за то, что Он дарует верным 'торжествовать во Христе и благоухание познания о Себе распространяет нами во всяком месте. Ибо мы Христово благоухание' (2Кор. 2, 14–15). Благоухание познания Бога в Троице Единого, благоухание познания Сына Божия как Мессии, благоухание познания Царства Света и вечной жизни, благоухание Божественной любви, благоухание чистых и богоугодных помыслов, чувств и дел – все это называется Христовым благоуханием. Это благоухание носят в своих душах те, кто познал Христа и живет этим познанием. Это благоухание жизни, в противоположность запаху смерти: 'для одних запах смертоносный на смерть, а для других запах живительный на жизнь' (2Кор. 2, 16). А запах смерти носят в себе те, кто далек от познания Христа, кто отвергает Христа или восстает на Христа. Их души источают смертный запах, ибо они не хотят знать ничего о том, что следует после смерти. Смерть полновластно господствует над их жизнью. Смерть населяет все отделы их душ. Их взгляд не простирается дальше гроба. Потому и запах тех душ – запах смерти. Ибо запах нашей души распространяется в зависимости от конечной точки нашего видения: если это гроб, то запах смерти, если это Бог живый и Царство Небесное, то благоухание жизни.

Все физические запахи являются образами и символами духовной реальности. Духовные запахи распространяются от бестелесных духов и зависят от их качества, от ткани их добрых или злых помыслов и чувств.

ПИСЬМО 160. МОНАХУ САВВЕ, О НАПАДКАХ НА МОНАШЕСТВО

Говоришь, нападают на вас, монахов, многие нападают. Одни потому, что не смеют нападать ни на кого больше и знают, что вы не ответите им и жаловаться не будете. Другие потому, что хотели бы все свести к материи и поставить на службу плоти. Наконец, третьи просто потому, что не выносят незыблемости церковного устава. Они с удивлением смотрят, как в нынешнем водовороте бесконечных перемен неизменной остается только Церковь Христова: стоит она, как скала в море, о которую разбиваются все волны. Оставим в стороне личные нападки: терпеть и спасать терпением душу — это монашеский обет. 'Претерпевший же до конца спасется', — сказал Тот, Кто все знает и видит[330].

Рассмотрим принципиальные требования ваших противников. Их содержание и цели хорошо известны. Если бы они осуществились, это неминуемо привело бы к уничтожению монашества в Православной Церкви и к превращению монастырей в то, во что их превратили безбожники в России: или в музеи, или в увеселительные заведения. Но такое превращение оскорбило бы не только души сербских святых, которые своими задушбинами освятили землю и украсили небесный свод сиянием святости, но и весь православный народ. Ибо для верующего народа монастыри являются духовными лечебницами, где душа ищет здоровья, утешения и вдохновения.

Никому из верующих не придет в голову, что предназначенное душе можно превратить в место для кабацкого разгула. И если о таком не помышляли ни царственные ктиторы этих святынь, ни народ царский, спрашивается: от чьего имени выступают ваши критики и противники?

От всех христиан, а от монахов, чьи обеты строже, особенно, можно требовать, чтобы они стали лучше, чем есть. Но разве можно требовать перемен в служении монастыря только потому, что некоторые монахи небрежны в исполнении обетов? Разве можно превращать целое духовное здание в прах материальный только потому, что некоторые воины духовного воинства впали в материализм? Требование диавола, чтобы Христос превратил камень в хлеб, кажется менее опасным, чем требования некоторых наших современников превратить дух и все духовное в хлеб и прах. Кто знает, впрочем, что за времена грядут; духовное золото всегда можно легко превратить в бумагу, но бумагу нелегко превратить в золото.

Мир ти и радость от Господа.

ПИСЬМО 161. НАЧИНАЮЩЕМУ В ВЕРЕ, О ВОЗВРАЩЕНИИ К ВЕРЕ

Словно странник, возвращающийся домой из далеких чужих стран, возвращаетесь Вы сейчас из ледяных пределов неверия к теплому очагу веры наших отцов и дедов. Трудности, с которыми Вы при этом сталкиваетесь, хорошо известны Церкви. Ибо Церковь имеет большой опыт в том, что бывает с людьми, когда они отпадают от веры и когда снова возвращаются к ней. В первом случае бесы гонят их все дальше, а во втором заступают им путь назад, используя все свои козни. Так и с Вами: то бросают Вас в отчаяние, то прельщают соблазнами плотского пути, по которому Вы катились в пропасть, то подталкивают Ваших бывших спутников высмеивать Вас, то напоминают Вам об известных безбожниках, которые «пользуются уважением» у людей.

Вы должны бороться с невидимыми врагами. Вы их непременно победите, если не потеряете из вида лик Христа, своего величайшего Благодетеля. Он один был единственно совершенным Человеком, Который жил на земле, с тех пор как на земле появились люди. Грядите к Нему, молитесь Ему, подражайте Ему. Смотрите на Него, как рождается Он в пещере ради Вас. Смотрите, как трудится и умаляется ради Вас. Смотрите, как исцеляет телесные болезни – символ Ваших духовных болезней. Смотрите на Него, на Кресте распятого – за Вас. Смотрите, как Он в славе небесной смотрит на Вас, Он, воскресший и вознесенный. Всюду встречайтесь с Его взглядом, и очистительный стыд овладеет Вашей душой, стыд за то, что были так далеко от Него и против Него. Крикните бесам, лгавшим и прельщавшим Вас: а вы что сделали для меня?

Говорите, что наслаждаетесь чтением Священного Писания и что все остальные книги стали скучны и отвратительны, Вы не можете брать их в руки. Так обычно бывает с духовно изголодавшимися людьми: они не могут насытиться словом Божиим после болезненного поглощения человеческих слов. Но, говорите, Вам пока не дается молитва. Придет и она, не сомневайтесь. Когда разгорится в сердце любовь к Любящему Вас, Вы начнете жадно искать любого общения с Ним. А сейчас упражняйтесь в краткой молитве, скажем: «Святый Боже», «Пресвятая Троице», «Отче наш» или «Богородице Дево». Повторяйте эту молитву пятикратно в течение дня, сделайте это правилом и, хотите или не хотите, не отступайте от него. Ибо чтение Священного Писания дает свет, а молитва – тепло. Присоедините к ним милостыню, пусть небольшую, пусть не для многих. Милостыня, вместе со светом Писания и теплом молитвы, действует на душу, как духовная влага, и душа начинает возрастать, расширяться, углубляться и приносить добрые плоды. Так вернется Ваша душа в духовно здоровое, нормальное состояние и будет как древо доброе. А всякое доброе древо приносит, по словам Непогрешимого, плоды добрые.

Мир Вам и радость от Христа Бога.

ПИСЬМО 162. ПРЕПОДАВАТЕЛЮ ВЛАДИМИРУ В., О СЛОВАХ ИЗ ЕВАНГЕЛИЯ ОТ МАРКА

Народное движение к Богу коснулось и Вас. И Вы начали читать Евангелие, но встречаются непонятные Вам слова. Вы приводите место, где Спаситель говорит о 'внешних': 'вам дано знать тайны Царствия Божия, а тем внешним все бывает в притчах'[331]. Ученики Его должны понимать тайны небесные непосредственно и воспринимать их как реальность, без образов и символов, а 'тем внешним все бывает в притчах', в указаниях на природные явления и в сравнениях, ибо 'своими глазами смотрят, и не видят; своими ушами слышат, и не разумеют'[332].

Как это возможно? А так: разве не видели они Христа лицом к лицу, а Его Самого не видели? Поэтому, рассказывая в притчах о сеятеле, о царе, о хозяине, о милостивом самарянине и далее, Он говорил им о Себе. Так исполнилось пророчество великого пророка Исаии евреям: 'И сказал Он: пойди и скажи этому народу: слухом услышите – и не уразумеете, и очами смотреть будете – и не увидите' (Ис. 6, 9); эти же слова повторяют три евангелиста: Матфей (См.: Мф. 13, 14), Марк (См.: Мк. 4, 12) и Иоанн (см.: Ин. 12, 40). Богодухновенный Иоанн Златоуст толкует так: «Они сами были причиной тому, что не разумели, заградив свой слух, ослепив зрение и окаменив сердца. А сделали это, говорит Господь, чтобы не обратиться и чтобы Я не исцелил их[333]. Говорит им это намеренно, чтобы их привлечь, показать им, что, если обратятся, Он исцелит их. Если бы Он не хотел спасти их, Он бы молчал, а не учил их в притчах». 'Да не обратятся' – этими словами Господь выразил не Свое, а их желание. Как если бы мать посмотрела на свое непослушное, перепачканное грязью дитя и сокрушенно сказала: он испачкался, чтобы не подойти поцеловать меня! Иоанн Златоуст пишет: «ослепив зрение и окаменив сердца». Что ослепило их глаза и окаменило сердца? Кто? Грех или Бог?

Грех по природе своей лишает видения Бога, Бог по Своей чистоте и святости не открывается нечистому зрению, пока оно не очистится. Ибо сказано: 'блаженны чистые сердцем, ибо они Бога узрят'[334].

Мир Вам и радость от Господа.

ПИСЬМО 163. ЖЕНЕ, О БЕЗУМНОМ МУЖЕ

Пишешь о том, сколько горя вынесла ты от своего мужа. Он поносил тебя, выгонял из дома, даже избивал. Но ты с молитвой и надеждой на Всевидящего нашла в себе достаточно сил, чтобы перенести все это, никому не жалуясь и не вынося из дома своей беды. Страдание умягчило твою душу, искоренило гордость и еще сильнее привязало тебя к Богу. Было время, когда ты думала, что сойдешь с ума, но не ты сошла с ума – твой муж сошел. Сейчас ты в тревоге за его душу спрашиваешь: «Могут ли спастись безумные?».

Если веришь в Бога и Его Промысл, веруй до конца и без колебаний. Если, по слову Божию, птица 'не упадет на землю без воли Отца вашего'[335], как же человек может впасть в болезнь и страдания без воли Его? А основная воля Божия о человеке – чтобы все спаслись. Значит, безумие попущено твоему мужу ради его спасения. Если бы милостивый Господь не желал его спасти, Он не поразил бы его такой страшной болезнью: Он поразил бы его смертью во грехах его. Всякой болезнью и мукой Лекарь небесный лечит души человеческие. Поэтому тяжелобольным следует сожалеть не столько о себе, сколько о телесно здоровых, которых смерть настигает во грехе. Сказано: «в чем застану, в том и сужду»[336], если во грехе – тогда осуждение, если в покаянии – прощение и награда.

Но ты можешь сказать: ведь сейчас он не может ни каяться, ни молиться. Поэтому ты будешь молиться за него, ты будешь приносить жертву. А он в своем теперешнем состоянии может только страдать себе на спасение, другим на страх. Всякая больница указует перстом на Бога, но никакая не делает этого так явно, как больница для душевнобольных.

Возложи упование свое на Господа и будь спокойна.

ПИСЬМО 164. ВОИНУ В., «О ТРУПЕ И ОРЛАХ»

Пишете мне о том, какие «в Священном Писании встречаются трудные для понимания места». Это зависит от духовного возраста. В Священном Писании содержится и много легких и ясных для понимания слов, следование которым в жизни открывает нам значение и тех трудных. Вы спрашиваете о словах Христа: 'ибо, где будет труп, там соберутся орлы'[337]. По отношению к законам природы нам это понятно. Вы и сами видели, как на мертвые тела слетаются орлы: они чувствуют их с большого расстояния и высоты; просто невероятно, каким чутьем они узнают, где находится труп! По запаху или каким-то шестым чувством, подобно дятлу, который знает, где находится червь под корой, и клюет точно в это место. Христос, несомненно, говорил здесь о Своем мертвом теле. Смотри, Он говорит о будущем: 'там соберутся орлы'. Ибо, если бы не о Себе говорил, сказал бы в настоящем времени, как об обычном явлении: 'там собираются орлы'. Но Он говорит в будущем, ибо пророчески имеет в виду Свое тело.

И пророчество исполнилось. На голгофском Кресте висело Его мертвое Тело. И вот, спустя девятнадцать веков тысячи паломников собираются к Его Гробу под Голгофой. Эти паломники (я не имею в виду туристов) притекают ко Гробу своего Спасителя из высшей духовной потребности – напитать и напоить свои души, так же как орлы питаются мертвым телом. Настоящие паломники Гроба Христова и есть настоящие орлы Христовы.

Эти слова относятся и к причастникам, которые причащаются из Святой Чаши Кровью Христовой. Все они, орлы Христовы, алчущие и жаждущие, слетаются к алтарю и пьют жизнь из мертвого Тела, то есть из Тела Христа – Жертвы закланной, закланного нашего ради спасения Агнца Божия. Каким чутьем узнают они, что в Святом Причастии – пища и жизнь? Каким шестым, нематериальным, духовным чувством, развитым и обостренным верой, чувством, которое, к сожалению, притупилось у неверующих? Но почему мы говорим о чувстве? Это – разум, просвещенный верой у верующих или помраченный безверием у неверующих.

Мир Вам и благословение от Господа.

ПИСЬМО 165. СЛЕСАРЮ ИОСИФУ Т., О ЖИЗНИ ГРЕШНИКА

Некий человек получил богатое наследство, но использовал его только на строительство и украшение дома. И жил он в этом доме один, сам не ходил ни к кому и никого из добрых людей не принимал у себя. Во всем себе отказывал, вкладывал все только в дом. Немытый, нечесаный, в лохмотьях, голодный скупец все имение свое тратил только на дом, в котором обитал. Годами соседи не видели его лица, зато дом был украшен так, что прохожие не могли сдержать возгласа восхищения. Прислушивался тот человек к каждому слову похвалы о своем доме, и было это единственной его радостью. «Кто же это живет в таком доме? Кто он, если у него такой особняк?» – спрашивали прохожие. Но лица хозяина никто не видел. Наконец он расточил все, что имел, на содержание и украшение дома и довел себя до отчаяния.

Однажды в дом ударила молния, он вспыхнул и сгорел дотла, а сам хозяин едва успел выбраться на улицу и спастись. Люди испугались, увидев его: он и был похож на пугало, заросший, грязный, оборванный. И все, видя его, бежали прочь, как от чудовища. В отчаянии побрел он из города сам не зная куда. На дороге ему попались цыгане: «Он пригодится в нашем деле!» – решили они и, схватив его, искалечили, выкололи глаза, перебили ему руки и ноги и заставили просить для них милостыню.

Хозяин дома символизирует душу грешника. Большое богатство – дары Божии. Строительство, укрепление и украшение дома – символ попечения о плоти и мирской жизни. Неопрятный, оборванный и голодный человек – это запущенная, изголодавшаяся душа в теле. Молния – внезапная смерть. Соседи, которые гнушаются этим человеком, – Ангелы Божии, отвращающиеся от мерзкой души грешника. Цыгане – бесы, которые ищут и пленяют себе подобных.

ПИСЬМО 166. СЛАВЯНОФИЛУ, О ГОЛОДЕ В «РАЮ»

Вас удивляет, что в России царит такой страшный голод. Такой голод, что даже в маленькой Австрии милосердные люди собирают милостыню для голодающей России! Почему же нет хлеба в безбожном «раю», где обожествлен хлеб телесный, где он поставлен выше Бога, где все принесено в жертву плоти и плотскому хлебу? Потому, что русские безбожники принесли в жертву хлебу и Бога, Господа Иисуса Христа, и Церковь, и веру, и душу, и Царство Небесное, и десять тысяч церквей и монастырей, сотни тысяч священников, монахов и монахинь, миллионы людей дворянского и других сословий. В жертву хлебу принесено все, что было неприкосновенным, в хлеб превращено все, и все же нет хлеба!

Огромный континент от Польши до Японии превращен в хлебный завод, и нет хлеба!

Сотни миллионов человеческих рук брошены на непрерывное производство хлеба, и – нет хлеба!

Весь человеческий разум, весь рабочий скот, все стальные машины работают без остановки, чтобы извлечь из земли прах, что хлебом зовется, чтобы наполнить людское чрево, и все-таки чрево поет унылую песню голода и пустоты.

Что это значит?

Это значит, что господа хлеба не люди: Господин хлеба – Творец мира. Значит, верны слова Христа, что

Творец дает хлеба в изобилии, когда ищут его не как единственно важное, а как второстепенное. 'Ищите же прежде Царства Божия и правды Его, и все приложится вам'[338], – такую заповедь оставил людям Господин духа и Господин хлеба.

Когда животные ищут хлеба, как первое и главное, то им дается, потому что это животные. Когда люди ищут хлеба, как первое и главное, не дается им, чтобы поняли, что они люди, а не животные.

Какой смысл пахать тракторами и сеять с аэропланов, если облака и небо в чужих руках? Что толку засеять весь мир, если человеку не дано власти заповедать семени прорасти, и земле – родить, и червям – не поедать, и солнцу – не сжечь, и туче – напоить, и воде – не залить?

Россия – богатая страна, но и Египет был богат. И богатый Египет страдал от голода семь лет. Почему? Не от лености или неумения человеческих, совсем не от них: люди всегда умели хорошо обрабатывать землю. Причиной семилетнего голода было сопротивление фараона Богу Всевышнему, Который держит в Своей власти и землю, и солнце, и дождь, и червей, и саранчу. Один богобоязненный человек, по имени Иосиф, во имя Божие спас Египет от голодной смерти[339]. И спасение наших братьев в России не в стали, не в деньгах, не в изобретательности человеческого ума, но только в Боге. И спасение это пошлет Всевышний через тех людей и ради тех людей, которые Его убоятся.

ПИСЬМО 167. СВЯЩЕННИКУ ДРАГУТИНУ Д., О ДВУХ СВИДЕТЕЛЯХ БОЖИИХ

В удивительной книге Апокалипсис предсказано возвращение перед самым концом света двух великих свидетелей Христовых. Согласно Преданию, это будут Енох[340] и Илия. Силой своего слова и своих дел они будут свидетельствовать о живом Христе; словно трубачи, будут будить и звать грешный род человеческий к покаянию. Вы спрашиваете: о чем они будут говорить людям? Я лишь приблизительно постараюсь ответить на Ваш вопрос. Они возопиют в окаменевшие уши человеческие:

– Покайтесь без промедления, не отлагая покаяние ни на один день, ибо вот он, конец мира!

На это люди будут смеяться и отвечать сквозь смех:

– Этот мир не имеет ни начала, ни конца, а о покаянии говорили нам когда-то наши бабушки и невежды.

Пророки снова:

– Вы – дети Света. Отец ваш Небесный – Отец Света, Бог единый и живой. Покайтесь и воцаритесь, как дети Света. Се, Судия грядет, вот уж на пороге.

Сквозь безумный хохот ответят люди:

– Мы не дети, мы боги света. Мы сами творим свет. Это вам, пришельцам, надо покаяться в своих баснях и заклятиях, пока мы не осудили вас.

Но не умолкнут два человека Божия и опять воззовут:

— Люди, отрезвитесь от пьянства, ненависти и злобы. Будьте единодушны и единомысленны в Господе Иисусе Христе.

На это с досадой люди возразят:

— Если мы станем единодушны и единомысленны, замрет вся политическая жизнь, основанная на партийной системе трех главных партий — прогрессивной, сверхпрогрессивной и ультрапрогрессивной. Вы противники передовой современной политики, и за это вас надо побить камнями.

Но вновь призовут пророки:

— Не восставайте друг на друга: вы — братья. Бесы соблазняют вас, разъединяют и истребляют. Освободитесь от бесов.

Услышав эти слова, правители народов разгневаются:

— Вся экономическая система зависит от военной промышленности. Войны — лучшие селекционеры, они отбирают сильных и жизнеспособных, так учат нас наши философы, этому учимся у дикой природы, у крокодилов и орангутангов. Значит, вы против развития современной экономики? Мы убьем вас, если не замолчите.

Возопиют тогда Божии люди:

— Увы вам, братья, оставьте безумные мысли и слова, спешите спасти души свои от огня гееннского, который уже разверзает пасть, чтобы поглотить вас! Оставьте всякое плотское мудрование: вы не животные, вы люди Божии, се, грядет Господь судить мир!

Потеряв терпение, люди разъярятся:

— Что за басни о душе вы сочиняете? Наш прогресс давно опроверг выдумки о какой-то «душе», это фантазии наших предков. Тело — наше сокровище. Тело — наше божество. Когда-то оно выделяло из себя некую плаксивую жидкость, что называлась слезами, душой... Но в процессе эволюции тело усовершенствовалось и избавилось от нее, оно стремится только к прогрессу!

Тогда пророки, осенив воду крестным знамением, для подтверждения своих слов претворят ее в святую кровь и грозно воскликнут:

– Мы говорим вам, а вы смеетесь или гневаетесь. Мы учим вас, а вы бунтуете. Последний раз, самый последний, нашими устами говорит вам Спаситель ваш; Христос распятый и воскресший призывает вас, последний раз: покайтесь! Смилуйтесь над собой и отпряньте от края вечной бездны! Слышите: грохочет гром? Чувствуете: содрогается земля? Ощущаете, как колеблется воздух? Не слышите голоса из иного мира? Не зрите видения? Журавли чувствуют приближение зимних холодов, как же вы не чувствуете приближения Суда? Покайтесь, о последние потомки грешного Адама!

В бешеной ярости зарычат обезумевшие грешники:
– Евреи убили Христа, обманщика при жизни, а наш прогресс убил Христа, обманщика после смерти. Для нас все относительно: любую истину мы легко обращаем в ложь и любую ложь в истину. Но, чтобы вы больше не досаждали нам, мы убьем вас властью царя нашего. О господин наш, диавол, помоги нам!

И тогда из адской бездны восстанет сатана и распалит гнев человеческий против двух свидетелей Божиих до кипения. И убьют их. И будет хохот и веселье грешников.

В тот час земля потрясется, как никогда с сотворения мира. И падут горы и холмы, и источники водные иссякнут, и погибнут целые народы, и некому будет хоронить мертвецов. Тогда многие устрашатся, и покаются, и воздадут славу Господу, Который живет вовеки. Эти покаявшиеся станут плодом подвига и мученичества тех двух свидетелей, страдальцев за истину.

Но вот тьма, точно густая смола, покроет весь мир, и многие обезумеют от ужаса. И тогда сквозь вопль человеческого отчаяния, сквозь гул невиданного землетрясения и пелену непроницаемого мрака донесется вдруг хор небожителей, который будет звучать все громче и громче: «Се, Жених грядет!»...

И, словно в темной, безлунной ночи, прольется свет, совершенно новый, невиданный, необычайный. То вместо луны и солнца, ярче солнца, засияет Крест – знамение Сына Человеческого – и осветит всю вселенную.

И тогда, о раб Христов и сослужитель мой, тогда явится Он – спасение наше и Спаситель наш.

ПИСЬМО 168. НЕИЗВЕСТНОМУ О ТОМ, ЧТО ЧУДЕСНОГО СОТВОРИЛ ХРИСТОС

Вы обращаетесь ко мне, не называя себя, но просите ясного ответа, подписанного моим именем. Хорошо, я не уклонюсь от него. Однако сам факт, что Вы, господин или госпожа, не знаю, как к Вам обратиться, стыдитесь или страшитесь своего вопроса, говорит о том, что вопрос неоснователен. Вы с насмешкой спрашиваете: «Что такого необыкновенного сотворил Христос, что мы должны Ему верить? Он не изобрел ни телеграфа, ни паровоза, ни граммофона, ни аэроплана. Что же Он такого сделал?».

Действительно, ни одну из этих «железок» Он миру не открыл. Если бы Он видел спасение людей в них, то, без сомнения, открыл бы их, и не только те, что Вы перечислили, но и сотни других. Но Господь мыслил иначе, чем Вы, и видел спасение людей в ином и открыл им совершенно новый и безграничный мир – Царство Небесное, и указал всем, живущим на этой крохотной земле, путь в это Царство.

А, впрочем, Ваш вопрос не нов. Этот же вопрос александрийские безбожники задали одному христианину, которого поносили, высмеивали и предали на муки. Они спросили его: «Что ваш Христос сделал такого особенного, что вы так прославляете Его?». И ответил им на это наследник Христов: «То, что меня не ранят все ваши поношения и издевательства».

ПИСЬМО 169. ХУДОЖНИКУ С. З., О ПРОСТОМ НАРОДЕ

Вы вернулись из продолжительной экспедиции, в которой изучали народное творчество. И теперь не можете скрыть восхищение тем, как простой народ, неученый и необразованный, мог создать такие чудесные произведения.

Справедливо восхищаетесь. Воистину, простой народ сложил такие сладкозвучные песни, создал такие прекрасные образцы народного искусства, возвел такие дивные здания, изрек такие глубокие мысли и утвердил такие мудрые обычаи, что ни один человек, каким бы одаренным и образованным он ни был, не только не превзошел, но даже не приблизился к ним. Все это народ мог создать только по Божественному вдохновению.

Своими возвышенными творениями народ свидетельствовал о существовании Бога и Его Промысла. Ибо без Божиего содействия невозможно объяснить весь этот непостижимый по красоте и мудрости труд простого народа, крестьян и крестьянок, безграмотных пастухов и мельников. Разгадка тайны в том, что народ во всем полагался на Бога и Ему молился, и дал Бог Духа Своего Святаго, Который направлял мысли, чувства, слова и дела народа. А человека образованного, который лишь на себя надеется, Господь самому себе и предоставляет, и он создает то, что может создать человек без Бога.

Как галилейский рыбак, совсем простой и неграмотный, мог написать четвертое Евангелие? Как рыбак Петр написал свои Божественные послания? Земля не может сего объяснить; без сомнения, тут небо вмешалось. Святые Божии люди, просвещенные Духом Святым, говорили не от себя – говорили от Бога. И, как вы сейчас дивитесь простому народу, так когда-то евреи дивились Христу, говоря:' как Он знает Писания, не учившись? Иисус, отвечая им, сказал: Мое учение – не Мое, но Пославшего Меня' (ср.: Ин. 7, 15–16).

И хотя личность Христа исключительна во всех отношениях, все-таки подобные слова можно сказать и о народе: мудрость народа не от народа, но от Бога. Народ это чувствует и носит в сердце своем: чувствует и верит, что без Бога песня не поется, без Бога дом не строится, без Бога кружева не плетутся, без Бога Слава не празднуется.

ПИСЬМО 170. ПЕТРУ И., О ВЕРЕ В ПРИРОДУ

Вы бы хотели «новой веры» и предлагаете веру в природу и в ее законы. Если бы не оскудели Ваши познания об истории нашего народа и других христианских народов, Вам было бы очевидно, насколько необоснованно Ваше предложение. В том, что предлагаете Вы, нет ничего нового и необычного. Ибо именно такой и была вера наших предков-язычников до принятия христианства. А христианская вера, которой мы держимся, и есть новая вера по сравнению с той древней, языческой верой. Следовательно, если Вы желаете новой веры, она у Вас есть. Если желаете веры в природу и в ее стихии, – значит, Вы желаете не новой, а возрождения старой-престарой веры. Смотрите, как точно говорит об этом апостол Павел в Послании к Галатам: 'Так и мы, доколе были в детстве, были порабощены вещественным началам мира; но когда пришла полнота времени, Бог послал Сына Своего(Единородного), Который родился от жены, подчинился закону… Ныне же, познав Бога, или, лучше, получив познание от Бога, для чего возвращаетесь опять к немощным и бедным вещественным началам и хотите еще снова поработить себя им?' (Гал. 4, 3–4, 9). Видите ли, куда идете?

Тысячелетиями жили наши мрачные предки во тьме язычества, в рабстве у вещественных начал природы. Едва мы успели вырваться из пасти материи к высотам духовного Божества и к свободе детей единого Бога жизни, Вы хотите вернуться сейчас назад и снова оттеснить нас во мрак и рабство! Что такое природа, если не творение Божие? Что такое, если не хрупкий тростник рядом со всесильным Богом? И Вы хотите отторгнуть свою жизнь от Него и привязать ее к слабому тростнику! Что больше: горшок или горшечник? Вы цените горшок выше горшечника! Это происходит от близорукости и страха.

Вы испугались вселенской пыли и ветра, который носит ее, и в страхе хотите поклониться ей по примеру своих давних предков-язычников. Неужели не видите, что даже человеческий дух показал себя сильнее природных стихий, а насколько же сильнее Дух Божий? Зачем же Вы тогда хотите бросить человеческий дух под ноги материи? Разве может быть господин рабом служанки?

Оставьте недостойные и мелкие мысли славян-язычников. С такими мыслями они были дикарями и остались бы дикарями еще тысячи лет. Так же как бабочка снова не станет гусеницей и не вернется в оболочку, из которой вылетела, так и нам нет возврата в истлевшую оболочку древней языческой веры.

Да просветит и освятит Вас Христос.

ПИСЬМО 171. ВРАЧУ Т., О ДЕЙСТВИИ ПРОМЫСЛА

Пишете о том, что давно заметили действие Божиего Промысла в своей жизни. Вы видите его не только в значительных или тяжелых событиях Вашей жизни, но и в совсем небольших и, на первый взгляд, незначительных. Вы приводите пример, который я, с Вашего разрешения, представлю здесь. Вас хотели сместить с должности, которую Вы занимали много лет, но Вы от всего сердца молились, и все закончилось тем, что Вам было дано более высокое назначение. Вы приводите и другой пример, который может быть полезен всем читателям этой книги.

Вы со своим маленьким сыном собирались в дорогу. Соседка уговорила Вас взять с собой зимнее пальтишко, чтобы передать ее сыну. Против своей воли и не желая с ней спорить, неохотно взяли Вы на себя эту почтовую обязанность. После нескольких часов езды погода изменилась и резко похолодало. Ваш мальчик сильно замерз. Вы вспомнили о пальтишке, которое дала Вам соседка, развернули его и накрыли им своего мальчика. «Милостивый Господи, – воскликнули Вы тогда, – как дальновидно око Твое и как велика милость Твоя к нам, недостойным!» – и с чувством благодарности Богу и внутреннего стыда перед той матерью Вы с ребенком благополучно добрались до места следования.

Профессор Михайло Пупин, наш славный земляк и ученый, оказавшись в Америке, много рассказывал о том, как всюду в своей жизни он видел перст Всемогущего. Великий поэт и владыка Петр Негош постоянно чувствовал себя «под влиянием тайного Промысла». А псалмопевец, перечисляя все благодеяния Божии к своему народу, восклицает: «Приидите, услышите, и повем вам, вси боящиися Бога, елика сотвори души моей» (Пс. 65, 16).

Мир Вам и Вашему дому.

ПИСЬМО 172. ОДНОМУ РЕМЕСЛЕННИКУ, ОБ ИСТИННОМ ГОСПОДСТВЕ

Спрашиваешь меня, как тебе сделать своего сына господином? Чтобы «не мучился он так, как я мучился всю свою жизнь, а я много страдал и мучился, но сохранил веру и благочестие», – так ты пишешь.

Человече Божий, да ты самый настоящий господин, ибо в христианском смысле настоящий господин тот, кто сохранил господскую душу во всех испытаниях и страданиях; а в мирском, языческом восприятии господином считается тот, кто каждый день подвергает свою душу опасности внешним господством – властью, богатством и славой. Истинное же господство в нас, а не на нас. Обеспеченность при праздности – гарантия гибели души и разложения личности.

В нашем доме было два плуга: один чистый и блестящий, а другой ржавый и тусклый. Мой дядя имел обычай называть тот чистый и блестящий плуг – «господин плуг». «Сегодня мы с господином плугом идем пахать, – говорил он, – а ту ржавчину оставьте, пусть ржавеет». Служением достигается настоящее господство, сияние души и красота характера. «Я пришел быть вам слугою», – сказал Господь апостолам[341]. И учил их быть слугами на земле, чтобы сохранить господскую душу и господствовать на небесах. И апостолы были чисты и светлы, как плуги; с их помощью Хозяин вселенной возделал мир и засеял благородным семенем небесного господства и Небесного Царства.

Настоящий господин тот, кто имеет господскую душу и господский характер; кто хранит в памяти свое господское небесное происхождение; кто проводит свой краткий земной век не в праздности, а в прославлении Бога и спасении своей души и ближних; кто в богатстве чувствует себя нищим, а в нищете – богатым в Боге; кто все с благодарностью принимает, с упованием терпит и кто с верой умирает; кто, по слову апостола Павла, благодушествует 'в немощах, в обидах, в нуждах, в гонениях, в притеснениях за Христа' (2Кор. 12, 10).

Все, кто, оставив призрачное земное господство, последовал за Христом, – господа Божии, дворянство Христово, аристократия небесная.

Мир тебе и благословение от Господа.

ПИСЬМО 173. АМЕРИКАНЦУ К., О ТОМ, КОМУ НУЖНО ВЕРИТЬ

Вы описываете, как кто-то из Ваших сограждан, назвавшись ученым, собирал у всех, и у Вас, деньги, чтобы изготовить крылья для каждого человека. Люди поверили ему и доверчиво отдавали деньги, пока тот «ученый» на неких невидимых «крыльях» не исчез из вашего города. «Не знают люди сегодня, кому и во что верить», – так заканчиваете Вы свое Письмо. И здесь некоторые крещеные люди спрашивают: во что верить? На этот вопрос будет легко ответить, если сначала мы определим, кому мы верим.

Мы верим тому, кто проявит три качества: правдивость, знание и любовь. И дети верят своим родителям, потому что они уверены в их правдивости, знании и любви. И мы верим Христу – Сыну Божию, потому что убеждены, что Он – Истина и что Он любит нас. 'Верьте Мне', – говорит Он ученикам[342]. И ученики оставили все и пошли за Ним, потому что верили. Мы верим извозчику, когда просим его в темноте, чтобы он отвез нас домой; верим незнакомому трактирщику, что он не отравит нас и накормит; верим незнакомому гостю, которого принимаем на ночлег, что он не убьет и не ограбит нас; верим пастуху на распутье, который указывает нам дорогу; верим случайному нищему, что он действительно беден, и подаем ему милостыню. И сотням других незнакомых людей верим, хотя не имеем доказательств их правдивости, их знаний, а тем более – любви к нам.

Вся наша жизнь основана на вере. Если Вы уничтожите эту веру, Вы парализуете всю человеческую жизнь. Если же мы ежедневно верим знакомым и незнакомым, как же нам не верить Христу, в Котором не было неправды и Который подтвердил Свое знание делами и чудесами и засвидетельствовал Свою любовь к нам крестными муками и смертью? А если верим Ему, нам легко поверить во все, что Он сказал, открыл, заповедал и обещал. Как и в любом испытании веры, от повседневных и обычных вещей и до веры в небесные тайны, человек должен спросить прежде: кому верить? И только потом – во что верить?

Благословение Христово Вам и Вашей домашней церкви.

ПИСЬМО 174. СКУПОМУ ГОСПОДИНУ, О ЦЕРКОВНОМ БЛЕСКЕ

Вы недоумеваете, почему Православная Церковь позволяет такой блеск и роскошь в храмах: драгоценные иконы, серебряные лампадки, золотые потиры, парчовые облачения и другие дорогостоящие предметы. Потому, что хочет этим убогим земным сиянием напомнить нам о вечном небесном сиянии; чтобы отвлечь людей хотя бы ненадолго от их земного убожества и напомнить о другом мире, о небесной родине, о Царстве вечной радости и блаженства; чтобы показать им, насколько это возможно на земле, зримым и символическим образом те благолепие и богатство, которыми изобилует духовный мир и которыми должна изобиловать душа христианина, заключенная в тело, так же как это сияние заключено внутри каменных стен храма.

Но все это только общее напоминание. Между тем каждый из церковных предметов сообразно со своей формой, цветом, рисунком имеет в православной традиции свое особое значение. Вместе и отдельно символически они выражают учение Христа о пути ко спасению, обетования Христа или какую-то из тайн Царства Небесного.

Вы бы хотели все это превратить в хлеб и съесть! Съедим, и что тогда? Если тело съест и духовную пищу, что останется душе? Разве вы не слышали, что безбожники в России все превратили в хлеб и съели и все-таки голодают, и так голодают, как не голодали со времен Аскольда и Дира? Не хлебом единым жив человек, но и духовной пищей. А все предметы в святом храме предназначены в пищу духовную человеческим душам.

Изучите христианское учение: оно для нас, земных странников, важнее любого другого учения и науки, и Вы это поймете, а поняв, измените образ мыслей.

Мир Вам и благословение.

ПИСЬМО 175. ТОМУ ЖЕ, О ЦЕРКОВНОЙ РОСКОШИ

На мое Письмо Вы отвечаете новым вопросом: «Разве Христос потерпел бы такую роскошь в храме?». Конечно. Терпел ее тогда, потерпел бы и сейчас. Тогда в Иерусалиме был храм Соломона, редчайшее во всем мире чудо архитектуры и богатства. На убранство этого храма ушло больше золота и драгоценных камней, чем на все балканские храмы, вместе взятые. Весь храм Соломона был выложен золотом: и его алтарь, и стены. Христос много раз входил в этот храм, но ни разу Он не выразил Вашей мысли о том, что все это нужно превратить в хлеб и съесть. Он предсказал гибель этого храма, и храм погиб, но не из-за золота, находящегося в нем, а из-за нечистоты в человеческих душах.

Меня радует, что Вы проявляете милосердие к бедным, но я бы еще больше радовался, если бы Вы проявляли его за счет своего имущества, а не за счет чужого. Ни в коем случае я не хотел бы Вас видеть по одну сторону с Иудой. Знаете притчу, как Иуда хотел показаться милостивее Христа? Прочтите двенадцатую главу Евангелия от Иоанна. Там говорится о том, как одна женщина пришла ко Христу, взяв фунт нардового чистого драгоценного масла, и помазала ноги Иисуса. Иуда, который вскоре предал своего Учителя за сребреники, рассердился и воскликнул: 'Для чего бы не продать это миро за триста динариев и не раздать нищим?' На это благий Господь, Который пришел жизнь Свою положить за нищих, ответил: 'нищих всегда имеете с собою, а Меня не всегда'[343].

Послушайте же, что я Вам скажу: если бы мы всегда имели с собой Христа, не было бы среди нас нищих. Те, кто имеет с собой Христа, жертвуют Церкви все то, что вы называете «роскошью». Они подают и бедным. Любовь ко Христу вдохновляет их на две жертвы – на жертву своей церкви и на жертву своим бедным братьям. А те, кто не имеет Христа, не имеют и нищих. Они хотели бы взять у Церкви и отдать нищим только затем, чтобы не давать свое и чтобы нищие не досаждали им. Вот истинная причина подобных мыслей, носящая маску добродетели.

ПИСЬМО 176. И., О НЕОБЪЯСНИМОМ СТРАДАНИИ

Вы жалуетесь на горькую судьбу своей племянницы. Пишете, что ее страдания необъяснимы для Вас. Ее муж, чиновник, заразился постыдной болезнью и умер в больнице для душевнобольных. Она заразилась от своего мужа и теперь тоже попала в сумасшедший дом. Вы, зная ее как благородную и благочестивую женщину, удивляетесь, как всеведущий Господь мог попустить такой брак и вообще такие жестокие страдания невинному существу?

Если Ваша родственница действительно благочестива и добра, тогда, конечно, она страдает безвинно. Тогда, возможно, следует искать причину в грехе ее родителей, ибо сказал Всевышний, что 'прощает вину и преступление и грех, но не оставляет без наказания, наказывает вину отцов в детях и в детях детей до третьего и четвертого рода' (ср.: Исх. 34, 7). Вы на это ответите так, как обычно говорят: «Но почему же дети страдают за грехи родителей?».

Спрошу и я Вас: а как бы иначе Господь остановил людей от греха, если бы не переносил наказание за грехи родителей на детей? И наш народ по опыту знает, что дети страдают за грехи родителей. Поэтому так часто звучит предостережение тем, кто собирается лжесвидетельствовать или сделать какое-то зло: «Подумай о детях!». Этот библейский опыт закреплен и в обычном человеческом законодательстве в том смысле, что дети лишаются имущества за преступления родителей. Страдает репутация в обществе и не только детей, но и внуков, и правнуков. Недавно произошел такой случай: один человек хотел обручиться с девушкой, но, когда узнал, что ее отец сидел в тюрьме, отменил помолвку.

Но не следует отчаиваться из-за этого, ибо ни в чем нет слепой фатальности. Милостивый Господь может пресечь наказание на ребенке, если он истинно покается и возопит к Нему, к Отцу Небесному, о прощении. Мать святого Фанурия[344] была злой женщиной, но наказание не постигло сына за грехи матери. Не только не постигло наказание, но стал он святым, ибо постоянно молился за мать. Молитесь и Вы за родителей Вашей родственницы. Когда Господь прощает умерших грешников, тогда их грехи не ложатся на плечи потомков. В этом и заключается смысл церковных молитв за умерших, чтобы Господь простил их грехи и чтобы наказание не пало на их детей.

ПИСЬМО 177. НЕИЗВЕСТНОМУ, О ГЛАВНОЙ РАЗРУШИТЕЛЬНОЙ ДОГМЕ

Ты не пишешь ничего о себе, кто ты и чем живешь, Письмо подписал: «безбожник и настоящий патриот». Говоришь, что ты принимаешь основную догму русских безбожников о несуществовании Бога, а все остальное, что они проповедуют, отвергаешь и считаешь себя настоящим патриотом. Несчастный человек, кто завел тебя на этот скользкий путь, на котором невозможно не пасть? Ибо кто удержит тебя и вернет на высоту, с которой ты сорвался в пропасть? Ты потерял веру – следовательно, ты прервал нить, связующую тебя с Богом, ты протянул руку сатане и думаешь, что сможешь удержаться там, где захочешь.

Русские безбожники последовательны в своем зле, а ты непоследователен. Отвергая Бога, они отвергают и все остальные ценности: брак, отечество, душу, совесть, нравственность. А ты, отпав от Бога, надеешься сохранить все остальное. Невозможно принять их главную разрушительную догму, которая влечет за собой разрушение всех уровней жизни, и сохранить то, что ты хочешь.

Ты должен выбирать: или не ступать на их опасный путь, или падать с ними в бездну. Если бы Бога не было, как утверждают они в безумии, то люди были бы просто случайно созданным комом гусениц, которых, по их мнению, нужно перед смертью хорошо откормить. Эта их вторая догма – откормить всех одинаково перед жатвой смерти. Ибо, не веря во всемогущего Бога, они верят в могущество смерти. Поэтому, когда они говорят о «земном рае», они в действительности говорят о трапезе, собранной для смерти.

Знай: тот, кто в уме и сердце отвергает Бога, чувствует себя внезапно освободившимся от всех обязательств, лишенным всех надежд, помрачается умом и сердцем. Он легко оправдывает убийство и самоубийство; брак для него – комедия, любовь к детям – глупая сентиментальность, любовь к родине тем более, дружба – простое сотрудничество. Ибо весь мир для них – загон для скота без пастыря, а жизнь – случайная земная плесень. Все это следует за отречением от Бога.

А ты до чего додумался? «Безбожник и настоящий патриот»! – трудно стране с такими патриотами, а народу с такими слепыми вождями! «Внегда потребитися грешником узриши», – говорит пророк (Пс. 36, 34). Разве ты никогда не видел такого раньше? Или не слышал, что бывает с безбожниками? Сокрушит, берегись, сокрушит Всевышний безбожников, 'как сокрушают глиняный сосуд', – говорит великий Исаия (ср.: Ис. 30, 14). А посему береги свою жизнь и разум. А сохранить их возможно только с помощью Дародателя жизни и разума.

ПИСЬМО 178. АДВОКАТУ СИМЕ М., О КАИНОВОМ СТРАХЕ

Вас удивляет страх братоубийцы Каина, что кто-то может его убить, в то время как на земле больше никого не было. «Кого боялся Каин? – спрашиваете Вы. – Было два брата: один убил другого, убийца остался в живых, кто же мог его убить?». Но прежде всего вспомните: были живы их родители, Адам и Ева. Разве отец не мог отомстить за своего праведного сына Авеля? Затем родился третий сын, Сиф. Сиф родил Еноса, Енос родил Каинана, Каинан – Малелеила, родившего сыновей и дочерей, среди которых родился и Иаред, который тоже родил сыновей и дочерей и среди них Еноха, а Енох родил Мафусала и других сыновей и дочерей, Мафусал родил Ламеха, Ламех родил Ноя и других сыновей и дочерей. Как же Вы говорите, что некому было убить Каина? И сам Каин имел потомство. Каин родил Еноха, Енох родил Ирада (Гаидада), Ирад родил Ме-хиаеля (Малелеила)[345]. Женщины здесь не упоминаются, а только мужчины, как носители и проводники жизни, но очевидно, что Каин имел и женское потомство. В те времена люди жили по нескольку сот лет. Их старость наступала к тысяче лет, как сейчас она наступает у нас к ста годам. Каин, живя несколько сот лет, имел возможность видеть несколько поколений, произошедших от Адама. Следовательно, было кому убить Каина и ему было кого бояться. Но Создатель никому не позволил убить его, а в наказание обрек его на пожизненный страх в течение нескольких сот лет. Заслуженное возмездие за первое братоубийство и ясное предостережение братоубийцам всех времен!

Есть еще одна причина, по которой Каин не был убит. В те времена не было письменности и некому было оставить письменное свидетельство о преступлении Каина для последующих поколений. Следовательно, Каин должен был остаться жить, чтобы выросло несколько поколений, которым он сам свидетельствовал о своем преступлении.

Похвально для Вас, что, несмотря на свои обязанности, Вы читаете Священное Писание, эту Книгу жизни, в которой ясно прочерчены пути правды и неправды, спасения и погибели. Презирающие эту книгу презирают собственную жизнь.

Мир Вам и спасение от Господа.

ПИСЬМО 179. ОДНОЙ БЛАГОЧЕСТИВОЙ ДУШЕ, О ВАЖНЕЙШЕМ УПРАЖНЕНИИ

Ты понимаешь веру как упражнение в добре, и правильно понимаешь. Твои упражнения прежде относились к молитве, посту и милостыне. Верно, все они важны. Пост, молитва и милостыня являются практическим выражением веры, надежды и любви. В них ты проявляешь преданность воле Божией. Исполнением любой из заповедей ты проявляешь преданность Божией воле. Преданность воле Божией – душа всего нашего делания, не только духовного, но всех наших мыслей, чувств и действий – одним словом, всей нашей жизни. 'Ибо Я сошел с небес не для того, чтобы творить волю Мою, но волю пославшего Меня Отца' (Ин. 6, 38). А в канун Своего страдания в кровавом поту Он обращается к Отцу, говоря: 'да будет воля Твоя'[346].

Есть много христиан, которые стараются исполнить весь закон Божий, но при этом нет в них полной преданности Божией воле. И, когда приходят страдания, они ропщут на Создателя своего. Тем они обнаруживают, что нет в них преданности Богу и вера их неглубока, а все дела веры сводятся к человеческим расчетам. Поэтому знай, что упражнение в преданности воле Божией важнее всех наших духовных упражнений. На пороге каждого дня говори: «Да будет воля Твоя, Отче!». И на пороге каждой грядущей ночи говори: «Да будет воля Твоя, Отче!». Уходя на работу и приходя с работы, опять то же говори: «Да будет воля Твоя,

Отче!». И когда ты здорова, и когда одолеет болезнь, говори: «Да будет воля Твоя, Отче!». И наконец, когда пробьет неизбежный час и ты лицом к лицу встретишься с Ангелом смерти, скажи смело: «Да будет воля Твоя, Отче мой и Боже мой!».

ПИСЬМО 180. ИЗВОЗЧИКУ К., О БЕЗУМНОЙ КЛЯТВЕ

Ты сидел в компании, вы выпивали. Зашла речь о каком-то благочестивом человеке из вашего городка, который не нравился никому из вас, подвыпивших людей. Тогда ты, разгоряченный вином, стукнул о стол кулаком и поклялся, что на улице на глазах у всех дашь этому человеку пощечину. Когда же протрезвел, раскаялся в данной клятве. Сейчас тебе стыдно перед твоими приятелями, но что делать с клятвой? Ты спрашиваешь, грешно ли нарушить клятву.

Знаешь ли притчу о царе Ироде, как он в опьянении перед гостями поклялся одной танцовщице исполнить все, что она потребует?[347] Танцовщица потребовала главу пророка Иоанна; царь, услышав, опечалился, но клятвы ради и ради тех, кто возлежал с ним, приказал дать ей, что требует. И так Ирод отягчил душу свою убийством праведника. Если бы он больше боялся Бога, чем своих сотрапезников! Его имя не осталось бы проклятым на все времена.

Христос учит нас, что прежде стыда человеческого нужно иметь страх Божий (см.: Лк. 18, 2). Ибо, кто не имеет страха Божия и стыдится людей, тот ради людей постыдится Бога. Страшна судьба, назначенная постыдившимся Бога перед родом сим злым и прелюбодейным[348]. В жизни часто бывают моменты, когда человеку приходится выбирать между страхом Божиим и стыдом перед людьми. Ты сейчас стоишь перед таким выбором. Выбери сейчас и навсегда страх Божий и не согрешишь. Люди высмеют тебя, но будешь прав пред Господом.

А клятва? Свою безумную клятву исповедай священнику и прими епитимью. А в будущем уклоняйся от тех, кто отвращает тебя от страха Божия и закона Его.

Мир тебе и утешение от Господа.

ПИСЬМО 181. НЕЗНАКОМОМУ ЧЕЛОВЕКУ, О ПОМОЩИ БОЖИЕЙ

Вы пишете мне из Франции. Добирались Вы долго, морем и сушей, в дороге сильно заболели и были близки к отчаянию. «Я ехал один, – пишете Вы, – и не к кому было мне обратиться, да я и не хотел этого, ибо знаю людскую немощь. Одна надежда была у меня – на Господа. Я обратился к Нему, и Он помог мне. Как-то ночью я сердечно молился Ему, и Он услышал мою короткую, но искреннюю молитву. В знак благодарности посылаю Вам триста динаров: отдайте их бедным или используйте на нужды церкви. Распределите их так, как сочтете нужным». Я получил Ваше Письмо и пожертвование и исполнил Вашу просьбу. Господь да воздаст Вам за Ваше милосердие.

Никогда не оставляйте молитву, и Господь не оставит Вас. Молитвой мы признаем свою немощь и силу Божию. Молитвой мы возносим Господа на подобающее Ему место, а человека умаляем. Люди, не знающие молитвы, нарушают истинный порядок, они возвышают себя и унижают Бога. Это свойственно немолитвенным людям. Достаточно короткого разговора с ними, чтобы увидеть, на какой высоте они держат себя и в каком унижении Бога. Где нет молитвы, там царит гордость. Гордость как надутый шар, который лопается от одного прикосновения иглы. От малейшего укола гордость превращается в отчаяние. Разумный человек всегда кроток, а кроткий именно в кротости стяжает разум. Когда смиренный человек ищет помощи у людей, на самом деле он ищет ее от Бога. И, когда обращается к врачу, он молится о помощи Богу, ибо знает, что Господь помогает опосредованно или непосредственно; или сразу, без помощи людей и предметов, или с помощью людей и предметов. Вам Он помог непосредственно. Праведного Иосифа Он спасал через людей – египетских купцов. Во всяком случае, помогает только Бог, и никто другой. «Помощь моя от Господа, сотворшаго небо и землю», – говорит псалмопевец[349].

От Бога Вам здравия и спасение.

ПИСЬМО 182. МИЛИ Д., О САМОДОСТАТОЧНОЙ ВЕРЕ

Вы говорите, что верите в Бога и считаете, что этого достаточно. Но 'и бесы веруют, и трепещут', – говорит апостол Иаков[350]. А Вам, человеку, надлежит иметь нечто большее, чем просто вера. Допустим, кто-то должен Вам пять предметов, а вернет только один, разве Вы не разгневаетесь? И Творец ждет от Вас пяти предметов, а Вы предлагаете только один. Вот эти пять предметов:

вера в Бога; познание любви Божией; познание воли Божией; познание действия Божия; познание суда Божия.

Просто к вере Вы могли прийти, как язычник: созерцая природу, сделать вывод, что всякая тварь должна иметь Творца. Но все остальное без Христа и Его Евангелия пониманию язычника недоступно, ибо во Христе явилась любовь Божия к человеку.

Через Христа открылась человеку воля Божия, то есть то, что Господь ждет и хочет от людей. Христос явил действие Божие в мире и в жизни человека. Христос открыл и суд Божий делам человеческим, и то, как Он будет судить мир в конце времен.

Если Вы считаете, что довольно одной веры в Бога, я спрошу Вас: как Вы узнаете о том, что должно делать для спасения души? Евнух эфиопской царицы, уверовав во единого Бога, поспешил в Иерусалим, чтобы спросить апостола Филиппа, что ему нужно делать, чтобы спастись (см.: Деян. 8, 26–39). А как же Вы узнаете, как Вам приблизиться к Тому, в Кого веруете? Что добро, а что зло? Как Вам утвердиться в добре, а как уберечься от зла? Как Вы узнаете, что Господь ждет от Вас и какую награду Вам готовит? Разве скажет Вам бессловесная природа, как молиться Богу и что просить у Него? Обо всем этом бесы не спрашивают, ибо не желают спасения.

А поскольку Вы хотите спастись, то должны спросить и узнать об истинной вере в истинного Бога и о том, что эта вера за собой влечет.

Следовательно, одной только веры недостаточно, и знать, что Спаситель мира принес людям и что хочет от них, необходимо. А если было бы достаточно только языка природы и только веры, тогда и приход Сына Божия в мир был бы не нужен, а Его крестные страдания бессмысленны. Поэтому, пока смерть не настигла Вас, поспешите облечь мертвый скелет своей веры в плоть и жизнь.

Господь да поможет Вам!

ПИСЬМО 183. ФАБРИКАНТУ С. С., О ДУШЕВНОЙ ПУСТОТЕ

Ты покинул свой родной город совсем молодым человеком. Почти сорок лет прожил на чужбине. Работал на фабрике по производству щеток и со временем стал ее владельцем. Ты стремился разбогатеть и разбогател. Женился, овдовел. Господи, как много дней в тех сорока годах, и в каждый из этих дней ты представлял себе, как будет замечательно, когда ты вернешься на родину, к своим старым друзьям и начнешь направо и налево делать добрые дела, на удивление всему городу! В дальних краях все было постылым тебе, и только воспоминания о родине и близких согревали душу. Наконец пришел желанный час, ты все продал и вернулся домой.

Но, увы, какое разочарование! За сорок лет умерли многие твои друзья и родные. Всюду незнакомые люди, чужие лица, новый народ. Ищешь старые дома – их больше нет. Стучишь в двери давних друзей – незнакомцы отворяют тебе и с удивлением говорят, что не знают тех, о ком спрашиваешь. Снова ты на чужбине! Снова среди чужих! Снова пустота, хуже той, что была в разлуке с родиной. Твой караван ушел, а другого не видно. В душевном смятении вышел ты из города, сел на холме и заплакал: «Куда теперь? Кому я принадлежу? Где моя земля, где родина?».

Принадлежишь ты граду небесному, горнему Иерусалиму, земле обетованной, Отечеству Небесному. Там нашел пристанище твой караван. А ты примкни к новому каравану и радуйся, ибо и он держит тот же путь к той же цели. Сорок лет твоя душа полнилась призраками, поэтому сейчас она пуста. Наполни ее сейчас, если не сделал этого раньше, непреходящим и бессмертным. Наполни ее Богом, Создателем твоим. Верь Богу, верь Христу. Делай добро, которое ты хотел делать, делай всем и не жди восхищения человеческого, а ищи милости Божией. И новые горожане полюбят тебя, так же как любили тебя те, которых больше нет. Ибо и они грустят и страдают и ждут добра. Ждут настоящего доброго человека. Стань их находкой, пусть радуются.

Мир тебе и утешение от Господа.

ПИСЬМО 184. ТОМЕ С., О «СУДЬБЕ»

Вот исполнилось Вам восемьдесят лет, а Вы все еще крепки и молоды духом. Много, много раз смерть смотрела Вам в глаза, но всегда каким-то чудом миновала Вас. И поэтому Вы спрашиваете меня, есть ли судьба и как Православная Церковь смотрит на волю судьбы.

Если под судьбой понимается слепая случайность или фатальность, Церковь решительно не принимает, отрицает существование такой судьбы. Церковь все обосновывает разумом, от разума и через разум. Она ничего не приписывает случайности или слепой фатальности, но все объясняет Промыслом всесильного и всевидящего Господа, исходящего из высшей целесообразности и характера тайных помыслов, чувств и действий человека. Само слово «судьба» происходит от слова «суд», в данном случае суд Божий. «Помянух судьбы Твоя от века, Господи, и утешихся», – говорит псалмопевец[351]. То есть помнит, как Господь награждал праведников и наказывал грешников еще в этой земной жизни. И снова говорит: «от судеб бо Твоих убояхся. Сотворих суд и правду: не предаждь мене обидящим мя»[352]. В славянском тексте везде вместо слова «судьба» стоит «суд». И мы часто говорим: «Как рассудишь об этом?», что значит – «Как ты думаешь?».

Следовательно, судьба – это мысль Божия обо всем происходящем, но не такая пассивная и немощная, как человеческая, а активная и решающая. Кто-то собирался наутро поехать в ближайший город, но ночью настигла его смерть и перенесла в далекий небесный град. И говорят люди: такова его судьба. Кто-то полюбил девушку, а пришлось жениться на другой, опять говорят: судьба! Кто-то укрывался в тылу, но настигла его пуля в укрытии – судьба! Только судьба прозорливая, а не слепая, от Бога Мыслителя и Промыслителя, Который всему знает причину. Тот, кто говорит «слепая судьба», исповедует непонимание причины и смысла событий. Без милостивого и праведного Господа не происходит ничего.

По словам Спасителя, 'и птица малая не упадет на землю без воли Отца вашего. У вас же волосы на голове все сочтены' (ср.: Мф. 10, 29–30). Таким образом, ничья судьба не случайна и не слепа, но разумна и промыслительна. И такая судьба помогла Вам многократно избежать близкой смерти и пережить судей, которые подписывали Вам смертный приговор.

От Господа Вам многая лета и спасение.

ПИСЬМО 185. НОВОМУ УТОПИСТУ, ОБ ИНОСТРАННЫХ ТУРИСТАХ

Вас возмущает, что не строятся дороги на Дурмитор[353] для посещения его иностранными туристами. Вы беспокоитесь о туристах? Если бы Вы заботились о народе, о наиболее удобных дорогах для него, я бы Вас понял. Но когда я услышал такую причину строительства дороги на седовласый Дурмитор, то покраснел от стыда. Вы хотите «привлечь иностранцев» в Черногорию, чтобы они «оставляли здесь свои деньги»! За что? За несколько дней блуждания глазами по рощам и полянам, где благочестивый народ веками пасет свои белоснежные стада, которые кормят его? Слушая такое, поверьте, я бы охотнее говорил с покойником, чем с живым. О святой Петр Цетиньский, первым разбивший войско Бонапартово, что бы ты сказал на это?..

Вы же совершенно серьезно и научно рассуждаете, что «депрессия актуального кризиса может редуцироваться до минимума элевацией сознания о туризме и конструированием современных шоссе и комфортабельных отелей…» А проще говоря, займем денег, бросим чужие миллионы на строительство дорог и гостиниц и, склонив головы, будем ждать иностранцев с полными карманами, чтобы получить чаевые из этих карманов.

Неужели этим жить будем, человече? Лучше не жить совсем. Разве такой была святосаввская идея, которая вела нас от Косова через столько могил, темниц и мучений к освобождению? Наша земля для нас прекрасней всех других стран. И прекрасна она для нас не только зримой красотой, но той, которую народ создал и воспел. Это красота великих душ, великих характеров, великих столкновений правды и неправды, великих нравственных побед. Вот в чем главная красота нашей земли. Она возвышеннее всех наших гор и белее снегов на их вершинах.

Но не на эту красоту иностранные туристы будут выбрасывать деньги. Знаете ли Вы, благородный господин, какой яд заворачивают многие из них в свои банкноты? Вы слышали о яде, по имени «разнузданность»? Знаете ли Вы что-нибудь о психологии толпы? В особенности на чужой почве? Людская толпа в чужой стране всегда бесстыдна. Если мы будем принимать иностранных посетителей как гостей, то это естественно. Тогда мы останемся верны своему традиционному гостеприимству, которое нимбом светится вокруг души нашего народа. Наше известное всем гостеприимство основано на главном документе христианской веры, на Священном Писании; Христов апостол так наставляет верных: 'ревнуйте о странноприимстве' (Рим. 12, 13). И снова повторяет: 'Страннолюбия не забывайте, ибо через него некоторые, не зная, оказали гостеприимство Ангелам' (Евр. 13, 2).

Но мы нигде не находим слов о спасительной пользе от этих пришельцев. По правде говоря, мы видели от них больше вреда, нередко и материального. Они требуют строительства дорогостоящих шоссе и бесплатного проезда. Они ссылаются на рекомендации официальных лиц, чем смущают наших чиновников. Они обращаются в официальные органы или к торговцам и без зазрения совести просят у них материальной поддержки. Обычное оправдание: «Мы уже писали домой, чтобы нам прислали денег, и вот-вот получим!». И наш доверчивый народ дает, дает, как неимущим и пострадавшим, не рассуждая и не испытывая. Дает, как терпящим бедствие, а не как туристам и не как спасителям, которые спасут нас, по Вашему мнению, от бедности. Ибо бедность бедностью не исцеляется.

Посему не будем переживать о туристах, рвущихся на Дурмитор, но будем держаться «плуга и Бога», как сказал один наш талантливый земляк.

ПИСЬМО 186. ВДОВЕ Д., О ПОБЕДЕ НАД ЗЛОМ

Есть только один способ победить зло, и Вы успешно его испробовали. Своим честным трудом Вы содержите себя и четверых детей. Но вот Вы не смогли оплатить жилье, и хозяин пришел описывать вещи. Дети плакали, Вы замерли в страхе. Когда хозяин понял, что всех вещей не хватит, чтобы покрыть долг, он стал страшно кричать на Вас. Тогда Вы сняли с шеи ожерелье, память о муже, его подарок на венчание, достали часы, которые Ваш отец завещал старшему сыну. «Возьмите и это», – сказали Вы хозяину. Сердце его дрогнуло: он ведь тоже человек. И он ушел, бормоча: «Живите, когда сможете, заплатите».

Вы поступили по слову Христа: 'не противься злому'[354]. Подобное произошло во время австрийской оккупации в деревне Сибница. Жил там один Божий человек, дядя Фоджа. Когда солдаты хотели сжечь его дом и приказали ему вынести из дома свои вещи, он не пошел в дом, но принес из сарая дрова. На вопрос солдат, зачем он это сделал, он кротко ответил: «Чтобы помочь вам поджечь дом». Дрогнуло сердце оккупантов: ведь и они люди. Они развернулись и ушли. Остался невредим дом человека Божия.

Благословение Божие Вам и Вашим детям.

ПИСЬМО 187. БРАТСТВУ СВЯТОГО СТЕФАНА, О БЛАГОМ ДНЕ

С Рождеством Христовым, чада Божии! Вот и наступил Благой день. Наш народ называет Благим днем каждый большой церковный праздник. Рождество – первый христианский Благой день, который осветил своим светом детей Адама и внес радость в их души, первый сладкий день после многих горьких дней безбожия.

Рождество – Благой день прежде всего из-за того, что в этот день пришел в мир благий Царь. Города вписывают в каменные летописи зданий и памятников дни, когда посещали их земные цари. А мы впишем в сердца свои день посещения Царя Небесного. Дерево истлеет, камень разрушится, а то, что хранится в сердце, преодолеет смерть и обручится с вечностью. Святые люди вспоминают имя Царя Христа так же естественно, как дышат. Когда звери растерзали святого Игнатия в Колизее, сердце его было найдено невредимым, и на нем были как будто вырезаны две буквы И(исус) Х(ристос).

Рождество – Благой день и из-за явленной Христом жизни вечной. До этого дня лишь крошки падали в мир, чтобы напомнить людям о трапезе небесной жизни. Люди судорожно хватали их, не зная, ни откуда, ни от Кого они. Христос пришел в мир, чтобы открыть людям неиссякающую трапезу жизни и позвать их на вечный пир. И каждый, кто принял приглашение и поверил Непогрешимому, начинал чувствовать голод полноты жизни, голод Божественной обильной трапезы жизни. Когда святому мученику Зиновию[355] предложили выбирать между жизнью и смертью, он ответил: «Жизнь без Христа не жизнь, но смерть, а смерть ради Христа не смерть, но жизнь» (Пролог, 30 окт.).

Рождество – Благой день и из-за явленной во Христе любви. 'Смотрите, какую любовь дал нам Отец, чтобы нам называться и быть детьми Божиими', – пишет видевший Христа (1Ин. 3, 1). До явления Христа человеческий род не знал о любви Отца к детям и детей к Отцу. Но с рождением в нашем мире Сына Божия Единородного открылись человеческие глаза на единого Родителя Небесного и на Его, до той поры не познанную, любовь небесную. Не этой ли небесной любовью согретая, святая великомученица Екатерина отвергла земной царский венец и приняла смерть через усекновение главы? И какое множество мучеников вслед за ней пошло на смерть, сбрасывая оболочку плоти, словно ветхие одежды.

Наконец, Рождество – Благой день, ибо с явлением Сына Божия – Царя и Слуги, Господина и Мученика, Любящего и Гонимого, Распятого и Воскресшего – открылись людям сила, и мудрость, и благодать, и полнота других Божественных даров.

Да откроет и Вам Господь зрение духовное, да видите все блага, явленные и принесенные нам рождением Сына Божия.

ПИСЬМО 188. БРАТСТВУ СВЯТОГО ПРОРОКА ИСАИИ: «ИСАИЕ, ЛИКУЙ!»

Почему это песнопение поется при венчании и при преломлении славского хлеба? Думаю, что смысл его Вам известен. Да ликует пророк Исаия об исполнении своего пророчества. Пророческое слово, которое произнес Исаия перед царем Ахазом и всем народом, гласит: 'се, Дева во чреве приимет и родит Сына, и нарекут имя Ему: Емманиул' (Ис. 7, 14). 'Емманиул' означает 'с нами Бог'. По-сербски это имя звучит – Манойло. Рождение Христа от Девы и Духа – самое святое рождение из всех рождений, совершившихся на земле. Через него явилась тайна любви Божией к людям: Господь облекся в человеческую плоть, чтобы спасти людей. А поскольку брак предназначен для чадородия, то поется песнопение: «Исаие, ликуй», чтобы напомнить жениху и невесте о чистоте и святости брака, о Промысле Божием, по которому рождаются дети. Чтобы супруги имели страх Божий и духовное и нравственное значение брака ставили выше телесного.

Крестная Слава – это церковный обычай нашего народа. Почему при преломлении славского хлеба поется: «Исаие, ликуй»? Думаю, потому, что Христос Себя назвал Хлебом: 'Я есмь хлеб жизни'[356]. И еще: 'Я хлеб живый', 'сшедший с небес; ядущий хлеб сей будет жить вовек' (Ин. 6, 51). При преломлении славского хлеба – хлеба земного – Церковь спешит напомнить нам о Хлебе жизни – о вечно живом Спасителе Христе, напомнить нам о пище духовной.

В обоих случаях таким образом Церковь хочет возвысить наши мысли от телесного к духовному. В первом – от телесных уз к узам, связующим душу с Богом, во втором – от телесной пищи к духовной.

Мир вам и радость от Еммануила.

ПИСЬМО 189. АДЖЕМУ С., ОБ АЛЧУЩЕМ ХРИСТЕ

'Ибо алкал Я, и вы дали Мне есть', – скажет Господь на Страшном Суде милостивым[357]. Ты удивляешься, читая Евангелие: когда Господь алкал на земле? Он говорит это не только о времени Своего телесного пребывания на земле, но о всех временах, до конца. И не только о милостивых людях того времени, но о милостивых всех времен. Он и ныне чувствует голод алчущих, как Свой голод. Он голодает в каждом нищем на земле, в каждом сироте, в каждом отверженном и презренном. Их голод – Его голод. Пусть они отвержены миром, но они Богом избраны, чтобы испытывать сердца богатых. 'Так как вы сделали это одному из сих братьев Моих меньших, то сделали Мне'[358]. Он, великий и неисчерпаемый, отождествляет Себя с самыми бедными и слабыми в этом мире, называет их Своими братьями, чтобы умягчить сердца богачей и привести их ко спасению. Ибо с помощью слабейших Он хочет спасти сильнейших мира сего. Таков Его путь спасения людей. За беззащитными – Его могущественная рука. Он хочет, чтобы все зависели друг от друга и помогали друг другу. Но тот, кто дает, пусть дает со страхом, как будто опускает в ладонь Самому Христу. Подающий пусть подаст ради Христа, а приемлющий да приемлет ради Христа, чтобы благословение Божие имели и тот, и другой, но слышнее Творцу молитва нищего.

Когда подаешь бедному, скажи: помолись обо мне Господу Иисусу Христу!

Мир тебе и радость от Господа!

ПИСЬМО 190. МОЛОДОМУ НАСЛЕДНИКУ, О ПОСЛЕДНЕМ ЖЕЛАНИИ

Пишешь о смерти своего отца. Он был известным и состоятельным человеком, имел много влиятельных и богатых друзей. Но перед смертью он не хотел видеть никого из них. Он часто просил позвать к нему сапожника Крсто. А этот Крсто не имел ничего, кроме душевной доброты и чистой веры. Когда он приходил, умирающий ничего не говорил ему, он просто брал его за руку и молча держал ее. Если же приходил кто-то из его прежних состоятельных друзей, отец только махал рукой, чтобы тот ушел. Ты спрашиваешь, что это значит.

Это значит, дитя, что человек перед смертью не лукавит. Он не дает лицемерию касаться его души. При разлуке с этим миром душа ищет в нем лучшего. А лучшее -доброта и вера. «Яко лучши милость Твоя паче живот», – говорит пророк (Пс. 62, 4). Правда, он обращается к Богу. Но доброта Божия светится и в человеке. Склонись над одром умирающего и назови ему имена великих земных царей, завоевателей, ученых, художников – и увидишь, что ничего, ничего не говорят ему их имена. Они далеки от души его, как давно забытый сон.

Одному умирающему правителю рассказывали о подобных ему великих людях, он со вздохом сказал: «Не говорите мне о тех, кого оставляю, расскажите о тех, к кому иду». А другой умирающий, известный русский князь, грозно крикнул льстецам, которые продолжали льстить ему и в смертный час: «Довольно, прошло то время, сейчас говорите о тех, кто лучше меня!».

Перед лицом смерти человек искренен и прежде всего ищет огонька доброты, чтобы он осветил, ободрил и обогрел его.

ПИСЬМО 191. БОГОСЛОВУ К. И., О ВРАГАХ ВЕРЫ

Чего ты испугался? На твое богатство нищие восстали, а тебе стало страшно? Так всегда было: бедные на богатых косо смотрят. Твоя вера охватывает все: небо и землю, жизнь и истину, справедливость и радость, свет и Ангелов. А кто не имеет этого, восстает на тебя, обладателя сокровищ. Если бы они против себя восстали и хотели, подобно тебе, стать духовно богаче, мы бы радовались. Но нет. Они хотят, чтобы ты стал таким же нищим.

Разница между бунтовщиками против материально богатых и против богатых духовно в том, что первые хотят отобрать и присвоить, а другие хотят отобрать и выбросить. Первыми часто руководит нужда, иногда зависть, а вторыми – всегда одна только злоба. А злоба питается тьмой неведения и носит свое наказание в собственных недрах. Если отвечаешь злому ненавистью, вдвойне его казнишь; если боишься его, себя казнишь. 'Не страшитесь ни в чем противников, – учит нас апостол, – это для них есть предзнаменование погибели, а для вас – спасения. И сие от Бога' (Флп. 1, 28).

Всевидящий видит и тебя, и твоих врагов, Он ежеминутно смотрит на вас, с утра до вечера и с вечера до утра. Помни о Всевидящем и не убоишься. Один мужественный молодой человек писал мне, как он борется с искушениями: «Когда я думаю, что Господь со мной рядом, – говорит он, – нисколько не страшусь врагов, но стоит моей мысли удалиться от Бога, страх охватывает меня». Овца чувствует себя в безопасности рядом с пастырем. Прильни ближе к Пастырю доброму, ко Христу. Молись Ему, чтобы Он не оставил тебя. Молись ему, чтобы открыл зрение и сердца врагам веры, чтобы прозрели и поняли, что они враги только самим себе и никому больше, чтобы прозрели и увидели единственное свое спасение.

Мир тебе от Господа!

ПИСЬМО 192. НЕИЗВЕСТНОМУ, О ПРЕСВЯТОЙ ДЕВЕ

Вас беспокоит вопрос, как Пресвятая Дева Мария могла родить Сына без отца. Это произошло не по Ее воле, а по воле всемогущего Господа. Вам остается спросить: как всемогущий Бог мог сотворить такое чудесное рождение? Но этот вопрос станет противоречивым и уже содержащим в себе ответ, как только Вы произнесете слово – Бог всемогущий. Такой вопрос не может возникнуть в душе того, кто хотя бы отчасти в состоянии представить себе грозное величие Божие. Тот, Кто всесильным словом без чьего-либо содействия сотворил этот мир, чудесный мир с бездонным небом и небесными светилами, мог сделать и так, что Пресвятая Дева без чьего-либо содействия зачала Чадо.

Разве дети, которые рождаются естественным образом, не по воле Божией рождаются? Когда Сарре было извещено, что она зачнет, она улыбнулась с сомнением, ибо была стара. И Пресвятая Дева, и Иоанн Креститель рождены от бездетных и престарелых родителей. Есть ли что-нибудь трудное для Бога? Библия учит нас, что родящие и неродящие зависят не столько от воли мужа, сколько от Божией воли. Из Писания мы знаем, что даже скот плодился согласно воле Божией, даже крапины и пятна на шерсти овец и коз зависят от Бога, об этом говорится в удивительной повести об Иакове, Лаване и их стаде (см.: Быт. 30–31).

В глубине всех явлений природы присутствует духовная сверхъестественная сила и воля. Если бы Господь попустил природе делать то, что она хочет и как хочет, воцарились бы хаос и безумие. Всякое рождение исполнено небесной тайны. А то, что Вам кажется, что рождение Христа от Пречистой – тайна особенно великая, это потому, что и Сам Христос – величайшая тайна. Эту тайну предчувствовала и Сама Божия Матерь, оттого и спросила: 'как будет это, когда Я мужа не знаю?'[359] На что благовестник Божий ответил Ей – но отвечает и Вам – так: 'у Бога не останется бессильным никакое слово'[360].

Мир Вам от Господа.

ПИСЬМО 193. ОДНОМУ РЕВОЛЮЦИОНЕРУ, О СОСТРАДАНИИ

Вы ополчились на богатых, Вы считаете, что это современно и прогрессивно. Но прежде испытайте себя. Скажем, если возможность разбогатеть представится Вам, разве Вы откажетесь? Разве Вы и тогда не угомонитесь? Вы сердитесь на Церковь, что и она не борется с богатыми. Разве Церковь не борется? Разве она не делала этого еще до Вашего рождения и до рождения Ваших дедов и прадедов? И когда смерть наложит печать молчания на Ваши уста, разве умолкнут уста Церкви?

Девятнадцать веков назад апостол наставлял своего последователя: 'Богатых в настоящем веке увещевай, чтобы они не высоко думали о себе и уповали не на богатство неверное, но на Бога живаго' (1Тим. 6, 17). Но есть разница в том, как укоряете богачей Вы, и в том, как это делает Церковь. Вы укоряете из зависти и ненависти, а она – из сострадания. Церковь знает, что богатому в этом мире спастись труднее других. Спаситель сказал: 'истинно говорю вам, что трудно богатому войти в Царство Небесное'[361]. Вот почему Церковь не испытывает зависти или ненависти к богатым, а только сострадание.

Нельзя думать, что сострадание Церкви – слабость перед богатыми и желание оправдать богатое «сословие». Такая точка зрения так же далека от истины, как луна от солнца. Церковь не сословна, она всечеловечна. Если Вы в богаче видите только богача, то Церковь ищет в нем человека. 'Горе тому, кто без меры обогащает себя не своим, – на долго ли? – и обременяет себя залогами' – вопиет ветхозаветная Церковь. И добавляет: 'Вот, он обложен золотом и серебром; но дыхания в нем нет' (Авв. 2, 6, 19).

Поэтому в глазах Церкви богачи – несчастные страдальцы, тяжелобольные. Полноте их сундуков чаще всего соответствует пустота души. И Церковь тревожится за них, как за лунатиков, балансирующих на краю крыши. А от них она хочет только милости, но нет ее. Однако, как и всякое живое существо, они и сами жаждут милости и сострадания. Презирайте их богатство, и они пренебрегут им. Если же презреть человека в них, то они еще теснее прилепятся к богатству. Одарите их духовным сокровищем, состраданием например, и они найдут в себе мужество одарить бедных своим материальным сокровищем.

ПИСЬМО 194. РУССКОМУ ИЗГНАННИКУ, О ЕДИНСТВЕННО НЕПОСТЫДНОМ

Вы почти в отчаянии. Отчего? Оттого, что Вам стыдно за тех людей, от которых Вы ожидали спасения России. Одни умерли, унеся с собой Ваши надежды. Другие еще живы, но живут только для этого мирского балагана и мертвы для Ваших надежд, ибо себялюбивы и малодушны. Третьи, четвертые, пятые, ярко вспыхнув, померкли, утратили свое русское сияние и погребли его под пеплом Запада. И теперь Вы не решаетесь верить кому-либо, чтобы не постыдиться снова и оставшиеся дни своей жизни не бичевать стыдом, «прогоняя их, как бессловесный скот, и слепо хватаясь за наступающие дни, не имея на них никакой надежды». Но отчего не прилепитесь Вы к Тому, Которым не посрамился никто в истории русского народа? Я говорю о Том, с Кем венчалась душа русского народа тысячу лет назад, и 'всякий, верующий в Него, не постыдится' (Рим. 9, 33).

В Него веровали князья ваши, первыми принявшие христианство, – веровали и не постыдились. В Него веровали ваши старцы, пустынники и подвижники, – веровали и не постыдились. В Него веровали славные государи ваши, снимая венцы, чтобы преклониться пред Ним, – веровали и не постыдились. Сотни тысяч русских мучеников за имя Христово веровали в Него – веровали и не постыдились. Сотни миллионов русских людей: мужчин и женщин, юношей и девушек, детей, живших в этом веке с верой в Него и ныне живущих в небесной бессмертной России, – на земле не постыдились Его и на небесах не стыдятся.

В мирской пустыне, где, как змеи, жалят нечестивые люди, Он единственный Медный Змей, изливающий не яд, а бальзам. Смотрите на Него, как отравленные израильтяне в пустыне смотрели на Моисеева медного змея[362]. Смотрите на него, и яд, которым отравил Вас мир, выйдет из Вас. И Вы, исцелившись, станете видеть людей глазами Христа, смотреть на них с милосердием и состраданием, а не с надеждой, которая превосходит их человеческие возможности. Святая Русь всегда ожидала спасения не от твари, а от Творца.

Мир Вам и радость от Господа.

ПИСЬМО 195. ПРЕПОДАВАТЕЛЮ В. В., ОБ ИЗОБРАЖЕНИИ СВЯТЫХ НА ИГРАЛЬНЫХ КАРТАХ

Вы жалуетесь на неблагочестивое современное явление, которому никто не противостоит. Некое издательское товарищество выпустило игральные карты с ликами наших самых почитаемых святых, царей и героев. Святой Симеон Мироточивый, основатель святой царской династии Неманичей; святой царь Милутин, особенно почитаемый братским нам болгарским народом; святой Стефан Дечанский, имя которого с трепетом произносят и албанцы, и турки; святой Наум, просветитель словенцев и чудотворец, – все они изображены на картах, над которыми будут курить, сквернословить, ссориться, мошенничать, драться. Народ возжигает лампады перед их иконами и кладет поклоны, а картежники будут зажигать над их ликами сигареты, дымить трубками, буянить.

Вы можете сказать, что все определяют деньги. Даже если и не скажете, это всем очевидно и известно, ибо нет на свете иной причины, чтобы человеческое общество решилось бросить на зеленое сукно и святыню. Разве кризис в нашей стране достиг такого уровня, что мы и святых ставим на карту? Если наше общество стало «обществом голодающих», то лучше нам всем умереть от голода, чем осквернять Божиих угодников, чьи имена являются вершиной нашей духовной истории. Мы в долгу у этих святых душ и за наше прошлое, и за настоящее. И за настоящее, ибо они молитвенно предстоят пред престолом Всевышнего за потомков своих.

Я могу понять скорбь тех, кто чтит этих святых как своих небесных покровителей, когда они узнают, что святые лики изображены на картах, в которые картежники играют в борделях. Мы поистине разительно отличаемся от Европы. В этот кризисный период европейские народы отрезвились и ужесточают меры против всех общественных беспорядков, в частности против азартных игр, в то время как у нас игральные карты «облачаются» в священные одежды! Если были бы изданы карты с портретами Иуды, Омер-паши[363], каких-нибудь насильников, дезертиров, известных шулеров и других отбросов общества, никто бы не возражал. Для игроков они были бы более привлекательны, чем благодатные лица святых и героев. Подобное ищет подобного: предатели тянутся к игрокам, а тираны явные к тиранам тайным, то есть к страстям. А что общего у картежников со святыми? Для чего иконостас в вертепах разврата?

Вы называете это цинизмом. Да, но такой цинизм по отношению к святыне и патриотизму более свойствен современной Москве, чем Белграду. Чем заслужили наш цинизм Неманичи или святой Наум, чем согрешила благочестивая косовская девица, чтобы ее лицо пятнали пальцы, которыми движет страсть к наживе, и чтобы над ней хохотали ночные… как бы помягче сказать – непоседы?

Мне рассказывали японцы об уважении к своим правителям. Если в доме возник пожар, первым спасают портрет императора, а потом домочадцев. А мы наших величайших христианских правителей – на карты! Я хорошо помню, что когда впервые появились стаканы с изображениями наших великих людей и святых, белградские торговцы негодовали: лики святых на стаканах, из которых будут напиваться! Посмотрите теперь, какой гигантский шаг мы сделали к «прогрессу»: святые на картах! Неужели Вы думаете, что народ не станет негодовать сейчас? Ибо, если мы будем так «прогрессировать», очень скоро мы поставим на карту и Бога, и Богородицу, и Ангелов небесных. И тогда у нас ничего больше не останется, и придется нам отдать ключи от лавки сатане.

Вот Вам моя точка зрения, о которой Вы спрашивали. Добавлю одно: да не оскорбим тех, кого чтим, кем гордимся, кому посвящаем храмы и возжигаем свечи. Как же поносить тех, кто нас любит и молится о нас Богу? Как пачкать тех, кто очищает нас для святых небес? Как омрачать лики, которыми освящено наше прошлое? И наше настоящее.

ПИСЬМО 196. РАЗНЫМ ЛИЦАМ О РАЗНЫХ ПРЕДМЕТАХ

Скорбящему Петру

Астрологи составили гороскоп Вашей судьбы и предсказали Ваше будущее. Берегитесь астрологии: это звездогадание представляет собой слепой фатализм. По христианскому учению, человек выше звезд. Покаянием и молитвой человек может изменить свою судьбу к лучшему.

Болезненной девушке

Пишете о своей болезненности. Но признаёте, что болезнь научила Вас молитве. Значит, болезнь Ваша плодоносна. Создатель Ваш любит Вас, как Свое дитя. Он имеет Свой таинственный замысел о каждом человеке. Только не скрывайте в себе зловещую тайну, которая Вас мучит, ибо она увеличивает Ваше страдание.

Господину С. С

Спрашиваете, может ли народная поэзия научить благочестию? Большая часть произведений народной поэзии является прекрасным образцом христианского благочестия и веры. Но частично и она представляет собой опоэтизированный прах земной, не приносящий душе никакой пользы.

Госпоже Евдокимовой

Когда апостол ощущал потребность в молитвах о себе, он обращался к верным: 'умоляю вас, братия, Господом нашим Иисусом Христом и любовью Духа, подвизаться со мною в молитвах за меня к Богу' (Рим. 15, 30). Какую же тогда молитвенную помощь получаем мы от священников! Вашим резким осуждением духовенства Вы не приносите пользы ни священству, ни себе. Господь всех рассудит, Он все видит и все слышит.

Иоанну из Сараева

Потерянная надежда – потерянная жизнь. Не теряй надежды. Мир полон неисчерпаемых возможностей. И у Бога все возможно. 'А надеющиеся на Господа обновятся в силе: поднимут крылья, как орлы, потекут – и не устанут, пойдут – и не утомятся' (Ис. 40, 31).

ПИСЬМО 197. МАТЕРИ, О ВЕЧНОЙ ЖИЗНИ

Ваш сын погиб в авиакатастрофе. С тех пор Вы думаете только об одном: может быть, он жив? Есть ли жизнь после смерти? Кто нас убедит в этом? Я глубоко сопереживаю Вашему горю. Но меня удивляет Ваш вопрос, тем более что каждое Ваше слово дышит верой. Не знаю, может ли называться наследником Христовым тот, кто сомневается в вечной жизни?

Смотрите, ведь главным откровением Христа было откровение о новой жизни, новом мире, о новом Царстве – совсем новом для людей. Для человека это откровение стало самым великим и самым радостным из всех откровений. Пренебречь им все равно что пренебречь Самим Христом и спасением. А принять – значит принять истину о Боге как о небесном Родителе, об Ангелах как о небесных жителях, о всевидящем Промысле Божием, о Страшном Суде, о жизни после телесной смерти, о радостном смысле нашей телесной жизни на земле. Все эти истины открыл нам Господь и свидетельствовал о них Собой, Своими словами и делами, добровольной смертью за нас, воскресением и вознесением. 'Я иду приготовить место вам. И когда пойду и приготовлю вам место, приду опять и возьму вас к Себе, чтобы и вы были, где Я' (Ин. 14, 2). Не в гробу же Он идет приготовить нам место! Воистину неутешительно было бы готовить место в вечной смерти! Нет, Он идет в другой мир и в иную жизнь, за гробом и выше гроба.

О существовании иной жизни и иного мира свидетельствовали и многие святые. «Кто вернулся оттуда, чтобы нам свидетельствовать?» – спросите Вы, повторяя вопрос тех, в ком нет веры. Если бы не Ваша скорбь, я бы мягко укорил Вас. Скажите мне: кто из святых, чьи имена мы видим в святцах, не дал знать о себе? Или Вы не знаете, что Церковь не причисляет к святым никого, кто тем или иным образом не явил себя из того мира? Вот совсем недавно я прочел, как одна молодая француженка приняла Православие после того, как, по ее собственному свидетельству, ей явился преподобный Серафим Саровский, великий русский святой, столетие со дня кончины которого праздновалось в прошлом году.

Итак, у Вас нет никаких причин сомневаться, но есть твердое основание верить в небесную жизнь, в которую перешел Ваш сын, опередив Вас.

Мир Вам и утешение от Господа Иисуса Христа.

ПИСЬМО 198. БРАТУ ЖИВАНУ, О ДОБРОМ НАЧАЛЬНИКЕ

Пишешь мне о большой радости. В вашем уезде появился новый начальник, ему радуются все добрые и благочестивые люди уезда. Это высокообразованный и в то же время глубоко верующий человек. Настоящий Божий человек. Исповедует веру и на словах, и на деле. Празднует Славу, в доме иконы, каждое воскресенье в храме с народом. Когда он узнал, что в вашем городке есть охладевшие в безверии души, которые не чувствуют силы, величия и милости своего Творца, он сам пошел к ним, ходил от дома к дому, из лавки в лавку и рассказывал, наставлял, советовал, предостерегал. Ему быстро удалось пробудить многие спящие души, а у иных неверующих, не знавших ни о душе, ни о Боге, ни о совести, пробудить и совесть. Сейчас все они исповедуются и причащаются. Плодом его усилий стало благочестие народа, прекратились многие недобрые дела, ссоры, богохульство, изменились дурные привычки.

Велика и моя радость за вас, ибо вижу с вами настоящего народного вождя, вождя народной души. Успехи вашего нового начальника свидетельствуют о том, насколько наш простой народ жаждет доброго совета и готов его послушаться и последовать доброму примеру. Пишешь, что все вы благословляете своего начальника. И Бог благословит его. В Священном Писании сказано: 'обративший грешника от ложного пути его спасет душу от смерти и покроет множество грехов' (Иак. 5, 20). Дай нам, Господи, тысячи таких начальников! Ты упоминаешь о вашем прежнем начальнике, который презирал веру и притеснял верующих: он погиб под колесами машины. О том одно могу сказать: имеющий уши да услышит, имеющий очи да увидит и имеющий совесть да убоится Бога.

Мир тебе и благословение Христово.

ПИСЬМО 199. ЖЕЛЕЗНОДОРОЖНИКУ М.М., О СЛОВАХ ОТКРОВЕНИЯ

'И соделавшему нас царями и священниками Богу и Отцу Своему, слава и держава во веки веков, аминь' (Откр. 1, 6).

Жил некогда в Азии один царь; не был он христианином. Был он сильным и могущественным, но не имел наследника. Приближалось время его смерти, и спросили его: «Кто же будет править после тебя?». Ответил царь: «Найдите человека, который пришелся бы мне по душе. Я усыновлю его, и будет вам царем. Но человек этот должен обладать определенными качествами: во-первых, он не должен бояться смерти; во-вторых, он не должен желать стать царем; в-третьих, у него должно быть самое большое количество детей в моем царстве».

Искали, искали и не находили. Наконец привели к царю одного молодого плотника, известного своим мужеством. Умирающий царь спросил его: «Боишься ли ты смерти?». Плотник ответил: «Как мне бояться того, что боится меня и что просто послужит мне мостом в вечное Царство?». Снова спросил его царь: «Желаешь ли ты стать царем?». Ответил ему плотник: «Как я могу желать стать тем, кто я есть? Мой Создатель усыновил меня во Христе, а Создатель мой – Царь над царями, следовательно, и я царь». Наконец, умирающий царь спросил его: «Сколько у тебя детей?». Ответил юноша: «Триста детей есть у меня. Это те, кого крестил я и родил в духе. Это дети мои духовные, которые называют меня своим духовным отцом». Задумался царь и сказал: «Я звал тебя, чтобы усыновить, а теперь прошу тебя усыновить меня и принять меня духовным сыном». И крестил плотник царя. И умер царь без страха.

Ответы молодого плотника объясняют тебе значение слов – 'соделавшему нас царями'. Все христиане усыновлены Царем Небесным, по милости и благодати Его, ради Крови Сына Божия Иисуса Христа. Все, кто ведет христианскую жизнь на земле, войдут в Царство Небесное и будут царствовать с Отцом своим, Царем вечным.

Мир тебе и благословение от Господа.

ПИСЬМО 200. ПИСАТЕЛЮ С. К., О ХОЗЯИНЕ

Святой евангелист Матфей, повествуя о личности Иисуса Христа в своем Евангелии, прибегает к словам пророка Исаии: 'трости надломленной не переломит, и льна курящегося не угасит' ([Мф. 12, 20](); [Ис. 42, 3]()). Ты спрашиваешь, что означают эти слова.

Святой Иоанн Златоуст толкует их так: «Пророк прославляет кротость и неизреченную силу Христову». Иными словами, здесь указывается на ничтожность врагов Христовых, на силу Христа и на Его кротость и долготерпение. Враги Христовы, иудейские старейшины, были словно 'трость надломленная' в руках всемогущего Господа, а гнев их как 'лен курящийся', дымящийся под ногами Его. Своими всесильными руками Он мог переломить эту трость без всякого усилия, а ногами Своими растоптать завистников, растоптать и погасить, как курящийся лен. Но Он не хотел этого делать, кротко и терпеливо ожидая покаяния грешников. Трудно найти более ясное сравнение слабости врагов Божиих по отношению к Его силе, чем нашел пророк, – 'трость надломленная и лен курящийся'! Есть ли на свете что-то легче, чем сломать растрепавшийся тростник и угасить дымящийся лен?

Вот так же ничтожна неприязнь человеческая, еврейская и языческая, ко Христу. И тогда, и ныне, и вовеки. Разве трудно было Тому, от Чьего слова древо иссыхало, бури утихали, бесы бежали, болезни исчезали, разве трудно было Ему одним словом вычеркнуть из Книги жизни и превратить в прах всех фарисеев и саддукеев, всех ничтожных и надменных завистников? Нисколько. Но Он хотел показать Свою силу не в легком, а в тяжелом. Как тяжко было претерпеть от ничтожных противников поругания, оплевания, глупость, злобу, клевету, несправедливое осуждение и смерть на Кресте! Тяжко было видеть, как превозносится тростник надломленный, и не переломить его; вдыхать смрадный дым зависти и не угасить его. Тяжко было все это претерпеть и простить: 'Отче! прости им, ибо не ведают, что творят'[364].

В этом самом тяжелом испытании Господь наш Иисус Христос показал силу Свою и одержал победу.

ПИСЬМО 201. НОВООБРАЩЕННОМУ, О ПЛОДАХ ВЕРЫ

Так же как раньше грех был Вам приятен, сейчас он стал мерзок Вам. Вы увлекались философией, Вы прочли все от Платона до Брэдли[365]. И не могли решить, кому отдать предпочтение, потому что один опровергал другого: то, что один выдавал за истину, другой объявлял ложью; что один называл белым, другой – черным. Вы не могли понять, где истина, и это сильно угнетало Вас. И, наконец, неприятное, но спасительное для Вас происшествие: Вы попали под машину и колеса переломали Вам ноги.

Лежа в больнице, Вы многое передумали, спрашивая себя: где же истина? Рядом с Вами лежал больной, под подушкой он держал какую-то книжечку, которую часто доставал и перечитывал. Когда Вы полюбопытствовали, что он читает, он молча протянул ее Вам. И так первый раз в жизни у Вас в руках оказался Новый Завет. Когда Вы прочли его, то сказали сами себе: «Вот точка отсчета моей новой жизни». Вы прозрели; во всем, что с Вами произошло: в падении под машину, в больничной койке, в своем соседе, в «случайной» встрече с Книгой жизни, – Вы увидели перст Божий, перст Господа, Который любит и спасает Вас. После выхода из больницы Вы начали вести христианскую жизнь.

Но сейчас снова недовольство, снова неудовлетворенность. Вам кажется, что Вы не развиваетесь, не растете духовно. Постепенно – новый Савл! И первому Савлу ослепительный свет Христов резал глаза, и он испытывал боль, пока не привык к Божественному свету: 'И тотчас как бы чешуя отпала от глаз его, и вдруг он прозрел' (Деян. 9, 18). Постепенно и терпеливо. Царство Божие не тотчас открывается. И сеятель, вчера посеявший семя, 'и спит, и встает ночью и днем; и как семя всходит и растет, не знает' (Мк. 4, 27).

Так и с Вами будет. Ибо истина хочет быть не просто познанной, но, как семя, она хочет расти и плодоносить. Вы посеяли на ниве своей Божественную истину. Сейчас будьте терпеливы. Не стремитесь сразу в пророки и апостолы. Дайте семени взойти. Всякая ваша молитва согревает его, всякая слеза питает, всякий вздох взращивает. И всходит семя, и растет, а как – Вы не знаете. Но Господь знает. А когда придет время жатвы, и Вы узнаете и возвеселитесь.

ПИСЬМО 202. БОЛГАРСКОМУ ПРОФЕССОРУ ХРИСТО Й., О МИРЕ И БРАТОЛЮБИИ

Спасибо Вам за рождественские поздравления. Спасибо за добрые слова, за благие пожелания мира и братолюбия между сербами и болгарами. Христос назвал миротворцев сынами Божиими. Миротворцами были князья, при которых народ жил в мире и согласии, миротворцами были художники и писатели, которые налаживали связи с соседними странами и способствовали миру, а не войне. Миротворцами остаются все крестьяне и пастухи, которые в уединении возносят теплые молитвы Всевышнему о мире и любви между нашими народами. Не сомневайтесь в том, что их пожелания, вздохи и молитвы, никому в мире не известные и не слышные, – великий подвиг для поддержания мира.

Творцу вселенной не нужны ни радио, ни телефон, чтобы слышать шепот человеческих душ. Он бесконечно милостив к простому народу и непрестанно – на страже сердца его. В Евангелии неоднократно говорится о том, как Христос был сострадателен к народу: 'жаль мне народа' (Мф. 15, 32). 'Иисус, выйдя, увидел множество народа и сжалился над ними, потому что они были, как овцы, не имеющие пастыря' (Мк. 6, 34). 'И, выйдя, Иисус увидел множество людей и сжалился над ними, и исцелил больных их' (Мф. 14, 14). Чувства и чаяния простого народа на земле слышны лишь некоторым, но небеса всецело внимают им.

Господь направляет судьбу народную к благоденствию или к скорбям согласно благочестию народа. Меня по сей день волнует одна поистине трогательная сцена, которую мне довелось видеть в прошлом году в старой Самоковской церкви. Какой-то простой ремесленник стоял с зажжённой свечой в руке и пристально смотрел на сербских и болгарских священников перед алтарем. Когда молитва и проповедь закончились, он в слезах воскликнул: «Мир и братолюбие! Мир и братолюбие! Чтобы не быть нам проклятыми навеки!». Мир и братолюбие – это давнее общее чаяние нашего и Вашего народа, простого, но многочисленного и Богу угодного православного народа. На этом стремлении, на этом благородном чувстве народного сердца сейчас, в наши дни, Промысл Божий созидает грядущую судьбу наших народов. Те, кто этому противится, готовят себе позор и унижение. Потому что ладан, который воскуряют ныне два братских народа на жертвеннике своего сердца, уже не ладан Каина, но ладан святого Саввы и святого Иоанна Рыльского.

ПИСЬМО 203. «ЛЮБИТЕЛЮ ИСТИНЫ», О БЕСАХ

Ты говоришь, что веришь в Бога, но не можешь поверить в существование бесов. Есть притча об одном страннике, который, придя в Египет, имел большое желание искупаться в Ниле, чтобы потом было что вспомнить. Местные жители предостерегали его о том, что в Ниле водятся крокодилы, отговаривая заплывать на глубину. Но он не верил «бабьей сказке» о крокодилах и, как хороший, уверенный в себе пловец, заплыл далеко в мутные нильские воды. Вдруг крокодил набросился на пловца и вонзил в него свои зубы. При жизни храбрец не захотел поверить в существование крокодилов, а перед смертью не осталось у него на это времени.

Отрицая существование бесов, ты отрицаешь многие евангельские истины. Отрицаешь, что диавол искушал Христа, что Христос изгонял бесов из людей и что Он разрушил власть бесов над людьми. Потому что любимый ученик Господа святой Иоанн утверждает, что Христос пришел на землю, чтобы низвергнуть бесовскую власть, говоря, что для того пришел 'Сын Божий, чтобы разрушить дела диавола'[366].

Великий поэт Шекспир писал: «Есть многое на свете... что и не снилось нашим мудрецам». Ты отрицаешь существование бесов не по своей, а по их воле. Был ли ты на войне? Знаешь ли ты, как в военном деле важно искусство устраивать засады и скрываться, для того чтобы неприятель полагал, будто армии противника не существует? Для любого полководца радость – узнать, что враг о его армии не подозревает. Некогда бесы открыто являлись людям и уловляли их в свои сети. Ныне они изменили свою тактику и прибегают к лукавству: главное для них удовольствие, когда люди отрицают нечистую силу и думают, что бесов не существует. Но я боюсь, что никто не стоит к ним так близко, как тот, кто утверждает, что их нет.

В этом мире мы на поле битвы, в борьбе с противником тайным и явным. Тяжко нам придется, если мы отрицаем тайного врага. Что нам пользы от победы над волками и медведями, если нас ужалит змея в траве?

ПИСЬМО 204. ВИНОДЕЛУ С., О БРАТЕ

У тебя есть единственный брат, один-единственный. И от него ты сейчас отказываешься. «Не брат он мне, – говоришь, – не брат!». Действительно, большое преступление он совершил. Пробрался в дом старика, убил его, а деньги украл. Суд приговорил его к смерти. Сейчас он в тюрьме ждет своего последнего часа. Он писал тебе письма из заключения и просил тебя по-братски простить его. Он просил тебя после его смерти молиться о нем и служить панихиды, просил похоронить его рядом с могилой родителей. А что ты на это? Ты гнушаешься им, не отвечаешь на письма, не приходишь к нему, даже имени его не произносишь. «Он запятнал мою честь», – говоришь ты во всеуслышание.

О честолюбец, разве не видишь страшного своего себялюбия? Разве не видишь, что ты себялюбием пятнаешь то же, что твой брат запятнал преступлением? Но твой брат кается в преступлении, покайся и ты в своем эгоизме и гордости. Время не думать о себе, и тем более о чести, а о брате, который погибает и просит тебя о помощи. Если кто-то тонет в мутной воде и бьется, борясь за жизнь, и забрызгает стоящего на берегу, должен ли тот с обидой отвернуться от утопающего? Знаешь, что сказал Господь? – 'Я пришел призвать не праведников, но грешников к покаянию' (Мф. 9, 13).

Твой брат совершил зло, и за это зло он скоро понесет от людей наказание самое тяжелое, какое может быть. И он не уклоняется от наказания человеческого – он боится наказания Божия и поэтому кается пред Богом за свой грех, и плачет, сидя в тюрьме, и заклинает тебя прийти, чтобы проститься с тобой. Он знает, что никто на свете не простит его, если брат не простит. Он хотел бы уйти из этого мира хотя бы с одним прощением. И ты ему в нем отказываешь. Почему? Из-за честолюбия! Но знай, что на святых небесах его искреннее покаяние может стоить много больше, чем вся твоя праведность. Христос помиловал разбойника на кресте. А как ты думаешь причащаться и соединиться со Христом, если ты так далек от милосердия Христа?..

Недавно в наших краях за тяжкое преступление был казнен один человек. Он, плача и рыдая, глубоко и искренне каялся в совершенном преступлении. Он так горячо молился, следуя к месту казни, кланялся людям, восклицая: «Простите меня, братья, простите!», что все, глядя на него, плакали. Много раз целовал он руку священника и крест, с дрожью умоляя: «Отче, молись обо мне, молись, чтобы Господь простил меня!». Некоторые из присутствовавших рассказывали потом, что чувствовали, будто провожают в иной мир не преступника, а святого! Такое искреннее, глубокое покаяние может мгновенно изменить внутреннее состояние человека.

И твоего брата переродило покаяние. Прошу тебя и я: пойди и помоги ему до конца покаяться. Не осуждай осужденного, не презирай покаявшегося. Будь милостив к брату своему. Ваши родители ждут его в ином мире не как разбойника, а как свое чадо. Не оскорбляй родителей своего брата. Посети его в темнице, как будто посещаешь Христа. И Христос посетит тебя с богатыми дарами.

Мир тебе и брату твоему.

ПИСЬМО 205. БРАТУ И., О СЛЕЗАХ ХРИСТА

Да, действительно Господь наш Иисус Христос плакал, и то, что тебя трогают Его слезы, говорит о твоей милостивой душе. Эти слезы приносили очищение многим. Христос плакал и о друзьях, и о врагах Своих. Он плакал об умершем Лазаре, плакал об Иерусалиме, предвидя скорое его разорение. 'Иисус прослезился', – написано в Евангелии (Ин. 11, 35), и еще: 'И когда приблизился к городу, то, смотря на него, заплакал о нем' (Лк. 19, 41). В обоих случаях Он плакал о людях, в обоих случаях это плач любви. Ибо, в то время как люди оплакивали смерть Лазаря, Господь плакал не потому, что Лазарь умер (се, пришел воскресить его[367]): Он плакал из-за тирании смерти, которая довлела над народом. Как же люди, созданные по образу и подобию Бога живаго, в Царстве Которого нет мертвых, могли утратить веру в жизнь, в победу Бога над смертью? Как они могли стать жалкими рабами смерти, слепо веря в ее силу и могущество? И, глядя на людей, подчинившихся тирании смерти, 'Иисус прослезился'.

В другом случае Господь плакал об Иерусалиме, Святом Граде, прозревая его разорение и угнетение и плен детей его. Почему? Из-за несправедливости человеческой к праведникам, к Нему, Праведнику над праведниками. Из-за того, что язва неправедности разъела сердца и души людей, созданных праведным Богом. 'Смотря на него' (на Иерусалим), 'заплакал о нем', – там заплакал над уже умершим, здесь над еще не рожденными. Апостол Павел напоминает нам и о третьем случае, когда Господь горько плакал о всем роде человеческом, прошедшем от начала до конца времен (см.: Евр. 5, 7–10): это было в Гефсиманском саду во время Его тяжкого борения, когда 'был пот Его, как капли крови, падающие на землю' (Лк. 22, 44).

Эти случаи известны и описаны. А как Господь проливал слезы о роде человеческом в уединении, втайне, в ночных молитвах ко Отцу Своему, об этом знают только небесные Ангелы, которые, как воинство Царя, охраняли Его. И всегда Господь плакал не о Себе, но о людях. Эти пречистые слезы Господа – жертва за очищение и спасение рода человеческого, так же как и Его Кровь, пролитая на Кресте. Да поможет нам Господь, в память о Его святых слезах, быть лучше и ближе к Нему.

Мир тебе и благословение Божие.

ПИСЬМО 206. СТУДЕНТУ ПЕДАГОГИЧЕСКОЙ ГИМНАЗИИ, О НОВОМ ЧЕЛОВЕКЕ

Ты и твои друзья хотите издавать журнал «Новый человек». Приглашаешь к сотрудничеству меня. Я охотно отзовусь при условии, что прежде ты призовешь в сотрудники апостола Павла. Ибо ни у кого нет такого точного учения о новом человеке, как у него. И все, что мы знаем об этом предмете, мы восприняли от него. Приведем лишь несколько слов из этого удивительного учения: 'А теперь вы отложите все: гнев, ярость, злобу, злоречие, сквернословие уст ваших; не говорите лжи друг другу, совлекшись ветхого человека с делами его и облекшись в нового, который обновляется в познании по образу Создавшего его... Итак, облекитесь, как избранные Божии, святые и возлюбленные, в милосердие, благость, смиренномудрие, кротость, долготерпение, снисходя друг другу и прощая взаимно, если кто на кого имеет жалобу: как Христос простил вас, так и вы. Более же всего облекитесь в любовь, которая есть совокупность совершенства' (Кол. 3, 8–10, 12–14).

'Отложить прежний образ жизни ветхого человека, истлевающего в обольстительных похотях, а обновиться духом ума вашего и облечься в нового человека, созданного по Богу, в праведности и святости истины' (Еф. 4, 22–24).

'Итак, кто во Христе, тот новая тварь; древнее прошло, теперь все новое' (2Кор. 5, 17).

Есть еще много подобных слов, но и этих достаточно. И все слова апостола согласуются со словами Самого Христа: 'если кто не родится свыше, не может увидеть Царствия Божия' (Ин. 3, 3).

Когда царевич Иоасаф спросил своего учителя, старца Варлаама[368], сколько ему лет, он услышал в ответ: «Сорок пять». Удивленный царевич сказал, что он дал бы ему все семьдесят. Старец ответил, что они оба правы, и добавил: «Но не считаю я того времени, которое прожил в суете мира, ибо не могу считать годы смерти годами жизни». Вот что такое новый человек, которого должен проповедовать ваш «Новый человек».

Новый человек – это человек, преображенный изнутри, человек с преображенным сердцем. Только такой человек может помочь другим обновиться и переродиться. Без познания истины и пути правды Божией этого не достичь. Новый человек может жить и в одряхлевшем теле, и, наоборот, в юном теле может жить старик. И исчислять старое и новое движением солнца, а не обновлением души истиной и правдой Божией – значит не любить апостола Павла и его единственно верное учение о новом человеке.

ПИСЬМО 207. РЕВНИТЕЛЮ ВЕРЫ, О БЕЗБОЖНИКАХ

Ты негодуешь и извергаешь пламя на безбожников, удивляешься, как их терпит правительство, ведь они сущая погибель для государства. «Почему не уничтожат, не депортируют на необитаемый остров, чтобы они не отравляли душу народа?». Согласен, неустойчивым душам они действительно могут принести большой вред, эти отравители, которые прежде отравили безбожием себя, а теперь отравляют других.

Некий англичанин, имевший пагубную привычку курить опиум, попал однажды в китайское заведение, в котором собирались любители опиума. Когда он увидел людей, валявшихся без сознания на полу и скамьях, с мутными глазами, желтыми лицами, он настолько ужаснулся, что оставил свою страшную привычку и никогда больше не возвращался к ней. Думаю, что любой разумный человек ужаснется и отгонит от себя все безбожные помыслы, увидев пустую и бессмысленную жизнь безбожников. Одним они в искушение, другим в укрепление веры. Кто-то ищет света, потому что знает его благотворное действие, кто-то ищет его, убоявшись мрака.

Но прежде всего мы должны понимать, что безбожники не просто вредители, они люди, причем самые обделенные среди людей: их души отравлены ядом неверия. Они беднее всех. Ибо, если другие нищие, не имея хлеба, одежды, земли, здоровья, имеют в своем сердце Бога, Дародавца всех даров, имеют упование на Господа, Своего Творца, эти несчастные не имеют этого. Не имеют они драгоценнейшего имения, которым могут и должны обладать все сотворенные Богом люди: они не имеют Бога. Поэтому мы должны относиться к ним с жалостью, а не с ненавистью: 'Ибо Христос, когда еще мы были немощны, в определенное время умер за нечестивых' (Рим. 5, 6). Ради жертвы Христовой за безбожников воздохнем о них, как об умерших, и помолимся Воскресителю, да воскресит их души в вере.

Если безбожники влияют на тех, кто нетверд в вере, то и верующие влияют на безбожников. Под влиянием примера, советов, и молитв, и любви многие и многие неверующие обратились, подобно тому как потерявшие сознание возвращаются к жизни, горько раскаялись в своем безбожии и стали истинными христианами. Их безбожие даже принесло им пользу, ибо служит укором, уязвляет совесть, отвращая от неразумного прошлого, и толкает вперед к вере, к Богу.

Насколько я знаю, мало тех, кто остается в безбожном окаменении навсегда, в ком никогда не воссияет свет веры. Впрочем, разве эти несчастные – нормальные люди? Царь Давид говорит: «Рече безумен в сердцы своем: несть Бог»[369]. А наш великий ученый-физик Михайло Пупин признавался: «Я ни разу не встретил здравомыслящего человека, который отрицал бы существование Бога».

Мир тебе и милость Божия.

ПИСЬМО 208. ДЖОРДЖЕ П., О МОЛИТВЕ «ГОСПОДИ, ПОМИЛУЙ!»

Хочешь узнать об употреблении и о силе этой молитвы? Произноси ее о себе и о других. Вопи, как слепой Вартимей: «Господи, помилуй мя!»[370]; вопи с десятью прокаженными: «Господи, помилуй нас!»[371]. Молись о себе, молись обо всех.

Молюсь Тебе, Господи, о себе, в немощах рожденном: Господи, помилуй мя! – и обо всех, в немощах рожденных: Господи, помилуй нас! Пленился я миром и нарушил закон Твой животворящий: Господи, помилуй мя! И молюсь обо всех, закон Твой нарушивших: Господи, помилуй нас! Еще сегодня-завтра я гость Твой в этом мире и скоро прейду, как тень, и примкну к ушедшим: Господи, помилуй мя! И обо всех, в вере умерших, молюсь Тебе: Господи, помилуй нас! Господи, помилуй власть имеющих, трижды молюсь Тебе о них, ибо они в опасности превратиться в насильников. Господи, помилуй богатых: трижды молюсь Тебе о них, ибо они в опасности превратиться в развратников. Господи, помилуй бедных и сирот: трижды молюсь Тебе о них, ибо они в опасности впасть в отчаяние. Господи, помилуй богатых светским знанием: трижды молюсь Тебе о них, ибо они в опасности обожествить себя и о Тебе забыть. О ком бы ты ни вспомнил, стоя на молитве, – о мертвых или о живых, воздохни: «Господи, помилуй!». Если о враге вспомнишь, скажи: «Господи, помилуй!». А какова сила этих слов, скажет тебе слепой Вартимей: слеп был и прозрел! Скажет тебе прокаженный: «В проказе был и очистился!». Скажет тебе одержимый: «Безумен был и вразумился!». Скажет тебе расслабленный: «Болен был и исцелился!». Скажет тебе умерший: «Мертв был и ожил!». Скажут тебе апостолы: «Буря была и прошла!». Скажет тебе грешница: «Грешила и прощена!». Скажет тебе разбойник на кресте: «Беззакония творил и первым в раю обрелся!».

ПИСЬМО 209. РАБОЧЕМУ МАТИИ С., О ЧЕЛОВЕЧЕСКОМ БРАТСТВЕ

Пишешь мне, что мир страдает и, отчего страдает, не знает. Если мир не знает, знает Церковь Божия. Миру тяжко от разобщенности людей. Утрачено родство человека с человеком, и люди ведут себя враждебно и холодно. Слова «гражданин», «сотрудник», «партнер», «товарищ» вытесняют слова «брат» и «братство». В России, в которой, как нигде, человек часто называл другого братом, сейчас зовет – товарищем. Людям кажется, что это шаг вперед, а не назад. Шагом вперед можно было бы считать обретение родства, более глубокого, чем у наших дедов и прадедов, и человеческих взаимоотношений, основанных на нем.

Спаситель сказал: 'все же вы – братья' (Мф. 23, 8). Вы братья, потому что имеете одного Отца, Иже на небесех, вы будете братьями и останетесь ими до тех пор, и только до тех пор, пока признаёте единого Отца. Ибо братство зависит от отцовства. Если нет отца, нельзя говорить о братстве, и, как только отрицается общий отец, неизбежно отрицается и братство. Тогда братство заменяется товариществом, на котором невозможно удержаться долго, не удаляясь друг от друга все больше. Товарищ – чужак, случайный попутчик, но не брат. Когда Иуда предает Христа целованием, Господь обращается к нему: 'друг'[372], – а остальных учеников Своих на Тайной вечери[373] и по воскресении на берегу Геннисаретского озера называет Он 'детьми'[374].

Люди страдают от разобщенности, и больше ни от чего. Современный человек отчужден от ближних и не может называть их братьями. Человек одинок. Человек осиротел, ибо если нет родных на небесах, нет их и на земле. Не помнящие родства братья делят земное благо и никак не поделят. Враждующим кажется несправедливым любой раздел. Признание единого для всех Отца, восстановление братства между людьми – вот что можно было бы считать шагом вперед. Этого ждет Отец Небесный от Своих детей. Он и сейчас мог бы посетовать, как когда-то: 'Я воспитал и возвысил сыновей, а они возмутились против Меня' (Ис. 1, 2). Блаженны сохранившие верность, ибо они никогда не будут одинокими, сиротами без Отца и братьев. Блаженны они, ибо познают родство людей Божиих, которое выше братства. Познают единство во Христе. Это высшее родство есть единство, подобное единству Бога в Троице, – нераздельное и неслиянное единство. 'Чтобы они были едино, как и Мы' (Ин. 17, 11) – вот последнее желание Христа. Об этом говорит Сын Отцу Духом Святым. Вот вершина родства людей, вершина совершенства. Вот конечная цель, и, только стремясь к ней, люди без сомнения и лжи могут сказать, что идут вперед.

Мир тебе и благословение Божие.

ПИСЬМО 210. БРАТСТВУ СВЯТЫХ АПОСТОЛОВ, О ПОСВЯЩЕНИИ ХРАМА

Когда-то в Вашем городе был храм святых врачей-бессребреников Космы и Дамиана. Храм был разрушен, от него остались одни руины. На этих руинах по праздникам народ молится и возжигает свечи. В день памяти святых Космы и Дамиана здесь собирается множество молящихся. Не так давно один из состоятельных граждан Вашего города изъявил желание восстановить церковь, но с условием, что она будет посвящена святому пророку Илие. Вы спрашиваете меня, допустимо ли это. Считаю, что это очень неразумно. И народ не поддержит его.

Народ, как и раньше, будет приходить к святым врачам и молиться им. А у Вашего земляка нет никаких серьезных оснований менять имя святого, которому посвящен храм. Его аргумент заключается в том, что он сам носит имя «Илья» и считает пророка Илию значительнее, чем святые Косма и Дамиан. Первая причина может заставить людей думать, что он посвящает храм себе, а не святому пророку. Другая оскорбит Бога, Отца всех святых. Ибо Господь любит всех, кто Его любит, то есть всех святых, так же как родители любят всех своих детей, а кто обидит дитя, тот отца обидит.

Святые врачи Косма и Дамиан — великие святые. Ваши прадеды не случайно посвятили им свою церковь: наверно, у них были на это серьезные причины. Ваш земляк совершит благое дело, если восстановит церковь святых Космы и Дамиана на том же месте, на тех же камнях; если же он не хочет этого, пусть просит благословения построить церковь, посвященную святому пророку Илие в том месте, где благословят. Иначе произойдет смущение в отношении действия святых.

Когда-то в Чехословакии, когда она еще была православной, произошел такой случай: княгиня Драгомира, мать святого короля Вацлава, убила княгиню Людмилу[375], свою мать. На могиле Людмилы вскоре стали происходить чудесные явления, и народ во множестве притекал к чудотворной могиле. Княгиня Драгомира испугалась народного гнева и придумала такую хитрость: на могиле святой Людмилы она построила часовню святого Архангела Михаила, чтобы народ приписывал чудеса не Людмиле, а ему. Но это не помогло. Люди продолжали приходить к могиле Людмилы и у нее просить чудесной помощи. Как бы не случилось такого и у вас: вы посвятите церковь пророку Илие, а народ будет молиться и ожидать помощи от святых врачей. Или еще хуже: не разделиться бы вам из-за святых, как когда-то коринфянам, которые, препираясь, говорили: одни – 'я Павлов', а другие – 'я Аполлосов' (ср.: 1Кор. 3, 4). Да не будет с вами этого.

Мир вам и радость от Господа.

ПИСЬМО 211. МАНОЙЛО Й.: КТО ИМЕЕТ, ТОМУ ДАНО БУДЕТ

Тебя удивляют слова Спасителя: 'ибо кто имеет, тому дано будет и приумножится, а кто не имеет, у того отнимется и то, что имеет' (Мф. 13, 12). Разве справедливо, спрашиваешь ты, давать богатому, который уже имеет, и отнимать у бедного и то малое, что еще имеет? Так ты рассуждаешь, ведомый духом нашего сурового времени, когда материя заслонила собой главное в человеческой жизни – ее смысл и цель. Если бы здесь шла речь о благах мира, то, действительно, было бы несправедливо взять у нищего и отдать богатому. Это противоречило бы другим словам Спасителя: 'Просящему у тебя дай'[376]. Противоречило бы и притче о богаче и Лазаре, которая говорит о том, что по смерти немилосердный богач оказался нищ, а убогий Лазарь богат[377]. Следовательно, здесь не может идти речь о материальном имении.

Если и случается в жизни, что богач обогащается еще больше, а бедный совсем нищает, если и бывает, что последнее имение отнимается у бедного и отдается богатому, то это – символ, образ того, что происходит в духовной реальности. Истинный смысл этих слов Христа понятен из предшествующего. А предшествуют им притчи о сеятеле[378] и о свече, свет которой светит всем[379]. Истина есть свет. Кто вкусил сладость истины, как дара Божия, тот жаждет ее все больше и стремится к ней все сильнее, и ему еще приумножится, чтобы мог другим благовествовать о ней.

У святой Варвары не было учителя, но она имела жажду истины и душу, готовую принять ее, поэтому Господь открыл ей богатство истины. Некоторые современные еретики, зажав в кулаке частичку Христовой истины, отбросили полноту ее, которую содержит в себе Православная Церковь. Подобно рабу, закопавшему талант, закопали они частицу истины и ревностно хранят ее от приумножения. Потому отнимется та частица у них и возвращена будет тем, у кого взяли. Они же 'думают', что имеют 'всю истину'. Евангелисты иногда дополняют и объясняют друг друга, в данном случае Лука дополняет и объясняет слова Матфея: 'ибо, кто имеет, тому дано будет, а кто не имеет, у того отнимется и то, что он думает иметь' (Лк. 8, 18).

Многие высокоумные философы, не имея истины, думают, что имеют, и не стараются познать истину, которая только от Христа исходит. Потому их мнимая истина отвергнется и не принесет плода, а дар Божий, который они употребили для своей пагубной гордости против Творца, отнимет Податель даров и отдаст другим, имеющим страх Божий и ревность, веру и любовь. «Так же надлежит поступать и нам, – говорит святой Иоанн Златоуст», – когда мы видим, что кто-то слушает нас рассеянно и оставляет без внимания все наши убеждения, да умолкнем, ибо, чем больше усердствуем, тем нерадение их увеличивается». Господь поступает, как тот хозяин, который сеет семя и у дороги, и на каменистой почве, и в тернии, и на доброй земле, но, когда видит, что бывает с семенем, посеянным в первых трех случаях, он всю свою заботу отдает семени, посеянному на доброй земле. Чем больше плода приносит нива, тем более внимателен и заботлив к ней хозяин. А землю, что у дороги, на камне и в тернии, он постепенно оставляет, видя, что не приносит она плода, и семя, которое сеял в нее, забирает и сеет на плодородной земле.

Все это относится к слову Божию, посеянному Христом в мире. Кто отвергнет слово Божие или злоупотребит им, у того отнимется оно и приумножится у тех, кто уже имеет его и принимает с радостью.

Мир тебе и радость от Господа.

ПИСЬМО 212. СТЕВАНУ И., О ВОЗДАЯНИИ

Вы досадуете на некоего чиновника, который не принял Вас, когда Вы пришли в его дом с визитом. Особенно рассердило Вас то, что он солгал Вам. Его слуга поднялся на второй этаж и, вернувшись, сообщил Вам, что «господина нет дома», в то время как Вы точно знали, что он дома. И Вы гневно спрашиваете: как такой уважаемый господин может лгать? Как видите, может! Ложь, словно дым, вползает всюду: и во дворцы, и в лачуги.

Но не приходило ли Вам в голову, что, может быть, в том, что произошло, есть и Ваша вина? Может быть, Вы сами когда-нибудь поступали так по отношению к другим? Может быть, и Вы отвечали какому-нибудь посетителю или просителю, что Вас нет дома? Если же Вы действительно никогда так не поступали, тогда ложь этого господина падает на его голову, а если поступали, считайте, что его ложь – воздаяние за Вашу.

'Какою мерою мерите, такою и вам будут мерить', – сказал Господь[380]. Об этом же Он говорит в притче о злом рабе (см.: Мф. 18, 23–35). Это подтвердилось и на примере одного русского губернского чиновника. Он пришел к преподобному Серафиму Саровскому просить совета, но, когда он постучал в дверь кельи старца, тот ответил ему: «Меня нет дома!». Удивленный чиновник не решился стучать снова и смущенно стоял у дверей. Наконец старец открыл дверь и остановился на пороге. Чиновник гневно сказал: «Отче, я был у Вас уже пять раз, и Вы ни разу не удостоили меня приема!». Прозорливый старец ответил: «Я просто поступил так, как поступаете с посетителями Вы. Когда кто-то просит Вас о встрече, Ваши слуги отвечают: «Господина нет дома!»».

Преподобный хотел таким строгим уроком поучить того чиновника. Мерой за меру. Это закон, от которого человек может защититься только покаянием. Если человек покается в своем грехе, он освобождается от него.

Мир тебе и радость от Господа.

ПИСЬМО 213. СОСТОЯТЕЛЬНОЙ ЖЕНЩИНЕ, О БЕЗРАБОТНОМ

Недалеко от Вас живет один «трудолюбивый, честный и надежный работник», так Вы сами пишете о нем, но сейчас он остался без работы и без хлеба. Вы спрашиваете, можем ли мы ему помочь. Можем помочь, и поможем. Но почему бы Вам не помочь ему от избытка средств? Вам представилась чудесная возможность исполнить евангельскую заповедь – накормить алчущего. Почему Вы уступаете ее другому и предлагаете другому спасение души, которое Вам Богом послано? Этого человека отделяют от нас сотни километров, а от Вас – сотня метров. «Он досаждает мне своими просьбами», – говорите Вы. Поверьте, и Господу досаждают богатые, которые получают, не желая отдавать. А того горемыку съедают досада и стыд, который мучительнее любой досады, оттого что он вынужден стучать в чужие двери и побираться.

Не просим ли мы каждый день Отца нашего Небесного о «хлебе насущном»[381]? Но, как только получим его, говорим: «Мой хлеб!». Разве это по-христиански? Разве за это Господь пошел на крестные муки? Нет, конечно. И когда человек просит хлеба, он это делает по своему христианскому праву, а когда имущий подает, подает по христианскому долгу. Ибо заповедь о помощи нищим так же строга, как и заповедь: "Не убий"[382] Исторический опыт нас учит, что лучше дать, пока голодный просит, чем ждать, пока он станет отнимать. Не исполненный одними долг вызывает у других желание завоевания своих прав. Помните о словах Божиих: 'Отче наш' и 'хлеб наш', и, когда познаете всю их глубину и силу, Вам легче будет спасти и свою душу, и жизнь Вашего «трудолюбивого, честного и надежного», но голодного соседа.

ПИСЬМО 214. К. П., О ПОЗНАНИИ ХРИСТА

Вы были очень рады, что Ваш сын выучился за границей, что был одним из лучших студентов, получил блестящее образование и диплом с отличием. Но вдруг Ваш ученый и образованный сын посмеялся над Вами в день Вашей Крестной Славы, тогда Вы и Ваша супруга испытали легкую боль, словно от укола иголки. Он ничего не сказал, просто усмехнулся, когда Вы зажгли праздничную свечу. Потом он ушел из дома и вернулся, когда празднование было закончено. И ничего не сказал Ваш сын… только усмехнулся, но эта усмешка открыла Вам всю пустоту души Вашего сына. Вы с супругой молча переглянулись, и боль пронзила ваши сердца.

С каждым днем Вы убеждаетесь в том, что душа сына не имеет духовного центра и нравственного стержня. Вы опасаетесь говорить с ним на эту тему, потому что чувствуете, что он уже начал слегка презирать Вас и больше не признаёт Ваших правил и жизненных ценностей. Вы просите меня написать ему. Я хочу помочь Вам, и вот мое Письмо.

«Молодой человек, позволь мне рассказать тебе одну историю. Когда-то двое близких друзей были вынуждены расстаться и разъехаться по разным городам. Прошло время, и снова они встретились. Они рассказывали друг другу о тех городах, в которых живут. Но один не хотел поверить другому и настаивал на своем мнении о том городе, в котором никогда не был, всячески уничижая его. Непонятый друг огорчился и умолк.

Ты поступил со своими родителями, подобно тому обидчику. Ты жил в неком граде Знания, и они слушают твои рассказы о нем и верят им. А когда они рассказывают тебе о своей жизни в граде Добра, ты презрительно усмехаешься и обличаешь их, как лжецов. Разве это достойно образованного человека – считать свой опыт истинным, а чужой ложным? Хороши твои знания, но доброта лучше знаний, и твои родители обладают лучшим. Учился ты у иноземцев знаниям, теперь научись у родителей доброте. Приведи знания в согласие с добротой, но так, чтобы доброта господствовала над знаниями и руководила ими.

Над всеми человеческими науками стоит важнейшая из наук – наука Господа нашего Иисуса Христа: в ней заключены истинное добро, имя которому – любовь, и высшее знание, имя которому – мудрость. Вот как говорит апостол: 'все почитаю тщетою ради превосходства познания Христа Иисуса' (Флп. 3, 8).

Чем больше мирских знаний без святого знания Божией науки, тем больше вред. И чем больше мирское богатство без богатства небесного, тем больше опасность. Ибо один только Христос может сохранить эрудита от злоупотребления знанием и богатого от злоупотребления богатством.

Вспомни славного ученого, который сказал: «Все мое знание словно капля в океане», – будь скромнее и поцелуй руки родителям, чтобы «пребыть тебе в добре и жить долго»[383].

ПИСЬМО 215. ПРОДАВЦУ ГАЗЕТ, О ЖИЗНЕННЫХ ИСПЫТАНИЯХ

Не унывай. Не думай о плохом. Господь рядом с тобой, Он все видит. Он милостив и помилует тебя, Он и сейчас милостив к тебе, хотя ты болен и печален. Он испытывает твое мужество. Испытывает веру и надежду. 'Бьет же всякого сына, которого принимает', – говорит апостол (Евр. 12, 6), который сам был многажды бит: – 'От иудеев пять раз дано мне было по сорока ударов без одного; три раза меня били палками, однажды камнями побивали, три раза я терпел кораблекрушение' (2Кор. 11, 24–25). Все эти удары принимал апостол от людей, но благодарил за них Бога так, как будто принимал от Него, и никогда не роптал и не жаловался на своих мучителей, но, измученный и гонимый, ободрял других, говоря: 'радуйтесь всегда в Господе; и еще говорю: радуйтесь'[384]. Ты скажешь: я не апостол Павел! Знаю, что не апостол, но ты христианин – духовное чадо апостолов, наших духовных отцов, так же как и все мы духовные дети их.

Ты думаешь, сейчас нет христиан, которые с радостью переносят удары и мучения? Сейчас в России повторяется история апостольских страданий. У нас есть множество свидетельств о том, как радостно переносят муки и гонения русские христиане. И среди нас есть христиане, с апостольской радостью претерпевающие все жизненные скорби. Но мир не ведает о них, и газеты о них не пишут. Они шепотом исповедуются духовникам и молятся за своих гонителей. Ледяной ветер страданий не охлаждает тепла их упования. Как можно назвать человека, в холодную зиму не верящего в приход весны? Неопытным. Лютая зима вдвойне люта для тех, кто не ждет весны.

И зиму твоей жизни, по милости Творца, сменит весна. И возрадуешься, и возвеселишься, и будешь досадовать на свое маловерие. Поэтому не унывай! Не думай о плохом. Господь рядом с тобой. Пройдет зима, а весна уж у порога.

Мир тебе и благословение от Господа.

ПИСЬМО 216. СВЯЩЕННИКУ АВРААМУ И., О ПРИНЯТИИ ХРИСТА

Одни принимают Его, другие отвергают. Вас, честный отче, это удивляет: Он должен был бы навязать Себя всем, чтобы все Его приняли. Но чем бы Он тогда отличался от римских кесарей, египетских фараонов или современных тиранов? Он пришел не для того, чтобы уничтожить самое драгоценное в человеке и в Нем Самом. Христос не хотел силой покорить чужую волю Своей, Он хотел добром склонить человека к принятию Царства Небесного. Господь проявил Себя как пастырь, добрый пастырь, который не кнутом гонит овец своих, но идет впереди и зовет их за собой. Овцы Мои, говорит Он, знают голос Мой и за Мной идут[385]. А те, кто не слушается голоса Его, поворачивают назад или сбиваются с пути и блуждают по бездорожью. Как тогда не все захотели пойти за Ним, так и теперь не все хотят. Об этом разделении свидетельствуют евангелисты: 'и народ искал Его и, придя к Нему, удерживал Его, чтобы не уходил от них' (Лк. 4, 42). А в другом месте говорится обратное: 'И просил Его весь народ Гадаринской окрестности удалиться от них, потому что они объяты были великим страхом' (Лк. 8, 37). Ведь Он исцелил одержимого бесами человека ценой их свиней; и о свиньях они сожалели больше, чем о человеке.

Так было тогда, так остается и поныне. Он разделяет людей на два лагеря: кто-то становится справа, кто-то слева. Кто-то ценит человека выше всех сокровищ, а кому-то свиньи дороже человека. Первые слушают глас Его, как глас Пастыря, и удерживают Его, чтобы не уходил от них. Вторые не слушают Его, не следуют за Ним и с гневом изгоняют, как угрожающего их меркантильным интересам.

Блаженны те, кто и тогда, и ныне слышит Его и идет за Ним, ибо идет в вечное Царство. Блаженны и Вы, честный отче, и прихожане Ваши, что слышите глас Господа Иисуса Христа и следуете за прозорливым Пастырем по истинному пути в Царство Небесное и жизнь вечную.

ПИСЬМО 217. ПРАВОСЛАВНОМУ П. Т. ИЗ ЛОЗНИЦЫ, О СЕКТАНТСКОЙ МИЛОСТЫНЕ

Ты готов оставить веру отцов и уйти в секту! Почему? Потому, что они выдают бесплатно книги и помогают своим членам деньгами. Но почему же ты не спросишь себя: за чей счет издают они свои книги? За свой или за чужой? Очевидно, что не за свой, очевидно, что они покупают души за чужие деньги, и известно, что за каждую получают награду от своих хозяев. Не ради Христа дают, а ради личной прибыли. Они превратили веру в торг, и ты готов стать товаром.

Турки сулили воеводе Анто[386] несметные сокровища, чтобы он отдал им Лозницу, но он не предал свой народ. Не отдал достоинство за похлебку. И никто из твоих славных предков не поступал, как Исав, но все они, подобно Моисею, 'лучше захотели страдать с народом Божиим, нежели иметь временное греховное наслаждение, и поношение Христово почитали большим для себя богатством, нежели Египетские сокровища' (ср.: Евр. 11, 25–26).

Знай, что таков обычай еретиков и раскольников – внешне казаться милосерднее православных. Даже царь Юлиан Отступник, отступивший от Христа, став язычником, щедро раздавал милостыню и похвалялся, что он милосерднее христиан. Но христиане не принимали его милостыни, считая ее нечистой. Все, считающие себя христианами, должны стараться превосходить в милосердии иноверцев и еретиков, чтобы не позволить им соблазнять людей мнимым милосердием.

Бойтесь сектантов, дары приносящих, бегите от них как от огня. Они дают материальное, чтобы отнять духовное: бесплатными брошюрками они расшатывают совесть, подачками создают в народе раскол, отторгая некоторых от их единоверных братьев.

А ты будь осторожнее и берегись. Береги душу от хищных волков в шкурах овечьих.

ПИСЬМО 218. ТОРГОВЦУ М. С.:

И СЛУГА ТОЖЕ ЧЕЛОВЕК

Ко мне пришел один из Ваших слуг, по имени Спасое, с жалобой на несправедливое увольнение с работы. Не понимаю, почему Вы уволили его, если вина лежит на обоих. Он толкнул Вас, и Вы ударились о стену. Если было бы известно только это, ему не на что было бы жаловаться, но выяснилось и другое.

Вы праздновали свою серебряную свадьбу. Когда разошлись гости, Вы пригласили слуг и стали пить с ними. Опьянели Вы, опьянели слуги. Опьянел и Спасое, который никогда прежде не напивался. Опьянев, он запел и не дал Вам произнести тост. Вы в гневе ударили его по губам, он толкнул Вас, и Вы ударились о стену. Так закончилось празднование вашей серебряной свадьбы и началась безработица для Спасое. Пьяный ударил пьяного: они в расчете. Мера за меру. Но Вы превысили меру, когда на следующий день уволили Спасое с работы.

С польским королем Казимиром[387] произошел такой случай. Он был страстным игроком и однажды играл с одним из своих придворных. Придворный проигрывал, король выигрывал, придворный разгневался и дал королю пощечину. Дело дошло до суда, и он был приговорен к смертной казни. Когда королю принесли на подпись приговор, он не стал его подписывать, сказав: «Виноват я, а не он, ибо не подобает королю разжигать страсти своих подданных». Так и Вы должны были рассудить, как мне кажется. Не столько виноват слуга, сколько хозяин, который вынудил его напиться. Вы позвали его пить, а не он Вас. А пьянство, как и безумие, уравнивает всех. В опьянении уже не разобрать, кто слуга, а кто господин. Так почему же один Спасое несет наказание, которое вы оба заслужили? Большая часть недоброй заслуги принадлежит Вам, но Вы все возложили на него. А если бы бедный Спасое нашел у Вас во дворе клад, Вы и тогда бы отказались от своей доли?

Некогда апостол Павел писал одному господину, Филимону, о его рабе Онисиме, прося Филимона принять его обратно, и принять 'не как раба', а как 'брата возлюбленного'. 'Прими его, – говорит он, – как меня'[388]. Вот и я прошу Вас: примите этого благочестивого Спасое, христианина, такого же, как Вы. Господь наш Иисус Христос умер на Кресте за вас обоих. Слуга напился по Вашему повелению: видите, он предан Вам настолько, что даже впал в грех ради Вас. Примите его скорее, чтобы он невольно не разгласил неправду Вашу перед людьми и пред Господом.

ПИСЬМО 219. ВОЖДЮ НЕКОЙ ПАРТИИ, О МОЛИТВЕ ЗА ГОНИТЕЛЕЙ

Вы спрашиваете меня: «Почему Церковь ненавидит коммунистов?». Кто Вам сказал? Церковь не может ненавидеть своих врагов. Церковь осуждает не коммунистов, то есть не людей, а их дела. Церковь осуждает насилие коммунистов – убийство Царской Семьи, Царских Детей, убийство множества архиереев и священников, аресты и гонения христиан, поругание веры, осквернение святынь, святых мощей, продажу икон и богослужебных предметов, превращение храмов в театры; осуждает хулу на Бога, запрещение молитвенных собраний, возвеличивание Иуды и сатаны, уничижение человеческого достоинства и низведение человека до уровня обезьяны, уподобление человека винтику в огромной государственной машине, материалистическое ослепление, которое отрицает Бога, душу, духовную реальность. Вот что осуждает и всегда осуждала Церковь. Все это неугодно Богу и Церкви.

Но то, что Церковь ненавидит людей, даже гонителей, неправда. Неправда, что Церковь ненавидит русских коммунистов как людей. Нет в ней ненависти: Церковь молится за них. Поверите ли Вы мне, если скажу Вам, что Церковь молится за русских коммунистов? Церковь не забыла заповедь Своего Учителя: 'молитесь за врагов ваших, благословляйте проклинающих вас'[389]. Полная глубокой скорби за них, людей, нередко крещеных, Церковь со слезным вздохом молится о них Христу. Как она молится? Так, как научил Христос: 'Прости им, Отче, ибо не ведают, что творят!'[390] Отверзи им, Отче, очи духовные, да прозреют и Тебя узрят. Вразуми их, Христе, да познают, что без Тебя «не могут творити ничесоже»[391]. Отрезви их, Господи, от ненависти к Тебе и людям Твоим.

Так молится Церковь с верой, что Господь услышит ее, ради блага гонителей ее и блага всего рода человеческого.

ПИСЬМО 220. ИЗГНАННЫМ ИЗ РАЯ, О ВОСКРЕСЕНИИ МЕРТВЫХ

Разве вы не слышали? Разве не слышали, что рай снова открыт? Но не на земле, а на небесах. Не временный, а вечный, и что в этот вечный рай вошли преступник, и разбойник, и нищий. Преступник Адам, разбойник с креста и нищий Лазарь. Христос воскрес и воскресением Своим отверз врата небесного рая детям Адама. И многие уже вошли в этот рай, который никогда впредь не будет утрачен, из которого уже не будет изгнания. Если вы слышали об этом и вас продолжает угнетать страх смерти, то тщетно слышали. Если же вы слышали и приняли эту радостную весть в сердце, тогда воскресение ваше уже на пороге: воскрешение уже началось и закончится воскресением. Если эта радостная весть стала жизнью вашей жизни, то смерть для вас просто детская игрушка, она для вас словно плененный раб, ведомый в цепях победителем.

Разве вы не слышали? Разве вы еще не слышали, что Воскреситель исполнил обетование Божие, данное Адаму, первому изгнаннику? – От семени Жены явится Некто, Кто сотрет главу лукавой лжи, главу змия преисподней[392]. И явился Богочеловек – Бог, умалившийся до человека, и Человек, вознесенный до Бога, явился в юдоли слез и рыданий изгнанников из рая. И принес освобождение рабам, жизнь – мертвым, здоровье – больным, радость – печальным, любовь – озлобленным, то есть самые драгоценные дары и сладчайшие плоды с Древа жизни. Убрусом милости осушил Он слезы плачущим. Силой Божественной воскресил дочь Иаира, сына наинской вдовы, Лазаря четверодневного, души грешников и умы апостолов. И вся природа кланялась Ему, а рабы природы радовались. Если вы слышали об этом, почему вы до сих пор печальны? Почему ходите, низко склонив головы, ступая по собственным слезам? Если вы сердцем приняли эту радостную весть, положите конец рыданиям.

Разве вы не слышали? Разве вы еще не слышали, что грех первого изгнанника из рая, праотца всех изгнанников, искуплен, искуплен и омыт Кровью Любви на Кресте? Грех тот заключался в отпадении детей от Отца, брата от брата, в раздорах и ненависти из поколения в поколение, из рода в род. Любовь детей к Отцу угасла, любовь брата к брату утрачена. Разве вы не слышали, что Христос остановил испепеляющий ветер греха и усмирил безумие бури – ветер и бурю, которые веками гасили и погасили тот огонь любви? Разве вы не слышали, что Он возжег новый огонь в остывшем очаге любви? Если вы слышали об этом, почему вас до сих пор отягощают бремена изгнанников? Почему не сбросите эти мешки, полные праха, с душ своих, с очага души своей? Если вы сердцем приняли эту радостную весть, тогда у душ ваших уже должны вырасти по два крыла – боголюбие и братолюбие, два крыла, подобные орлиным. С этими чудесными крыльями существо ваше снова будет крылатым, и снова сможет оно возноситься к небесам, в рай небесный, в Царство крылатых Херувимов, в бессмертное Отечество Господа Воскресителя.

ПИСЬМО 221. ОДИНОКОМУ ЧЕЛОВЕКУ, О ДУШЕВНОМ ПОКОЕ

Все у тебя есть, только покоя нет. Все бы ты отдал за покой, но нет тебе покоя. Беспокойство овладело твоей душой с военной поры, беспокоишься о том, не убил ли ты кого-нибудь. Может быть, сейчас какая-нибудь мать скорбит о единственном сыне, которого ты убил, а с матерью скорбят и жена, и дети, и братья... Может быть, проклинают они его убийцу, а убийца – ты. Кто знает, что ждет тебя и твоих детей? С этими мыслями ты ходишь и работаешь, ложишься и встаешь. Беспокойство и страх люто терзают твою душу.

Разве не слышишь на каждом богослужении благословение Церкви Божией: мир всем! Кто еще в мире произнесет такие чудесные слова – мир всем! С таким теплом, любовью и глубоким значением. Мир политический и гражданский, мир внешний и внутренний, между людьми и между народами, мир с Богом и с совестью, мир с хвалящими и хулящими, с жизнью и смертью – одним словом, 'мир Божий, который превыше всякого ума, соблюдет сердца ваши' (Флп. 4, 7).Такой мир проповедует людям Церковь Божия.

Поклонись Господу Иисусу, припади к Его окровавленным стопам и обретешь покой: 'Ибо Он есть мир наш' (Еф. 2, 14). И когда Церковь говорит: «Мир всем!», то это равнозначно тому, как если бы сказала: Христос всем! Христос со всеми вами! Христос в вас! Аминь.

Христос, Мир твой, да пребудет в тебе!

ПИСЬМО 222. БРАТСТВУ N., О ТЕХ, КТО ОТПАДАЕТ

Я всегда с радостью вспоминаю вас и благодарю Бога, что в наше время есть такие ревнители веры и чистоты. К вам можно отнести слова апостола: 'как вы изобилуете всем: верою и словом, и познанием, и всяким усердием, и любовью вашею к нам, – так изобилуйте добродетелью' (ср.: 2Кор. 8, 7). А вера – главная движущая сила ваших душ, главная сила слова, главный свет разума и главный двигатель всякого вашего делания ради спасения. И примером того, какая рождается сила, когда соединяется народ и народная интеллигенция, служите вы.

В вашем братстве объединились образованные и необразованные, крестьяне и чиновники, но все чувствуют себя братьями и рабами Божиими. Каждое воскресенье не умолкают слова покаяния и молитв в вашем храме. Огорчают вас только некоторые, отпавшие от братства и вернувшиеся к своей прежней жизни и старым привычкам. Им милее грязное рубище греха, чем чистая риза добродетели. Дым сигарет в кабаках им приятнее, чем благоухание ладана, бессмысленные песенки их чаруют больше, чем церковные песнопения. Все они носят апостольские и святительские имена, похваляются своим сербством и Православием.

Что поделаешь? И от Христа уходили. Разве вы не читали в Евангелии: 'С этого времени многие из учеников Его отошли от Него и уже не ходили с Ним' (Ин. 6,

66)? Что же? Осуждать, обсуждать их позор и падение? Ни в коем случае. Будет намного лучше и полезнее для них, если они узнают, что мы молимся о них и помним о чистоте их жизни и поведения, когда они еще были в братстве. Как будто мы ничего не знаем об их нынешнем помрачении, которое скрыло солнце их души, как будто мы знаем только об их сиянии!

Молитва о них и воспоминание их прежней доброй жизни рано или поздно тронет их души. И думаю, что вы снова обретете своих заблудших братьев и будете радоваться за них вместе с Ангелами.

Да обрадует вас Господь.

ПИСЬМО 223. ПИСАТЕЛЮ ВАСО Д., О БОГОБОРЦАХ

Ваше сердце сжимается от скорби о том, что московские безбожники осквернили всенародное празднование Пасхи новым богохульством. Не первый раз мы видим, что накануне Воскресения Христова они готовят целый арсенал поруганий, хулы и безобразий, чтобы в праздник обрушить их на голову и совесть братского нам русского народа.

Не только Вы печалитесь об этом: с Вами скорбят все православные народы в мире. Воистину благородна Ваша печаль, и она облагораживает всех, кто ее видит и о ней знает. А пример московских богоборцев не сравним ни с одним из известных в истории примеров богохульства; он показывает, до какой степени может дойти помрачение человеческого разума, до какой степени может окаменеть человеческое сердце для принятия любви Божией! Каждый христианский праздник дает нам возможность торжествовать победу разума над мраком, а им — праздновать свой триумф мрака над разумом. Но если вы возьмете то, что составляет основу их веры, которую они исповедуют, вы увидите, что, во-первых, в то время как мы, говоря о Рождестве Христовом, утверждаем, что люди — дети Отца Света, они считают людей детьми гориллы; во-вторых, в то время как мы, говоря о Пасхе, утверждаем, что все люди воскреснут из мертвых в жизнь вечную и в этом смысл нашей земной жизни, они изучают трупы горилл и с какой-то безумной гордостью восклицают: «Таков был конец праотца нашего, таким будет и наш конец!».

В то время как, говоря о Вознесении, мы духом и сердцем возносимся в Царство Небесное за вознесшимся Господом, они, хмуро глядя вниз, твердят: «Нет небес, нет Царства духовного, есть царство тины, и больше ничего; в нем жили наши прародители – гориллы, и мы будем жить в нем. Тина, и больше ничего!».

В то время как мы, говоря о празднике Святаго Духа, прославляем Духа Божия и Ему молимся, чтобы сошел и очистил нас, укрепил и возвысил, обожил и обессмертил, они насмехаются и хулят Его, утверждая, что не существует никакого духа – ни Святаго, ни любого другого, есть только телесные испарения, которые называются духом: «И праотец наш, горилла, имел в себе испарения, и мы имеем их, но, когда тело умирает, испарения исчезают, а тело коченеет».

В то время как, говоря о празднике святых апостолов, мы вдохновляемся духом первых воинов Христовых, которые ради братской любви к людям понесли тяжкие страдания, а из любви к Отцу своему Небесному живот положили, они поносят апостольство, братство и любовь и заявляют, что только силой гориллы можно добиться своей цели. Для них горилла – альфа и омега человеческого существования!

В то, что горилла – альфа рода человеческого, не верит никто из разумных людей, но для многих, считающих себя разумными, горилла является омегой. Многое из того, что раньше казалось невероятным, осуществилось в наше жестокое время: наковальня восстала на кузнеца, а человек – на своего Создателя.

ПИСЬМО 224. Р. З., О КУЛЬТУРЕ И ЧЕЛОВЕКЕ

Вы мне пишете, что провели зиму на одном известном европейском курорте. Несколько дней Вы чувствовали себя очень приятно, пока Ваш взгляд скользил по мраморным дворцам, мозаичным фонтанам, по чистым, ровным улицам, храмам и музеям, библиотекам и отелям – всему тому, что услаждает любопытный взор и считается культурным наследием.

Только спустя некоторое время Вы заинтересовались людьми (вернее, они сами обратили на себя Ваше внимание), живущими в этом городе, и Вы заметили, что, например, заплатили непомерно высокую цену за кусок битого стекла, которое Вам продали как бриллиант, что извозчик провез Вас через весь город, чтобы довезти до лавки, которая находится через дорогу от гостиницы, что все вокруг смотрят на Вас не как на человека, а как на падаль – орлы в ожидании своего куска. Каждый искал способа безнаказанно исклевать и ободрать Вас. И Вы пишете мне о том, какое восхищение вызвала у Вас культура этого города и какое отвращение – нрав его жителей. «Их прадеды должны были быть великими людьми, если они создали такую великую культуру!» – этими словами Вы заканчиваете свое Письмо.

Не обманывайтесь. Их прадеды были такими же, как и они. Культуру создают не только великие люди, но часто мелкие, очень мелкие, иногда даже нелюди.

Мелкие люди создавали культуру Вавилона и Египта. Кровавая Семирамида[393] воздвигла висящие в воздухе сады. Нелюди создали культуру погибшей Помпеи. Нелюди создали культуру Тира и Сидона, двух безбожных городов. Нелюди создали культуру Содома – Содома, известного своим злом. Не были великими и мексиканцы, создавшие великую и славную культуру. Культурным городом считался Капернаум, но культура не спасла его от «славы» Содома: 'И ты, Капернаум, до неба вознесшийся, до ада низвергнешься, но говорю вам, что земле Содомской отраднее будет в день суда, нежели тебе' (Мф. 11, 23, 24). Культура и нравственность не всегда идут рядом, нельзя по уровню культуры судить о ценности человеческой личности или народа.

И в заключение позвольте мне задать Вам, как славянке, вопрос: после опыта, пережитого Вами в культурном городе Н., что, по Вашему мнению, является главной задачей славянских народов – создание культуры или воспитание нравственности? Что мир ожидает от славян – культуры или духовности? В чем сейчас вопиющая необходимость – в культуре или в добрых людях?

ПИСЬМО 225. СПРАШИВАЮЩЕМУ О ТОМ, ЧТО ВНЕ ВОПРОСОВ

Спрашиваешь, почему Православная и католическая Церкви называют Богородицу Спасительницей, обращаясь к Ней: «Пресвятая Богородице, спаси нас!», когда у нас только один Спаситель, Господь наш Иисус Христос. Такой вопрос задаешь ты мне и ждешь на него ответа.

Знаешь ли ты, как легко задавать несообразные вопросы и ждать ответ? Лукав твой вопрос, но лукавство это не от тебя, а от тех, кто ведет непрестанную борьбу с христианством.

Да, это правда. Один у нас Спаситель и Мессия, Который претерпел за нас крестные муки и смерть – 'начальник и совершитель веры Иисус' (Евр. 12, 2), и другого нет. Но правда и то, что Богородица может спасать людей от бед и грехов, о чем свидетельствует опыт Церкви. Она может даровать спасение, вымолив его у Сына Своего, Спасителя мира.

Молимся мы святым апостолам: святые апостолы, спасите нас! Но этими словами мы признаем не существование многих спасителей. И молимся апостолам, чтобы они, как духовно более просвещенные и более достойные и близкие Богу, вымолили нам спасение у единственного Спасителя.

И святителю Николаю молимся: святый отче Николае, моли Бога о нас! Но мы не признаем в нем спасителя, равного Христу, и не отступаем от истины о единственном Спасителе, а молимся святому Николаю или другим святым, чтобы спасли нас, вымолив у Христа милость.

Ибо веруем в Отечество Божие, в семью Христову, духовную и святую, прославленную и бессмертную. А всякое плотское родство на земле есть только символ и образ небесного, Божественного родства.

Мир тебе и радость от Христа воскресшего.

ПИСЬМО 226. НЕРАЗУМНОМУ ЧИТАТЕЛЮ, О НЕБЕСНОЙ МИЛОСТИ

То, что ты читаешь в Священном Писании, превосходит твое понимание. Милость небес к тебе несказанна, а ты ропщешь, говоря: «Почему Господь взял у меня единственную дочь?».

Безгранична милость небесная, а ты спрашиваешь, искушая, милостивы ли небеса, если солнце жжет посевы, вода заливает, черви подтачивают корни, моры уносят миллионы жизней. Почему? Потому, что люди в безумии и злобе отвращаются от небесного благого закона и срываются в адскую пропасть; и необходимо их остановить, отрезвить и спасти.

Знаешь ли ты историю об отце, который из любви отсек руку собственному ребенку? Разбойники украли ребенка. Отец, схватив нож, погнался за ними. Он догнал их у самых ворот убежища, когда они уже через порог затаскивали ребенка к себе. Без колебаний отец замахнулся, отсек ребенку руку и убежал с ним домой. Скажи: что лучше, спасти однорукого ребенка или дать разбойникам изрубить его всего на части?

Непостижим Творец в милости Своей. Разве постижимо то, что сказал Он на Кресте: 'Прости им, Господи, ибо не знают, что творят'[394]. За Господом, в милосердии, следуют Ангелы. Они неустанно трудятся над спасением доверенных им человеческих душ.

Слышал я такую историю. Разбойник хотел убить священника, уже прицелился, крикнув ему: «Девяносто девять попов я застрелил; ты будешь сотым!». Священник сказал, что он готов к смерти, но попросил у разбойника воды. Разбойник принес, но, пока священник пил воду, умер разбойник. Тогда бесы стали бороться с Ангелами за его душу. Бесы насчитали 99 убийств и множество других грехов, но Ангелы сказали им: «Во-первых, он исповедал убийства перед священником и напоил жаждущего», и еще немало добрых, хотя и случайных дел напомнили Ангелы бесам, и бесы отступили. А ты спрашиваешь: где же милость небес? Воистину, небеса и на тебе показывают милость свою, если терпят тебя, хулителя, терпеливо ожидая твоего покаяния.

Мир тебе и милость от Господа.

ПИСЬМО 227. ОДНОМУ СТРОГОМУ КОММУНИСТУ, О ХРИСТИАНСКОМ ОБЩЕЖИТИИ

Вы негодуете, что Церковь «предала свое изначальное коммунистическое устроение и стала капиталистической». Простите, но и то, и другое неверно.

Действительно, первая христианская община имела общежительный уклад, никто не говорил, что некое имение принадлежит ему, но все было общее[395]. Без всякого внешнего давления потребность общежития вылилась из души и сердца христиан, ибо сказано, что верующие живут 'единым сердцем и единой душой'[396]. Однако мы нигде не прочтем прямого объяснения, почему такой уклад был нарушен. Но и без объяснений ясно, что он не мог сохраниться в условиях жестоких гонений от врагов Церкви и запрещения христианских собраний и общих трапез. Не следует думать, что христиане не хотели сохранить общежитие: они были вынуждены отказаться от него. Но общежительное устройство Церкви сохранялось на протяжении всей истории ее существования, хотя в несколько ином виде. Оно поддерживается в монастырях до нынешнего дня, в особенности на Святой Горе и в России, до порабощения ее безбожным тоталитарным коммунизмом.

Спросите, почему Церковь не распространила общежительный уклад на весь народ и на все хотя бы только крещеные народы? Лишь по одной причине: внешние обстоятельства не давали ей такой возможности. Но, если это было невозможно вчера, может быть, станет возможным завтра. Главное, что Церковь не отреклась от своего изначального общественного идеала и по своей воле никогда не нарушала его. Может быть, что по Промыслу Божию то, первое христианское общежитие было предзнаменованием или прообразом христианского общественного устройства, которое в конце времен будет установлено у христианских народов.

Неверно и второе Ваше утверждение, что Церковь прилепилась к капитализму. Для чего бы Церковь это сделала? По какой причине Церковь стала бы способствовать капитализму? Я удивлен Вашими словами.

Прошлым Великим постом я причащал народ в одной из белградских церквей. Были сотни причастников, обычный православный люд, который не уклоняется ни в сторону левых, ни в сторону правых, но следует средним путем. Ни одного капиталиста не было, ни один из них не пришел причаститься. И это не исключение. Это правило, с редкими исключениями. Вот почему я думаю, что Ваше утверждение, что Церковь поддерживает капитализм, неверно и необоснованно.

Мир Вам и радость от Господа Иисуса Христа.

ПИСЬМО 228. МАРКО Н., О ВОСПИТАНИИ МАЛЫХ И СТАРЫХ

Пишете, что очень любите детей за их удивительное чувство благодарности, которое у взрослых изрядно притупилось. Приводите примеры. Приведу и я один пример. Митрополит петербургский Исидор[397] часто рассказывал о том, как, будучи ребенком, нередко ходил босой. Некий человек сжалился над ним и купил ему за пять копеек лапти. Это малое благодеяние настолько запечатлелось в душе будущего митрополита, что он спустя пятьдесят лет, уже став священником, а затем и иерархом, постоянно молился о своем благодетеле, которого звали Петр.

Пишете, что сострадаете детям в эти тяжелые времена, когда детскую душу всюду подстерегают соблазны. Система ценностей пошатнулась, кругом противоречия — все это, словно ледяной ветер, пронизывает детскую душу в школе, дома, на улице. Вы размышляете о создании новой педагогической системы, которая защитила бы детей от всех современных соблазнов и искушений. Однако Господь сказал: 'если не обратитесь и не будете как дети, не сможете войти в Царство Небесное'[398]. То есть Господь подчеркивает необходимость воспитания не детей, а взрослых и показывает способ их воспитания, совсем простой способ – брать пример с детей. Но Он сказал и о том, как следует воспитывать детей, тоже очень просто: 'пустите детей приходить ко Мне'[399]. Пусть только придут к Нему, а их воспитание – Его дело. Единственная задача родителей – пустить детей к Нему.

Итак, пустите малых приходить ко Христу, и старых к Нему пустите. Дети в присутствии Христа, своего лучшего Друга, не только научатся, но и окрепнут. Ибо Христос не только наставляет, но и дает благодатную духовную силу исполнять то, чему Он учит. Христос – вечная молодость, и Он зовет детей и дает им силу не одряхлеть духом и навсегда сохранить радость, бодрость и крепость духа. Слово Божие не дает духовно состариться.

В противоположность Ему и Его мудрости существует школьное, схоластическое воспитание, все усилия которого направлены на то, чтобы как можно скорее сделать из детей стариков. В пример приводятся старики, старческий образ мыслей прививается как единственно правильный, и детские сердца сморщиваются от старческого скепсиса и пессимизма. Вместо того чтобы уподобиться детям, старики делают детей подобными себе. Сами не войдут они в Царство Небесное и детям войти не дадут. Поэтому и слышим мы повсюду жалобы, что молодежь переживает депрессию и отчаяние.

Да благословит и ободрит Господь детей наших.

ПИСЬМО 229. КРЕСТЬЯНИНУ СВЕТОЛИКУ Д., О ПОТРЕБНОСТИ В «ЕДИНОМ ДУХЕ»

Ты переживаешь, что среди людей воцарились разобщенность и холодность. Хочешь, чтобы все жили «единой душой». Я понимаю, о чем ты говоришь, хотя изъясняешься невнятно. Когда говоришь «единая душа», подразумеваешь «единый дух», о котором говорит Священное Писание. Одной душой люди жить не могут, ибо у каждого человека своя неповторимая душа, данная ему ради заботы о ее спасении. Но многие, даже все, могут жить единым духом, если захотят этого. Так же как мы видим солнечный свет или вдыхаем воздух, так же мы можем укрепляться, освящаться и живиться одним духом.

О первых христианах сказано, что они 'были единодушны'[400], но это значит не то, что у них была одна душа на всех, а то, что жили и питались одним Духом Святым, Тем же, Который сошел на апостолов в виде огненных языков в день Пятидесятницы. Дух Святый, свет и живот, Дух мудрости и разума[401]. Этого Духа, по слову Спасителя, посылает Отец Небесный 'просящим у Него' (Лк. 11, 13).

Иногда людей объединяет дух зла, и тогда, совершая дела зла, они вместе спешат в объятия вечной смерти. А мы да соединимся во Святом Духе Божием, и дарует Он нам свет и силу, добро и жизнь вечную. Помолись об этом так, как вся Церковь искони Ему молится, чтобы Он объединил всех нас – и ближних, и дальних, чтобы укрепил и просветил:

«Царю Небесный, Утешителю, Душе истины, Иже везде сый и вся исполняяй, Сокровище благих и жизни Подателю, прииди и вселися в ны, и очисти ны от всякия скверны, и спаси, Блаже, души наша».

Прииди и вселися в нас, подражателей чужих заблуждений и пороков, и очисти нас.

Прииди и вселися в нас, соедини и обогрей херувимским боголюбием и братолюбием великих балканских святых и героев. Аминь.

ПИСЬМО 230. «ИСКАТЕЛЮ ИСТИНЫ», О СВЯТОМ ДУХЕ

Церковь учит, что существует Дух Святый, Который Бог от Бога, Благий от Благаго, Бессмертный от Бессмертного, Всесильный от Всесильного, Истина от Истины, Свет от Света, Живот от Живота. Вы же хотите, чтобы люди жили «духом времени». Но дух времени изменчив, словно ветер, с той лишь разницей, что обычный ветер выкорчевывает и губит деревья, а дух времени выкорчевывает и губит души. Если бы все люди жили духом времени, они шли бы по кругу и рано или поздно неизбежно вернулись бы к отправной точке.

Есть притча о кузнеце. Некий кузнец послал в мир своего сына искать такого ремесла, благодаря которому сын смог бы поддержать отца в старости. На дорогу он сказал ему: «Помни одно правило, которое помогает путешествующим: иди, куда поведет тебя ветер!». Послушался сын отца, отправился в путь и шел, куда ветер поведет. Долго он шел, пока снова не оказался перед кузницей отца. Удивился отец, а сын сказал ему: «Не удивляйся: твой совет привел меня назад. Чутко прислушивался я к ветру и шел за ним, как ты велел мне». Разочарованный кузнец ответил сыну: «Оставайся здесь и учись у меня, как я у своего отца».

Поверьте, так же и с духом, то есть с ветром времени. Поддавшись этому духу, Европа постепенно возвращается к язычеству, от которого в свое время отказалась ради света христианства. И, пока она знала Духа Святаго, от Него одного искала и принимала, шла она к свету и расцветала. А как только стала лениво следовать духу времени, повернула назад. Разве не видите, что она все ближе к темной кузнице мрачного Одина[402] и Перуна[403]?

Сказал Господь: 'Когда же приидет Утешитель, Которого Я пошлю вам от Отца, Дух истины, Который от Отца исходит, Он будет свидетельствовать о Мне' (Ин. 15, 26). Дух Божий – Дух Утешитель, приносящий утешение, если же дух приносит не утешение, а беспокойство и печаль, то дух этот не Божий и не от Бога.

Духа Божия посылает Христос, потому не может Он быть послан врагом Божиим, бесом, безбожником или человеконенавистником. Его может послать только Друг и Сродник, любящий нас, один только Господь Иисус Христос.

Дух Божий – Дух истины, Который от Отца исходит, Дух Отца, Дух отеческий, потому Он благий и радостный. И по радости и благости узнаете Его.

Наконец, Дух Божий свидетельствует о Христе, утверждает, что Христос – Сын Божий и Спаситель мира. Всякий дух всякого времени, который восстает на Христа, бунтует против Него, – не от Бога, не от истины, но погибельный и душевредный.

Следовательно, спутник мой под солнцем и звездами, необходимо понимать, что человеческий долг состоит не в том, чтобы покориться духу времени, а в том, чтобы время покорить Духу Божиему, святому, вечному, неизменному.

Да познаешь Духа Божия!

ПИСЬМО 231. МОНАХУ ВАРАХИИЛУ, О СТАРЦЕ МИХАИЛЕ

Сокрушаясь о том, что творится сейчас в мире, ты недоуменно спрашиваешь: «Есть ли сейчас люди Божии?». Расскажу тебе об одном из многих, с которыми я имел счастье встречаться. Это старец Михаил из скита Пресвятой Богородицы на Святой Горе. Я попал туда вместе с группой паломников уже на обратном пути с Афона.

Было время вечерней службы. Старец Михаил встретил нас с сердечностью простого пастуха, которая сразу завоевывает душу. Сначала он повел нас в самую старую церковь (в скиту их всего три). Он подвел нас к иконе Божией Матери, известной под именем «Сладкое лобзание». Икона чудотворная по своему благодатному действию и чудесная по красоте, хотя лик Богородицы на ней сильно поблек. А названа икона «Сладкое лобзание» потому, что на ней Божия Матерь целует руку Богомладенца. Мы подходили по одному и прикладывались к прекрасному образу.

«Она да лобзает тебя! Она да лобзает тебя!» – вполголоса повторял старец, а по впалым щекам бежали, одна за другой, слезы. А потом он рассказывал нам: «Здесь со мной еще пятнадцать братий, все уже старые и немощные. Греки больше не разрешают славянам приезжать на Святую Гору. Я старший и должен заботиться обо всех. Я молюсь о двух дарах: о том, чтобы иметь нам большую любовь и достаточно хлеба».

Отец Михаил родом из Сереза. Он мечтал о монашестве с детства. Однажды в храме ему явился святитель Николай и сказал, что будет он монахом. Исполнившись радости, он оставил дом и родину и отправился на Святую Гору, здесь и прожил он всю свою жизнь. «Я старец своим старцам и отцам отец. Должен наставлять, кормить, укреплять в любви и обеспечивать хлебом, хотя сам я необразован и немощен. Все только с Её помощью, с помощью Богородицы, а Она не оставляет нас, наше «Сладкое лобзание»!».

Остались мы и на литургию. Народ попросил старца сказать слово. Он вышел из алтаря и произнес: «Дам вам три наставления:

первое – спасение наше тоньше волоса; второе – где наш ум, там и дом; третье – мы в этом мире на торжище, чтобы купить здесь нечто благое и принести домой».

Благодарный народ поспешил под благословение к святому старцу.

Старец непрестанно думал о братии и никогда о себе. И в заботе о них, в заботе о том, чтобы дать им любви и достаточно хлеба, он изнурил свое тело и скоро отошел ко Господу. Душа его радуется ныне в Царстве Небесном, в котором царит Сладкое лобзание.

ПИСЬМО 232. МОЛОДОМУ СВЯЩЕННИКУ: НЕ БОЙСЯ

Не бойся, ты не одинок. Одинок тот, кто не знает Бога, даже если имеет в друзьях полмира. Такой и среди самого многолюдного собрания будет говорить – так часто бывает: мне скучно! Ничего не могу поделать, всюду скука! Так говорит душа без Бога, скорлупа без ядра, пепел без огня. А ты не один, ты с Господом, и Он с тобой. Послушай, как говорит апостол Павел, который тоже однажды оказался в полном одиночестве: 'никого не было со мною, но все меня оставили… Господь же предстал мне и укрепил меня…' Посмотри, какое крепкое упование имел он на Господа: 'И избавит меня Господь от всякого злого дела и сохранит для Своего Небесного Царства' (2Тим. 4, 16, 18). Видишь, как светло мыслил и говорил раб Христов Павел во дни, когда в мире не существовало ни одного христианского храма, ни одного христианского правителя! А ныне храмами украшена вся земля, и все они заполнены тысячами православных.

Не печалься, что тебе одиноко в городе, что чувствуешь себя словно в пустыне. В пустыне многие спаслись. Но пустынники Божии подвигом своим возвысились до Ангелов Божиих, иначе не вынесли бы они пустыннической жизни. Некоторые из них пятьдесят лет не видели лица человеческого, но не говорили они: мы одиноки! Нам скучно! Ибо с ними был Господь, а они – с Господом. Безо всего можно и безо всех, только без Бога нельзя: вот о чем их свидетельство, которое они, словно драгоценный капитал, оставили Церкви.

Но нет примеров обратного, чтобы безбожник мог прожить пятьдесят лет в уединении: безбожник на это не способен. Ему среди людей скучно, без людей убийственно скучно и невыносимо. Он ищет людей, чтобы жалить их жалом своего безбожия и питаться их болью. А в пустыне кого ему жалить? Самого себя? Чьей болью питаться, если не своей?

Поэтому постоянно возносись мыслями на духовную высоту, где обитает Тот, общение с Которым милее любого земного общения. Ему служи, с Ним дружи, Ему ладаном кади, Им услаждайся, Ему говори, с Ним советуйся, Его люби, всем сердцем люби, всей крепостью, всем разумом[404]. И по твоей любви Он найдет способ открыть твоим соседям сердца и глаза, вдохнет в них веру живую, и тогда не один ты будешь воспевать славу Ему, а в хоре прозревших и уверовавших.

ПИСЬМО 233. ПАЛОМНИКУ А. ВАСИЧУ, ОБ ИСПОЛНИВШЕМСЯ ПРЕДСКАЗАНИИ

Я просил тебя написать мне о твоем паломничестве в Иерусалим, и ты прекрасно описал его. Ради духовной пользы читателей и с твоего позволения я публикую часть твоего письма.

«...Двадцать лет я готовился к паломничеству в Иерусалим. Все готовил себя и знал всей душой, что должен идти, но Господь Высокий Сам определил мне срок. Односельчане уже начали насмехаться надо мной, но я не переживал об этом. Господь послал мне во сне предсказание, и я почувствовал, что оно должно исполниться. А было это так: двадцать лет назад мне в руки попала одна книга о путешествии царя Милана[405] в Иерусалим и на Восток; я запоем прочел ее. Пока читал, неотступно думал: Господи, благословишь ли ты меня, грешного, увидеть все эти места, где мой Спаситель пострадал за меня? Господи Высокий, удостой меня Иерусалима! В эту же ночь я увидел во сне юношу в монашеском одеянии. Он подошел и встал рядом, но как будто не видел меня, потом повернулся на Восток и начал кланяться, говоря голосом, словно колокольчик на шее ягненка: «Сила, и слава, и царство, и господство, и радость, и благоухание, и песня. Аминь, аминь, Тебе, Господи Вышний!». Когда он все это сказал, поклонился до земли, поцеловал ее и, повернувшись ко мне, произнес: «Знай, что вскоре ты отправишься туда, куда желаешь, только перестань сквернословить».

Увы мне, подумал я, проснувшись: и небесам известно мое сквернословие! А ругался я много. Что делать, надо было лечиться от этого. И начал я молиться своему Ангелу-хранителю, потому что твердо верил, что во сне мне явился именно он. И пришла мне в голову мысль, вместо ругательства употреблять слова: «Да согреет тебя солнце!». Да, они отучат меня от ругани. И стал делать так, только соберусь выругаться, крикну: «Да согреет тебя солнце!». И не выругаюсь. И так двадцать лет. И только в этом году я исполнил то, что было мне обещано, то, чего так хотел. И только в этом году перестали смеяться надо мной. Господу Высокому слава, и царство, и господство. Аминь».

Да благословит и укрепит тебя Господь.

ПИСЬМО 234. ПРОФЕССОРУ ИОАННУ П., О МОЛИТВЕ ОБ УМНОЖЕНИИ ЛЮБВИ И ИСКОРЕНЕНИИ ЗЛОБЫ

Вы бы хотели, чтобы Церковь составила некую особую молитву для потребностей нынешнего времени и современных людей. Вы бы очень хотели этого, и желание Ваше похвально. Но разве есть для людей что-то важнее святой и чистой любви? Знайте, что в Церкви уже есть такая чудесная молитва, она уже написана: это молитва об умножении любви и искоренении ненависти. Я перевел ее и в сокращении посылаю Вам.

«Господи Боже наш, призри милостиво на иссохшую без любви и заледеневшую от ненависти, самолюбия и беззаконий бесчисленных землю сердец наших. Пролей каплю благодати Твоего Духа Святаго, ороси ее обильно, да будет плодоносной, да из пламени любви к Тебе произрастут страх Твой – корень всех добродетелей, нелицемерная любовь к ближнему, искоренение всех страстей, многоразличных зол и лицемерия. Усердно молимся Тебе, Человеколюбче, услыши нас и помилуй!

Обнови заповедь Твою, Господи, которую дал Ты ученикам Своим: 'да любите друг друга'[406], обнови ее истинной благодатью Духа Твоего Святаго в душах и сердцах наших, дабы поспешили мы угодить Тебе и ближним спасения нашего ради. Молимся Тебе, Благоподателю, услыши и призри на нас милостиво.

Да усовершимся в любви Твоей, Боже наш, да имеем любовь нелицемерную к ближнему своему, понуди нас, Господи, благодатью Духа Твоего. Воспламени души и сердца наши любовью к Тебе и братьям нашим. Молимся Тебе: услыши нас, яко благ и Человеколюбец, и помилуй нас!».

Бог Вам в помощь!

ПИСЬМО 235. ЧЕЛОВЕКУ, КОТОРЫЙ НЕ ВИДИТ СЕБЯ: О СТРАСТЯХ

Люди указали тебе на твою постыдную страсть, но ты не поверил. Почему не поверил? Разве не знаешь, что уродство нашего лица со стороны виднее? Глаз видит все вокруг себя, а себя не видит. Другим наше лицо видно без зеркала, а нам только в зеркале. Наше зеркало – Христос. Посмотри на Христа, вглядись в Него, словно в зеркало, и задумайся: стал бы Он делать то, что делаешь ты? Конечно, нет. Зеркало дало бы тебе отрицательный ответ, то есть оно показало бы твое душевное уродство.

Пьяный человек всегда доказывает, что он трезв и знает, что говорит. Хвалящийся не сознает, что хвалится, и обижается, когда ему говорят: не хвались! Не случайно сказано, что страсть слепа. Воистину, это слепая сила, влекущая человека в пропасть.

Нужно увидеть и признать свою страсть, говорят моралисты. Но разве этого достаточно? Пока человек не убоится и не возненавидит свою страсть, как телесную болезнь, не сможет исцелиться. Пусть каждый представит свою страсть подобно телесной болезни. Это важно для исцеления. Например, славолюбие как воспаление легких, блуд как рак, упрямство как туберкулез, зависть как холеру, пьянство как тиф, чревоугодие как оспу, тщеславие как ревматизм, гордость как паралич. Тогда, может быть, человек воскликнет, как некогда пророк Исаия: 'От подошвы ноги до темени головы нет у него здорового места: язвы, пятна, гноящиеся раны, неочищенные и необвязанные и не смягченные елеем' (Ис. 1, 6). Или как апостол: 'Бедный я человек! кто избавит меня от сего тела смерти?'[407].

Избавит, и излечит, и помилует только Тот, Кто один 'взял на Себя наши немощи и понес болезни' (Мф. 8, 17).

Посмотри и ты на Него, как в зеркало, чтобы увидеть свои раны, прикоснись к Нему, чтобы исцелил тебя, поклонись Ему – Богу, чтобы открыл тебе Свои вечные тайны.

ПИСЬМО 236. ЧЕЛОВЕКУ, ОТМЕЧЕННОМУ НАГРАДАМИ: О МИЛОСЕРДИИ К БЕССЛОВЕСНЫМ

Твою грудь украшают три ордена, и потому тебе еще трудней нести епитимью, которую наложил на тебя местный священник. А епитимья на тебя наложена за то, что ты искалечил соседского коня, который забрел на твое пастбище. Ты сломал ему ногу и выбил глаз. Так на что ты жалуешься? Тебе бы следовало самому на себя наложить строгое наказание, еще более строгое, чем то, которое дал тебе священник.

Ты спрашиваешь: неужели это такой большой грех? Как же не грех! Что понимает бессловесное животное? Разве не видишь, что люди не уважают чужого имения, а ты хочешь, чтобы конь уважал! Прочти, что сказано в Священном Писании: 'Праведный печется и о жизни скота своего, сердце же нечестивых жестоко' (Притч. 12, 10). И подумай, к кому ты себя отнесешь: к праведникам или к нечестивым, если ты за пучок травы взял с животного такую высокую цену – ногу и глаз? Если бы можно было говорить о нравственности коня, то он одержал над тобой моральную победу, потому что не защищался от тебя и не противился злу. Ты бил его, а он только уворачивался от тебя, не издав ни единого звука, пока не оказался за пределами твоего пастбища, хромой и без глаза. Разве не горит твоя совесть после этого?

А я тебе скажу, совесть всех христиан на стороне коня. Даже если назовешь коня вором, что он украл у тебя? Немного травы, которой хватит ему на день, не больше! Подумай, насколько велика человеческая ненасытность. Представь себе человека-вора, который попал бы на богатое «пастбище», скажем, в банк или магазин. Разве он взял бы столько, сколько необходимо, чтобы насытиться, и оставил все остальное нетронутым? Все, все, брат мой, он бы взял, все, что нашел, все, чтобы хватило на сто лет вперед. Видишь, насколько «вор»-конь благороднее вора-человека. Но даже человека-вора ни один суд не лишил бы глаза и не переломал ног, а послал бы его в окружную тюрьму, чтобы он за казенный счет поразмышлял о своем преступлении.

Люди не накажут тебя, но разве совесть тебя не казнит?

Совесть, что спишь? Проснись в сем человеке!

ПИСЬМО 237. КРЕСТЬЯНИНУ БРАНИСЛАВУ С. Т., О ХРИСТЕ И ОБ АПОСТОЛЕ ПАВЛЕ

Ты ищешь объяснения словам апостола: 'и уже не я живу, но живет во мне Христос' (Гал. 2, 20). Это слова апостола, который прежде был противником Христа и Его наследников, но обратился из Савла в Павла. И уже как Павел, как обращенный христианин, он говорит: 'и уже не я живу, но живет во мне Христос'. Что это значит? Это значит, что он живет уже не своим рассуждением, а Христовым. Не своей любовью, а Христовой. Не свои дела творит, но Христовы. Ибо изменил рассуждения гонителя на рассуждение ревнителя. Все, что он любил как Савл, возненавидел, став Павлом. Все, что исполнял как еврейский фарисей, осудил, став христианским апостолом. Воистину, Павел вышел из самого себя, и стал жить в нем Христос. Уже не Савл чувствовал и думал в нем, а Христос. 'Пребудьте во Мне, и Я в вас' (Ин. 15, 4). Это осуществилось на Павле. Все ветхое в нем исчезло и заменилось новым. И ум, и сердце, и воля. И все, что составляло в нем тленного человека, покорилось воскресшему Господу, и уже не он управлял своим существом, а Христос, и не он жил, а Христос.

Как это произошло? Следует помнить, что христианин рождается не телесно, а духовно. Об этом многократно говорил сам Павел. Для него это событие стало главным событием его жизни и главным доказательством его духовного перерождения из гонителя в ревнителя, из ненавистника в верного наследника Христа, из Савла в Павла. И само это событие, происшедшее с ним по пути в Дамаск, показывает всю трагедию человеческих стремлений и мышления, всю ничтожность человеческого расчета, когда Господь судит и желает иначе.

Да поможет тебе Господь прочувствовать и познать совершенство апостола Павла, чтобы и ты сказал: 'и уже не я живу, но живет во мне Христос!'

ПИСЬМО 238. ОДНОМУ ЭГОИСТУ, ОБ ОПАСНОМ СЧАСТЬЕ

Ты считаешь себя совершенно счастливым и доказываешь, что это счастье ты создал своими руками, без помощи Бога и людей. И поэтому отрицаешь святое правило, которое предлагает Церковь: человек должен молиться и оказывать милосердие ближним. «Ни Богу молитвы, ни людям милосердия!» – сурово говоришь ты. И ты считаешь себя счастливым! Я не могу представить счастья без Бога и людей.

Полагаю, что ты не знаешь, что такое счастье, и просто путаешь понятия, принимая за счастье сытость. Ты скопил большое имение, ешь и пьешь вдоволь и в себялюбии думаешь, что тебе никто не нужен. Но запомни, что земля ничего не дает без воли Божией. И если тебе дала, – значит, дала по воле Его, ибо человек ничего не может получить, не представив за это ответ Создателю мира. Истина заключается в том, что мы не имеем ничего постоянного на этой земле. Все вмиг проходит, и ничего нам не принадлежит, все взаймы. Взаймы здоровье, взаймы сила и красота, взаймы честь и власть, взаймы знание и умение и любое другое земное благо.

Каждый день Господь испытывает нас этими дарами, а испытание это – проверка, сможет ли сохранить человек веру и милосердие, благочестие и добродетель, вспомнит ли человек, от Кого пришел ему тот или иной дар, и воздаст ли он славу и хвалу Подателю даров. Послушай страшное предостережение пророка Иеремии, который вопиет: 'Воздайте славу Господу Богу вашему, доколе Он еще не навел темноты, и доколе еще ноги ваши не спотыкаются на горах мрака: тогда вы будете ожидать света, а Он обратит его в тень смерти и сделает тьмою' (Иер. 13, 16).

Скорее начни славить и благодарить Бога, пока не опустилась на твою жизнь тьма, ибо когда Он попустит мрак, страдания, беды и болезни, или погибель, или безумие, что будешь делать тогда? Какому Богу молиться? И кто из людей окажет милость тебе, немилостивому?

Чтобы не опустилась на твою жизнь страшная тьма, послушай и запомни святые слова: 'Не допустит Господь терпеть голод душе праведного, стяжание же нечестивых исторгнет' (Притч. 10, 3) и: 'Благотворительная душа будет насыщена' (Притч. 11, 25).

ПИСЬМО 239. СВЯЩЕННИКУ СТАНКО С., О СТРОИТЕЛЬСТВЕ И РАЗРУШЕНИИ

Спрашиваешь себя в недоумении, почему нам так трудно, если по всем монастырям и церквям служатся службы и возносятся молитвы Господу. Вот почему: перед алтарем Бога молят, а за алтарем поносят, – как сказал однажды митрополит Филипп Московский царю Иоанну Грозному. Было это так: царь Иоанн, будучи набожен и усерден в молитве, безжалостно расправлялся с неугодными ему людьми. Зная об этом, святой митрополит Филипп сильно скорбел и на одном из богослужений обличил царя: он подошел к нему и сказал: «Мы приносим здесь бескровную Жертву, а там за алтарем льется христианская кровь». Устами великого пророка Исаии Господь сказал народу израильскому: 'когда вы умножаете моления ваши, Я не слышу: ваши руки полны крови', и продолжил: 'князья твои – законопреступники и сообщники воров; все они любят подарки и гоняются за мздою; не защищают сироты, и дело вдовы не доходит до них' (Ис. 1, 15, 23). Так поступать, а в храмах молиться Творцу о милости – значит строить и разрушать, сажать и выпалывать, ткать и распускать.

Царь Небесный дает нам по молитвам нашим: один год урожайный и изобильный – по молитвам праведных, а в другой посылает наводнения и саранчу, засуху и голод – по делам хулящих Его. Поэтому Церковь призывает всех жить по закону Божию, зная, что нравственность людей управляет природными стихиями.

Еще древний китайский философ Конфуций[408] заметил, что состояние природы зависит от состояния человеческой нравственности. А русская пословица гласит: «Каково благородие (людей), таково и плодородие».

Мир тебе и радость от Господа.

ПИСЬМО 240. ПОЭТУ С. С., О ТОМ, КАК ЛЮДИ УМИРАЮТ

Часто смерть человека бывает похожа на самого человека. То есть какова его жизнь, такова бывает и его смерть. Как правило, убийца принимает насильственную смерть: кто поднимет меч, от меча погибнет[409].

Недавно умер один мой знакомый старый священник. Он не болел, в субботу вечером служил молебен о больных, а наутро, в воскресенье, упокоился. Он всю жизнь был тихим и кротким, такой была и его смерть. Он был великим молитвенником и с молитвой простился с этим миром.

И в твоем случае смерть похожа на человека. Ты описываешь смерть своего кума. Твой кум был неверующим и поносил святыни. Бога не боялся, о душе не заботился. Говоришь, что ничего на свете он не боялся, кроме старого, заброшенного колодца на окраине города. Он часто говорил о нем со страхом и дрожью. Этот колодец словно притягивал его, он часто подходил к нему и заглядывал в его мрачную глубину. А иногда говорил: этот колодец будет мне могилой! Что же случилось? Он вдруг пропал из дома; никто не знал, куда он ушел. Кому-то пришло в голову пойти к колодцу: и там было найдено его мертвое тело. Народ потом говорил: «Судьба! Так ему было суждено! Он всегда это чувствовал!». Если и судьба, то не от Бога, а по грехам его: 'Чего страшится нечестивый, то и постигнет его' (Притч. 10, 24).

Приведу тебе еще пример. Один человек утаил чужие деньги и закопал их под липой в своем саду. С тех пор как он это сделал, он стал бояться той липы. Однажды он взял секиру и решил срубить ее, но не успел: в это время на него напали грабители и стали требовать денег. Он не дал денег, и его повесили на той самой липе. И снова подтвердилось слово Божие: 'Чего страшится нечестивый, то и постигнет его'.

А ты радуйся о Господе.

ПИСЬМО 241. ПАЛОМНИКУ САВВАТИЮ Н., О НОВЫХ И СТАРЫХ РЕВНИТЕЛЯХ

Радостно мне, что Господь дал такое множество ревнителей вашему краю. Каждую субботу, закончив работы, они едут в дальние монастыри и церкви на молитву. А в понедельник – снова за свой крестьянский труд, радостные и отдохнувшие, как будто провели это время дома. Это действие Божией благодати. Два теплых желания согревают их сердца: первое – укрепить веру в своих душах, а второе – посеять ее, словно семя небесное, в душе ближнего. Слава Богу за это, слава Ему! И ничего лучшего я не мог бы посоветовать им, чем то, что апостол советует галатам: 'Делая добро, да не унываем, ибо в свое время пожнем, если не ослабеем... доколе есть время, будем делать добро всем, а наипаче своим по вере' (Гал. 6, 9–10). 'Делая добро, в ревности о добре да не унываем!'[410].

Я знал одного монаха, который просил милостыню для сирот. Оказался он как-то у некоего господина и попросил помощи «для сирот Христа ради». Господин ответил ему пощечиной, но монах, нисколько не смутившись, сказал: «Это для меня, а теперь подайте для сирот Христа ради!» – постыдился человек и дал ему милостыню. И святой Серапион[411] нисколько не жалел себя, когда нужно было утвердить людей в вере православной. Однажды он дал продать себя в рабство какому-то еретику-манихею, для того чтобы излечить его от ереси.

Знай, что Церковь Божия всегда полнилась ревнителями. И мы должны благодарить Господа за то, что они есть в наше время, в нашей стране. И пусть наша вера слабее их веры, мы должны молиться о них, ибо и они молятся о нас. Да укрепит и умножит их Господь.

ПИСЬМО 242. А.П. ИЗ ПРИЗРЕНА, О ПРЕДСМЕРТНОЙ БОЛЕЗНИ

«Не боюсь смерти, но боюсь тяжелой предсмертной болезни!» – так ты пишешь. Многие так думают. Но настоящие христиане думают иначе: они полностью предаются воле Божией, ибо знают, что болезнь посылается для очищения души. А кто любит чистоту, разве боится воды?

Телесную боль перед смертью попускает нам Творец, словно ледяные и горячие струи воды, омывающие наши души. А если это так, для чего же нам желать внезапной безболезненной смерти?

Многие праведники страдали перед смертью, и кроткий Иаков болел перед разлукой с этим миром, и певец покаяния царь Давид. Если были наказуемы болезнью те, кто с Богом разговаривал, что же тогда остается великим грешникам? Подумай: каждый Божий день умирают тысячи стариков, женщин и детей. За редким исключением все они болеют и в болезни расстаются с этим миром. Почему ты боишься небольших предсмертных страданий, если их не боятся старики и дети?

Некоторые святые молились Богу, чтобы Он послал им болезнь, чтобы смерть не пришла без предупреждения и они не умерли без покаяния, чтобы не оставить этот мир прежде, чем горечь страданий уничтожит собой всякое воспоминание о плотских удовольствиях. В Писании сказано: 'Господь, кого любит, того наказывает' (Евр. 12, 6). Следовательно, тех, кого не наказывает, неохотно принимает.

Поэтому не завидуй тем, кто без боли и страданий покидает сей мир. Вспомни предсмертные страдания Спасителя. Вспомни страдания святых апостолов, пророков и мучеников. Вспомни о них, вспомни о тысячах неизвестных, каждый день умирающих на больничных койках, и отбрось всякий страх болезни. Жди терпеливо, а если она придет, прими ее, как дар Божий.

ПИСЬМО 243. Н., О СВЕТЕ ПРАВЕДНИКОВ

В ваши края пришел некий благочестивый человек и стал проповедовать народу о великой милости Божией и упорстве грешников. Слезы бежали по его щекам, когда он говорил о том, как огрубели и ослепли люди: не видят они, как велика милость Божия к грешному миру. Одни спрашивали его об одном, другие о другом... а ты молча смотрел на него; ты смотрел на его лицо и не мог насмотреться, ты видел на его лице удивительное таинственное сияние.

Расскажу тебе об Антонии Великом. Три знатных человека посещали Антония: двое постоянно расспрашивали его, и Антоний отвечал им, а третий ничего не спрашивал, он только молча смотрел на него. Наконец Антоний спросил его: «Вот уже который раз ты приходишь ко мне и ни о чем не спрашиваешь, как это?». Но тот человек ответил: «Отче, мне достаточно просто смотреть на тебя».

Так прекрасны и притягательны лица праведников. Такие лица бывают у тех, кто беседует с Богом. Моисей должен был прикрывать лицо покрывалом, ибо так сияло оно, что народ боялся подойти к нему (см.: Исх. 34, 30). А как сияло лицо Господа Иисуса Христа? По преданию, князь Авгарь[412] послал художника из Эдессы, чтобы он на полотне изобразил лик Христа. Но, как ни старался художник, он не мог уловить игру цвета на прекрасном лике и перенести на полотно, ибо на нем переливался некий чудесный свет.

Что тебе сказать о свете праведников? Это свет духа, сияющий сквозь плоть, свет небесный, зримо явленный во плоти, предображение того света, которым праведные воссияют, подобно солнцу, в Царстве Христовом.

Желаю тебе и братьям твоим света праведников.

ПИСЬМО 244. ПИСАРЮ Н. П., О ИСПРАВЛЕНИИ ГРЕШНИКОВ

Пишешь мне, что всегда говоришь правду в лицо и терпишь из-за этого многие неприятности. Меня это не удивляет. Мало больных, любящих врача, который громогласно объявляет им о неизлечимой болезни. Любовь к братьям учит нас не обличать их сурово, а говорить им слова, полезные для их спасения. Вспомни, Спаситель наш не обличил грешницу, которую фарисеи хотели побить камнями, но мягко сказал ей: 'иди и впредь не греши'[413]. Когда апостол Анания пришел к ослепленному Савлу, он не стал негодовать на него за гонения на христиан, но по-евангельски обратился к нему: 'брат Савл!' (Деян. 9, 17).

Расскажу тебе об одной монахине, которая пожаловалась на свою немощь преподобному Серафиму Саровскому. На исповеди она сказала ему, что страдает от гневливости, и в ответ ждала от человека Божия укора и епитимьи. Но вместо этого до ее ушей донеслись мягкие слова духовника: «Сестра, что ты говоришь? У тебя прекрасный, тихий характер, воистину прекрасный, смиренный и кроткий!». Словно ласковый дождь на жаждущую землю пролились эти слова на душу монахини. Двойную пользу получила она от таких слов: себя постыдилась и веру в себя обрела – два основных условия для спасения! Этот пример показывает, что, ободрив человека мягкими, утешительными словами, мы помогаем ему подняться и спастись.

Ты можешь возразить: но святой Серафим не сказал ей правду, а я всем говорю начистоту! Правду сказал Серафим, ту, другую правду, которая заключалась не в осуждении ее гневливости, ибо эта монахиня гневалась лишь изредка, чаще же она была тихой и кроткой. И угодник Божий, как воспитатель и врач, возвысил доброе в ее душе, умолчав о недобром. Зачем ему было говорить о недобром, если она уже сама сказала о нем? Ты же действуешь противоположным образом: каждому в глаза – его зло, его нравственную болезнь! И к тому же говоришь зло, подчеркивая болезнь и умалчивая о добром, которое есть в душе каждого грешника. Вот в чем разница между тобой и тем, чье имя вошло в церковный календарь.

Из одних и тех же уст может исходить холодный и теплый воздух. Так же и в духовном делании: когда грешника можно исправить теплом любви, нельзя пользоваться холодом критики и наказания. Иногда приходится прибегать и к ним, но только изредка нужно сказать: 'отойди от меня' – как Христос сказал Петру[414]; или: 'серебро твое да будет в погибель с тобою' – как сказал апостол Петр Симону-волхву (Деян. 8, 20).

Там же, где можно излить елей на рану, не нужна операция.

ПИСЬМО 245. ПАВЛУ А., О ХРАНЕНИИ СОКРОВИЩА

Пишете мне о том, как один новокрещеный еврей пристыдил Вас силой своей веры и ревностью в защите христианской истины. В одном собрании он так пламенно исповедовал Христа как Спасителя мира и проявил такую возвышенную любовь ко Господу, что удивлены были все.

Некогда Вы видели, как одна негритянка, на шее которой было бесценное бриллиантовое ожерелье, отдала его каким-то европейцам, как обычную побрякушку. Воистину, так же поступают многие христиане: украшаясь сокровищами веры, они не знают им цены. По лености и по привычке они стали смотреть на православную веру, как на обычные побрякушки. Поэтому Господь многократно повторял Своим наследникам заповедь: 'бдите и молитеся, да не внидете в напасть'[415]. А есть ли напасть более тяжкая, чем леность христиан, когда они перестают заботиться о своей чудесной вере, о цели, к которой она ведет, о жизни, которую она обещает, о пути, который она указывает, о Царстве Небесном, которое она исповедует? Чтобы пробудить их от лености, должен прийти новый христианин. А новый христианин, если, конечно, он не крестился ради венчания или выгоды, становится обличением и ободрением ленивым душам.

Новым христианином может стать каждый христианин, если он начнет искать, если начнет дорожить бесценным сокровищем своей веры, если освободится от тупой привычки и от бесчувствия. Бдительное хранение сокровища, обновление веры, восхищение, преображение и воскресение – вот спасительные евангельские заповеди.

Но самое главное – хранить сокровище своей веры от расхитителей, среди которых мы в своем неведении и окаменении – первые.

ПИСЬМО 246. СТАРЦУ ИОКСИМУ Б., ОБ ИСТИНЕ И ДИСЦИПЛИНЕ

Не жалуйся на Господа. «За что Он бьет нас?» – спрашиваешь ты. За что бьет болезнями, войнами, пожарами и бедствиями? А разве люди Его не бьют хулой и грехами? Наказуя нас, Он показывает нам нас самих и являет к нам Свою милость. Он хочет пробудить нас, обратить и спасти наказанием, если мы по-доброму не понимаем. Поэтому сказано в Писании: «Вси путие Господни милость и истина»[416]. Дает ли нам Господь, отнимает ли, во всем Он являет нам Свою милость и истину. Не все люди это понимают: это видят «взыскующие завета Его и свидения Его»[417]. Им дано видеть и знать среди мрака слепоты и неведения, дано видеть, ибо они «взыскуют завета и свидения Его», то есть Божественную истину и дисциплину духа.

Божественная истина открывает нам цель нашего бытия, а дисциплина духа указывает путь к этой цели.

'Ибо мы не сильны против истины, но сильны за истину', – учит нас апостол (2Кор. 13, 8), апостол, который долго противился истине и был ее гонителем.

Как только померкнет свет истины в глазах, теряется из вида и путь. Как только кто-то оставляет истину, ослабляет и дисциплину. По бездорожью и распутице скитаются сейчас многие люди, целые народы, скитаются только потому, что не хотят познать истину. А без истины, как без света, неизвестна цель и не виден путь.

Возвращение к истине и к дисциплине духа – вот насущная необходимость нашего поколения, нашего времени. Без них гибель неизбежна.

Истина понуждает к дисциплине. Поэтому многие люди не заботятся о познании истины. Они предпочитают ложь, ибо ложь освобождает от всякой дисциплины.

Иначе истина называется Православием, а дисциплина духа – благочестием.

Задумайся глубоко над этими двумя словами, и тебе откроются многие тайны нашего времени, нашей смуты, наших страданий и заблуждений.

Мир тебе и свет от Господа.

ПИСЬМО 247. ЖИТЕЛЮ САРАЕВА, О «ГРЕХАХ» ПРАВОСЛАВНОЙ ВЕРЫ

С негодованием и гневом призываете: выбросить веру из школы! Пусть молодежь вволю слушает о кровавом Нероне, о людоеде Калигуле, только бы не упоминалось спасительное имя Христа!

Но рассудим спокойно: чем так согрешила христианская вера, что Вы хотите забросать ее камнями? Когда евреи схватились за камни, чтобы побить Христа, Он спросил их: 'много добрых дел показал Я вам от Отца Моего; за которое из них хотите побить Меня?' (Ин. 10, 32). И православная вера может справедливо спросить Вас: за которое из добрых дел хотите побить меня?

Может быть, за то, что научила Ваших предков-язычников верить в единого Бога, вместо вымышленного идола Перуна и его идольской семьи? Или за то, что из орды Ваших некрещеных прадедов создала благородный и культурный народ? Или за то, что сотворила для Вас духовного великана Савву Неманича, отца Вашего народа, и за ним целую плеяду святых, украшение народа? Или за то, что служила, как раба Божия, первому царству Вашему и напитала его духом и красотой святительства и геройства? Или за то, что воспламенила сердца косовских мучеников любовью, что сильнее смерти, к свободе и кресту? Или за то, что была лучом света народу в пятивековой тьме рабства? Или за то, что препоясала силой и самоотверженностью Карагеоргия[418], Милоша[419] и сыновей Герцеговины и Черногории? Или за то, что слепому Вишничу[420] даровала пророческое зрение, а славному Негошу пламенный язык? Или за то, что исполнила грудь святосаввского народа силой, уста – песней, а руки – трудолюбием? Или за то, что слезами омыла и с молитвами окадила все могилы мучеников – на Каймакчалане, в Шабце, в Белграде и каждый уголок нашего народного жертвенника? Или за то, что была верна народу, а теперь алтари ее разрушены, храмы осквернены, а священники побиты? Или за то, что не примирилась с бездушными теориями и разрушением нравственности народа и со смертью, ибо это вера живота и воскресения?

За какое из этих дел Вы хотите отнять ее у молодежи? За какое из них хотите без суда и следствия осудить и побить ее камнями, лишив защиты?

Когда святого Поликарпа[421] принуждали отречься от Христа и обещали сохранить жизнь, святой старец воскликнул: «Восемьдесят лет служу я Христу, и Он ничего, кроме добра, не сделал мне. Как отречься мне от моего Господа и Спасителя!».

Так и народ наш, от которого Вы ждете отречения, может ответить Вам: «Я служу Христу 1000 лет. И Он мне столько служит, и больше того. И Он служит мне вернее, чем я Ему. И ничего, кроме добра, Он не сделал мне. Как я могу сегодня, именно сегодня, в это страшное время, как могу отречься от Господа и Спасителя моего?».

ПИСЬМО 248. ПОЧТАЛЬОНУ ИЗ ЗАГРЕБА, О ТАЙНОЙ МОЛИТВЕ

Как же нам не молиться Богу, если мы ежедневно молимся людям, которые без Божией помощи не могут нам ничем помочь? Без Бога и врач нас не исцелит, воин не защитит, учитель не научит, священник не поможет. Если мы так усердно просим посредников, как же нам не просить Начальника всему, который слышит нас без телефона, видит без очков, извещает без почтальона и все узнает без свидетелей?

Молиться тайно или явно? – спрашиваешь ты. И тайно, и явно. Но да помним, что при явной молитве должно избегать лицемерия перед людьми, а при тайной – самооправдания перед Богом. Вот тебе один пример тайной молитвы: «Господи, не знаю, чего мне просить у Тебя. Ты один ведаешь, что мне потребно. Ты любишь меня паче, нежели я умею любить Тебя. Отче, даждь рабу Твоему, чего сам я просить не умею. Не дерзаю просить ни креста, ни утешения: только предстою пред Тобою. Сердце мое Тебе отверсто; Ты зришь нужды, которых я не знаю. Зри и сотвори по милости Твоей. Порази и исцели, низложи и подыми меня. Благоговею и безмолвствую пред Твоею святою волею и непостижимыми для меня Твоими судьбами. Приношу себя в жертву Тебе. Нет у меня иных желаний, кроме желания исполнять волю Твою; научи меня молиться, Сам во мне молись! Аминь» (молитва Филарета митрополита Московского).

ПИСЬМО 249. ДОБРОЙ СУПРУГЕ, О МУЖЕ-СЕКТАНТЕ

Твой муж попал в секту, и с тех пор в вашем доме начались раздоры, теперь вы не можете найти согласия ни в чем. Его новая вера пронизывает все его чувства и мысли, даже те, которые, казалось бы, не имеют с вопросами веры ничего общего. Так было испокон веков: православные никогда не могли найти взаимопонимания с еретиками ни в вопросах государственного и общественного устройства, ни в вопросах семьи и воспитания.

Молись Богу, и Он поможет тебе. Не отказывайся от мужа, не осуждай его, не говори и не думай о нем плохо: так ты не исправишь его. Когда отец святителя Григория Богослова невольно впал в ересь, его благочестивая жена Нонна очень горевала о нем; она молилась Богу, чтобы Он, всемогущий, просветил мужа светом истины. И теплая молитва жены вернула его в истинную веру. Есть другой пример: жена царя Юстиниана Феодора обратила своего супруга в ересь монофизитства, но, к счастью, ненадолго. Юстиниан и Феодора по молитвам Церкви вернулись в Православие. По этим примерам ты поймешь, что жена может повлиять на веру мужа и в добрую, и в дурную сторону. И ты победишь, не сомневайся. Сказано: 'Просите, и дано будет вам'[422].

Если просим дурного, оно не дается нам, а доброе раньше или позже будет дано. Ибо Господь хочет, чтобы у Него непрестанно просили добра, и только добра. Когда мы взыскуем добра, особенно для укрепления веры, для своих ближних, мы взыскуем Царства Небесного. А это первое и главное, что заповедал нам Господь. В церковных молитвах часто звучит моление о вере непостыдной и любви нелицемерной. Существует вера постыдная, которой постыдятся еретики и сектанты и на земле, и на Суде Божием. А вера православная – вера непостыдная.

Тебя обижает соседка, насмехается над тобой, говоря: «Смотри, мы с мужем и без веры живем в мире и согласии!». Не обращай на нее внимания. И беззаконники известное время могут жить в согласии. И черви, поедающие падаль, живут в мире, пока не съедят добычу, а потом начинают поедать друг друга. Не начало судья концу, а конец – началу.

Мужества тебе и утешения от Господа.

ПИСЬМО 250. УЧИТЕЛЮ СЛАВКО, О ПЕРЕРОЖДЕНИИ

Нет, нет и нет: христианство не могло родиться от языческих религий и философий. Ибо рождающееся всегда сходно с тем, от чего рождается. Однако христианская вера настолько не была похожа на веру еврейскую, что евреи распяли Христа, Основателя новой веры. Не говоря уже о других религиях и философиях. 'Если не будете как дети', – говорит людям Господь[423]; или: 'если человек свыше не родится'[424]; или, по слову апостола: 'не по плоти живете, а по духу'...[425] Все, следовательно, перерождается в свете христианства, то, что считалось первым, становилось последним, то, что было в подчинении, возвышалось.

Иной мир, который для язычников и евреев был «светом тени»[426], рукой Христа открывается как мир реальности. Мрачная могила наполняется светом. Жизнь поглощает смерть. Радость воцаряется над печалью. Потеря становится приобретением. Душа возвышается над телом, как господин над рабом. Зрение телесное подчиняется духовному. Мир и все происходящее в нем рассматриваются не материально, а духовно. Вера в случайность заменяется верой в Божий Промысл. Все это ясно видно в свете Священного Писания, во всей истории Церкви, в жизни ее верных чад, из поколения в поколение, из рода в род.

Когда святой епископ Ремигий[427] крестил короля Кловиса, он сказал ему о том, что принятие христианства означает полное перерождение человека. До обращения король был идолопоклонником, уничтожал и жег христианские святыни. При крещении король спросил епископа, что ему надлежит делать, приняв новую веру, епископ ответил: «Кланяться тому, что ты истреблял, и истреблять то, чему ты кланялся».

ПИСЬМО 251. СВЯТОГОРЦУ, ОБ ОБЩЕЖИТИИ

Слышал я, слышал. Слышал и сербский народ и скорбит о том, что общежитие на Хиландаре снова подверглось разорению. Кто еще мог разорить его, если не законники, которые потеряли из вида цель своего прихода на Святую Гору и невольно призывают на свои души проклятие? Сейчас они могут радоваться, что, как они считают, победили Пресвятую Богородицу, Царицу горы Афонской, и святого Савву, основателя Хиландара. Но время покажет, может ли слепая сила одержать победу над светом святых Божиих. «Господь долго терпит, да больно бьет»,— говорит народная мудрость. А в Псалтири сказано: «Врагу оскудеша оружия в конец»[428].

Святой Савва следовал монашеским правилам святителя Василия Великого. А святой Василий писал о монашеском общежитии так: «Господь создал нас, подобно членам тела, чтобы мы нуждались в помощи друг друга. Ибо как можно упражняться в смирении, благочестии и терпении там, где нет тех, ради кого эти добродетели? Кому ноги омоешь? Кому будешь слугою? Как можешь быть последним из всех, если живешь один?».

Если в наших крестьянских общинах существует идеальное общежитие, как не быть ему еще более совершенным среди монахов? Святая Гора должна научить мир тому, что духовное родство теснее и сильнее телесного. Если семейные общины могут жить общежительно, тем более пристало это братьям духовным. Братства святогорских монастырей могли бы принести большую пользу сегодняшнему враждующему и смятенному миру, если бы своим примером напомнили ему о первых христианах, у которых 'было одно сердце и одна душа; и никто ничего из имения своего не называл своим, но всё у них было общее' (Деян. 4, 32). Всем посетителям Святой Горы известно, насколько духовность в общежительных монастырях выше, чем в монастырях, не имеющих общежительного уклада. Как может помочь себе и другим монах, который, являясь знатоком человеческих законов и находясь в курсе современных событий, в духовных предметах безгласен? А такие все чаще встречаются в монастырях, живущих вне благодати общежития.

Но Господь и Богородица помогут, и на Святой Горе монахи-духовники снова возобладают над монахами-законниками. Тогда Афон вновь обретет тот ореол истинной святости, которым он сиял во все времена, тогда снова он исполнится и преисполнится благодатью Божией и полнота благословения распространится на все земные народы. А нужно для того немного больше доброй воли, братолюбия и страха Божия.

Мир тебе и радость от Господа.

ПИСЬМО 252. КРЕСТЬЯНИНУ МИЛОВАНУ М., О ДЕШЕВОЙ КНИГЕ

Тебя смущает то, что должно радовать. Тебя смущает, что Священное Писание стоит так дешево, дешевле всех остальных книг! Ты считаешь, что эту спасительную книгу необходимо сделать дорогой и редкой. Не знаю, как ты пришел к такому выводу, но христиане не смогли бы принять его. Разве ты не видишь, что в природе необходимое присутствует в изобилии? Воздух, свет и вода доступны всем живым существам без всякой платы. А если бы за эти три жизненно важных элемента взималась плата, жизнь многих оказалась бы под вопросом. Или, если бы сама земля не служила людям постелью, если бы человек мог найти покой и сон только в своей комнате, сколько бы людей погибло без сна и отдыха? Ведь и Спаситель наш часто отдыхал на траве и спал на земле. Или, если бы хлеб не был самой дешевой пищей на земле, сколько людей остались бы голодными?

Вот так и слово Божие: и слово Божие всюду присутствует и доступно каждому, как воздух и свет, вода, хлеб и земля. Вся природа есть слово Божие, выраженное в образах и доступное всем, кто захочет читать. Для чего же евангельское слово, слово жизни, должно быть утесненным, дорогостоящим и редким? Для чего, если оно нужнее, чем свет и воздух, вода и хлеб, так же как жизнь вечная важнее жизни преходящей? Господь сказал ученикам: 'идите по всему миру и проповедуйте

Евангелие всей твари' (Мк. 16, 15). Так пусть Священное Писание распространится по всему миру и будет доступно всякой твари Божией.

И не только самой дешевой книгой должно быть Священное Писание, но да благословит Господь, чтобы стало оно бесплатным, как самые необходимые для жизни природные стихии – вода и воздух. Смотри, дорого стоят лишь предметы роскоши и излишества. Так же и с книгами: религиозные книги нехристианских народов – древних египтян, индийцев, персов – всегда были очень дороги и недоступны для большинства людей. Конечно, происходило это по Божиему Промыслу, чтобы не распространялись заблуждения. И по Промыслу Божию, да будет Книга жизни открыта и доступна всем.

Слово Божие да просветит тебя.

ПИСЬМО 253. ПОЖИЛОМУ ПРОФЕССОРУ, О ПИЛАТОВОМ ЦАРСТВЕ

Вы сожалеете о древнеримской империи, и Вы как бы обвиняете в ее гибели христианство. Так думали многие неверующие историки. Я удивлен, что так считаете и Вы, верующий человек. Если бы Римская империя не погибла, погибло бы христианство. Или Цезарь – или Христос. А если бы погибло христианство, сохранилось бы идолопоклонство, сохранилась бы ложь, сохранился бы волчий дух языческого Рима. А дух всегда главное в человеке, в народе, в религии, в культуре. Дух то, что живит, но не всякий дух, а только истинный Дух Божий. А дух Римского царства был тираническим, жестоким и лицемерным. Это очевидно на примере Понтия Пилата, который, провозгласив Христа невиновным, предал Его на смерть[429].

Вы сожалеете о римской «культуре», понимая под ней «прекрасные мраморные статуи, которыми были украшены улицы и площади Рима». А разве не сожалеете вы о тысячах несчастных людей, которых волокли в цепях и кандалах мимо этих статуй на казнь? В этом и состоит основная разница между римским и христианским пониманием ценностей. Римляне-язычники ценили государство и культуру выше человеческой жизни, а христианство ценило и ценит человеческую душу выше государства, культуры и всего мира. Ибо и государство, и культура ради человека, а не человек ради государства и культуры. Человек создает государство и культуру не как конечную цель жизни, а как вспомогательное средство для достижения духовных и нравственных целей.

Даже во времена лучших римских правителей Рим отличался бесчеловечностью и варварством. Во времена правления императора Марка Аврелия Философа[430] христиан мучили так же жестоко, как и при императорах-глупцах. Хотите узнать один из примеров жестокости к христианам при Аврелии? Христианского мученика Аттала[431], человека удивительного благородства, судили за то, что был христианином. На суде ему предложили отречься от Христа. Когда он отказался, его раздели и посадили на раскаленный железный стул. Святой Аттал сидел спокойно, хотя все тело его горело, и, обличая римлян, говорил: «Вы называете нас, христиан, варварами, а сами какое варварство творите!».

А впрочем, присмотритесь к вампирскому духу некоторых европейских стран и порадуйтесь – если сможете – тирании, огню, мечу, безбожию, тщеславию, безнравственности! Но я знаю, что вы христианин, и только потому, что Вы христианин, Вы радоваться не сможете. А если не сможете, то противоречите сами себе, когда сожалеете о волчьем Пилатовом царстве!

ПИСЬМО 254. ЧИТАТЕЛЮ, О ВОДЕ ЖИВОЙ[432]

Из разговора Господа с самарянкой видно, насколько духовная реальность непонятна тем, кто мыслит по плоти. Это непонимание показала не только простая женщина, самарянка, но и фарисей Никодим, 'один из начальников Иудейских'[433]. В одном случае женщина не поняла слово Господа о 'воде живой', в другом 'начальник иудейский' не понимает слов о новом рождении человека. 'А кто будет пить воду, которую Я дам ему, тот не будет жаждать вовек'[434].Слова Священного Писания часто объясняют и подтверждают друг друга; так происходит и в этом случае, ибо в другом месте Господь говорит: 'верующий в Меня не будет жаждать никогда'[435]. Следовательно, 'вода живая' тесно связана с верой во Христа. Но то, что 'вода живая' – Дух Божий, подтверждают слова Самого Господа: 'Иисус возгласил, говоря: кто жаждет, иди ко Мне и пей. Сие сказал Он о Духе, Которого имели принять верующие в Него' (Ин. 7, 37, 39). Вера во Христа как бы канал, а вода – Дух Божий. По вере приходит дух: дух земли, дух бесовский или Дух Божий. Какова вера, таков и дух. Через веру во Христа мы стяжаем Дух Христов, а Дух Христов – Дух Божий. Почему Дух Божий назван 'живой водой'? Потому, что Он питие животворящее для человеческой души, от Него душа получает жизнь и радость. Всякое земное наслаждение заставляет жаждать следующего, еще большего наслаждения, а сладость животворящего

Духа Божия утоляет жажду, ибо нет ничего слаще Его. Никакая вода не умерит жажды, и снова возжаждет человек, а вечную жажду утоляют небесные струи Духа Господня. Святые угодники Божии, все оставлявшие, всем жертвовали для того только, чтобы в сокровенной глубине своей души открыть 'источник воды, текущей в жизнь вечную' (Ин. 4, 14).

ПИСЬМО 255. РАДОЕ И., О СУЩНОСТИ ВЕЩЕЙ

Сердито пишете, что, прочитав Священное Писание, не нашли в нем того, что искали. Если бы Вы искали ответа на вопрос о том, кто сотворил мир, Вы бы нашли его. Если бы Вы спрашивали, как был создан человек и какое достоинство уготовано ему, Вы бы нашли ответ. Если бы Вы хотели узнать волю Божию и то, что Господь требует от нас для спасения души, воистину бы узнали. Но Вам это не нужно. Вы искали ответа на вопрос, из какой праматерии сотворен этот мир. И в чем общая сущность всех вещей. Или из какого теста замешено все, что существует на свете. Но именно об этом напрасно спрашиваете. На этот вопрос Вам не ответят ни Священное Писание, ни природа. Ибо какая тварь может поведать, из чего сотворена, если человек, самая разумная тварь, не может сказать, из чего он создан?

Святой Василий Великий говорит: «Тот, кто рассуждает о сотворении мира, учит нас только одному: 'в начале сотворил Бог небо и землю'[436], полагая, что довольно открыть, Кто сотворил и украсил землю, исследовать же, какова сущность земли, отказывается, как от работы напрасной и бесполезной». И апостол Христов, обращаясь к Тимофею, говорит: 'От глупых и невежественных состязаний уклоняйся, зная, что они рождают ссоры' (2Тим. 2, 23). И правда, много, слишком много было ссор между людьми на протяжении истории: из чего сотворен мир, какова его основная материя и праматерия?

Священное Писание открывает нам полезное и целесообразное. Оно говорит, что мир сотворен Словом Божиим, что он образ и символ духовного мира, духовной реальности. Скажите, для чего нам исследовать сущность живых существ, если мы не отучились от сквернословия, воровства, похоти, зависти, тщеславия и других смертных грехов и пороков? Потрудимся же над тем, что первостепенно, а второстепенное оставим на потом.

ПИСЬМО 256. СКОРБЯЩЕЙ МАТЕРИ, О ЖЕСТОКИХ ДЕТЯХ

Вы жалуетесь на своих детей, увы, на своих родных детей! Вы старались обучить их всему, нанимали учителей музыки и французского языка. И сейчас они не дают Вам покоя игрой на рояле и между собой говорят только по-французски, смеются, и Вы чувствуете, что они насмехаются над Вами и оскорбляют Вас. Недавно Вы попросили детей пойти с Вами на кладбище на панихиду по старшему сыну, погибшему на войне, но у них того и в мыслях не было: встав с постели, они уселись за рояль.

– Дети, – сказали Вы, – сегодня не время для игры: сегодня мы поминаем нашего Мирко.

– Вот мы и сыграем ему похоронный марш! – ответили они со смехом.

И Вы, рыдая, ушли, как говорите, «с могилы на могилу».

Если бы в свое время Вы пригласили к своим детям доброго воспитателя, который учил бы их Закону Божиему! Вы бы имели сейчас детей, а не попугаев и обезьян, ибо и обезьян можно научить играть, а попугаев разговаривать, но Закону Божиему могут научиться только сыны и дщери человеческие.

Некогда одна русская дворянка пришла к преподобному Серафиму Саровскому и пожаловалась ему, что учителя плохо учат ее детей французскому, и спросила его, что ей делать. Ответил ей святой человек: «Ты, матушка, лучше научи своих детей Богу молиться, а французскому они потом легко научатся».

Детей следует учить самому важному, ибо того, чему человек в детстве научится, он уже не забывает. Второстепенные предметы можно изучать и с опозданием, невелика беда. Но если не научить главному или научить плохо, тогда удары клавиш заглушат молитву, а французское «парлание» послужит лишь для насмешек над родителями.

Да поможет Вам благий Господь. Трудно сейчас дать совет. Когда сердце помутится, трудно сделать его чистым и прозрачным. Терпите и молитесь за детей. Мало-помалу устыдит их Ваше терпение, а молитвой вымолите помощь Всесильного, и Он очистит сердца Ваших детей. Но прежде всего покайтесь пред Господом, что не научили детей закону Его.

'Слушайте, небеса, и внимай, земля, потому что Господь говорит: Я воспитал и возвысил сыновей, а они возмутились против Меня' (Ис. 1, 2).

ПИСЬМО 257. ПЧЕЛОВОДУ М. А., О ВРАЗУМЛЕНИИ ОТ ПЧЕЛ

Всю жизнь Вы занимаетесь одним благородным делом — пчеловодством. И сейчас Вы делитесь своим особенным опытом, полученным от пчел. Наблюдая за ними, Вы убедились, что пчелы жестоко нападают на недобрых и распутных людей. Очень редко пчела ужалит ребенка, девицу или вообще чистого и доброго человека, — вернее, пчелы никогда их не жалят, если только случайно не подвергнутся от них опасности. Следовательно, на нечистых они нападают, а от чистых только защищаются. Однажды пчелы спасли Вас от бандитов. Вас хотели ограбить, Вы не отдавали деньги, и пчелы набросились на нападавших и так искусали их, что они едва смогли найти выход с пасеки.

В Священном Писании сказано: 'Пойди к муравью, ленивец, посмотри на действия его, и будь мудрым' (Притч. 6, 6). И к пчелам можно направить человека с ленивыми руками и с ленивым умом, чтобы научился трудолюбию, умеренности, порядку и предвидению. И еще чему-то великому, даже величайшему, что редко можно увидеть в природе в такой степени, как у пчел: это великое есть самопожертвование. За «народ» из своего улья каждая пчела всякую минуту готова положить жизнь. А самое великое общее самопожертвование показывают пчелы в роении.

Один знаменитый бельгийский писатель посвятил жизни пчел целую книгу. Вот что говорится в ней о пчелином роении: «Роение – это не просто переселение пчел, а жертва, сознательная жертва, которую нынешнее поколение приносит поколению будущему, сменяющему его». Далее он продолжает: «Это не инстинкт, и даже не закон природы. Обычно законом мы называем то, что для нас необъяснимо, неважно, касается это пчел или людей…». Но что же тогда? – Любовь и забота о маленьких пчелках, о новом поколении пчел. Ради этой любви старые пчелы роятся и покидают свой дом, где они прежде жили, оставляя его полным меда, и улетают неизвестно куда в поисках пристанища. Представь себе, как бы повели себя даже самые самоотверженные патриоты, если бы им сказали: покиньте родину ради молодого поколения, оставьте очаги и имения свои и уходите! Много ли найдется людей, без колебаний последующих примеру пчел?

И многое другое пишет о пчелах автор книги, чудеса из чудес: например, он рассказывает, что пчелы разговаривают между собой, устраивают собрания, поют песни – веселые и грустные, у них есть свои боевые команды; они издают множество тончайших, полных смысла звуков (Метерлинк[437], «Жизнь пчел»). А Вы знаете, что среди пчел нет «безбожников». Больше того, некоторые с помощью пчел познали Создателя и Бога своего и чудесный Его Промысл о всякой твари.

ПИСЬМО 258. СУДЬЕ М. Д., О РЕДКОМ ОТКРЫТИИ

Пишете, что не верили в существование хороших людей, пока не оказались по делам службы в селе Ясеневе. В этом селе Вы встретились с группой людей, которые называют себя богомольцами. Все жители села православные. Но разница между богомольцами и их односельчанами в том, что богомольцы живут по канонам православной веры, в то время как другие, считающие себя православными, живут скорее как язычники. Первые пребывают в мире со всеми, вторые бранятся и судятся. Первые – в церковь, вторые – в кабак. Первые говорят о Боге и душе, вторые – о политике и судебных процессах. Первые соблюдают пост, вторые не различают ни дней, ни пищи. Первые празднуют церковные праздники и молятся, вторые – на охоте и партсобраниях. Первые говорят: «Нужно жить по заповедям», вторые: «Надо жить как все!». Те, вторые, не стали для Вас открытием, но настоящим открытием стали первые. Теперь Вы называете Ясенево Божиим селом. И со вздохом спрашиваете: разве весь наш народ всех городов и сел не может стать таким, как богомольцы из Божиего села Ясенева?

Конечно, может. В этом и заключаются смысл и цель всех трудов Церкви, в этом цель христианства. Такими были первые христиане, за исключением еретиков. Тертуллиан свидетельствует, что в его времена ни один христианин не представал перед судом за преступления: христиан судили только за веру.

Почему христиане тех времен были настоящими христианами, а в наше время не так? Потому, что они соблюдали закон Божий, ставя его выше всех законов. Первой и главной обязанностью человека они считали исполнение заповедей. Ибо невозможно исполнять закон человеческий, не исполняя закон Божий. Богомольцы села Ясенева – лучшие граждане, потому что они лучшие исполнители заповедей.

Посему почтите своим долгом перед народом и отечеством всюду, где бы Вы ни оказались, рассказывать об удивительном селе Ясеневе.

И Господь благословит Вас.

ПИСЬМО 259. ПРАВОСЛАВНОМУ СЛОВЕНЦУ, О СВЯТОЙ РУССКОЙ ЦЕРКВИ

Мне очень дорога Ваша вера в то, что гонения на Церковь Божию в братской России скоро прекратятся. Меня очень радует то, что Вы верите в победу истины и добра. Когда Вам сказали, что христианство может погибнуть навеки, как некогда вера древнего Египта, Вы мужественно и мудро ответили: «Когда погибает ложь, она погибает навеки, а если погибает истина, она воскресает».

Это правда. Истина жива и в могиле, свободна и в узах, в темнице светла, в грязи чиста. То, что творят сейчас гонители веры на Святой Руси, враги Христа делали и раньше. Они погибли навеки, а истина воскресает снова и снова. Все, что происходит сейчас в России, не ново для Церкви Божией, все старо, как прах египетских пирамид, и все ничтожно, как гнев Нерона. Римский кесарь Максимилиан[438] гнал христиан так же, как гонят сегодня московские безбожники русских православных. Максимилиан издал против христиан такие постановления:

учить детей в школах в антихристианском духе, поносить Христа и христианство; распространять ложь против Христа всеми способами (например, книга под названием «Деяния Пилата», полная вымысла и хулы на Христа и христиан, распространялась среди молодежи бесплатно); распутным женщинам клеветать на христиан и актерам глумиться над верой; мучить христиан голодом, все продукты на рынках окроплять идоложертвенной кровью.

А что делают в России нынешние безбожники? Все это происходит в России, кроме окропления пищи идоложертвенной кровью, потому что московские богоборцы не имеют идолов, кроме самих себя, но они истязают голодом всех, кто думает иначе, чем они. Как будто окаянный Максимилиан оставил завещание им!

Но где сейчас слава римского кесаря? А христианство распространилось по всему миру. Где римская империя? А Царство Христово ширится по всей земле.

Радуйтесь с Господом победам Его!

ПИСЬМО 260. БРАТСТВУ СВЯТОГО ПЕТРА, О МАТЕРИАЛИСТАХ

Я писал вам и раньше, пишу и теперь: не слушайте тех, кто утверждает, что не нужно крестить детей, крестите, как раньше крестили, как крестили прадеды ваши. Апостол Петр крестил сотника Корнилия и его семью[439]. Апостол Павел пишет, что 'крестил дом Стефанов'[440]. А что значит «дом», если не всех домочадцев, старых и малых? Прочитайте, что сделал тюремщик, который охранял Павла и Силу в темнице, когда увидел чудо: 'крестился' от апостолов 'сам и все домашние его'[441]. Крестился и Крисп 'со всем домом своим'[442]. На что нам еретические измышления, когда апостольская практика ясно свидетельствует, что детей крестить необходимо?

Действительно, в раннехристианские времена некоторые откладывали крещение и намеренно долго оставались оглашенными, чтобы изгладить прошлые грехи. Во времена эпидемий, войн, стихийных бедствий крестились без промедления, чтобы не умереть некрещеными. Кесарий[443], брат святителя Григория Богослова, долго откладывал крещение. Но однажды в Никее произошло страшное землетрясение, которое унесло множество человеческих жизней. На Кесария рухнул дом, и он был погребен под развалинами, но чудом остался жив. Святой Григорий сказал, что только милость Божия спасла его от гибели – от смерти некрещеным, и посоветовал ему немедленно креститься. Зачем искушать судьбу?

Вот почему люди разумные считают крещение детей необходимым. Крещение изглаживает первородный грех. Для прощения наших грехов нового крещения не нужно, как утверждают некоторые еретики: иначе нам пришлось бы креститься каждый день; для этого необходимо покаяние. По слову Христа: 'если не покаетесь, все погибнете!'[444]

Итак, детям – крещение, взрослым – покаяние.

ПИСЬМО 261. ПАВЛУ Н., О МАТЕРИАЛИСТАХ

Снова и снова испытываешь свою веру в вечную жизнь и находишь, что она некрепка. Если некрепка, укрепи ее, пока она не станет для тебя очевидностью, ради которой умер и воскрес Господь наш Иисус Христос.

Чем моложе мы и неразумнее, тем реальнее представляется нам видимый мир; чем старше мы и опытнее, тем менее постоянным и реальным видится он нам. Чем больше разочарований в этом мире переживет человек, тем более счастливым можно его назвать, ибо это приводит его к пониманию истины о непостоянстве мира. Зрелый и опытный человек смотрит на него так же, как апостол Павел: 'как бы сквозь тусклое стекло, гадательно[445].

Действительно, мир – загадка, в нем отражается иной, вечный мир в бликах и таинственных образах. Однако материалисты воспринимают его, подобно незрелому и неопытному человеку, как единственно реальный. Поэтому не могут они принять веры в существование иного мира и иной жизни. И даже когда этот мир на каждом шагу изобличает себя во лжи, они упорно верят в его реальность. Таким образом они теряют оба мира: видимый, потому что принимают его не за то, чем он в действительности является, и невидимый, потому что отрекаются от него. Словом, они отрицают оба мира и обе жизни: материальные – неправильным представлением о них, а духовные – неверием в них.

Воистину, только тот человек может считаться живым, который верует в жизнь телесную и в жизнь духовную, вечную. Тот же, кто принимает только эту жизнь – 'тусклое стекло', верит не в жизнь, а в смерть и напоминает осужденного, каждую минуту ожидающего выстрела. О, если бы ты знал, сколько у Церкви Божией доказательств существования иного мира и вечной жизни! О, если бы ты знал, сколько святых душ явилось оттуда, чтобы подтвердить нам благую и спасительную реальность вечной жизни!

Поднимемся до веры мудрого Павла, который через явление Христа из иного мира уверовал в существование вечной жизни. Будем твердо держаться апостольской веры, чтобы 'тленному сему облечься в нетление, и смертному сему облечься в бессмертие', и воскликнем вместе с апостолом: 'Благодарение Богу, даровавшему нам победу Господом нашим Иисусом Христом!' (ср.: 1Кор. 15, 53, 57).

ПИСЬМО 262. ВЛАДЕЛЬЦУ КОФЕЙНИ И. У. В МОСТАРЕ, О НЕДОВЕРИИ

Твой близкий друг услышал о тебе дурное и поверил в это. Все твои оправдания и доказательства невиновности напрасны. Если молчишь, он говорит: молчание – знак согласия; если защищаешься, не верит ни одному твоему слову: только слухам он верит.

Скажи своему другу правду, не клянись, не подбирай слова, чтобы он скорее поверил тебе, скажи правду и замолчи. А в сердце молись Богу, чтобы Он просветил его разум и чтобы друг тебе поверил. Можешь повторить слова патриарха Фотия: когда посланники папы в Цареграде судили сего великого патриарха, они спросили его: «Что ты можешь сказать в свое оправдание?». – «Мое оправдание, – ответил патриарх, – не на этом свете!».

Вспомни, как молчал Господь Иисус Христос перед евреями и Пилатом. Когда Ему сказали: 'Ты ничего не отвечаешь? видишь, как много против Тебя обвинений'[1446], что ответил Иисус? Ничего. Ни одного слова не произнес Господь, ибо знал, что не на этом свете оправдание Его.

Тебя оправдает время. Недавно произошел такой случай: муж избил жену за то, что, придя на обед, не застал ее дома. Жена молча стерпела его оскорбления и побои, ничего не ответила, ни слова. Между тем за неуплату по векселям ему угрожала долговая яма. На следующий день этот человек узнал, что получил отсрочку по платежам. Он очень обрадовался, но радость его обратилась в стыд, когда он узнал, что жена опоздала к его приходу, потому что ходила просить за него и договорилась с кредиторами. Горько раскаялся муж, что заподозрил свою верную жену и избил ее. И было странно ему, что она все перенесла молча и терпеливо.

Но Всевышний всегда на страже невиновных. Оправдает Он и тебя перед твоим недоверчивым другом. Случится по воле Божией так, что убедится твой друг в твоей невиновности.

Господь тебе в помощь.

ПИСЬМО 263. ПЕНСИОНЕРУ ИЗ НИША, О ХРАМАХ БОЖИИХ

Вы христианин, и Вас удручает то, что не все верующие регулярно посещают богослужения в храмах. Кто же из нас не страдает из-за этого? И больше всех Сам Господь, Который дал Себя распять ради спасения людей; больше всех Он страдает, видя, как небрежно многие сейчас относятся к Его Жертве и к Его Крови.

Но Ваша идея об исправлении этой небрежности вовсе не приемлема. Вы предлагаете вернуться к состоянию ветхозаветного Израиля, то есть чтобы был только один большой храм в столице, как когда-то храм Соломона в Иерусалиме, в который со всей страны собирались бы миллионы верующих! Это противоречит воле Божией и Его замыслу о спасении человека. Храм Соломона сыграл свою историческую роль, которая не повторится уже никогда. Он был разорен, жертвоприношения прекращены. Ибо Спаситель мира пришел спасти не только евреев, но и все народы. 'Нет Моего благоволения к вам, – говорит Господь евреям устами пророка, – и приношение из рук ваших неблагоугодно Мне. Ибо от востока солнца до запада велико будет имя Мое между народами, и на всяком месте будут приносить фимиам имени Моему, чистую жертву; велико будет имя Мое между народами, говорит Господь Саваоф' (Мал. 1, 10–11).

Все это осуществилось буквально. Храм иудейский лежит в развалинах, евреи не приносят жертвы Господу на алтаре. А языческие народы приняли Христа, и алтари Его украшают теперь все концы света, и на каждом из них приносится бескровная Жертва единому Богу, чистый дар, не кровь животных, как когда-то в храме Соломона, а пречистая Кровь Христова в тысячах и тысячах храмов. Пророчество исполнилось, исполнилась воля Божия. И воистину, воистину, прославляется ныне Бог Саваоф от востока до запада. Ему слава, и хвала, и честь, поклонение и благодарение во веки веков, а Вам здравия и спасения. Аминь.

ПИСЬМО 264. ОДНОМУ ПРОСТОМУ ЧЕЛОВЕКУ, ОБ ИСПОВЕДНИЧЕСТВЕ

Вы молча ехали в поезде. Ваши попутчики вели оживленную беседу о великих людях. Один из них перечислял имена выдающихся людей, которых он особенно уважает, среди них он упомянул имя Иисуса Христа. Другой сказал, что не считает Христа великим человеком, третий сказал иное, четвертый еще что-то... и возник спор о Господе Иисусе Христе, по пророчеству святого Симеона Богоприимца: 'на восстание многих и в предмет пререканий'[447]. Спорщики обратились к тебе и спросили:

— Считаешь ли ты Христа великим человеком?

— Нет, — ответил ты, — Христа нельзя сравнивать ни с кем из людей. Он не великий человек: Он — Бог.

Они посмеялись над твоими словами и стали глумиться над твоей верой в Сына Божия. Еще несколько минут назад разделенные между собой, они объединились против тебя и Христа, подобно тому как когда-то объединились Пилат с Иродом, чтобы осудить Господа[448]. И ты до конца пути ехал под градом насмешек и поруганий. Блажен ты! Лучшие из лучших, мученики и угодники терпели унижения за Христа. Младший брат святителя Григория Богослова, Кесарий, считался видным философом, и император Юлиан, окаянный отступник от христианства, хотел обратить его против христиан. Он призвал Кесария к себе во дворец и начал уговаривать отказаться от христианства и вернуться в язычество. После долгих пререканий Кесарий решительно ответил императору: «Я – христианин и христианином останусь».

Недавно один молодой черногорец рассказывал, что когда он служил в армии, то не скрывал своей веры и не стыдился, за что претерпел много унижений. На построении командир кричал ему:

– Эй, Иван, кто твой Бог?

– Мой Бог – Бог Всевышний, Который на небесах.

Командир ему пощёчину:

– Я, – говорит, – твой Бог!

– Нет, не ты, а Бог Небесный!

И снова пощёчина. «Но мне не было обидно, – продолжал он, – только какое-то умиление разливалось в сердце, что пусть немного, но приходится пострадать за Господа».

Блажен ты, Иван, сказал я ему, что был бит и унижен ради Господа.

А сейчас тебе и Ивану говорю: «Радуйтеся и веселитеся, ибо мзда ваша многа на небесе»[449].

ПИСЬМО 265. ГИМНАЗИСТУ П. У., О СОЗЕРЦАНИИ ХРИСТА

Ты испытываешь непрестанное желание видеть Господа Христа. Воистину, нет желания похвальнее этого. Но трудно лицезреть царя, пока не войдешь в его чертог, а в чертоги царские впускают только тех, кто носит достойные одежды. О духовном одеянии говорит мудрый апостол Павел: 'Итак, облекитесь, как избранные Божии, святые и возлюбленные, в милосердие, благость, смиренномудрие, кротость, долготерпение, снисходя друг другу и прощая взаимно, если кто на кого имеет жалобу: как Христос простил вас, так и вы. Более же всего облекитесь в любовь, которая есть совокупность совершенства' (Кол. 3, 12–14). Только в таких облачениях мы можем быть допущены в чертоги Царя Небесного и лицезреть Его лик, когда придет время. Ибо наш земной век – время приготовления к встрече с Ним: подобно тому как невеста готовится к венчанию с женихом своим, так и душа каждого христианина должна готовиться к встрече с Господом Иисусом Христом.

Но есть и было немало христиан, которым дал Господь уже в этом веке на миг узреть Его лик. Созерцали Его мученики, страдавшие за веру; созерцали Его верующие люди, которым были попущены большие страдания, ибо Он является тем, кто с верой в Него несет скорби. Когда друг великого русского писателя Гончарова, человека, преданного Христу и глубоко верующего, утешая его, тяжелобольного, говорил, что вскоре он поправится, писатель ответил ему: «Нет, нет, я умру: этой ночью явился мне Господь... И Он все простил мне!».

А ты, если не можешь узреть Господа, потрудись и почувствуешь Его присутствие в своем сердце. Ощущение Христа в самом себе важнее видения Его в этой жизни. Очисти сердце, и Господь вселится в храм твоего сердца, а ты в свое время войдешь в Его храм небесный.

Мир тебе и благословение Христово.

ПИСЬМО 266. ТОРГОВЦУ СКОТОМ, О ДОСАДНОМ ПРЕПЯТСТВИИ

Ты рассказал мне об удивительном случае из своей жизни, благодаря которому ты не утонул. Ты с двумя родственниками направлялся на ярмарку скота. Паром отходил от берега каждый час. Вы торопились успеть к очередному его отплытию, как вдруг на огромной скорости вашу повозку обогнал автомобиль, кони отпрянули вправо, но автомобиль задел колесо повозки, и оно сломалось. Вслед водителю понеслись гневные ругательства и проклятия... Расстроенные, что опоздали на паром, вы отдали колесо в ремонт и долго ждали, пока его не исправили. Но когда вы наконец добрались до берега реки, то увидели – о несчастье! – что паром, только отошедший от берега, перегруженный людьми, скотом и автомобилями, затонул. Лишь немногим людям и животным удалось выплыть: все остальное ушло под воду. Тогда вы возблагодарили Господа и благословили того водителя, который сломал колесо вашей повозки и спас вам жизнь.

Так происходит в человеческой жизни каждый день. Люди досадуют на обстоятельства, которые препятствуют исполнению их планов, но чуть позже они убеждаются, что обстоятельства эти возникали по таинственному Промыслу Божиему к их пользе и спасению.

Прочти, что написано об апостолах Павле и Тимофее: 'Дойдя до Мисии, предпринимали идти в Вифинию; но Дух не допустил их' (Деян. 16, 7). И было это к лучшему.

Случай, который произошел в твоей жизни, научил тебя никогда больше не роптать на препятствия, когда устранить их не в твоей власти. И впоследствии ты убедился, что помехи в твоих планах всегда оказывались для тебя благом. Хорошо, если твой пример умудрит некоторых своевольных, желающих, чтобы все на этом свете было только по их воле.

А тебе мир и здравия от Господа.

ПИСЬМО 267. ОСКОРБЛЕННОМУ СОСЕДУ, НА ЕВАНГЕЛИЕ ОТ МАТФЕЯ[450]

Заповеди Христа кажутся неисполнимыми тому, кто ни разу не попытался их исполнять. Например, Господь сказал: 'благотворите ненавидящим вас'[451], а ты с удивлением спрашиваешь: «Разве это возможно? Разве такая заповедь не противна человеческой природе?». Ты никогда не спросил бы, если хотя бы раз в жизни попытался сделать добро человеку, который тебя ненавидит. А если бы попытался, знал бы, что эта заповедь Господа исполнима и согласна с лучшей человеческой природой.

Рассказывал нам один крестьянин: «Между мной и соседом выросла вражда, словно терние: в глаза друг другу не могли смотреть. Как-то зимней ночью мой маленький сын читал мне вслух Новый Завет, и, когда он прочитал слова Спасителя: 'благотворите ненавидящим вас', я крикнул ребенку: «Хватит!». Всю ночь не мог я заснуть, все думал и думал, как мне исполнить эту заповедь Божию. Как мне сделать доброе дело для своего соседа? И однажды услышал я из соседского дома громкий плач. Расспросив, я узнал, что налоговые власти угнали у моего соседа весь скот, чтобы продать его за долги. Как молния пронзила меня мысль: вот, дал тебе Господь возможность сделать добро соседу! Я бегом в суд, заплатил налоги за человека, который ненавидел меня больше всех на свете, и вернул его скотину обратно. Когда он об этом узнал, то долго в задумчивости ходил вокруг своего дома. Когда стемнело, он окликнул меня по имени. Я подошел к изгороди.

– Зачем ты звал меня? – спросил я его. Он разрыдался мне в ответ и, не в силах выговорить ни слова, плакал и плакал. И с тех пор мы живем в большей любви, чем родные братья».

Вот какие сладкие и чудесные плоды приносит исполнение заповедей Божиих.

ПИСЬМО 268. ТОРГОВЦУ К. К., О ПЛОДАХ ПОСТА

Почему многие не соблюдают поста, спрашиваете Вы. Потому, что не знают плодов поста. Органы здравоохранения нашей страны должны рекомендовать соблюдение поста в один голос с Церковью, потому что пост приносит чудесные плоды, и не только духовные, но и телесные. В доказательство этому можно привести множество примеров, но я задержусь на одном из недавних.

Вот что пишет одна вдова из Бечея: «Я начала поститься в прошлом году на Троицу. Так я решила: если уж хожу в церковь и молюсь Богу, то надо и поститься. Пока был жив муж, мы не знали поста и часто болели. Никогда не было такого, чтобы были здоровы оба: то один в постели, то другой. Так и прожили всю жизнь. Я всегда была в раздражении, малейший пустяк приводил в гнев. Меня мучили страхи. Я боялась всего, даже собственных мыслей и предчувствий. С тех пор как начала поститься (вот уже год прошел от того Троицына дня), я спокойна, в душе радость и в теле легкость. Ни на что не обижаюсь, ни на кого не сержусь. А в душе моей звучат церковные песнопения и молитвы. Сны светлые и благостные. Сейчас я живу у своей обеспеченной подруги, но чувствую, что весь мир принадлежит мне. Я совершенно здорова, хотя стара, ничего не боюсь, даже смерти. У меня только одно неутолимое желание – желание тишины, поста и молитвы: в них я нахожу полноту счастья».

Так о себе пишет старица из Бечея. И своим опытом она подтверждает нам евангельское учение и многовековой опыт Церкви.

ПИСЬМО 269. БРАТСТВУ СВЯТОЙ ПАРАСКЕВЫ ПЯТНИЦЫ, ОБ ИСТОЧНИКЕ С ВОДОЙ ЖИВОЙ И МЕРТВОЙ

Источник с мертвой и живой водой – человек: одной водой он живит, другой мертвит; одной очищает, другой грязнит. И та, и другая вода текут из одних уст[452]. Одни и те же уста могут воспевать добродетель и поносить ее, могут славить Бога и хулить Его, могут поддержать и обессилить, могут привести к истине или соблазнить. Мудрый сын Сирахов сказал: 'если подуешь на искру, она разгорится, а если плюнешь на нее, угаснет: то и другое выходит из уст твоих'[453]. Мариам, сестра Моисея, устами, которые воспевали Бога, избавившего народ Свой и потопившего фараона, роптала на брата своего Моисея, и попустил ей Господь проказу[454]. Видите, как из одних уст исходят и добро, и зло?

Поэтому, христианин, будь постоянен в добре и, когда увидишь праведника, не угаси оплеванием правду его, а распали в нем Божественную искру, чтобы ярче горела. А когда видишь, что грешник кается в своих грехах, не помяни ему исповеданных грехов и лохмотья греховного рубища, которые сбрасывает с себя, не накидывай на него. Ибо его грех на тебя падет, и завтра будешь судим за него так, как за свой. Не марай того, кто очищается, но помоги ему омыться. Не расслабляй того, кто встал на путь добродетели, но поддержи его.

Ибо на Страшном Суде будешь судим за то, что из твоих уст в этот мир исходит.

ПИСЬМО 270. НЕВЕНЧАННОМУ, О ДВОЙНОЙ НЕПРАВДЕ

Ты изгнал свою венчанную жену и взял другую, с которой живешь без венца. Разве это грех? – спрашиваешь ты. Тебя удивляет, почему соседи возмущены твоим поступком. Тебя удивляет, что власть преследует и наказывает тебя.

Первый твой грех в том, что ты выгнал законную жену, а второй в том, что незаконно живешь с другой. Дважды ты попрал закон Творца, поэтому соседи ропщут на тебя и власть преследует тебя. Животным это не грех, но людям Господь установил иной закон, и для человека это грешно. Ты оправдываешь себя тем, что так поступали многие. Да, это правда, так делали многие, были среди таких беззаконников и коронованные. Но преступника не оправдывает то, что до него уже кто-то преступал закон. Византийский император Константин VI[455], сын императрицы Ирины, изгнал свою венчанную жену Марию и взял к себе придворную даму Феодору. Царица-мать и цареградский патриарх его укоряли, восстал против беззакония и народ. Но своевольный царь не только не захотел послушаться матери и главы Церкви Божией, но еще и пригрозил им, что если они не оставят его в покое, то он восстановит в государстве язычество и запретит христианство. Но на второй год незаконного сожительства царя с придворной во дворец проникли заговорщики, и царь был ослеплен в той самой комнате, в которой когда-то родился.

Смотри, чтобы и тебя не постигло суровое наказание, но не от людей, а от невидимой силы, которая сильней человеческой. Ибо сказано: 'Горе тем, которые зло называют добром, и добро – злом, тьму почитают светом, и свет – тьмою', – так говорит Тот, милующая или наказующая рука Которого достигает в свое время каждого(Ис. 5, 20).

ПИСЬМО 271. ЗАГРЕБСКОМУ ПИСАТЕЛЮ, О ВОЙНЕ

Вы сердитесь на меня за то, что в книге «Война и Библия» я пишу, что Господь попускает войны по человеческим грехам, так же как голод и мор. Все, что я писал, писал не по своему разумению, а по Священному Писанию Божию. Ни один человеческий разум не в состоянии объяснить всю совокупность того зла и горя, которая названа одним коротким словом – война, не может объяснить того и мой разум, но все объясняет и освещает, как яркое солнце, Священное Писание Божие. Господь устами пророка Нафана говорил царю Давиду: 'восставлю после тебя семя твое… и упрочу царство его'[456], но, говорит Он далее: 'если что злое соделает, накажу ударами сынов человеческих' (ср.: 2Цар. 7, 12, 14). А что означают удары сынов человеческих, если не войну? И исполнилось слово Божие. Сын Давидов Соломон и сын Соломонов Ровоам сотворили злое пред лицем Божиим, и «вышел царь египетский Сусаким против Иерусалима и взял сокровища дома Господня и сокровища дома царского. Всё взял» (ср.: 3Цар. 14, 25–26).

Вы спрашиваете, как Господь может попускать такое несчастье людям, где же благое Его учение? На бумаге. Если бы оно было начертано в сердцах человеческих, люди жили бы в мире. Укрепите совесть и сократите военные расходы. Старайтесь, как член Церкви, очищать мир от неправды и беззакония, и угроза войны растает, как туман. Ибо насколько бессмысленно призывать жителей города, в котором свирепствует чума: «Станьте здоровыми!», настолько же бессмысленно кричать: «Мир! Мир!», а жить в греховной нечистоте и безнравственности. Здоровье само придет в город, когда он будет очищен от грязи и чумной заразы, и мир придет к народам, когда они очистятся от чумы безверия и греха. А иначе на наши крики: «Мир! Мир!» – отзовется нам не мир, а война.

ПИСЬМО 272. БЕСПЛОДНОЙ ЖЕНЕ, О ДЕТЯХ

Глубоко скорбишь о том, что не имеешь детей. Сетуешь на мужа, считаешь его виновником. Дерзаешь роптать и на Творца. Не бери грех на душу, покорись воле Божией. Ибо дитя по Его воле родится, а родители лишь проводники благой воли Творца. В Книге жизни есть такой пример: Рахиль, жена Иакова, не имела потомства и в печали своей укорила она мужа и сказала: 'дай мне детей или я умру'. Разгневался Иаков на неразумие жены своей и ответил: 'разве я, а не Бог не дает тебе потомства?'[457] Случается, что Господь не дает супругам детей по грехам одного из супругов. Например, случай с Мелхолой, женой Давида. Молодая жена Давида, дочь царя Саула, увидев, как муж ее в духовном упоении скачет и пляшет вокруг ковчега завета, 'посмеялась над ним в сердце своем'[458].Этой насмешки не видел и не слышал никто, кроме Всевидящего, но за это наказал Он жену Давидову, и 'Мелхола, дочь Саулова, не имела потомства до смерти своей'[459].

Испытай и ты свое сердце и сердце своего мужа: посмотрите, не согрешили ли вы в чем-то перед Господом. Если же нет на вас вины, тогда, без сомнения, воля Божия на то, чтобы приняли вы в свои объятия сирот, как родных детей, а в очах Божиих это великий подвиг. Я знаю одну знатную госпожу, у которой нет родных детей, но с самого начала войны она собирала сирот, сотни сирот, и воспитывала их, как своих детей. А на исповеди говорила: «Никого и ничего не любила я так, как детей. Еще девочкой я мечтала скорее выйти замуж, чтобы иметь как можно больше детей, но не дано мне было. Дважды я была замужем, но ни в одном браке не было у меня детей. Однако Господь сторицей исполнил мое желание и даровал мне больше тысячи детей, и сейчас, в старости, я бесконечно радуюсь, что Творец не дал мне родить, ибо тогда у меня было бы двое или трое, может быть, десять детей и всю жизнь я бы заботилась только о них и не знала бы счастья назвать родными тысячу чужих детей. Слава за это милостивому Господу!».

Молись Богу чисто и усердно, как молились Иоаким и Анна. Он бесконечно милостив, и в Его власти дать тебе потомство. А если не даст, не сердись. Подари свою любовь детям умерших матерей и назовешься матерью, а не бесплодной в Царстве вечной красоты и правды.

ПИСЬМО 273. МОНАХУ САВВЕ, О МУЧЕНИЧЕСТВЕ

Ты бы хотел оказаться в России, чтобы гонители Православия и тебя подвергли мучениям и убили. Это желание не покидает тебя ни днем, ни ночью. Успокойся и предайся Божией воле. Господу ведомо твое желание, и Он будет заботиться об исполнении его. Если Он не пошлет тебе такого мученичества, какого ты желаешь, пошлет иное. И уже послал, ибо ты уже принимаешь мученичество сострадания святым русским мученикам. Готовь сердце свое и к другим испытаниям, чтобы ты мог сказать, как псалмопевец: 'Готово сердце мое, Боже, готово сердце мое'[460].

Епископ Ангарий[461], названный апостолом севера, с раннего возраста желал пострадать за Христа, и было ему дано чудесное знамение, что он станет мучеником. Шло время, апостол севера трудился, распространяя и защищая христианство на севере Европы, но обещанного мученичества все не было. Наконец епископ тяжело заболел, и болезнь заставила его слечь в постель. Лежа на одре болезни, он горько пожаловался своему диакону, что не исполнилось Божие обетование о мученичестве. Мудро ответил ему диакон, что вся его жизнь была мученичеством и к мученичеству будет причислена и тяжелая болезнь, ибо не только претерпевшие насильственную смерть считаются мучениками, но все, кто верно страдал за Христа и Его истину на протяжении жизни.

Мир тебе и радость от Господа.

ПИСЬМО 274. РУССКОМУ УЧЕНОМУ П. С., О СНОВИДЕНИИ

Вы пишете мне о своем сновидении. Во сне Вы отчетливо видели один сербский монастырь. И когда Вы впервые оказались там, все уже было Вам знакомо. Я слышал подобные рассказы от разных людей. Но бывает еще более удивительно, если кто-то видит какое-нибудь отдаленное место или событие наяву. Русский святой, преподобный Кирилл Белоезерский, видел такое видение. Он жил в монастыре вместе с братией, но сердце влекло его в пустыню, в уединение. С таким горячим желанием он стоял ночью на молитве и вдруг услышал голос: «Кирилл, выйди отсюда и иди на Белое озеро. Там Я приготовила тебе место, там ты спасешься». Голос слышался как бы снаружи, он открыл окно… да, так было слышнее, но теперь вместо голоса он увидел яркий свет и в этом свете озеро, совсем близко, хотя на самом деле до озера было очень далеко. Позже, когда святой Кирилл попал на Белое озеро, оно было знакомо ему, как будто он уже был здесь.

Эта способность духа свидетельствует о том, что духовная реальность отлична от телесной и для объяснения такого рода явлений плотское рассуждение не поможет.

Благодать Вам и мир от Господа.

ПИСЬМО 275. ЖИТЕЛЮ ЗЕМУНА, О ГИБЕЛИ СОДОМА

За что Господь истребил Содом? Разве из Писания Вы не поняли? 'И сказал Господь: вопль Содомский и Гоморрский, велик он, и грех их, тяжел он весьма' (Быт. 18, 20). А то, что грех содомлян был велик, видно уже по тому, что во всем городе не нашлось и десяти праведников, ибо на вопрос Авраама Господу, истребит ли Он город, если найдется в нем десять праведников, ответил Господь: 'не истреблю ради десяти'[462]. Но не нашлось даже десяти, все жители города восстали против Господа и человеческой природы. Их души были мертвы, а тела развратны. И за это поразил их дождь из серы и огня, символ их смрадных, воспаленных страстей. И ничего не осталось от Содома, кроме дурной славы и страшной истории.

Гнев Божий обрушился не только на Содом, но и на другие города, в которых грех изуродовал людей настолько, что они уже не были похожи на творение Божие. Если такая участь постигала нехристианские города, которые не слышали имени Иисуса Христа, что же тогда ожидало те, жители которых приняли крещение во имя Сына Божия, но по грехам своим были подобны содомлянам? Прочтите пророчество Спасителя Капернауму: 'И ты, Капернаум, до неба вознесшийся, до ада низвергнешься, ибо если бы в Содоме явлены были силы, явленные в тебе, то он оставался бы до сего дня' (Мф. 11, 23). Исполнилось пророчество Божие: там, где когда-то стоял Капернаум, ныне терновые заросли, камни и змеи. Своими глазами видел это и сердцем вострепетал каждый паломник на Святой Земле.

ПИСЬМО 276. ТОМУ ЖЕ, О ЦЕЛИ ЖИЗНИ

И еще спрашиваете Вы меня о цели земной жизни. Об этом говорит Евангелие, и только Евангелие. Только там христиане могут найти ответ на этот вопрос. Мусульманам известно о ней столько, насколько откровение Корана вмещает откровение Евангелия. Нехристианские народы, не зная евангельского откровения, не знают цели жизни человека на земле. А цель ее – в стяжании Царства Небесного. Цель эта была открыта в первых же словах Христа: 'покайтесь, ибо приблизилось Царство Небесное'[463], а последними Его словами были слова: 'идите по всему миру и проповедуйте Евангелие всей твари' (Мк. 16, 15). Но не все ли Его слова говорят о Царстве Небесном? И вознесение, и явления из небесного мира не свидетельствуют ли об этом же? Можно с уверенностью сказать, что Евангелие от начала до конца говорит и свидетельствует о Небесном Царстве как о цели человеческой жизни. Евангелие – книга о смысле земной жизни и о пути к этой цели, но прежде всего о смысле, ибо сначала надо знать, куда идти, а потом уже как.

Мир Вам и радость от Господа.

ПИСЬМО 277. ТОМУ ЖЕ, О ТОМ ЖЕ

Господь наш Иисус Христос не только Учитель цели земной жизни, но и Проводник человека на пути к ней. Он для того и вознесся на небеса, чтобы указать нам цель. Ибо, куда Он идет, там наша цель. Он назвал Себя Пастырем[464]. Знают ли овцы цель, пока пастырь не укажет им? Не знают. Как только пастырь удаляется от них, они смущаются и разбегаются и становятся совсем бессловесными, а пока он с ними и пока они идут за ним, они кажутся словесными, то есть разумными, но не по своей собственной словесности, а по словесности пастыря.

В наше время многие живут как бессловесное стадо, смятенное и рассеявшееся, бросающееся из стороны в сторону, не зная, куда и как идти. Ибо потеряли из вида Вождя и Пастыря. Так блуждали язычники до пришествия Христа и с блеянием прилеплялись к земле и земному пастбищу. На юге Италии был город Сибарис, жители которого прославились своей любовью к роскошной, праздной и бесцельной жизни. Они погибли, погибли и для земной, и для небесной жизни, как все, не имеющие цели, как все, для кого земное царство становится единственным реальным царством. Погибли, как Содом и Гоморра, Капернаум, Тир и Сидон, погибли, как бессловесное стадо без пастыря.

ПИСЬМО 278. ЛЮБИТЕЛЮ РОСКОШИ, О ПРЕХОДЯЩЕМ

Тебе в голову пришла мысль, что «христианство обедняет мир». Негодуешь на него и хочешь вернуть языческую роскошь. Не дай, Боже, чтобы твое желание исполнилось! Ибо внешняя роскошь, как правило, бывает равна внутренней нищете. А христианство пришло, чтобы исполнить человеческие души богатством непреходящим, обогатить их Богом. Когда человек повзрослеет, детские желания кажутся ему смешными. Так же как христианам смешна языческая роскошь. Персидские цари старались превзойти в роскоши всех: они покрывали стены своих дворцов золотом, серебром и слоновой костью, воду они пили только из одной реки – Хоаспес, вино из Дамаска, ели хлеб из фригийской пшеницы. Их трапеза каждый день украшалась блюдами со всех концов их царства. Сотни певцов услаждали их слух во время трапезы и перед сном. Себя они называли царями царей и господами народов. Князья Малайских островов назвали себя владыками ветров и моря от востока до запада! Великий Могол[465] имел титул «Победитель вселенной», а его воины именовались лучезарными и молниеносными.

Где они сейчас? Где их великолепие? Где их титулы? Прах, тлен и пепел. Так и твоя роскошь растает, богатство перейдет в другие руки, дни жизни пролетят, силы оставят, и твою могилу забросают землей. И не поможет тебе никакое имение, даже если бы имел ты всю землю и небо, ибо 'небо и земля прейдут'[466].

Но есть нечто, что останется, когда прейдут небо и земля: это праведные души, обогатившиеся при жизни истиной и добром. Не гонись за призрачными тенями, а держись вечной реальности, истины и добра, которые не преходят.

ПИСЬМО 279. УЧИТЕЛЬНИЦЕ ЯНЕ З., О МОЛИТВЕ

Твой муж – атеист, а твоя жизнь – ад. Его безбожие порождает в нем все худшее, что может быть в человеке: злобу, гнев, жестокосердие, подлость. Мерзость и грех. Не человек, не животное, а подобие человека и подобие животного, управляемое таинственным духом зла. Он одержим идеями «культуры», на которых был воспитан еще в школе, – культура вместо Бога!

Что же остается тебе, сестра? Молиться Единственному, Который может помочь тебе. Никто больше не поможет тебе, даже если ты соберешь консилиум из лучших европейских докторов, даже если позовешь на помощь парламент и академию наук, ни международное сообщество, ни армии всех стран – ничто не поможет тебе. Безумный останется безумным, маньяк – маньяком, а подобие – подобием. Только Создатель его может ему помочь, то есть Тот, Которому он, несчастный червь дождевой, объявил войну. Только Он может спасти его, если Ты умилостивишь Его своей молитвой и жертвой.

Однажды я спросил одну жительницу Белграда, Славу какого святого они празднуют.

– Святого Георгия Победоносца и апостола Луки, – ответила она.

– А почему у вас две Славы? – спросил я.

– Святой Георгий – Слава наших прадедов, а святой апостол Лука спас моего мужа от плена. В годы австрийской оккупации его арестовали и посадили в тюрьму, чтобы затем отправить в плен. Когда его увели, я, рыдая, упала на землю и три часа молилась святому апостолу Луке, потому что это случилось в день его памяти, и дала ему обет праздновать его Славу, так же как мы празднуем Славу святого Георгия. Молилась с надеждой, хотя надежды тогда ни у кого уже не было. И, пока я после слезной молитвы еще делала поклоны, мой муж вернулся домой.

Видишь, что жив Господь наш и помогает вопиющим к Нему? Молись и ты с верой и надеждой.

ПИСЬМО 280. РУССКОМУ СВЯЩЕННИКУ Н. С., О БЕСПОКОЙСТВЕ ЗА ЦЕРКОВЬ

Не нужно беспокоиться – нужно ревностно трудиться. Трудись и ревнуй об истине и святыне Божией и возложи свои заботы на Господа. Он требует от нас только того, что в нашей власти. Сказал Спаситель: 'кто из вас, заботясь, может прибавить себе росту хотя на один локоть?'[467] Так давайте с полным доверием к Спасителю исполнять возложенные на нас обязанности и не беспокоиться о том, что будет или что могло бы быть. Капля молитвы стоит дороже, чем море беспокойства. В особенности не следует отчаиваться из-за Церкви Божией. Если чему-то на свете обеспечена окончательная победа, то это победа Церкви Христовой: 'и врата ада не одолеют ее', – сказал Господь[468].

Святитель Григорий Двоеслов[469], описывая состояние Церкви своего времени, сравнивает ее со старым, разбитым бурями кораблем, в который со всех сторон заливается вода, ибо доски его прогнили и расшатались от волн, бьющихся об него каждый день. Это были времена тяжких испытаний – голод, эпидемии, смятение, отчаяние, войны, которые привели в упадок земледелие, люди не хотели создавать семьи, потому что думали, что наступает конец мира. Вот в каком состоянии находилась Церковь двенадцать веков назад. Но конец мира не наступил, положение поправилось, Церковь утвердилась. Если бы кормчим Церкви был человек, она погибла бы от бурь, но Кормчий ее и тогда, и теперь – всемогущий Дух Божий.

Мир тебе и радость от Господа.

ПИСЬМО 281. БОГАТОМУ, КОТОРЫЙ НЕ УМЕЕТ ПРОЩАТЬ

Один Ваш должник составил фальшивый вексель. Но покаялся, и Вы простили ему. Сейчас Вы снова пишете мне об этом. Для чего вспоминаете прощенный грех? Когда христианин прощает, он забывает о грехе ближнего и никому не рассказывает о нем. Вы же согрешаете вдвойне. Во-первых, хвалитесь тем, что простили. Во-вторых, рассказываете о грехе ближнего и навлекаете на него осуждение. Одно из величайших зол нашего времени – бесконечное, с утра до ночи, обсуждение чужих грехов. Даже покаяние грешников не может заградить уста многим любителям открывать чужие раны. И если бы грехи просто обсуждались, но они раздуваются и преувеличиваются до демонических размеров!

Когда император Константин Великий пришел на Никейский собор[470], некоторые члены собора передали ему письменные жалобы друг на друга. Император, собрав все жалобы, скомкал их и бросил в огонь со словами: «Да о распрях священников никто не узнает». 'Если согрешит против тебя брат твой, – говорит Спаситель, – обличи его один на один[471]. Если же сказал брату и брат покаялся и был прощен, как же после этого объявлять миру его грех? Так ты не обретешь брата, а потеряешь его.

Простить – значит не просто не мстить, а покрыть грех брата молчанием и забвением.

ПИСЬМО 282. РАЗНЫМ ЛИЦАМ О РАЗНЫХ ПРЕДМЕТАХ

Студенту-богослову М. О

Гордишься и радуешься, что сдал все экзамены на «отлично». Чувствуешь себя богачом, накопившим сокровища знаний. И, подобно евангельскому богачу, спрашиваешь: что еще должен я делать? Иди и продай накопленное знание и купи жемчуг евангельской любви, которая дороже всех знаний, и пойди за Христом Господом.

Железнодорожнику Н.

Если боитесь за жизнь младенца, не откладывайте крещение. Ибо вот слово Господа: 'Кто будет веровать и креститься, спасен будет' (Мк. 16, 16). Следовательно, крещение – условие спасения. А Вашей маленькой трехлетней Вере, которая так тепло молится Богу, посылаю икону Богородицы. Пусть она молится перед ней о здравии маленькой сестренки.

Госпоже О.

Предзнаменования, говорящие о смерти, без сомнения, существуют. Они так многочисленны, что можно считать их правилом. Может быть, Вы слышали, что в момент чьей-либо кончины разбивалась чашка и лопалось оконное стекло, или в доме родственников умершего падала его фотография. И Ваш сон о смерти одной выдающейся личности можно считать предзнаменованием. Поставьте свечу о его упокоении и подайте милостыню о спасении души его.

ПИСЬМО 283. ПРАВОСЛАВНЫМ БРАТСТВАМ, НА РОЖДЕСТВО

Поздравление всем православным сербским братствам – Христос родился!

Поздравление всем православным болгарским братствам – Христос родился!

Поздравление всем православным греческим братствам – Христос родился!

Поздравление всем православным румынским братствам – Христос родился!

Наши отцы, неграмотные крестьяне, поднявшие восстание против рабства, были благороднее и духовно щедрее своих грамотных потомков. Они желали освобождения всем православным Балканам, а не отдельным областям. Они в своих душах носили идею братства всех угнетенных балканских народов. Так же думала и чувствовала православная Греция.

Мученически и героически они исполнили свой долг и отошли к вечному блаженству. Их потомки сузили сердце и ограничили пространство. Просторы общего балканского братства они свели к племенам и областям. Укрепили свои государственные владения крепкими оградами и через те ограды начали браниться, пока перебранка не вылилась в кровавую бойню. А Каин ликовал, глядя на продолжение дел своих. И чужеземцы ликовали, превращая балканскую кровь в золото. Вот история Балкан за последнее столетие.

Но начали отрезвляться балканские братья, их мысли и чувства стали обращаться к мыслям и чувствам отцов, крестьян-повстанцев.

И потому радостно поздравляем мы теперь всех православных балканских братьев: Христос родился! Да будет благословенно братство всех балканских братств!

Мир земле Балканской, в балканцах благоволение!

ПИСЬМО 284. УЕЗДНОМУ КАЗНАЧЕЮ Б. Д., О СВЯЩЕННИКАХ

Вы недовольны своим священником. Действительно, прискорбно, что тот, кто должен утешать, огорчает Вас. Но Вы из-за одного восстали на все священство. Этим Вы свидетельствуете о том, как трудно излечить людей от обобщений. Приведу Вам в пример великих людей, как они были праведны и осторожны. Знаменитый русский писатель Николай Гоголь имел великий талант, но величие души и ума его превосходили его талант. Однажды он подвергся нападкам со стороны другого русского писателя, Белинского, за то, что благоговейно говорил о священстве. Отвечая на критику Белинского, Гоголь писал: «Отчего Вы решили, что пою гимн нашему духовенству? Откуда в Вас дух такой ненависти? И я знаю немало дурных священников и мог бы рассказать Вам о них немало смешных историй. Но я встречал и таких, перед святостью жизни которых преклоняюсь, и знаю, что они чада нашей, восточной, а не западной Церкви. Следовательно, я пою гимн не тому духовенству, которое посрамило нашу Церковь, а тому, которое возвысило ее… которое своим мученичеством запечатлело истину каждого слова Христа». Постарайтесь и Вы рассуждать так же, как великий Гоголь. Что было бы, если бы Христос, скажем, из-за Иуды возненавидел всех апостолов? Но Он не возненавидел даже Иуду и предостерегал его на Тайной вечери, чтобы не губил себя предательством Сына Божия.

Представьте, как велика будет слава Ваша в Царстве Божием, если Вы, мирянин, будете милосерднее священника!

ПИСЬМО 285. ГОНИМОМУ, О СУДЕ ЧЕЛОВЕЧЕСКОМ

Вас судят и осуждают, и Вы страдаете из-за этого. Судили и осуждали и Господа, и Он страдал: 'душа Моя скорбит смертельно', – сказал Он в Гефсиманском саду[472]. Но человек остается тем, что он есть, а не тем, что говорят о нем люди. Говоря о других людях, человек на самом деле говорит самом о себе. Каждый день мы свидетельствуем о себе, хотя суд наш предназначен ближним. Зная об этом, великий апостол Павел говорит: 'Для меня очень мало значит, как судите обо мне вы или как судят другие люди… судия же мне Господь' (1Кор. 4, 3–4). Апостол знал непостоянство суда человеческого и не принимал его всерьез. Он трепещет и нам заповедует трепетать перед Судом Того, Кто знает истину о каждом человеке и будет судить истинно. А когда истинный Судия объявит Свой Суд, все суды человеческие обратятся в ничто.

Римские поэты и философы должны были составлять императору Нерону полные лести гимны. А при Нероне гнали и забивали христиан, как ягнят. Поэты и философы поносили христиан и писали о них как о последнем сброде. И что же? Воспеваемый царедворцами Нерон исчез, как черная тень, а гонимым и мученически убиенным апостолам Петру и Павлу воздвигнуты храмы прекраснее, чем когда-то римским божествам Марсу и Юпитеру.

Не скорбите же из-за неправедного людского суда, но старайтесь угодить Богу и бойтесь истинного Суда Божия.

ПИСЬМО 286. ВЛАДЕ Ц.: «КТО ДРУГОМУ ЯМУ РОЕТ...»

У тебя недобрый сосед. На других злился, а зло на него пало. Он запрещал носить воду по проторенной тропе, проходящей через его пастбище. Когда запрет не помог, он поставил ограду. Но люди пробирались и через ограду, потому что обходной путь был очень далеким. Тогда он поставил капкан и закрыл его соломой. Но в ловушку попала его дочь, и сейчас девочка в больнице: врачи говорят, что она останется калекой на всю жизнь. Сосед в отчаянии разрушил ограду и открыл людям путь к источнику. Вот наука: кто другому яму роет, сам в нее попадет!

Есть и другой случай, еще страшнее. Был у императора Льва Армянина, яростного иконоборца, друг Михаил. Император был обязан ему престолом. Но Михаил воспротивился антиправославной политике Льва. Император заточил друга в темницу, находящуюся под дворцом, с намерением казнить его в день праздника Рождества. В ночь накануне Рождества император спустился в темницу, чтобы посмотреть на своего узника, и увидел невероятную картину: охранник из уважения к Михаилу уступил ему свою постель, а сам спал на земле. Проснувшись, охранник узнал императора и был очень испуган тем, что правитель застал его спящим. В страхе за свою жизнь, он разбудил Михаила и уговорил его убить Льва. На рассвете, когда священники крестным ходом входили в императорскую церковь, с ними вошли и переодетые заговорщики. И император-иконоборец был убит: в назначенный для казни день, в праздник Рождества, погиб не осужденный, а судья. Кто другому яму роет, сам в нее попадет!

ПИСЬМО 287. ИНВАЛИДУ ВОЙНЫ, О ПОПУЩЕНИИ БОЖИЕМ

Пишете о своих страданиях во вражеском плену: Ваша история очень поучительна. Вас трижды вели на виселицу и трижды отменяли казнь без какой-либо видимой причины. Без всякого сомнения, на то были причины невидимые, сокрытые в Том, Который создал Вас, и в Вашей молитве к Нему. В эти страшные минуты Вы молились Ему в сердце своем: «Помилуй мя, Боже, помилуй мя, яко на Тя упова душа моя, и на сень крилу Твоею надеюся, дóндеже прейдет беззаконие» (Пс. 56, 2).

Император-арианин Валент[473] трижды брал в руку перо, чтобы подписать приговор об изгнании святого Василия Великого, и трижды перо ломалось в его руке: потрясенный император порвал приговор и оставил святого в покое. Читайте Евангелие, читайте эту Книгу жизни и научитесь истине, и многие тайны откроются Вам. Упоминается там и Ваш случай: озлобленные евреи искали убить Господа Иисуса Христа, но не смогли взять Его. Почему? 'Потому что еще не пришел час Его' (Ин. 8, 20). Что может сделать человек человеку, если Господь не попустит? Ничего. Потому и Ваши палачи не смогли казнить Вас, хоть трижды вели на виселицу и ничто, как казалось, не препятствовало им, но препятствовал Тот, во власти Которого весь мир и каждый человек. Не забывайте же о том, что сделал для Вас Всевышний, рассказывайте об этом Вашим и детям, и внукам, чтобы и они возложили на Него все упование свое.

ПИСЬМО 288. ЧЕЛОВЕКУ «СОБСТВЕННЫХ УБЕЖДЕНИЙ», О СВЯТОМ КИПРИАНЕ[473]

В какой-то книге ты нашел слова святого <u>Киприана Карфагенского</u>: «Кому Церковь не мать, тому и Бог не Отец». Они возмутили тебя, как неправильные и даже жестокие. Ты хотел бы видеть Бога Отцом всех людей без исключения. Действительно, Господь – Творец всех людей. Действительно, Он хочет быть Отцом всех, но правда и то, что неверующие Его своим Отцом не считают. Если бы каждый человек без каких-либо нравственных ограничений мог назваться сыном Божиим, почему же тогда Господь сказал: 'Блаженны миротворцы, ибо сынами Божиими нарекутся'[475]? А в Евангелии от Иоанна сказано: 'Пришел к своим, и свои Его не приняли. А тем, которые приняли Его, верующим во имя Его, дал власть быть чадами Божиими'[476]. А тем, которые не приняли, отцовство Его было не нужно.

В притче о блудном сыне повествуется о том, как человек, потеряв право быть сыном Божиим, покаянием может вернуть себе сыновнее достоинство. Апостол Павел говорит: 'когда пришла полнота времени, Бог послал Сына Своего Единородного, Который родился от жены, подчинился закону, чтобы искупить подзаконных, дабы нам получить усыновление. А как вы – сыны, то Бог послал в сердца ваши Духа Сына Своего, вопиющего: «Авва', 'Отче!». Посему ты уже не раб, но сын; а если сын, то и наследник Божий через Иисуса Христа' (Гал. 4, 4–7). Из сказанного ясно, что поскольку сыновство приобретается в крещении, покаянии и во всем, что преподает и чему учит Церковь Божия, то «кому Церковь не мать, тому и Бог не Отец». Такому Бог – Создатель, Господин и Судья, а не Отец; Он тем Отец, которые пожелают быть Его – в Господе нашем Иисусе Христе.

ПИСЬМО 289. ЛЮБИТЕЛЮ СВЯЩЕННОГО ПИСАНИЯ, НА ЕВАНГЕЛИЕ ОТ ИОАННА[477]

После чуда, которое сотворил Господь, насытив пять тысяч человек пятью хлебами, Он удалился от народа. Но народ искал Его даже 'на той стороне моря' и нашел Его. И тогда Иисус сказал им: 'истинно, истинно говорю вам: вы ищете Меня не потому, что видели чудеса, но потому, что ели хлеб и насытились' (Ин. 6, 25–26). Ты спрашиваешь, как следует понимать эти слова? Просто. Так случается и теперь. Когда во время засухи люди ожидают от Господа дождя или в болезни просят исцеления и Господь даст им, одни благодарят Его за просимое, а другие благодарят за чудо укрепления веры. Ибо чудо важнее дождя и здоровья. Дождь и здоровье пройдут, а чудо останется как свидетельство Бога живаго, Который держит в Своей власти и дождь, и здоровье.

Представь: некий царь вышел из своего дворца и рассыпал перед подданными золотые монеты. Нищие обрадуются тому, что получили золото, а любящие царя – тому, что видели его лицо. И нищие снова будут ожидать царя, чтобы получить золото, а любящие – чтобы снова смотреть на его лицо. Те пять тысяч человек, насытившиеся пятью хлебами, к утру вновь проголодались, а чудо Господне поныне питает любящих Господа и видящих в чуде явление Царя Небесного.

Потому и сказал им Господь: 'Старайтесь не о пище тленной, но о пище, пребывающей в жизнь вечную'[478]. А чудо Божие, однажды явленное, и есть пища, которой душа непрестанно насыщается и никогда не алчет и 'пребывает в жизнь вечную'.

ПИСЬМО 290. ЖУРНАЛИСТУ ДУШАНУ Ш., О ЦАРСКОМ МИЛОСЕРДИИ

Вы просите меня написать воспоминания о блаженно-почившем царе Александре[479]. Знаю, что многие могли бы в своих воспоминаниях написать о милосердии царя-мученика. Но найдутся ли воспоминания, благодарнее воспоминаний простых людей? Разве забудет когда-нибудь своего царя тот горемыка, оставшийся без крова и быков, которому царь построил дом и подарил скот? Или та поморавская мать, что несла больного ребенка в далекий город к доктору и которую царь, заметив на дороге, посадил в свой автомобиль и отвез в больницу? А в чистых слезах копаоницких и перистерских пастухов долго будет сиять лик того царя, который их одаривал и миловал. И другая мать еще не однажды будет рассказывать своему чаду о том, как его крестил царь-витязь, и показывать ему золотой крестик, подаренный им для колыбельки младенца. Бесконечно течет людской поток к Опленцу, к могиле царя, и как трогательно видеть среди народа группу белградских сирот, о которых царь заботился, а теперь они несут на его могилу свои слезы как свидетельство его милосердия.

«Блаженны милостивые, ибо они помилованы будут»[480]. Эти слова записаны в Евангелии и в сердцах благодарного народа.

ПИСЬМО 291. КОММУНИСТУ, О БОГЕ И БОГАХ

Пишете, что приняли решение стать коммунистом, прочитав такие слова: «Каждый человек создает себе бога по своему разуму». Этим Вы сами признаете, что коммунизм основан на безбожии. Ибо если бы действительно было так и каждый создавал бога по себе, тогда богов было бы столько же, сколько и людей, а значит, ни одного. Но есть на свете одна книга, которая от первой до последней страницы свидетельствует об обратном. В той книге говорится о едином истинном Боге живом, Который сотворил видимый и невидимый мир – Бог ревнитель, не терпящий поклонения никакому другому богу, никакой твари, никакой идее. Эта книга называется Священное Писание. С первой до последней страницы наставляет она людей, как различать реальность и свои представления о реальности. Вы человек начитанный, и я напомню Вам несколько исторических примеров.

В то время, когда Коперник открыл, что земля круглая, одни представляли ее плоской, другие – бесконечной, третьи – полушарием, покоящимся на воде… Но различные представления людей о форме земли не могли изменить ее, ибо реальность – одно, а представление человека о реальности – другое. Когда Христофор Колумб сказал, что за океаном существует другой континент, люди смеялись над ним. Когда Ньютон заговорил о других галактиках, звездном притяжении и силе отталкивания, разве люди сразу серьезно восприняли его слова? Представления людей о вселенной были различны, но это не влияло на ее реальное состояние. Ибо реальность – одно, а представление человека о реальности – другое.

Подобно этому явил истину о реальном существовании единого Бога живаго и наш Спаситель. Эта истина расходилась с языческими фантазиями об идолах и вымышленных божествах, но она искоренила заблуждение о том, что каждый человек создает бога по своему разуму.

Мир Вам и здравия от Господа.

ПИСЬМО 292. СТУДЕНТУ С. Б., О ПОДРАЖАНИИ

Тебя удивляет, почему мусульманские имамы и еврейские раввины тоже называются священниками. Ты удивлен, ибо знаешь, что в мусульманстве священства никогда не было, знаешь и то, что с разорением Иерусалимского храма не стало жертвоприношений и священства у евреев. Удивило тебя и то, что ты услышал от соседа-еврея слова: «Не человек для субботы, а суббота для человека»[481].

Не удивляйся. Это просто подражание христианскому образу мышления и выражения мыслей. Оно возникло еще в первые века христианства, хотя христиане были тогда малочисленны и гонимы. Было это и в гордом Риме, средоточии мировой тирании над христианами: римский император Александр Север[482] повелел написать на стене своего дворца и на стенах других государственных зданий евангельские слова: 'во всем, как хотите, чтобы с вами поступали люди, так поступайте и вы с ними'[483].

Подражая христианам, нехристианские народы Средней Азии и Востока стали создавать детские дома для сирот, дома престарелых, общественные столовые, Красный Крест и тому подобное.

Христианам подражают даже те, кто их ненавидит и борется с ними: борющийся с наводнением не может не промокнуть насквозь. Надо ли удивляться такому подражанию? Нет, надо молиться за подражателей.

ПРИМЕЧАНИЯ

1 – Быт. 2, 7.
2 – Мф. 6, 8.
3 – 1Фес. 5, 17.
4 – 2Цар. 6, 23.
5 – Иер. 17, 5.
6 – Мф. 5, 44.
7 – Гал. 5, 4–5; 1Тим. 6, 10, 21.
8 – Пс. 23, 1.
9 – Савва I Сербский, святитель († 1237; память 12(25) января, 30 августа (12 сентября)), в миру Растко (Ростислав) Неманич, младший сын Сербского князя Стефана Неманя (см. примечание 8) и Анны, дочери Византийского императора, брат Сербского короля Стефана Первовенчанного (1195–1224). Первый архиепископ Сербский, святой покровитель Сербии. В 17 лет он отправился на Афон, где поселился в русском Пантелеимоновом монастыре и там принял монашеский постриг с именем Савва. Затем стал насельником монастыря Ватопед, куда к нему позднее пришел и постригся в монахи с именем Симеон его отец, деспот (греч. «повелитель» – верховный правитель, пользующийся неограниченной властью) Стефан. В 1199 году Савва и Симеон основали на Афоне монастырь Хиландар, ставший центром духовного просвещения и культуры сербского народа. С 1208 года святой Савва снова в Сербии, архимандрит монастыря в Студенице. Однако позднее, стремясь к уединенному житию, он опять удалился на Святую Гору. В 1219 году патриарх Константинополь-

ский Мануил I (Харитопул; 1217–1222) рукоположил архимандрита Савву в сан архиепископа с дарованием одновременно автокефалии Сербской Православной Церкви. Резиденцией первого Сербского архиепископа стал Жичский монастырь. Святитель основал восемь новых епископий, во главе которых поставил своих учеников из Хиландара и Студеницкого монастыря, устроил жизнь сербского монашества по афонскому образцу, созывал в Жиче Поместные Соборы для устроения церковной жизни. В 1221 году он короновал в Жиче своего брата, сербского правителя Стефана Первовенчанного. Перевел на славянский язык Кормчую книгу (она была принята также и на Руси на Владимирском соборе в 1274 году). Скончался в Болгарии и с честью погребен в храме Сорока мучеников Севастийских в городе Тырнове. Позднее его нетленные мощи были перенесены в Сербию, в монастырь Милешево, откуда их похитил Синан-паша (см. примечание 29) и сжег в Белграде на Врачаре 27 апреля 1595 года. Святитель Савва – самый почитаемый сербский святой, в нем сербы чтят своего чудотворца и благодетеля, укрепившего веру и благочестие, оставившего по себе пример истинно христианского жития и подвижничества и изложившего все свои заветы в многочисленных письменных трудах.

10 – Феодора, преподобная († 879; память 17 (30) сентября), в монашестве Феописта. По кончине мужа вместе с дочерью удалилась в монастырь, где прославилась своей подвижнической жизнью; после смерти мощи ее обильно мироточили, подавая болящим исцеление.

11 – Ксения Римляныня, преподобная(† 5 век; память 24 января (6 февраля)). Дочь сенатора, ради любви к Богу, накануне свадьбы оставила отеческий дом вместе с двумя верными рабынями. Господь хранил девиц, желавших послужить Ему, пока не вручил заботу о них пресвитеру Павлу из города Милосса, куда они последовали за ним и где, по устроении Ксенией

монастыря, приняли от него постриг. В житии преподобной говорится, что воздержания ее боялись даже бесы: побежденные ее постом и подвигами, они убегали, не смея приступить к ней. После полудня, в час, когда Ксения предала душу Богу, милосские граждане увидели над девичьим монастырем светлый венец из звезд с блистающим крестом посредине. Лишь по совершении погребения видение исчезло. Приходившие ко гробу святой с верою получали исцеление от своих недугов.

12 – Монахиня Евфимия (?-ок. 1400), в миру деспотиса Елена, супруга деспота Углеше Мрнявчевича (?–1371). После скоропостижной смерти Сербского князя Стефана Уроша 4 Душана Сильного (1331–1355), при котором Сербское государство достигло наивысшего расцвета и земли его распространялись на Македонию, Фессалию, Албанию, Эпир и Этолию, на престол вступил его сын, Стефан Урош 5 (см. примечание 11). Однако он уже не смог удержать в повиновении большую державу своего отца. Государство распалось на несколько владений: Центральной Сербией правил князь Лазарь Хребелянович (см. примечание 12), а обширные земли в Македонии принадлежали гордым братьям, Вукашину и Углеше Мрнявчевичам, мало считавшимся с верховной властью Стефана Уроша 5. Пользуясь слабостью христианских государств, турки все чаще стали совершать набеги на балканские земли. Первыми на их пути оказались владения деспота Углеше, и в битве на реке Марица в 1371 году войско братьев Мрнявчевичей было разбито, а оба они погибли. После смерти мужа деспотиса Елена приняла постриг в монастыре Любостыня с именем Евфимия. Она написала дивную похвалу святому князю Лазарю, вышив ее золотыми и серебряными буквами на шелковом покрывале для раки с его мощами. Преподобная Евфимия – первая сербская женщина-писательница, чьи литературные труды получили признание.

13 – Ср.: Мф. 19, 11.

14 – См.: Быт.17–18; Быт.21;Быт.23.

15 – См.: Быт. 29–31; Быт.33;Быт.35;Быт.48.

16 – Мф. 10, 34.

17 – Еф. 6, 17.

18 – См.: Откр. 1, 12–16.

19 – Мф. 10, 35.

20 – 1Кор. 7, 14.

21 – Феофилакт Болгарский, блаженный (XI-XII век), архиепископ Охриды в византийской провинции Болгарии(ныне в Македонии), крупный византийский писатель. Его биография известна мало. Будучи родом с острова Эвбеи, он был возведен в сан диакона при храме святой Софии в Константинополе и сделался близким ко двору императора Михаила 7 Дуки (1071–1078). Может быть, уже по смерти Михаила Феофилакт был назначен воспитателем его сына, царевича Константина. Расцвет литературной деятельности Феофилакта, его назначение архиепископом в Болгарию, переписка из Болгарии со многими выдающимися лицами относятся ко времени царствования Алексея Комнина (1081–1118). Блаженный архипастырь Болгарии, отличавшийся высоким классическим образованием, оставил по себе толкования на Евангелия всех четырех евангелистов; на Деяния Апостолов; на все послания апостола Павла; на Соборные послания; на одиннадцать утренних воскресных евангельских чтений; на книги пророков Осии, Аввакума, Ионы, Наума и Михея.

22 – Лк. 12, 49.

23 – См.: Деян. 2, 2–4.

24 – См.: Деян. 6, 15.

25 – Лк. 24, 32.

26 – Ср.: Мф. 3, 11.

27 – Ср.: Евр. 12, 29.

28 – Констант 2 (631–668), Византийский император Ираклейской династии, правивший с 641 года (до восшествия на престол его звали Ираклием), сын Константина 3 (613–641). В годы его правления было

много войн с арабами: в 642 году пала Александрия, в 649 арабский флот напал на Кипр и опустошил многие острова, в 652 патриций Пасагнатес передал арабам Армению, а в 654 году арабы захватили Родос. Успешнее Констант вел войны со славянами: в 658 году он вторгся в Македонию, а затем подчинил своей власти славянские племена, расселившиеся в Греции в районе Коринфа. Правление Константа было отмечено многочисленными казнями знатных людей и гонениями на православное духовенство, противостоявшее монофелитству (ереси, которую император поддерживал). Так в 652 году он захватил и после многих издевательств сослал в Херсонес папу Римского Мартина 1 († 655; память 14'27 апреля), а преподобному Максиму Исповеднику († 662; 21 января'3 февраля, 13'26 августа), глубокому старцу, велел отрезать язык и правую руку. В 660 году, заподозрив измену, Констант велел посвятить в диаконы своего брата Феодосия(устраняя его таким образом как возможного соперника). А вскоре, не довольствуясь тем, что духовное лицо в любом случае теряет право на трон, приказал убить его, чем заслужил в Константинополе прозвище «Каин». Чувствуя по отношению к себе неприязнь жителей столицы, весной 663 года император покинул Константинополь и переселился в Сиракузы, желая превратить этот город в новую столицу империи, однако двор не поддержал его. Там он прожил шесть лет и был убит в 668 году в бане. Некто Андрей, прислуживавший Константу во время мытья, ударил его шайкой по голове в ту минуту, когда он намылил голову. Оглушенный Констант упал в воду и захлебнулся. (У владыки Николая в письме, очевидно, содержится в отношении смерти Константа неточность.)

29 – См.: Быт. 4.
30 – См.: 1Цар. 28.
31 – См.: 2Цар. 11–12.
32 – См.: Ин. 3, 1–21.
33 – Ин. 14, 15.

34 – Иоанн-Владимир, мученик († 1015; память 22 мая'4 июня), король Зетский, правивший с 970 года. (Зета – позднее Черногория. После завоевания в 960 году Сербии Византией сербская знать бежала на запад, в Зету, и здесь в конце X века возник новый центр сербской государственности – Сербская Зетская держава.) Иоанн-Владимир прославился как мудрый и мужественный, кроткий и милосердный, целомудренный и благочестивый правитель; как усердный молитвенник, устроитель и благотворитель монастырей и храмов. Погиб мученической смертью от рук заговорщиков: ему усекли главу. Был погребен близ города Элбасаны (Албания) в монастыре Шен Иони («Святой Иоанн»). Здесь, на месте его упокоения, было явлено множество чудес и были обретены нетленными его святые мощи. Ныне они покоятся в столице Албании Тиране, ибо в 60-х годах XX века обитель была уничтожена богоборческим режимом диктатора Энвера Ходжи (1948–1985).

35 – Неманя Стефан – мирское имя преподобного Симеона Мироточивого († 1200; память 13'26 февраля), Великого жупана, то есть князя Сербского, правившего с 1170 по 1196 год. Основатель Сербского государства и династии Неманичей. Будучи правителем Сербии, объединил бо́льшую часть ее земель и добился признания независимости Сербского государства Византией в 1190 году. Крестившись от латинян, впоследствии принял православие и во время своего правления много потрудился, защищая свой народ от инославного и еретического влияния. Создав и укрепив независимое государство, в 1195 году передал правление своему сыну Стефану Первовенчанному (1195–1224) и последовал за другим сыном – святым Саввой (см. примечание 1) – на Афон, где, подвизаясь в монашеском образе, достиг высокой меры духовного преуспеяния. Последними словами его были: «Всякое дыхание да хвалит Господа!». По преставлении Бог прославил святого Симеона многими чудесами. И до сего дня мощи его источают

миро, помазующиеся которым верующие получают исцеление.

36 – Стефан Милутин, святой († 1320; память 30 октября'12 ноября), король Сербский Стефан Урош II из династии Неманичей, правивший с 1282 года. Защищая независимость Сербии и православную веру, воевал с Михаилом VIII Палеологом (ок. 1261–1282), Византийским императором, подписавшим в 1274 году так называемую Лионскую унию с католиками и принуждавшим балканские народы и афонское монашество признать власть папы. В 1299 году он успешно завершил войну с Византией и женился на принцессе Симониде, дочери Византийского императора Андроника II Палеолога (1282–1328), в результате чего значительно расширил свои владения. В 1292 году воевал с болгарским вассалом Крымского хана Ногая (? –1300), правителем Видина, во главе болгаро-монгольских войск вторгшимся в Сербию и опустошившим часть ее земель. В этой битве король Милутин одержал победу, но на защиту своего вассала выступил сам хан Ногай. Чтобы избежать прямого столкновения с сильнейшим противником, король решил заключить мир с ханом, который, не удовольствовавшись присягой и подарками, затребовал к себе старшего сына Милутина Стефана (см. примечание 10) в качестве заложника. Таким образом в 1292 году Сербия попала в вассальную зависимость от Ногайского государства. Благочестивый король, будучи усердным и смиренным молитвенником о своем отечестве, возвел более сорока храмов как в Сербии, так и за ее пределами: в Греции, в Болгарии, на Святой Земле и на Афоне. Мощи его, обретенные нетленными, почитаются как имеющие чудотворную силу.

37 – Стефан Дечанский, мученик († ок. 1336; память 11'24 ноября), король Сербский Стефан Урош III, правивший с 1321 года, правнук короля Стефана Первовенчанного (1195–1224), брата святителя Саввы (см. примечание 1), сын короля Стефана Уроша II Милутина (см.

примечание 9), отец короля Сербского Стефана Уроша IV Душана Сильного (1331–1355). С 1292 года по 1300 был заложником в плену у Крымского хана Ногая (?–1300). Вернувшись в Сербию, вступил в брак с дочерью Болгарского царя Смилеца (1292–1298) и получил в управление область Зету. По наущению мачехи Симониды, желавшей посадить на престол своего сына Константина, Стефан был ослеплен и выслан вместе с двумя малолетними сыновьями в Цареград на заточение. Но явившийся ему святитель Николай утешил его: «Не бойся: вот очи твои, на длани моей, и в свое время верну их тебе». Пять лет святой вел строжайшую подвижническую жизнь в затворе в монастыре Пантократор, терпением и благодушием превосходя других насельников обители. И снова явился ему святитель Николай: «Вот, пришел я исполнить обещание», – и Стефан чудесно прозрел. Всего провел он в ссылке семь лет, после чего ему позволено было вернуться на родину. Он получил в управление Будимлянскую область в Зете, а сына его Стефана оставил при себе король Милутин. Через три года, в 1320, Милутин скончался, и Стефан Урош III вступил на сербский престол. Даром его, принесенным от благодарного сердца Господу, явился монастырь Высокие Дечаны (строительство которого начал он, а закончил его сын – Стефан Урош IV Душан Сильный), прекраснейший памятник византийской архитектуры и ярчайшее свидетельство сербского благочестия. Святой король принял мученическую кончину: был задушен заговорщиками в замке Звечан. Чудотворные и благоуханные мощи его покоятся в монастыре Дечаны.

38 – Стефан Урош, Кроткий, мученик († 1367 (или 1371); память 2'15 декабря), король Сербский Стефан Урош V, правивший с 1355 года, сын короля Сербского Стефана Уроша IV Душана Сильного (1331–1355). Молодой правитель Стефан не смог удержать в повиновении большую державу своего отца. Некоторые из влиятельных сербских вельмож, в том числе Вукашин и Углеше Мрнявчевичи, не желали ему покоряться,

и империя Стефана Душана Сильного начала распадаться. Благочестивый и мягкий, Стефан не пожелал укротить враждовавших вельмож силой. Был убит заговорщиками в возрасте тридцати одного года. Чудотворные его мощи были положены в монастыре Язка на Фрушской горе, но в 1942 году были перенесены в Белград, где покоятся в кафедральном соборе.

39 – Лазарь Сербский, великомученик († 1389; память 15'28 июня), король Сербский из династии Неманичей, правивший с 1371 года. Одно из главных героических лиц сербской истории. Отец Лазаря Сербского – Прибац Хребелянович – был вельможей при дворе могущественного Сербского короля Стефана Уроша IV Душана Сильного (1331–1355). Святой Лазарь родился около 1329 года в городе Прилепце; с детских лет был воспитан в христианской вере, быстро преуспевал в учении и благочестии, чем привлек внимание самого короля Стефана Душана Сильного и снискал его благосклонность. Лазарь был взят на княжеский двор в Скопье и уже вскоре принимал участие в решении государственных дел. Стал зятем короля Стефана Душана, который отдал ему в супруги свою родственницу Милицу (см. примечание 16), дочь Великого князя Вратко (Богдана Юга; см. примечание 15), из рода Неманичей. Вскоре после этого, около 1353 года, Лазарь был возведен в достоинство князя, получив в управление одну из сербских областей, и стал воеводой войска Стефана Душана. В 1371 году, после смерти сына короля Стефана Душана, Стефана Уроша IV (см. примечание 11), святой Лазарь был провозглашен королем всей Сербии и много потрудился для своей страны: усмирил соседних князей, грабивших сербское население, заботился о христианском просвещении народа, строил храмы, монастыри и благотворительные учреждения. «Задушбиной» (то есть «за душу» пожертвованным) святого князя Лазаря стал монастырь Раваница, основанный им в 1380 году и посвященный Вознесению Господню. В 1375 году князь Лазарь исходатайствовал у Византии

дарование Сербскому архиепископу сана Патриарха. Не желая видеть родину данницей турок, боролся за ее независимость, но, одержав победу в нескольких сражениях, был захвачен в плен и принял мученическую смерть в битве на Косовом поле (см. примечание 24). Сражение произошло 15'28 июня 1389 года. В этот же день была Крестная Слава (см. примечание 18) князя Лазаря – память святого пророка Амоса († 8 век до Р.Х.; память 15'28 июня). Мощи святого покоятся в монастыре Раваница. Сохранилось предание, что накануне битвы Ангел Господень вопрошал Лазаря, какого (земного или же вечного) царства князь желает. И Лазарь предпочел Небесное: когда Господь призвал его для главного подвига, он, не задумываясь, принес свою жизнь в жертву ради сербского народа.

40 – Бан СтрАхиня – один из бесстрашных героев битвы на Косовом поле (см. примечание 24).

41 – Марко Кралевич – герой сербского эпоса, сложенного слепым поэтом и гусляром Филиппом Вишничем (см. примечание 89).

42 – …Сердце матери братьев Юговичей… Богдан Юг (? – 1389) – воевода Топлицкий и Полимский Вратко – отец княгини Милицы (см. примечание 16), супруги князя Сербского Лазаря (см. примечание 12). Вел свое происхождение от Вукана, короля Сербского(1202–1203), старшего сына Великого князя Стефана Неманя (см. примечание 8). Привел на Косовскую битву (см. примечание 24) девятерых своих сыновей и героически погиб вместе с ними.

43 – Княгиня Милица († 1405; память 19 июля'1 августа) – преподобная Евгения (в схиме Евфросиния) – супруга князя Сербского Лазаря (см. примечание 12), сестра братьев Юговичей (см. примечание 15). После гибели князя Лазаря княгиня Милица правила Сербией, пока сын ее, Стефан I Лазаревич Новый (1389–1427), не вошел в возраст. К ней прибыло посольство хана Баязида (1389–1402), сына султана Мурада I (1359–1389), с предложением мира, но при условии, что княгиня при-

шлет к хану свою дочь Оливеру. Для того чтобы спасти Сербию от дальнейшего разорения, княгиня вынуждена была согласиться, хотя и против воли Сербского патриарха Спиридона, но дочь ее при этом никогда не должна была переменять своей христианской веры, что Оливера и соблюла, став женой Баязида. В 1393 году княгиня удалилась в монастырь Жупания, недалеко от города Крушевац, где приняла монашеский постриг с именем Евгения. Когда Стефану пришлось покинуть страну, заменила его на престоле, несмотря на то что уже была монахиней. Заботясь о благочестии народа, возводила монастыри и храмы; благотворила вдовам и сиротам. В старости приняла великую схиму с именем Евфросиния. Мощи ее мироточили, подавая исцеление многим страждущим.

44 – Девица косовская – в эпическом сказании о Косовской битве (см. примечание 24) воспевается подвиг девушки, которая, благословляя, провожала воинов на сражение и после него обходила поле битвы в надежде найти и спасти живых, а умирающим старалась облегчить страдания.

45 – Крестная Слава – одна из отличительных особенностей сербского Православия. Своими святыми покровителями сербы считают не только тех святых, имена которых носят, но и покровителей целого рода – тех, кому они совершают Крестную Славу. До крещения Сербии каждый серб-язычник почитал, кроме Перуна, свое домашнее божество. Мудрый и дальновидный святитель Савва (см. примечание 1), сын Великого князя Стефана Неманя (см. примечание 8), зная, как трудно будет сентиментальным и преданным семейному очагу и отеческим традициям сербам расстаться с домашними божками, благословил особенное почитание кого-либо из великих святых Церкви Христовой, ставших молитвенниками о всех, просящих их помощи. Пастыри советовали избирать для Крестной Славы святых, день памяти которых праздновался осенью, зимой и весной, а не в страдную пору, так как Сербия была

страной земледельческой и скотоводческой. Сербы крестились не всем народом, а родами. Каждая семья выбирала день крещения и святого, чья память праздновалась в тот день, принимала как свою Славу. Таким образом, поклонение языческим кумирам постепенно сменилось почитанием истинных святых Церкви Христовой. Слава переносится из поколения в поколение: от отца к сыну. Крестную Славу сербы праздновали во все времена, сохранили они эту светлую традицию и в пору пятивекового турецкого ига. Праздновали в изгнании. На полях битвы солдаты в окопах под вой снарядов преломляли зачерствелый хлеб, пели тропарь своему святому, зажигали огарочек свечи и возносили молитву. Праздновали, пребывая в богатстве и изобилии и в бедности и нищете. Не отрекались от своих святых сербы и после Второй мировой войны, в период мощной антирелигиозной пропаганды и гонений на веру Христову. Едва ли будет большим преувеличением сказать, что Крестная Слава сохранила православную веру в Сербии.

46 – См.: Мф. 7, 13.

47 – См.: 2Кор. 7, 8–10.

48 – 2Кор. 6, 10.

49 – Пс. 76, 4.

50 – Ин. 8, 12.

51 – Ин. 12, 36.

52 – Мф. 5, 16.

53 – См.: Быт. 9, 20–27.

54 – Мф. 15, 4.

55 – Мф. 5, 3.

56 – Пс. 21, 7.

57 – Притч. 3, 5.

58 – См.: 1Кор. 2, 2.

59 – Ср.: Иов. 1, 21.

60 – Пс. 54, 23.

61 – Ср.: молитва, читаемая на часах: «Иже на всякое время, и на всякий час , Иже праведныя любяй, и грешныя милуяй…».

62 – Пс. 15, 8.

63 – Быт. 1, 3.

64 – См.: Лк. 8, 41–56.

65 – См.:Лк. 7, 11–15.

66 – См.: Ин. 11, 38–44.

67 – Стихира пасхальной утрени, глас 6.

68 – Евр. 12, 6.

69 – Притч. 16, 5.

70 – Иак. 4, 6; 1Пет. 5, 5.

71 – Притч. 16, 18.

72 – Нерон (37–68), Римский император из династии Юлиев-Клавдиев, правивший с 54 года. Жестокий, самовлюбленный и крайне развратный человек. В 59 году повелел умертвить свою мать, в 62 – жену Октавию. В 64 году сжег большую часть Рима и, чтобы отвести подозрение от себя, начал преследование римских христиан. Репрессиями и конфискациями восстановив против себя разные слои римского общества, опасаясь восстаний, убежал из Рима и покончил жизнь самоубийством.

73 – Прокопий, великомученик († 303; память 8'21 июля). Будучи язычником, занимал видное место в войске Римского императора Диоклетиана (284–305) и был послан им с отрядом для уничтожения христиан в Александрии. Однако на пути он был обращен ко Христу чудесным явлением креста на небе, после чего ревностно проповедовал христианство в Скифополе. По доносу матери, оставшейся язычницей, его заключили в темницу, где он и был крещен. Своей твердостью Прокопий обратил ко Христу два отряда войска, много женщин, в том числе и свою мать. Все они были обезглавлены в Кесарии Палестинской.

74 – См.: Деян. 17, 32.

75 – Ср.: Лк. 23, 34.

76 – Лк. 23, 43.

77 – Ин. 19, 26.

78 – Ин. 19, 27.

79 – Исх. 20, 12; ср.: Мф. 15, 4.

80 – Мк. 15, 34.

81 – Ин. 19, 28.

82 – Лк. 23, 46.

83 – Ин. 19, 30.

84 – Кромвель Оливер (1599–1658), деятель Английской революции XVII века, руководитель индепендентов(политической партии, сформировавшейся из приверженцев протестантизма, выражавшей интересы радикального крыла буржуазии и нового дворянства). Опираясь на армию, изгнал из английского парламента пресвитериан, содействовал казни короля и провозглашению республики. С 1653 года Кромвель – лорд-протектор Англии, Ирландии и Шотландии; установил режим единоличной военной диктатуры.

85 – См.: Мф. 27, 32; Мк. 15, 21; Лк. 23, 26.

86 – Вероника, святая († 1 век; память 4'17 февраля). Согласно преданию, когда Христос шествовал к месту распятия, некая благочестивая иерусалимская женщина, именем Вероника, увидев Его страдания, раны, кровь, пот на Его лице, восскорбев сердцем, безбоязненно бросилась к Осужденному, чтобы подать Ему как плат покрывало со своей головы, желая как-то утешить Страдальца теплотой участия среди холодного любопытства и страха. Когда Спаситель отер лицо и вернул покрывало, Вероника обнаружила на нем запечатлевшийся образ Христа, вскоре прославившийся чудесным исцелением недугов. Умирая, Вероника завещала бесценную святыню ученику святого апостола Павла († 67; память 29 июня'12 июля) священномученику Клименту, папе Римскому († 101; память 25 ноября'8 декабря). До 7 века образ хранился в Риме, в церкви Санта Мария Маджоре; где обретается эта святыня сегодня – неизвестно.

87 – Полдень. Он был распят именно в это время. Восточный счет времени отличается от нашего. По богослужебному Уставу сутки отсчитываются от заката солнечного до заката следующего дня, а не с полуночи, как это принято у нас. Кроме того, по счету Устава,

сутки в продолжение целого года имеют одинаковое число часов для дня и для ночи, как бывает в дни равноденствия, когда день равен ночи, то есть 12 часов имеет день и 12 часов имеет также ночь. Этот счет часов употреблялся в землях, близких к экватору. Указание на этот счет часов дня по равноденствию можем видеть в словах Господа Спасителя: «не двенадцать ли часов есть во дни» (Ин. 11, 9). В Типиконе (гл. 8) сказано: «Сей предел о литургии и о трапезе писася во странах Иерусалимских, и лепотственно быти тако везде в равнины (равноденствия) весенние и осенние. В лете же и зиме в велицей России быти зде знамению (то есть звону) по рассуждению времени, в лете долготы ради дне лепотственно продолжати, в зиме же за малость дне упредити, рассуждением настоятеля». В дни равноденствия захождение солнца бывает около 7-го часа вечера, нашего счисления времени, а восход солнца – около 7-го часа утра, нашего счисления времени. Итак, счет часов, который ведут в землях, близких к экватору (от заката солнца и по равноденствию), разнится с нашим счетом (от полуночи) на 6 часов. У нас еще продолжаются часы вечера: 7-й, 8-й, 9-й, 10-й, 11-й, 12-й одного дня, а по Уставу это часы уже другого дня; у нас 1-й час пополуночи, а по Уставу это есть 7-й час ночи; у нас 7-й час утра, по Уставу же это 1-й час дня; наш 1-й час пополудни есть по Уставу 7-й час дня. Итак, службы, назначаемые Уставом в 1-й, 3-й, 6-й и 9-й часы дня по счету, употребляемому на Востоке, что соответствует нашим 7-му и 9-му пополуночи, полдню и 3-му пополудни. (См.: 'Никольский К., протоиерей'. Пособие к изучению устава богослужения Православной Церкви. СПб., 1907. С. 152–154.)

88 – См.: Мф. 27, 46–50.

89 – Мф. 27, 51.

90 – Косово поле (серб. «Поле черных дроздов») – межгорная котловина на юге Сербии, ограниченная на севере хребтом Копаоник, на юге – Шар-Планина, длиной 84, шириной около 14 километров. Это хол-

мистая плодородная равнина, житница Сербии. На ней расположены города Косовска Митровица, Урошевац, Приштина. Именно близ Приштины 15 июня 1389 года произошло решающее сражение между объединенными войсками сербов и боснийцев под предводительством святого князя Сербского Лазаря (см. примечание 12), насчитывавшими около 15–20 тысяч воинов, и армией турецкого султана Мурада I (1359–1389) – около 27–30 тысяч. В этот день со стороны турок на битву вышел султан Мурад I с двумя сыновьями, со стороны же сербов – князь Лазарь, находившийся в центре, с тестем Югом Богданом (см. примечание 15) на левом фланге и двумя зятьями: Милошем Обиличем (см. примечание 88) и Вуком Бранковичем (правый фланг). Когда разгорелся бой между христианами и магометанами, сербский воевода Милош Обилич сумел пробраться к шатру турецкого султана и поразить его ножом. Внезапная гибель Мурада внесла смятение в ряды турок, но затем турецкое войско возглавил его сын Баязид (1389–1402). Турки обрушились на левое крыло сербов. Вук Бранкович, ранее обвинявший Милоша в измене, сам проявил малодушие и изменил общему делу, отступив со своим войском. Затем Баязид обратился на правое крыло сербов. Юг Богдан стоял твердо, но силы были неравны, и Юг погиб вместе со своими девятью сыновьями. А тяжело раненый князь Лазарь был захвачен в плен и казнен. Сербское войско потерпело полное поражение, но Баязид, видя, с каким мужеством принял смерть святой Лазарь, позволил сербам взять его тело и предать погребению в храме Вознесения Господня в Приштине. По результатам своим битва на Косовом поле на века определила судьбу Сербии как турецкой вассальной державы (вплоть до 1878 года), хотя лучшие сыны Сербии и принесли в этой битве себя в жертву за весь свой народ. Подвиг и героизм сынов косовских – постоянная тема сербского эпоса. «Всякий, кто знаком с сербским народом, слышал о Косове и знает, что сербы празднуют день

Косовской битвы. Многим... кажется странным, что народ, в чьей истории столько славных побед, выбрал в качестве символа свое величайшее поражение... На Косове в жертву приносится целый народ. Отсюда и самая очевидная параллель – с Голгофой. Было ли когда большее поражение, чем распятие Христа на Голгофе? Но христиане, оплакивая смерть Христа, одновременно славят Его Воскресение. Поражение и восстание слиты воедино в косовском завете... ...Гибель царства Сербского на Косове... непосредственно связана с Христовым страданием, благодаря чему Косово превращается в духовную победу. Душу сербского народа отягощает столько грехов, что только кровью можно смыть и искупить их. Народное сознание считает жертву косовскую богоугодным делом. Ибо кто со Христом страдает, тот со Христом и спасется. Кто со Христом распят, со Христом и воскреснет (см.: Рим. 8, 17)». (Маркович М». Тайна Косова Святая Русь (Сербский Крест). 2000, июнь. № 41.)

91 – Языческий царь Адриан разрушил... Второе иудейское восстание (132–135 по Р.Х.) против римского владычества под предводительством Бар-Кохбы было подавлено легионами Публия Элия Адриана (76–138), Римского императора с 117 года из династии Антонинов. Иерусалим был разрушен до основания, а на Храмовой горе Мориа (на этом месте стоял Первый Храм, воздвигнутый царем Соломоном (966–926 до Р.Х.) и разрушенный (587 до Р.Х.) при завоевании Иерусалима царем Вавилонии Навуходоносором II (605–562 до Р.Х.), и Второй Храм, воздвигнутый (515 до Р.Х.) при Зоровавеле и Неемии (см.: 1Езд. 2, 1–2) и разрушенный в 70 году по Р.Х. при подавлении римскими легионерами под командованием Тита (39–81 по Р.Х.; Римский император, правивший с 79 года) первого иудейского восстания. А храм святого Гроба Господня, о котором упоминает владыка Николай, был построен только после обретения святой царицей Еленой (см. примечание 55) в 326 году Животворящего Креста Господня) был

возведен храм Юпитеру. На месте развалин Иерусалима Адриан основал языческий город – Элия-Капитолина (в честь императора и Капитолийской триады – Юпитер, Юнона, Минерва). Евреям вплоть до правления Константина Великого (см. примечание 55) было запрещено входить в Иерусалим. Адриан, продолжая бывшие до него гонения на христиан, обуздал между тем ярость их преследователей требованием судебного разбирательства для определения вины обвиняемых.

92 – Юлиан Отступник (331–363), Римский император, правивший с 361 года, племянник Константина Великого (см. примечание 55). Воспитанный почитателем эллинской культуры, под влиянием ритора-язычника Ливания и неоплатоника Максима, Юлиан тайно ненавидел христианство. Поэтому его вступление на престол вызвало у язычников ликование: язычество вновь стало государственной религией. С особым торжеством новый император совершал многочисленные жертвоприношения, зачастую самолично. Понимая, что кровавыми гонениями изжить христианство невозможно, он надеялся уничтожить его посредством тонкой политики: то, что казалось обществу терпимостью к различным христианским партиям и сектам, в действительности являлось следствием расчета, что в результате внутренней борьбы христианство само придет к падению. Юлиан запретил христианским ученым преподавать философию и поэзию в школах; чтобы посмеяться над пророчеством Спасителя об Иерусалимском Храме (о том, что от него не останется и камня на камне (см.: Мф. 24, 1–2; Мк. 13, 1–2; Лк. 21, 5–6)), приказал иудеям восстановить его, дав при этом и средства. Однако трижды являвшийся из-под земли огонь истреблял начатые постройки, так что иудеи в ужасе отказались от предпринятого дела. Естественно, что все привилегии государственной религии принадлежали при Юлиане уже не христианству, а язычеству. На знаменах империи вместо Креста помещались изображения языческих богов, воинские церемонии снова

приобретали языческий характер. Политика Юлиана в отношении религии постепенно повела к стеснению всех христиан, что стало все более ощущаться во всех житейских делах: на службе предпочитались язычники, споры и суды решались в их пользу: у христиан отбирались храмы, ими возведенные или восстановленные, со всем имуществом при них, и передавались язычникам; в Антиохии он приказал окропить жертвенной кровью все продаваемые на рынках припасы. Однако смерть Юлиана (в 363 году он был убит в битве с персами) положила его делу восстановления язычества конец.

93 – Омар I (ок. 591 (или 581)-644), второй «праведный» халиф в Арабском халифате, правивший с 634 года. Один из сподвижников Мухаммеда (ок. 570–632), основателя ислама. В 638 году напал на Иерусалим. При нем арабские войска одержали значительные победы над Византией и Сасанидами, завоевали обширные территории в Азии и Африке. Был убит рабом-персом.

94 – Хозрой (Хосров) II Парвиз (? –628), Персидский царь, правивший с 591 года. В 614 году разрушил Иерусалим; разграбив его и пленив святого патриарха Захарию († 633; память 21 февраля'6 марта), он увез и Животворящий Крест Господень. В 627–628 годах византийцы перешли в наступление; Хозрой был свергнут и вслед за тем убит недовольной знатью. Крест пробыл в Персии четырнадцать лет, был возвращен христианам Византийским императором Ираклием I (613–641), победившим Хозроя и заключившим мир с его сыном.

95 – Ср.: 1Цар. 18, 10.
96 – Ин. 14, 10.
97 – Гал. 2, 20.
98 – Ср.: Лк. 15, 32.
99 – Ср.: Лк. 12, 20.
100 – Мф. 9, 4.
101 – См.: Мф. 13, 24–30.
102 – Пс.136, 8, 9.

103 – Мк. 13, 11.

104 – Лк. 17, 21.

105 – 1Кор. 10, 12.

106 – 1Кор.2, 9.

107 – Ср.: Мф. 12, 31–32.

108 – См.: Лк. 1, 16.

109 – См.: Деян. 18, 3.

110 – Ср.: 'какое общение праведности с беззаконием? Что общего у света с тьмою? Какое согласие между Христом и Велиаром?' (2Кор. 6, 14–15).

111 – См.: 'и от Иисуса Христа, Который есть свидетель верный, первенец из мертвых' (Откр. 1, 5); 'И Ангелу Лаодикийской церкви напиши: так говорит Аминь, свидетель верный и истинный' (Откр. 3, 14).

112 – 1Кор. 15, 40.

113 – См.: 1Кор. 15, 53–54.

114 – Синан-паша – турецкий визирь-бек, командовавший в XVI веке турецким войском в войне против Австрии. После смерти святителя Саввы (см. примечание 1) у его мощей в монастыре Милешево собирались не только сербы, но и турки – столь велико было почитание святого. Чтобы прекратить его и осквернить память святителя и «превратить в прах источник сербской державной легитимности и символ сербских традиций», в 1594 (или 1595) году Синан-паша приказал доставить мощи святого Саввы из Милешево в Белград и там прилюдно сжег их на холме Врачар. Впоследствии на Врачаре был возведен храм, посвященный святителю Савве, величайший в Европе.

115 – Голдерс Грин (Golders Green) – еврейский квартал на северо-западе Лондона. «Достопримечательности» – ипподром, крематорий, где находится урна с прахом известной русской балерины Анны Павловой.

116 – Ср.: Исх. 20, 15.

117 – Юстиниан I Великий, святой правоверный († 565; память 1427 ноября), Византийский император, правивший с 527 года. Родился в крестьянской семье, в горном селении в Македонии близ нынешнего Скопье.

Возвышением обязан своему дяде, императору Юстину I (518–527). С его времени зарождается теория об императоре как «равном апостолам», получающем благодать прямо от Бога и стоящем над государством и над Церковью. Завоевал Северную Африку, Сицилию, Италию, часть Испании. Провел кодификацию римского права, стимулировал большое строительство (храм Святой Софии в Константинополе, система крепостей по Дунайской границе).

118 – См.: Чис. 20, 7–12.

119 – Ин. 5, 14.

120 – Мф. 24, 29,30.

121 – Притч. 14, 26.

122 – См.: Мф. 25, 1–13. –Ред.

123 – См.: Пс. 134–135.

124 – Мф. 5, 7.

125 – Притч. 9, 1.

126 – См.: Лк. 19, 40.

127 – Ср.: Мф. 21, 9; Ин. 12, 13.

128 – 1Пет. 2, 5.

129 – См.: Мф. 24, 1–2.

130 – Ср.: Мф. 24, 29.

131 – См.: Лев. 10, 1–5.

132 – См.: Чис. 13,14, 16, 17.

133 – См.: Деян. 5, 1–10.

134 – Афанасий Афонский, преподобный († 1000; память 5'18 июля). Сын благочестивых родителей, но осиротевший еще в раннем детстве, преподобный воспитывался некой благородной черноризицей. Сам воспринявший любовь к иноческому житию, он, придя в возраст, удалился в расположенный неподалеку от Афона Кименский монастырь, где подвизался под руководством преподобного Михаила Малеина († 962; память 12'25 июля). Впоследствии переселился на Святую Гору, где основал Великую Лавру, носящую в настоящее время его имя. Умер, будучи задавлен камнями при осмотре перестраивавшегося монастырского храма, причем провидел свою смерть заранее и

предупреждал о ней братий, утешая их: «Не печальтесь о бедствии, которое имеет произойти со мною, и не соблазняйтесь им, но полагайте, что совершающееся устроением Божиим направляется к общей пользе; ибо иначе судят люди, и иначе устрояет Премудрый».

135 – Деян. 5, 11.

136 – Никита, схимонах (? –1907), валаамский старец. Подвизался на Валааме с 1874 года до самой своей кончины. Вот что сообщает о нем Валаамский патерик: «Старец Никита говорил: "С того дня, как сподобился я поступить в святую обитель, я всегда просил Господа избавить меня от нечаянной, внезапной смерти. Молил Его благость дозволить мне поболеть перед смертью и как можно болезненнее; это для того, чтобы терпением болезни хотя немного умилостивить Праведного Судию, Который, аще изволит, может вменить мне это вместо добрых дел, коих у меня нет… Дай, Господи, еще сильнее похворать!». Бог совершенно исполнил то, о чем усердно молился старец, и перед смертью даровал ему много потерпеть от недугов телесных». (Валаамский патерик. Спасо-Преображенский Валаамский монастырь. М., 2001. С. 256–257.)

137 – См.: Мф. 27, 35.

138 – См.: Мф. 6, 25–34.

139 – См.: Быт. 41, 53–57.

140 – См.: Быт. 42; Быт. 43.

141 – Лк. 10, 17, 20.

142 – См.: Лк. 16, 19–31. –Ред.

143 – Ср.: Ин. 16, 33.

144 – Пс. 44, 15.

145 – Владыка Раде (Радивой) – Петр 2, митрополит Черногорский (1813–1851), из династии Петровичей-Негошей, племянник святителя Петра 1 Цетиньского (см. примечание 62) – знаменитый черногорский поэт и философ. В 1825 году в возрасте двенадцати лет Раде приходит в Цетиньский монастырь, где его начинают учить грамоте. Через полгода, научившись читать и писать, он отправляется в один из приморских

монастырей, в школу монаха Иосифа(Троповича). За полтора года обогнав в науках всех своих сверстников и перечитав все книги в монастырской библиотеке, Раде возвращается в Цетинье. Последующие три года он проводит рядом со святителем Петром, своим дядей, выполняя секретарские обязанности и помогая владыке в его повседневных заботах. Накануне своей смерти митрополит Петр I оставил завещание черногорцам, в котором назначил своим преемником племянника Радивоя. Семнадцатилетний Раде принимает монашеский постриг с именем Петра и становится правителем Черногории (в этот период Черногорские митрополиты являлись обладателями как духовной, так и государственной власти в Черногории). В 1833 году Петр II Петрович-Негош предпринимает свое первое путешествие в Россию. В Петербурге в присутствии императорской семьи в Спасо-Преображенском соборе молодой черногорский правитель архимандрит Петр был рукоположен в сан епископа. Двадцать один год находился он у власти в нелегкие для Черногории годы. Ему приходилось заниматься внутренним устройством страны, народным просвещением, бороться с притязаниями соседей, защищаться от клеветы. На долю ему выпало пережить крушение надежд на объединение всех славян для общей борьбы за независимость, непонимание современников и соплеменников, собственное одиночество. Жизнь его была так тяжела, что порой он признавался, что хочет сложить с себя сан и покинуть страну. Однако именно благодаря его неустанной деятельности Черногория, давний форпост борьбы балканских славян с турками, вошла в число независимых европейских государств и сыграла важную роль в освобождении южных славян. Его литературная деятельность достигает расцвета во второй половине сороковых годов. Он пишет три поэмы: «Свет микрокосма» (философия веры), «Горный венец» (судьба народа в истории) и «Самозванец Степан Малый» (законность власти). В 1844 году владыка воздвиг храм в честь святителя Петра Цетиньского на вершине, называемой «Озерный верх», горного массива Ловчен, вид на который открывается из Цетиньского монастыря. В этом храме он и завещал себя похоронить, чтобы и после смерти быть на «страже сербского Православия» и видеть всю свою «милую Черногорию». Храм был снесен в 1972 году, во времена безбожного режима Тито (1953–1980).

146 – Фотий, патриарх Константинопольский, святитель († 891; память 6/19 февраля). Одна из наиболее заметных фигур в Византии IX века. Святитель состоял в родстве с императорским домом. Получил прекрасное образование и имел глубокие познания в философии, богословии, истории и математике. В 857 году император Михаил III (856–867) предложил ему патриаршую кафедру и Фотий был возведен в патриархи прямо из мирян, в течение нескольких дней пройдя все степени священства. В борьбе против главенства Римской церкви дважды был несправедливо низложен, но пользовался огромным авторитетом в народе и у большей части духовенства. В лице патриарха Фотия лучшие пастыри Восточной Церкви видели воплощение ее независимости от Запада. Не только догматические и обрядовые споры, но и глубокая национальная и культурная рознь между Западом и Востоком неминуемо вела к разделению и в церковном отношении. Святой Фотий умер низведенным с кафедры в Армонийском монастыре в 891 году. Среди сохранившихся его сочинений особенно ценны две гомилии по поводу нападения русских (860), принадлежащие к древнейшим свидетельствам о предприятиях русских против Византии. Фотий видит в нашествии грозных варваров тяжкую кару Божию за грехи христиан.

147 – Лк. 1, 38.

148 – Ср.: Еф. 3, 16, 17–18.

149 – Пс. 118, 78.

150 – Пс. 118, 97.

151 – Ср.: Мф. 16, 26; Мк. 8, 36; Лк. 9, 25.

152 – Ср.: Лк. 12, 20.
153 – См.: Мф. 13, 24–30.
154 – См.: 2Тим. 3, 5.
155 – Ср.: Ин. 2, 3–4.
156 – Ср.: Ин. 2, 5.
157 – Лк. 10, 41–42.
158 – Мк. 8, 33.
159 – См.: Лк. 13, 4.
160 – Лк. 13, 3.
161 – Ср.: Мф. 12, 36.
162 – Ср.: Мф. 5, 12.
163 – Ср.: Лк. 17, 10.
164 – Ин. 5, 41.
165 – Ин. 5, 44.

166 – Тимофей I, патриарх Александрийский († 385; память 1326 февраля, 20 июля2 августа), ученик святителя Афанасия Великого († 373; память 1831 января, 215 мая), участник II Вселенского Собора (381), проповедник единосущия Святой Троицы и защитник православного учения о Святом Духе. Глубокая ученость патриарха Тимофея и его верность Православию побуждали многих епископов обращаться к нему за разъяснением недоуменных вопросов. Вторым правилом VI Вселенского Собора (680) определено, что восемнадцать ответов, принадлежащих патриарху Тимофею, имеют каноническую силу. «Вопрос 14. Если кто, будучи вне себя, подымет (наложит) на себя руки или повержет себя с высоты – за такового должно ли быть приношение или нет? Ответ. О таковом священнослужитель должен рассудить, подлинно ли, будучи вне ума, сделал сие. Ибо часто близкие к пострадавшему от самого себя, желая достигнуть, да будет приношение и молитва за него, неправдуют и глаголют, что был вне себя. Может же быть, что сделал сие от обиды человеческой или по иному какому случаю от малодушия, – о таковом не подобает быть приношения, ибо есть самоубийца. Посему священнослужитель непременно должен со всяким тщанием испытывать, да не подпа-

дет осуждению». (Каноны или Книга Правил святых апостолов, Святых Соборов, Вселенских и Поместных, и святых отцов на русском языке. СПб., 2000. С. 319.)

167 – Аристид Афинский (2 век) – философ, один из раннехристианских апологетов, автор «Апологии», в которой критикует языческое многобожие, а также иудаизм, как религию избранничества и расового превосходства.

168 – Ин. 19, 15.

169 – Мф. 23, 38.

170 – Быт. 3, 8.

171 – Апис – в древнеегипетской мифологии священный бык, почитавшийся как земное воплощение бога Пта.

172 – Ин. 4, 24.

173 – Ср.: Мф. 5, 8.

174 – Быт. 3, 9.

175 – См.: 1Цар. 17, 32–50.

176 – См.: Быт. 19, 24–25.

177 – Пс. 36, 1.

178 – Тертуллиан Квинт Септимий Флоренс(ок. 155-ок. 220), христианский богослов, историк, один из учителей древней Церкви. По образованию юрист, жил в Карфагене, там же принял христианство; был рукоположен в сан пресвитера. Плодовитый писатель, оставил после себя богатое литературное наследие. К числу его творений относятся «Апологетический трактат», «Опровержение еретиков», «О крещении», «О душе», «Против Праксея» и другие. Впоследствии, однако, будучи человеком крайностей, уклонился от Православия и впал в монтанизм (ересь, утверждавшую, что во Христе мы не получили всей полноты откровения, которое потому еще не закончено, но находится в процессе завершения благодаря действию Святаго Духа).

179 – Мф. 5, 12.

180 – См.: Мф. 7, 26–27.

181 – Наум Охридский, равноапостольный († X век; память 27 июля'9 августа), один из учеников святых

учителей Словенских Кирилла († 869; память 14'27 февраля, 11'24 мая) и Мефодия († 885; память 6'19 апреля, 11'24 мая). По смерти Мефодия, в 885 году, Наум отправился вместе со святым Климентом, будущим епископом Охридским († 916; память 27 июля'9 августа), в Болгарию, где они были радушно приняты царем Борисом (см. примечание 56). Когда святой Климент был послан в западную Болгарию, Наум пошел за ним и провел остаток дней в трудах духовных. На берегу Охридского озера существует древний монастырь его имени, в котором почивают его мощи.

182 – См.: 2Цар. 12, 15–23.

183 – См.: Суд. 11, 30–39.

184 – Мф. 13, 22.

185 – Ср.: Пс. 10, 5.

186 – См.: Лк. 12, 21.

187 – Мф. 11, 30.

188 – Сулейман I Кануни (1495–1566), Сулейман Законодатель; в европейской литературе – Сулейман Великолепный, Великий, Турецкий султан. Правил с 1520 года до своей смерти (он умер во время похода в Венгрию, в городе Сигетвар). При нем Османская империя достигла наивысшего своего могущества, завоеваниями в Европе, Азии и Африке он расширил пределы Турции. Будучи фанатичным поборником ислама, Сулейман жестоко гнал и притеснял христиан: отбирал у церквей имущество, разрушал или превращал их в мечети, стремился уничтожить право христиан на свободу вероисповедания; при нем самые красивые и здоровые дети отбирались у родителей-христиан и воспитывались в мусульманстве.

189 – См.: Иов. 29, 25.

190 – Притч. 1, 7.

191 – Еккл. 1, 2.

192 – См.: Мф. 12, 15–16;Мк. 1, 34, 3:10–12, 8:25–26; Лк. 4, 40–41.

193 – Ср.: Ин. 16, 33, 20.

194 – Ин. 8, 32.

195 – См.: Ин. 6, 44.
196 – Ср.: Мф. 5, 12.
197 – Лк. 6, 25.
198 – Иак. 5, 16.
199 – Пс. 50, 7.
200 – Ср.: Гал. 1, 13.
201 – Еккл. 12, 8.
202 – См.: Еккл. 5, 17.
203 – Ср.: Еккл. 2, 26.
204 – Еккл. 5, 1, 6.
205 – Еккл. 3, 17.
206 – Еккл. 8, 12.
207 – Еккл. 11, 9.
208 – Ср.: Еккл. 12, 14.
209 – См.:Еккл. 12, 8, 13.
210 – См.: 2Пет. 2, 17.

211 – Стара-Загора – город в Болгарии, расположенный у южных склонов гор Средна-Гора. Во время русско-турецкой войны 1877–1878 годов город этот был в третий раз за свое тысячелетнее существование разгромлен. Впоследствии – снова восстановлен как новый современный индустриальный и культурный центр.

212 – Иоанн Рыльский, преподобный (Рильский; † 946; память 18'31 августа, 19 октября'1 ноября). Родился около 876 года в царствование царя Бориса (см. примечание 56), вскоре после принятия болгарами христианства, в болгарском селении Скрина, близ города Средца (ныне София). Провел долгие годы в суровых подвигах поста и молитвы в пустыне Рыльской (на реке Рыло, в округе города Раслога). Впоследствии в пустыне им была основана обитель, в которой преподобный Иоанн был настоятелем. Скончался на семидесятом году своей жизни. Мощи его почивают в Рыльском монастыре.

213 – …Святые отцы тырновские… Среди них наибольшей любовью болгарского народа пользуются: Феодосий Тырновский, преподобный († 1362; память 17 февраля'2 марта, Неделя вторая по Пятидесятнице),

ученик преподобного Григория Синаита († ок. 1346; память 8'21 августа, Неделя вторая по Пятидесятнице). Подвизался в нескольких монастырях, пока не встретился с преподобным Григорием, который наставил его в безмолвническом молитвенном монашеском делании. Впоследствии удалился на Афон, где изучал аскетические произведения византийских подвижников, а затем вернулся в Тырнов, желая предложить свой опыт для назидания болгарским инокам. Обустроил скит, куда вскоре собралось множество желающих подвизаться в монашестве. Евфимий Болгарский (Тырновский) патриарх, преподобный († 1401 (или 1402); 20 января'2 февраля, Неделя вторая по Пятидесятнице), последний Болгарский патриарх, ученик преподобного Феодосия Тырновского. В монашество постригся в молодые годы, несколько лет подвизался в Константинополе и на Афоне. Возвратившись в отечество, занялся исправлением славянского текста Священного Писания и богослужебных книг, сличая их с греческими подлинниками. В 1375 году избран на патриаршую кафедру; успешно боролся с различными ересями, а главным делом его было образование целой литературной школы – писателей из сербов, болгар и русских. В 1393 году во время войны болгар с турками, в отсутствие воевавшего царя, был опорой и правителем народа. Болгарской Церковью причислен к лику святых, а в народе почитается как национальный герой.

214 – Ин. 6, 68.

215 – Ганди Мохандас Карамчанд (1869–1948), один из лидеров индийского национально-освободительного движения (гандизма), его идеолог. Руководил борьбой за независимость Индии от Пакистана. Когда начались индо-мусульманские погромы, выступил против них и был убит членом индуистской экстремистской организации.

216 – Макиавелли Никколо (1469–1527), итальянский политический мыслитель. Видел главную причину бедствий Италии в ее политической раздроблен-

ности, преодолеть которую способна лишь сильная государственная власть. Ради упрочения государства признавал допустимыми любые средства (отсюда термин «макиавеллизм»). Среди сочинений: «История Флоренции», «Государь», комедия «Мандрагора».

217 – Лк. 7, 9.

218 – См.: 1Цар. 16, 12.

219 – См.: 1Цар. 16, 18, 17:34–35.

220 – См.: Пс. 44, 3.

221 – См.: Пс. 44, 10.

222 – Ср.: Мф. 19, 14; Мк. 10, 14.

223 – Мф. 18, 3.

224 – Ин. 3, 3.

225 – Рим. 11, 33.

226 – Имеется в виду, конечно, что этот монастырь выстроен на месте, где ночевали волхвы.

227 – Ин. 6, 35.

228 – Иез. 36, 26.

229 – Мк. 9, 24.

230 – Ин. 10, 30.

231 – Ср.: Ин. 14, 23.

232 – Ср.: 1Цар. 15, 23.

233 – Ср.Цар. 18, 10.

234 – Ин. 13, 27.

235 – См.: Лк. 17, 21.

236 – Ср.: Ин. 14, 3.

237 – Ср.: 1Тим. 6, 8.

238 – Ср.: Мф. 11, 8.

239 – Александр III Великий, Македонский (356–323 до Р. Х.), один из величайших полководцев древности, царь Македонии, правивший с 336 года. Сын Македонского царя Филиппа II (359–336 до Р.Х.) и царицы Олимпиады, Александр получил прекрасное для своего времени образование, его воспитателем с тринадцати лет был Аристотель (384–322). Военную подготовку он прошел под руководством отца, причем уже в юные годы продемонстрировал исключительные способности к полководческому искусству. Победив персов при

Гранике, Иссе, Гавгамелах, подчинил царство Ахеменидов, вторгся в Среднюю Азию, завоевал земли до реки Инд, создав крупнейшую мировую монархию древности (лишенная прочной внутренней связи, она распалась после смерти своего основателя).

240 – Лк. 2, 14.

241 – Еф. 2, 14.

242 – Ср.: Пс. 141, 6–7.

243 – Ср.: Пс. 22, 1

244 – Ср.: Пс. 23, 1.

245 – Ср.: Пс. 26, 1.

246 – 1Сол. 5, 16–18

247 – Ср.: Ин. 15, 3.

248 – Ср.: Быт. 1, 11.

249 – Ср.: Быт. 1, 14, 16.

250 – Ср.:Быт. 1.

251 – Мелания Римляныня, Вифлеемская, Палестинская, преподобная († 439; память 31 декабря'13 января). Дочь богатого сенатора-христианина, прожив шесть лет в браке и похоронив сына и дочь, двадцати лет от роду, Мелания решила посвятить свою жизнь богоугодным делам, убедив поступить так же и мужа, знатного вельможу Пипиана. Все свое огромное богатство благочестивые супруги употребили на сооружение церквей и монастырей, на выкуп пленных и другие дела милосердия. Затем оба они поселились в устроенных ими обителях – мужской и женской, в Египте, в Нубии. Многие молодые девицы, видя подвижническую жизнь преподобной, обращались на путь добра и угождения Богу; также и немало язычников и евреев, имея перед собой такой образец христианского совершенства, крестились. Отправившись в Палестину для поклонения святым местам, преподобная Мелания поселилась в Иерусалиме, основала близ Елеонской горы женскую обитель и в ней подвизалась до глубокой старости. Сподобившись от Бога дара чудотворения, она почила пятидесяти семи лет от рождения, предузнав заранее о своей кончине.

252 – Еф. 5, 32.

253 – См.: Нав. 7, 1–26.

254 – Ср.: Мф. 27, 5.

255 – Аввакум, диакон, и Паисий, игумен, мученики († 1814; память 17'30 декабря), насельники монастыря Трнава близ города Чачак в Сербии. Пострадали от турок: были посажены на кол. Неся орудие своей казни (кол) по улицам Белграда, мужественный Аввакум пел. Когда рыдающая мать умоляла его принять ислам, чтобы турки сохранили ему жизнь, воин Христов ответил ей: Мать, за то, что вскормила, тебе благодарен, А совету твоему я не рад: Серб Христов, страха Божия ради, Смерть лицезреет как тысячу наград. Ни человека, ни демона он не страшится, Ибо Господом верным Своим слава творится, И челюстям злобы любой к ним путь заградится. Муки были – они миновали, Лишь бы в вечном Царстве Христовом Нас венцами славы встречали.

256 – Ср.: Ин. 11, 25.

257 – См.: 1Кор. 15, 26.

258 – Мк. 9, 1.

259 – Мф. 6, 10.

260 – Ср.: Мф. 3, 2.

261 – Мк. 1, 15.

262 – Ин. 16, 33.

263 – Ин. 14, 27.

264 – Лк. 12, 32.

265 – Ср.: Мф. 24, 36.

266 – Ср.: Господь выйдет, как исполин (Ис. 42, 13).

267 – Один из византийских правителей… Имеется в виду Лев V Армянин ((?)-820), Византийский император, правивший с 813 года. В его царствование в 815 году произошло возвращение к иконоборчеству. Характерны слова императора: «…Все государи, которые признавали иконы и поклонялись им, умерли или в изгнании, или на войне. Только не почитавшие икон умерли своей смертью на престоле… Я тоже хочу подражать им и уничтожить иконы, чтобы после дол-

гой жизни моей и моего сына царство наше держалось до четвертого и пятого колена». В защиту иконопочитания выступил преподобный Феодор Студит († 826; память 26 января'8 февраля, 11'24 ноября). На Соборе, созванном императором Львом против почитания икон, преподобный сказал: «Дело веры святой Церкви разбирать – не твое дело. Веру и святую Церковь держать в должном чине есть дело пастырей и учителей церковных. Послушай Апостола: 'положи Бог в Церкви первее Апостолов, второе пророков, третие' учителей (1Кор. 12, 28). Учителей, а не царей. Им (божественным Апостолам.) следуя, утверждаем, что, если и 'Ангел с неба станет благовествовать' нам что-либо противное вере, 'анафема да будет' (ср.: Гал. 1, 8). Император осудил Феодора на заточение и отправил в ссылку. Лев V был убит заговорщиками во дворцовой церкви на Рождество 820 года.

268 – Лк. 18, 20; См.: Исх. 20, 16.

269 – Еф. 5, 16.

270 – Ср.: Мф. 25, 27.

271 – Ср.: 3Цар. 18, 21.

272 – Ср.: 4Цар. 1, 6.

273 – См.: Исх. 20, 1–17.

274 – См.: Лк. 9, 51–56.

275 – 1Фес. 5, 17.

276 – См.: Быт. 19.

277 – Ср.: Мф. 6, 13; Лк. 11, 4.

278 – Ориген (185–253 (или 254)), один из знаменитейших учителей древней Церкви. Это был крупнейший христианский философ, попытавшийся дать систематическое объяснение христианства в категориях эллинской мысли. Уже в двадцатилетнем возрасте он был облечен епископом Александрийским Димитрием правами начальника известного александрийского огласительного училища. При нем оно достигло своего расцвета. Высочайшая образованность Оригена, его блестящие преподавательские способности, гениальный ум, ревность о христианском благочестии

(здесь были и крайности: так, например, стремясь к полнейшему целомудрию, Ориген оскопил себя) скоро сделали его известным и привлекли к нему множество учеников. Среди них, в частности, особенно следует отметить таких известных отцов Церкви, как священномученик Дионисий Александрийский († 264 (или 265); память 5'18 октября) и святитель Григорий Чудотворец, епископ Неокесарийский († между 266 и 270; память 17'30 ноября). В гонение Римского императора Декия Младшего (251) Ориген был схвачен и перенес, принуждаемый к отречению от Христа, тяжкие мучения. Казни он предан не был, однако пытки и тюремное заключение подорвали его здоровье и в 253 (или 254) году он скончался в Тире. Личность и произведения его как при жизни, так и по смерти были окружены необычайным уважением и авторитетом. Особенно велика была его популярность в IV веке, в период бурного расцвета христианского богословия, когда многие христианские мыслители вдохновлялись им и так или иначе ссылались на его творения. Однако, хотя Ориген и являлся действительно одним из величайших богословов в истории христианства, его учение во многом отклонилось от основного смысла христианского Откровения и сам «оригенизм» способствовал возникновению разнообразных течений, с Православием совершенно несовместимых. Это и послужило причиной того, что умерший в мире с Церковью Ориген посмертно был осужден как еретик и предан анафеме на Поместном Константинопольском Соборе 543 года. Десятью годами позже это осуждение было подтверждено на V Вселенском Соборе, а сочинения Оригена были объявлены подлежащими уничтожению.

279 – Симеон Христа ради юродивый, преподобный († 590; память 21 июля (3 августа), Палестинский. Принял иночество в Иерусалиме, куда пришел из Сирии на поклонение святым местам. По пострижении удалился в пустыню близ Мертвого моря, где через 29 лет достиг полного бесстрастия и, подчиняясь воле Божией, вер-

нулся в мир, чтобы указывать другим путь ко спасению. В 582 году, будучи в то время шестидесятилетним старцем, Симеон начал юродствовать в Эмесе, являя удивительное самоотвержение и любовь к ближним. Гонимый, оскорбляемый, избиваемый, презираемый, юродивый Симеон знал лишь одну заботу – славить Бога и днем и ночью. Он стяжал многие благодатные дары: изгонял бесов, прозирал будущее, избавлял от скоропостижной смерти, неверных обращал к истинной вере, а грешных – к покаянию.

280 – Мф. 28, 20.

281 – Ср.: Ин. 16, 33, 20.

282 – Ср.: Ин. 16, 21.

283 – Мф. 5, 4.

284 – См.: 1Цар. 28.

285 – Король Франции Филипп Эгальский...» Филипп Эгалите (или Эгальский), Луи Филипп Жозеф (1747–1793), герцог Орлеанский, представитель младшей ветви Бурбонов (королем Франции, как говорит владыка Николай, он не был). В период Французской революции конца XVIII века отказался от титула и принял фамилию Эгалите (по-французски – «равенство»). Член Конвента, голосовал за казнь короля. После измены генерала Дюмурье (к которой был причастен сын Филиппа Эгалите – Луи Филипп) казнен.

286 – См.: Ин. 8, 44.

287 – См.: Лк. 16, 19–31.

288 – См.: 1Кор. 15, 35–54.

289 – Ипполит Римский, священномученик († 3 век; память 30 января/12 февраля), епископ. Священномученик Ипполит был римским сенатором, позднее – епископом. Один из знаменитых в древности учителей Церкви, оставивший после себя богатое богословское наследие. Известны, в частности, его сочинения «О Пасхе», «О воскресении», «Против иудеев», «Против ересей», «О Христе и антихристе» и другие. Достоверных сведений о жизни самого священномученика история сохранила немного. Он был епископом, как

говорят древние, «пристани римской», или иначе пристани близ Рима; скончался мученически, последние слова его, по свидетельству историка, были таковы: «Пусть они растерзают члены, а Ты, Христе, прими дух мой».

290 – 1Кор. 3, 19.

291 – 1Кор. 4, 10.

292 – Константин I Великий, равноапостольный († 337; память 21 мая'3 июня), Флавий Валерий, Византийский император, правивший с 306 года. Сын Святой Елены († 327; память 21 мая'3 июня). В 312 году святой Константин после чудесного явления ему на небе Креста (с надписью «Сим победиши») выиграл сражение у императора Максенция (306 (или 307)-312), присвоившего себе власть над Римом и Италией. После этого он не только уверовал во Христа, но и всенародно исповедал Его перед своими подданными. С 323 года, объединив под своей властью Восточную и Западную части империи, он стал единодержавным правителем и объявил христианство государственной религией. Заботясь о мире Церкви, в 325 году созвал в Никее Вселенский Собор, осудивший ересь Ария. В 324–330 годах основал новую столицу Византийской империи – Константинополь (Цареград) на месте города Византий. С его именем связано начало почитания христианами Креста. Его мать, святая Елена, предприняла путешествие в Палестину в 325 году, где ею был найден Гроб Спасителя, над которым она построила храм, и обретен Крест Христов.

293 – Деян. 5, 4.

294 – Мф. 7, 2.

295 – Борис, благоверный князь Болгарский (в крещении Михаил; † 907; память 2'15 мая), правивший с 852 года. Борис был сыном хана Пресиана, прекратившего преследования христиан. Вступил на престол будучи еще язычником, но уже ранее его христианство распространилось в Болгарии пленными византийцами. Видя на опыте превосходство христианских на-

родов над языческими, Борис, по окончании войны с греками, при заключении мира крестился в 864(или 865) году. За ним стали креститься его подданные. Сделавшись христианином, он переменил прежний образ жизни и даже направление своей политики. У Бориса нашли поддержку изгнанные из Моравии святые Кирилл († 869; память 14'27 февраля, 11'24 мая) и Мефодий († 885; память 6'19 апреля, 11'24 мая). Пробыв на княжении до 888 года, Борис ушел в монастырь.

296 – Григорий, священномученик, епископ, просветитель Великой Армении († ок. 335; память 30 сентября'13 октября). Происходил родом из Парфии, находился в родстве с персидскими и армянскими царями. За исповедание Христа был подвергнут царем Тиридатом III (287–330), на службе у которого находился, различным мучениям, затем – ввержен в ров с болотной жижей и ядовитыми гадами, где провел четырнадцать лет (для поддержания жизни одна женщина бросала ему в ров хлеб). Впоследствии Тиридат впал в жестокое беснование. Молитвами святого Григория, извлеченного изо рва, он был исцелен и затем принял крещение. Сам же Григорий спустя какое-то время был поставлен епископом Армении, причем крестил не только армян, но и многих персов, ассириян и мидян.

297 – Нина, равноапостольная, просветительница Грузии († 335; память 14'27 января). Дочь римского полководца Завулона, родилась в Каппадокии. После того как отец ее, родственник великомученика Георгия Победоносца († 303; память 23 апреля'6 мая, 3'16 ноября, 10'23 ноября, 26 ноября'9 декабря), ушел в Иорданские пустыни для иноческих подвигов, а ее мать Сусанна, сестра Иерусалимского епископа, стала диакониссой в Иерусалимском Храме, Нина отправилась в Рим, затем в Персию, но избегая преследований царя Тиридата III (287–330), в 315 году пришла в Иверию (Грузию), в Мцхет, где три года проповедовала христианство тайно. Проповедь о Христе, чудеса, которые совершала святая Нина, и ее добродетельная жизнь привели многих жи-

телей Иверии к вере в истинного Бога. Она обратила ко Христу самого грузинского царя Мириана, бывшего язычником. Тогда были вызваны из Константинополя епископ и священники и построен первый в Иверии храм во имя Святых апостолов. Вскоре и вся Иверия приняла христианство. После своих многолетних апостольских подвигов святая Нина мирно скончалась.

298 – Патрик Ирландский, епископ, просветитель Ирландии († ок. 460; память 17'30 марта), один из наиболее почитаемых Западной Церковью святых. Как указывает сам Патрик в своей «Исповеди», родом он происходил из юго-западной Британии, был сыном богатого декуриона Кальпурния, диакона местной Церкви. Шестнадцати лет был похищен ирландскими пиратами и шесть лет пас скот. Через десять лет по возвращении на родину вновь пленен морскими разбойниками и продан в Галлию, где его выкупил купец-христианин. Уразумев из всех этих событий Божественный Промысл о себе, Патрик решил посвятить свою жизнь служению Богу. Приняв епископский сан от британских епископов, около 432 года он обратился с проповедью Евангелия к ирландцам, многих из которых крестил. Им было основано несколько монастырей (причем монахи были подготовлены к христианскому просвещению народа), изобретена ирландская азбука, он наладил связь с Британской и Галльской Церквами. Устроив Ирландскую Церковь с митрополией в городе Армахе, Патрик отошел ко Господу. В настоящее время день святого Патрика в Ирландии – государственный праздник.

299 – Вацлав Чешский, мученик († 935; память 4'17 марта, 28 сентября'11 октября), князь-страстотерпец (в русский святцах – Венцеслав, Вячеслав), правивший с 924 года. Внук святой Людмилы (см. примечание 76). Несмотря на царский венец, подвизался подобно великим подвижникам, утверждал Православие в своем народе. Был очень справедлив и строго следил за тем, чтобы в судах никого не осуждали безвинно. По христолюбию и милосердию покупал языческих детей,

которых продавали в рабство, крестил их и воспитывал как христиан. Перевел на чешский язык Евангелие от Иоанна. Брат Вацлава Болеслав, зазвав святого царя в гости в свой дворец, убил его и стал насаждать в стране католичество и приглашать священников-немцев.

300 – ...Святого Прокопия Карпатского»... Вероятно, имеется в виду Прокоп Богемский, Чешский († 1053; память 16'29 сентября), иеромонах, основатель Предтеченского монастыря на реке Сазава.

301 – Святитель Петр Цетиньский, чудотворец, митрополит Черногорский († 1830; память 18'31 октября, Неделя третья по Пятидесятнице). Родился в сентябре 1748 года (или в апреле 1747) в Негушах от набожных родителей Марка Петровича и Ангелины, урожденной Мартинович. Брат его деда Дамиана – знаменитый владыка Даниил (1700–1735; известен в числе прочего и тем, что в своей внешней политике переориентировался с католической Венеции на православную Россию) – стал первым Черногорским митрополитом и правителем из династии Петровичей-Негошей, которая владела Черногорией до 1916 года. После смерти Даниила в 1735 году его преемником стал дядя святителя Петра – Савва (1735–1750), и с тех пор митрополичий, а затем княжеский престол стал наследственным в семье Петровичей, переходя от дяди к племяннику. С 1758 года десятилетний Петр стал жить в Цетиньском монастыре, где под руководством митрополита Саввы и инока Даниила, своего наставника, учился книжной премудрости. Принял монашество в двенадцать лет с именем Петр (мирское имя его осталось неизвестным), а в семнадцать был рукоположен в иеродиакона. Недолгое время учился в России, затем стал ближайшим помощником владыки Саввы, который рукоположил его в иеромонаха, а вскоре затем возвел в сан архимандрита. Митрополит Савва умер в 1781 году, а 13 октября 1784 года Петр I Петрович-Негош стал митрополитом и правителем Черногорским, Скендерийским и Приморским. Всю свою героическую и святую жизнь

он посвятил Богу и народу. Примирял враждующие племена, отражал нападения внешних врагов, был собирателем сербских земель. Особенно он прославился после победы над войсками Наполеона (1804–1814; 1815) в Боке Которской и Далмации. После поражения русских войск под Фридландом в 1807 году и заключения Тильзитского мира, по которому Александр I (1801–1825) уступил Боку Которскую Наполеону, черногорцы остались один на один с французами в своей борьбе с ними. Однако десятитысячная французская армия была разбита в 1808 году, а затем в 1812 году черногорцы одержали победу над союзниками французов – турками. Таким образом стало возможным присоединение Боки Которской (то есть Приморья) к Черногории. Святитель Петр был Божиим человеком, исполненным любви и милосердия, боголюбия и человеколюбия. Смиренный и терпеливый 'пастырь', полагающий жизнь свою за овец» (ср.: Ин. 10, 11), постоянно подтверждал свою веру делами милосердия и любви. К себе – суровый и строгий, святой жил в тесной келии, как простой монах, несмотря на то что был правителем и митрополитом. Святитель Петр отошел ко Господу 18 октября 1830 года. Накануне продиктовал свое завещание черногорцам, в котором назначил своим преемником племянника Радивоя (Раде) – будущего великого черногорского поэта Петра II Петровича-Негоша (см. примечание 34). Заканчивалось завещание словами: «Да будет проклят тот, кто покусился бы отвратить вас от верности благочестивой и христолюбивой России…». Своему племяннику перед смертью он сказал: «Молись Богу и держись России». Чудотворные нетленные мощи его почивают в Цетиньском монастыре (Цетинье – древняя столица Черногории).

302 – Калигула (12–41), Римский император из династии Юлиев-Клавдиев, правивший с 37 года. Сделался особенно известен из-за своей поразительной жестокости, сочетавшейся с нравственной распущенностью. Его стремление к неограниченной власти, требование

себе подобающих Божеству почестей вызвали недовольство сената и императорской гвардии (преторианцев), и в результате заговора после своего четырехлетнего правления Калигула был убит.

303 – Мф. 7, 7; Лк. 11, 9.

304 – Рим. 8, 26.

305 – См.: 2Пет. 3, 9–12.

306 – Пс.73, 16.

307 – Рим. 13, 12.

308 – Хомяков Алексей Степанович (1804–1860), русский религиозный философ, писатель, поэт, публицист, один из основоположников славянофильства, член-корреспондент Петербургской АН (1856). Выступал за отмену крепостного права, смертной казни, за введение свободы слова, печати и др. Его перу принадлежат стихотворные трагедии «Ермак» и «Димитрий Самозванец», лирические стихотворения, проникнутые гражданским пафосом.

309 – Мф. 27, 40.

310 – См.: Мф. 4, 1–10.

311 – Ср.: Мф. 15, 28.

312 – Гал. 3, 27.

313 – Еф. 4, 5.

314 – См.: Деян.11, 18.

315 – ...Во времена легковерной царицы Екатерины...» Вероятно, имеется в виду Екатерина II Великая (1729–1796), Российская императрица, правившая с 1762 года. «Легковерной» владыка Николай именует, по всей видимости, ее за известные симпатии к французским философам-просветителям – Дидро, Монтескье и Вольтеру. Последнего из них, богоборца, она почитала своим наставником.

316 – Ср.: Мф. 6, 24.

317 – Эпиктет (ок. 50-ок. 140), римский философ-стоик. В юности Эпиктет был рабом Эпафродита, фаворита Нерона (см. примечание 19), позднее – вольноотпущенником. «Беседы» Эпиктета, представляющие моральную проповедь, центральной темой которой

является внутренняя свобода человека, были записаны его учеником Аррианом.

318 – Ин. 14, 6.

319 – Ср.: Ин. 4, 10–14, 7:38.

320 – Ин. 8, 12.

321 – Ин. 15, 5 .

322 – Лк. 17,24.

323 – Лк. 17, 34.

324 – Мф. 24, 48.

325 – См.: Мф. 26, 39; Мк. 14, 36; Лк. 22, 42.

326 – Милош Обренович (Милош Теодорович; 1780–1860), Сербский князь, правивший в 1817–1839 и 1858 годах, основатель династии Обреновичей. Воевода Милош Обренович был участником Первого сербского освободительного восстания против турецкого ига (1804–1813), под предводительством Сербского князя Георгия Черного (Карагеоргия; см. примечание 87). В 1813 году оно было жестоко подавлено турками. В 1815 году вспыхнуло новое восстание, которое воевода Милош Обренович возглавил. Оно продолжалось практически до 1830 года, когда Турция признала Сербию самоуправляющимся княжеством. В 1817 году Милош Обренович, по приказу которого князь Карагеоргий был убит, стал сербским правителем.

327 – Игнатий Богоносец, священномученик († 107; память 29 января'11 февраля, 20 декабря'2 января), епископ Антиохийский. Святой Игнатий зовется «Богоносцем» потому, что, по преданию, был тем самым ребенком, которого держал на руках Иисус Христос, когда говорил Своим ученикам: 'если не обратитесь и не будете как дети', не войдете в Царство Небесное» (Мф. 18, 3). И сам Игнатий всегда носил Бога в своем сердце: когда после мученической кончины святого во времена Римского императора Траяна (98–117) палачи рассекли его сердце, то внутри него они увидели начертанными две литеры – I.X. (Иисус Христос). Игнатий Богоносец был учеником апостола Иоанна Богослова († между 98 и 117; память 8'21 мая, 26 сентября'9 октября)

и вторым (после апостола от 70-ти Евода († 66; память 7'20 сентября)) епископом Антиохийским. Своей паствой он управлял сорок лет, поучая ее повиноваться пастырям Церкви, хранить единство веры и беречься еретиков и лжеучителей. Он ввел в церковное богослужение так называемое антифонное, то есть попеременное, на двух клиросах, пение.

328 – Арсений I, архиепископ Сербский († 1266; память 28 октября'10 ноября), великий иерарх Сербской Церкви и духовный наследник святого Саввы (см. примечание 1). Родом происходил из Срема, большую часть жизни провел иноком в Жичском монастыре. В 1215 году Савва поставил Арсения игуменом этого монастыря. Из-за слабой защищенности Жичи пребывать в ней было небезопасно, и позднее, став архиепископом Сербским, Савва благословил Арсения найти новое место для устроения обители. Таким образом в городке Печ Старой Сербии (Косово), у самого входа в Руговское ущелье, возник монастырь с храмом во имя святых апостолов Петра и Павла, позднее посвященным Вознесению Господню, в XIV веке ставший резиденцией Сербских патриархов (знаменитая Печская Патриархия). Перед вторым путешествием (1234) на Святую Землю первый архиепископ Сербский Савва передал правление Сербской Церковью своему ученику, Арсению Сремцу, назначив его наместником. А с 1237 года, после смерти святого Саввы, Арсений становится вторым архиепископом Сербским и в течение тридцати лет мудро управляет сербской паствой. По кончине был похоронен в Печском храме Вознесения Господня, ныне его нетленные мощи покоятся в монастыре Ждребаоник.

329 – См.: 2Кор. 2, 14–16.

330 – Мк. 13, 13.

331 – Мк. 4, 11.

332 – Мк. 4, 12.

333 – См.: Ин. 12, 40.

334 – Мф. 5, 8.

335 – Мф. 10, 29.

336 – См.: Иез. 7, 3.

337 – Мф. 24, 28.

338 – Ср.: Мф. 6, 33.

339 – См.: Быт. 41.

340 – Енох († (?); память 1'14 марта, Неделя святых праотец, Неделя святыхотец),сын Иареда, потомок Сифа и отец Мафусаила, который считается седьмым после Адама патриархом. Енох вел богоугодную жизнь и был живым взят от земли Господом (см.: Быт. 5, 21–24), избавившим его от смерти (см.: Евр. 11, 5). По преданию, перед Вторым пришествием Христовым Енох явится на землю для проповеди вместе с пророком Илией († IX век до Р.Х.; память 20 июля'2 августа). До нашего времени дошли свидетельства Тертуллиана, Оригена и некоторых других церковных писателей о существовании апокрифической Книги Еноха, в XVIII веке был открыт эфиопский перевод ее, а в XiX найден большой отрывок на греческом языке. В Соборном послании апостола Иуды († ок. 80; память 19 июня'2 июля) приводится пророчество Еноха (см.: Иуд. 1, 14–15), которое есть и в апокрифической Книге.

341 – Ср.: Мф. 20, 28.

342 – Ин. 14, 11.

343 – Ин. 12, 5, 8.

344 – Фанурий, мученик († до 8 века; память 27 августа'9 сентября), новоявленный в Родосе.

345 – См.: Быт. 4.

346 – Мф. 26, 42.

347 – См.: Мф. 14, 6–11.

348 – См.: Мк. 8, 38.

349 – Пс. 120, 2.

350 – Иак. 2, 19.

351 – Пс. 118, 52.

352 – Пс. 118, 120–121.

353 – Одна из горных вершин Черногории. – Перев.

354 – Мф. 5, 39.

355 – Зиновий, священномученик († 285; память 30 октября/12 ноября), епископ Киликийский, Егейский. При императоре Диоклетиане (284–305) был убит мечом за исповедание христианства.

356 – Ин. 6, 48.

357 – Мф. 25, 35.

358 – Мф. 25, 40.

359 – Лк. 1, 34.

360 – Лк. 1, 37.

361 – Мф. 19, 23.

362 – См.: Чис. 21, 8–9.

363 – Омер-паша (1806–1871), турецкий генерал, по происхождению австриец (Михаил Латош), принявший ислам; в 1853–1856 годах командовал турецкой армией в военных действиях против России, сначала на Дунае, затем в Крыму

364 – Ср.: Лк. 23, 34.

365 – Брэдли Фрэнсис Герберт (1846–1924), английский философ, глава английского неогегельянства. Критиковал позитивизм и утилитаризм с позиций теистического «абсолютного идеализма». Главное сочинение «Явление и реальность».

366 – Ср.: 1Ин. 3, 8.

367 – См.: Ин. 11, 11.

368 – Варлаам, преподобный, Иоасаф, царевич Индийский, и отец его Авенир, царь († 4 век; память 19 ноября/2 декабря). У Индийского царя Авенира рождается долгожданный сын Иоасаф, которому звездочеты предсказывают будущее христианского подвижника. Царь-идолопоклонник изолирует сына во дворце, чтобы он не мог узнать ни о христианстве, ни о трагических сторонах жизни – болезни и смерти, чтобы грустные думы не могли привести его к религиозным размышлениям. Но христианский пустынник Варлаам проникает во дворец под видом купца и приобщает Иоасафа к христианской вере. Преодолев яростное противоборство отца, Иоасаф делается ревностным христианином. Когда Авенир под влиянием сына сам

принимает крещение, Иоасаф удаляется в пустыню и становится отшельником.

369 – Пс. 52, 2.

370 – См.: Мк. 10, 46.

371 – См.: Лк. 17, 13.

372 – Мф. 26, 50.

373 – См.: Ин. 13, 33.

374 – Ср.: Ин. 21, 5.

375 – Людмила, княгиня Чешская, мученица († 927; память 16'29 сентября), бабка святого князя Чешского Вячеслава (см. примечание 60). Супруга князя Чехии Боривоя, она вместе с ним приняла святое крещение от святого Мефодия († 885; память 6'19 апреля, 11'24 мая). Святая Людмила ревностно распространяла в Чехии христианство и воспитала внука своего, святого Вячеслава, в христианском благочестии. Приняла мученическую кончину.

376 – Мф. 5, 42.

377 – См.: Лк. 16, 19–31.

378 – См.: Мф. 5, 15.

379 – См.: Мф. 13, 3–8.

380 – Мф. 7, 2.

381 – Ср.: Мф. 6, 11.

382 – Ср.: Исх. 20, 13; Втор. 5, 17.

383 – Ср.: Исх. 20, 12; Еф. 6, 3.

384 – Флп. 4, 4.

385 – См.: Ин. 10, 27.

386 – Анта Антоние Богичевич (1758–1813). Один из виднейших и богатейших людей Ядарского края (область в западной Сербии). Получил звание воеводы Ядарского в марте 1808 года. Боролся против турок на реке Дрине. Руководил освобождением Лозницы, долгое время находившейся под турецкой осадой.

387 – С польским королем Казимиром…» Известно несколько польских королей с этим именем: Казимир I Восстановитель (1039–1058); Казимир II Справедливый(1177–1190; 1191–1194); Казимир III Великий (1333–1370); Казимир IV Ягеллончик(1445–1492).

388 – Ср.: Флм. 1, 10–17.

389 – Ср.: Мф. 5, 44.

390 – Ср.: Лк. 23, 34.

391 – Ср.: Ин. 15, 5.

392 – См.: Быт. 3, 15.

393 – Семирамида (Шаммурамат), царица Ассирии (конец IX века до Р.Х.). Вела завоевательные войны, в основном в Мидии. С именем Семирамиды традиционно ошибочно связывают сооружение «висячих садов» в Вавилоне, одного из так называемых семи чудес света. Сады эти были созданы в VI веке до Рождества Христова царем Вавилонии Навуходоносором II (605–562 до Р.Х.) для любимой жены, Мидийской царевны.

394 – Ср.: Лк. 23, 34.

395 – См.: Деян. 4, 32.

396 – Ср.: Там же.

397 – «Митрополит петербургский Исидор…» Скорее всего имеется в виду митрополит Санкт-Петербургский Исидор (Никольский; 1799–1892). Сын диакона из Тульской губернии, закончил Петербургскую Духовную академию, сразу же после этого принял монашество. Был ректором семинарии в Орле и затем в Москве, в 1834 году получил сан епископа и викариатство, через три года назначен на кафедру в Полоцк, еще через три переведен в Могилев, год спустя возведен в сан архиепископа, через три года определен экзархом в Грузию. В 1856 году возведен в сан митрополита, а в 1858 году назначен на Киевскую митрополию, позднее – перемещен в Петербург.

398 – Ср.: Мф. 18, 3.

399 – Ср.: Мф. 19, 14.

400 – Ср.: Флп. 2, 2.

401 – См.: Ис. 11, 2.

402 – Один – верховное божество в скандинавской мифологии, бог войны.

403 – Перун – в древнеславянской мифологии бог грозы, почитался как верховное божество.

404 – См.: Мк. 12, 30.

405 – Милан I Обренович (1854–1901), Сербский князь, правивший с 1868 года, затем, с 1882 года по 1889, – король. Милан I из династии Обреновичей во внешней политике Сербии ориентировался на Австро-Венгрию. Заручившись ее поддержкой, провозгласил себя королем. Однако его политика не устраивала широкие круги населения: он не пользовался популярностью и любовью народа. После отречения от престола покинул страну. Королем стал его сын – Александр (1889–1903). В 1903 году династия Обреновичей была свергнута группой патриотически настроенных офицеров.

406 – Ин. 15, 17.

407 – Рим. 7, 24.

408 – Конфуций (кит. Кун Фу-цзы – «учитель Кун»; ок. 551–479 до Р.Х.) – древне-китайский мыслитель, основатель конфуцианства. В возрасте 27 лет он получил должность помощника при совершении жертвоприношений в главной кумирне царства Лу (современная провинция Шаньдун). В 50 лет впервые оказался на государственной службе, однако пост первого советника в Лу покинул почти сразу же, уйдя в отставку и целиком посвятив себя педагогической деятельности. Нескончаемые междоусобные войны привели Конфуция к выводу о необходимости новой моральной философии, которая опиралась бы на представление об изначальном добре, заложенном в каждом человеке. Мудрый правитель должен управлять с помощью воспитания у подданных чувства благоговения перед моральным законом, прибегая к насилию только как к последнему средству. Конфуций не был основателем религии, однако после его смерти в его честь были воздвигнуты храмы и стал складываться религиозный по форме культ Конфуция как первоучителя человечества. Конфуцианство приобрело в Китае статус официального вероучения. Взгляды Конфуция изложены в книге «Лунь юй» («Беседы и суждения»), составленной его учениками и последователями.

409 – Ср.: Мф. 26, 52.

410 – Ср.: Гал. 6, 9.

411 – Серапион Синдонит, Египетский, преподобный († 5 век; память 7'20 апреля, 14'27 мая). «Синдонитом» прозван потому, что всегда носил только синдон (льняную одежду). Родился в Египте и с юности вступил в иночество. Ради Господа добровольно принял нищету, жил без крова и пристанища. Приобрел совершенное бесстрастие. Отличаясь редким самоотвержением ради пользы ближних, он в одном городе продал себя за двадцать монет комедиантам-язычникам. Запечатав эти деньги, он хранил их при себе. Ничего не вкушая кроме хлеба и воды, он пробыл у них до тех пор, пока не научил их вере христианской и не убедил креститься и оставить свое неправедное ремесло. Новообращенное семейство хотело отпустить его на свободу. Но он, открыв им тайну своего поступка, сказал, что всегда был свободным, вернул им деньги и удалился в пустыню.

412 – Авгарь или Абгарь – общий титул властителей небольшого Осроенского царства в Эдессе (Месопотамия), существовавшего с 137 года до Р.Х. по 216 год по Р.Х. Правитель Авгарь V Черный († I век; память 31 декабря'13 января), страдая от жестокой болезни, писал Иисусу Христу в Иерусалим, прося у Него помощи. Он признавал Его Богом и Сыном Божиим, предлагал Ему свою резиденцию для проповеди слова Божия, но Спаситель, отклонив предложение Авгаря, прислал ему Свой образ, приложив к Своему лику полотно, на котором отпечаталось Его изображение, известное как «Нерукотворный Образ». По Своем воскресении Господь обещал прислать Авгарю одного из учеников, которым стал Фаддей, апостол от 70-ти († ок. 44; память 21 августа'3 сентября), распространивший христианство в Эдессе.

413 – Ин. 8, 11.

414 – Мф. 16, 23.

415 – Мф. 26, 41.

416 – Пс. 24, 10.

417 – Ср.: Там же.

418 – Карагеоргий (Георгий Черный; настоящее имя и фамилия Георгий Петрович; 1768–1817), основатель династии Карагеоргиевичей, правивший с 1808 по 1813 год. В 1804 году в Сербии, находившейся под турецким господством, началось очередное восстание против османского ига, возглавленное Георгием Черным (Карагеоргием). Оно привело к тому, что Сербия при поддержке России добилась от Турции широкой автономии. Карагеоргий был провозглашен в 1808 году верховным предводителем сербского народа. Однако уже в 1813 году восстание было жестоко подавлено. После его поражения Карагеоргий бежал в Австрию, а в 1814 году выехал в Россию. В 1817 году тайно вернулся в Сербию, где был убит по приказу князя Милоша Обреновича (см. примечание 67). Впоследствии сербский народ выстроил на месте его убиения церковь «Покайницу» в знак покаяния перед ним.

419 – Милош Обилич ((?)-1389), сербский воевода. Был женат на дочери Сербского князя Лазаря (см. примечание 12). На военном совете, состоявшемся накануне Косовской битвы (см. примечание 24), Милош был заподозрен в неверности общему делу по наущению Вука Бранковича, женатого на другой княжеской дочери. Однако храбрый сербский воевода Милош Обилич во время боя сумел пробраться к шатру турецкого султана Мурада I и поразить его ножом, чем доказал свой патриотизм и личную преданность Сербскому князю. Был казнен вместе с тяжело раненым князем Лазарем, захваченным в плен. Сербский герой, одна из центральных личностей сербского народного эпоса; символ чести и подвига.

420 – Вишнич Филипп (1767–1834), народный поэт и гусляр, автор цикла о восстании и других эпических сербских поэм; глубоко чувствовал суть поэзии, ее пророческий, христологический характер. О нем, к сожалению, мало что известно достоверно.

421 – Поликарп, епископ Смирнский, священномученик († 167; память 23 февраля'8 марта). Святой Поликарп обратился ко Христу из язычества, любимый ученик апостола Иоанна Богослова († между 98 и 117; память 8'21 мая, 26 сентября'9 октября), им же и был рукоположен во епископа Смирнской Церкви, которой управлял на протяжении нескольких десятилетий. Во время гонений на христиан, воздвигнутых в Азии, был схвачен мучителями, которые потребовали от него похулить Христа. На это святой отвечал: «Восемьдесят шесть лет служу Ему я, и Он ни в чем не оскорбил меня. Как могу хулить Царя моего, Который спас меня?». Решено было его сжечь. Однако когда Поликарпа хотели пригвоздить на месте сожжения, он сказал: «Тот, Кто дает мне силы терпеть огонь, даст силы быть на костре и без гвоздей неподвижным». Когда огонь разгорелся, он не опалил святителя, но принял вид свода, под которым исповедник остался невредим. Ожесточенные мучители пронзили его грудь мечом, и так угодник Христов принял смерть.

422 – Мф. 7, 7.

423 – Ср.: Мф. 18, 3.

424 – Ср.: Ин. 3, 3.

425 – Рим. 8, 9.

426 – См.: Евр. 8, 5, 10:1.

427 – Ремигий, епископ Реймсский, святитель (католический святой; † 533; память 13'26 января), во Франции – святой Реми, «апостол франков». Архиепископом был избран в возрасте 22 лет. В 496 году король салических франков Хлодвиг (Кловис) I, благодаря настояниям жены, христианки Клотильды, дочери Хильпериха Бургундского, принял христианство. Таинство крещения совершил над ним святитель Ремигий. С королем крестилось около трех тысяч франков. Церковное предание связывает этот факт с борьбой Хлодвига с алеманнами, которые нападали на земли рипуарских франков: в решительной битве, когда войску Хлодвига грозило поражение, он дал обещание креститься, если

победит. Вслед за этим он нанес алеманнам страшное поражение. Тогда он принял крещение.

428 – Пс. 9, 7.

429 – См.: Мф. 27, 24–26; Мк. 15, 9–15; Лк. 22, 4, 25; Ин. 19, 4, 15–16.

430 – Марк Аврелий Философ (121–180) – Римский император из династии Антонинов, правивший с 161 года. Представитель позднейшего стоицизма. Опирался на сенаторское сословие. Восстановил римский протекторат над Арменией и захватил Месопотамию в войне 162–166 годов с парфянами; в 166–180 годах вел войну с вторгшимися в придунайские провинции германцами и сарматами. Большую часть жизни император провел в военных походах против варваров, теснивших Римские границы. В то же время он заботился о внутреннем благоустройстве империи, уделяя особое внимание законодательству и судопроизводству. Единственное его сочинение «К самому себе» представляет собой своего рода философский дневник.

431 – Аттал Пергамец, мученик (католический святой; † 177; память 2'15 июня), один из лионских мучеников, пострадавших за Христа в 177 году. Чтобы в глазах толпы придать казни христиан вид законности, гонители обвиняли свои жертвы в самых тяжких преступлениях. Таким образом, народ, видя в преследуемых злодеев, негодовал, требуя «справедливого» возмездия. Так требовали и смерти Аттала, человека известного. Правитель, однако, медлил, ждал приказа кесаря Марка Аврелия Философа (см. примечание 92) – казнить каждого, даже римского гражданина, каковым являлся и Аттал, кто не отречется от веры в Распятого. Когда палачи испробовали на мученике все орудия пыток, то усадили его в раскаленное металлическое кресло, так что запах сожженного мяса распространился повсюду, беспокоя наблюдавших за страданиями святого зрителей. «Поистине, вы сейчас едите человеческое мясо! – услышали они. – А мы не едим людей, мы никогда не совершаем преступлений».

Кто-то, пораженный мужеством и сверхъестественным терпением мученика, выкрикнул: «Скажи нам имя твоего великого Бога!». Поняв, что вера Аттала непоколебима, мучители обезглавили его. Промыслом Божиим мощи святого были обретены в 1971 году румынскими археологами под алтарем древней базилики, в уезде Тулча, недалеко от холмов Никулицеле (Румыния).

432 – См.: Ин. 4, 10.

433 – Ин. 3, 1.

434 – Ин. 4, 14.

435 – Ин. 6, 35.

436 – Быт. 1, 1.

437 – Метерлинк Морис (1862–1949), бельгийский драматург и поэт, лауреат Нобелевской премии. Автор тридцати пьес, им выпущено пять сборников стихов, двадцать три книги философских рассуждений; многие из его сочинений переведены на русский язык: пьесы «Сестра Беатриса», «Монна Ванна», «Синяя птица». «Жизнь пчел» – первая его книга, посвященная естественнонаучным проблемам.

438 – Римский кесарь Максимилиан...» Вероятно, имеется в виду Максимин Дая (или Даза; (?)-313), Римский император, правивший с 309 года. С особой жестокостью продолжал начатые при императоре Диоклетиане (284–305) гонения на христиан.

439 – См.: Деян. 10.

440 – Ср.: 1Кор. 1, 16.

441 – Деян. 16, 19–33.

442 – Деян. 18, 8.

443 – Кесарий (Цезарь) Назианзин, святой († ок. 369; память 9'22 марта), брат святителя Григория Богослова († 389; память 25 января'7 февраля, 30 января'12 февраля). Был медиком при Константинопольском дворе. Мудрый, кроткий нравом, для многих изобретал средства от тяжких телесных недугов, многих избавлял от нищеты. При императоре Юлиане Отступнике (см. примечание 26) оставил свою должность, а по смерти его был назначен казнохранителем в Вифинии. Чудес-

ным образом спасшийся во время землетрясения ушел от гражданских дел и посвятил себя Богу. Скончался вскоре после этого.

444 – Ср.: Лк. 13, 5.

445 – 1Кор. 13, 12 .

446 – Мк. 15, 4.

447 – Ср.: Лк. 2, 34.

448 – См.: Лк. 23, 11–12.

449 – Ср.: Мф. 5, 12.

450 – См.:Мф. 5, 44.

451 – Мф. 5, 44; Лк. 6, 27.

452 – См.: Иак. 3, 11.

453 – Сир. 28, 14.

454 – См.: Исх. 12, 1–10.

455 – Константин VI (771-после 797), Византийский император, последний из Исаврийской династии, правивший с 790 года.

456 – 2Цар. 7, 12.

457 – Ср.: Быт. 30, 1–2.

458 – Ср.: 2Цар. 6, 16.

459 – Ср.: 2Цар. 6, 23.

460 – Пс. 56, 8.

461 – Ансхарий (Ансгар, Ангарий) Гамбургский, Бременский, архиепископ (католический святой; † 865; память 3'16 февраля), просветитель Скандинавии. Проповедовал христианство на севере Европы, за что назван «Апостолом севера».

462 – Быт. 18, 32.

463 – Мф. 4, 17.

464 – См.: Ин. 10, 11–16.

465 – Великие Моголы, династия правителей в Могольской империи в 1526–1858 годах (Индия). Основана Бабуром, выходцем из Центральной Азии – Моголистана. Виднейшие представители – Акбар, Джахангир, Шах-Джахан, Аурангзеб. После захвата в 1803 году Дели англичане выплачивали Великому Моголу пенсию, а в 1858 эта династия была официально упразднена, и Индия перешла под прямое управление Англии.

466 – Мф. 24, 35.

467 – Мф. 6, 27.

468 – Мф. 16, 18.

469 – Григорий Двоеслов, Великий, папа Римский, святитель († 604; память 12'25 марта). Родился в знатной римской семье, давшей кроме него самого еще трех святых (мать и две тетки Григория). Получив блестящее светское образование, тщательно изучал святоотеческую литературу. Тяготясь жизнью в миру, после смерти отца на свои средства основал шесть монастырей и седьмой в Риме, куда поступил и сам, введя там Бенедиктинский устав. Был поставлен в архиепископа Римского в 590 году. Имя «Двоеслов» получил по названию своей книги, озаглавленной «Диалоги». Автор великопостной литургии Преждеосвященных Даров, носящей его имя.

470 – Никейский Собор – Вселенский Собор, происходивший в городе Никея. Никейских Соборов было два: 1 (первый и вообще в ряду Вселенских Соборов) в 325 году был созван для разоблачения ереси Ария. На нем же был провозглашен Символ веры. Второй (по счету – 7) – в 787 году рассматривал вопрос о почитании икон. Император Константин Великий (см. примечание 55) присутствовал на 1 Вселенском Соборе в Никее.

471 – Ср.: Мф. 18, 15.

472 – Мф. 26, 38.

473 – Валент Флавий (ок. 328–378), император восточной части Римской империи, правивший с 364 года. Брат и соправитель Валентиниана I (364). Потерпел поражение от вестготов в Адрианопольском сражении и погиб.

474 – Киприан Карфагенский, священномученик († 258; память 31 августа'13 сентября), епископ, отец Церкви, писатель-богослов. Родился в Карфагене в богатой и знатной языческой семье. Получил прекрасное литературное и ораторское образование. Познакомившись с жизнью христиан, под влиянием Тертуллиа-

на (см. примечание 39) крестился в 246 году и скоро сделался пресвитером, а затем был избран епископом Карфагенским. Его епископство пришлось на тяжелое время гонения императора Декия (251), в которое многие христиане, не выдерживая жестокости преследований, отпадали от Церкви. Киприан призывал свою паству к мужественному перенесению испытаний. Он вел энергичную борьбу с раскольниками. Против еретиков выступал на Карфагенских Соборах, оставил много литературных (богословских) трудов. Принял мученическую кончину во времена гонения Римского императора Валериана (253–259).

475 – Ср.: Мф. 5, 9.

476 – Ин. 1, 11–12.

477 – См.: Ин. 6, 26.

478 – Ин. 6, 27. – Ред

479 – Александр II Карагеоргиевич (1888–1934), король Югославии, правивший с 1921 года. Во время Балканских войн 1912–1913 годов командовал Первой сербской армией, в Первой мировой войне являлся главнокомандующим сербской армии. В 1914–1921 годах – принц-регент, а с 17 августа 1921 года – король Королевства сербов, хорватов и словенцев (с 1929 – Югославия). Был убит в Марселе вместе с французским министром иностранных дел Ж. Л. Барту хорватскими и македонскими террористами, связанными с фашистской Германией и Италией.

480 – Мф. 5, 7.

481 – Ср.: Мк. 2, 27.

482 – Александр Север (208–235), Римский император, последний из династии Северов, правивший с 222 года. В 231–232 годах вел успешную войну с Персией. Был убит своими солдатами, недовольными введением суровой воинской дисциплины.

483 – Мф. 7, 12.

СОДЕРЖАНИЕ

Вступление 5
Биография:
Святитель Николай Сербский (Велимирович) 8

Миссионерские письма 11
Письмо 1. Рабочему, спрашивающему
о духовной жизни. 12
Письмо 2. Человеку, который верит в Бога, но не
молится Ему 14
Письмо 3. Образованной верующей женщине, терпящей насмешки от близких 16
Письмо 4. Богослову, скорбящему о неверии людей . . 19
Письмо 5. Матери, которая не смогла найти
могилу сына. 21
Письмо 6. Разорившемуся купцу, которого
все покинули. 23
Письмо 7. Девушке, выбирающей между браком
и монашеством. 26
Письмо 8. Священнику К., о мировом кризисе . . . 28
Письмо 9. Кузнецу К., о значении слов Христовых:
«не мир пришел Я принести, но меч» 31
Письмо 10. Молодому учителю, спрашивающему,
есть ли сейчас истинные христиане 33
Письмо 11. Крестьянину Здравко Т., на вопрос о значении слов Христа «Огонь пришел Я низвести
на землю» 35
Письмо 12. Женщине, на вопрос
о воздаянии умерших 37

Письмо 13. Чиновнику, который считает, что народ слишком много празднует 40

Письмо 14. Паломнику Иоанну, на вопрос о том, что главное для спасения 42

Письмо 15. Одному сербскому патриоту, утверждающему, что важнее быть честным сербом, а вера – дело второстепенное 44

Письмо 16. Сильно страдающему молодому человеку 46

Письмо 17. Женщине, которую гнетет тяжелое уныние 48

Письмо 18. П. Ю., на вопрос, зачем перед иконой зажигается лампадка 50

Письмо 19. Сыну, который подвергся родительскому проклятию 52

Письмо 20. Студенту, который спрашивает, кто такие «нищие духом» 54

Письмо 21. Вдове, которая много печалится и беспокоится 56

Письмо 22. Пенсионеру С. П., который по своему разумению объясняет японо-китайскую войну . . 58

Письмо 23. Воину Иоанну Н., обретшему веру Христову 60

Письмо 24. Одной благочестивой семье, на вопрос: «Как воскрес Христос?» 62

Письмо 25. Русскому ветерану, оплакивающему свою распятую родину 64

Письмо 26. Скромному чиновнику, жалующемуся на гордого друга 66

Письмо 27. Друзьям, на вопрос: «Кто мне свидетельствует Христово воскресение?» 68

Письмо 28. Православному сестричеству, о семи речениях Христовых с Креста 70

Письмо 29. Образованной девушке, о пяти ранах Христовых 73

Письмо 30. На Великую Пятницу, из Иерусалима . . 75

Письмо 31. На Великую Субботу, из Иерусалима . . 77

Письмо 32. О пасхальной службе в Иерусалиме . . . 79

Письмо 33. Профессору М., который не празднует Крестную Славу из-за траура 82

Письмо 34. Петру Ю., на вопрос, чем сербы обязаны Христу 85

Письмо 35. Крестьянину С. И., который жалуется на нападение беса страха 87

Письмо 36. Богослову Б. Р., на вопрос, как я понимаю слова: «Я в Отце и Отец во Мне» 89

Письмо 37. Сестре, которая скорбит об испорченности брата 91

Письмо 38. Двум друзьям, которые спорят о том, нужно ли причащать больных 93

Письмо 39. Судье С. В., который спрашивает, как ему отблагодарить своего благодетеля 95

Письмо 40. Монаху Аввакуму, о греховных помыслах 97

Письмо 41. Писарю Веселину Г., который удивляется тому, что святой Савва не писал книг 99

Письмо 42. Ревностному читателю Священного Писания, на вопрос, почему Дух Святый явился в виде огня 101

Письмо 43. Драгичу М., который иногда чувствует себя совсем другим человеком 103

Письмо 44. Миссионеру Петру С., на вопрос о том, что есть хула на Духа Святаго 105

Письмо 45. Машинисту Стамену И., который жалуется на скучную работу 107

Письмо 46. Господину Скотту, американскому униату, выступающему против Святой Троицы . . 109

Письмо 47. Одному брату из Сараева, на вопрос о поминовении усопших после Светлой седмицы . . 111

Письмо 48. Православному ученику, на вопрос, почему у православных нет своего папы 113

Письмо 49. Журналисту И. Т., на вопрос о сожжении мертвых 115

Письмо 50. Владельцу кофейни, которому пришлось выбирать между самоубийством и нищетой . . . 118

Письмо 51. Ремесленнику Симе М., которого мучает мысль, что эта жизнь – суд Божий 120

Письмо 52. Снова воину И., в подтверждение случившегося с ним 122

Письмо 53. Марии Ж., на вопрос о значении евангельской притчи о десяти девах 124

Письмо 54. Братьям Радославу и Милосаву, на их вопрос о камнях, которые вопиют 127

Письмо 55. Образованному человеку, который пришел к заключению, что есть «что-то» 129

Письмо 56. Книготорговцу Светолику М., о новых еретиках 131

Письмо 57. Браниславу Н., на вопрос о внезапной смерти 134

Письмо 58. Монахине Варваре в Иерусалим, о трех одеждах Христовых 137

Письмо 59. Американцу Джону Дэвису, которого пугает умножение рода человеческого 140

Письмо 60. Мелентию Д., на вопрос, что означают слова «вечная память» 142

Письмо 61. Афонскому монаху, о Защитнице Святой Горы 144

Письмо 62. Сербской женщине, которая спрашивает, почему русские особо почитают Богородицу ... 146

Письмо 63. Художнику Павлу И., на вопрос о том, как узнать православную икону Пресвятой Богородицы ... 149

Письмо 64. Учительнице, о явлении Божией Матери ... 151

Письмо 65. Чиновнику Иоанну Ю., о трех великих вещах ... 154

Письмо 66. Пенсионерке, которая сетует на моду . 156

Письмо 67. Братству святого пророка Илии, о сеятеле плевел ... 159

Письмо 68. Человеку, который спрашивает, укорил ли Господь Свою Матерь ... 161

Письмо 69. Неправославному священнику, на вопрос: «За что Бог наказывает православную Россию?» ... 164

Письмо 70. Скромному человеку, который покаялся в том, что согрешил словом ... 167

Письмо 71. Образованной женщине, которая жалуется на неблагодарность ... 169

Письмо 72. Одинокой больной женщине, о самоубийстве ... 171

Письмо 73. Политику Н. Н., о политической морали ... 173

Письмо 74. Богомольцу, над которым насмехаются домашние ... 176

Письмо 75. Человеку, который сокрушается о том, что не верует в Бога ... 178

Письмо 76. Человеку, который получил высокую должность, но не стал счастливым ... 180

Письмо 77. Спасое С., на вопрос о том, почему неправедные преуспевают ... 182

Письмо 78. Православному американцу, которого смутил некий писатель 184

Письмо 79. Болящей Стании Д., на вопрос о том, что такое обет 186

Письмо 80. Одному рантье, который рассказывает, как он обеспечил себе безбедное существование . 188

Письмо 81. Глигору И., на вопрос о значении слов «иго» и «бремя» 190

Письмо 82. О вере и мужестве 192

Письмо 83. Молодому человеку, который беспокоится о своем тщеславном друге 194

Письмо 84. Человеку, которому отвечают на добро злом 196

Письмо 85. Ремесленнику Петру Ч., об исповеди . 199

Письмо 86. Студенту И. К., о книге Екклезиаста . . 201

Письмо 87. Болгарскому священнику Ивану Д., отчаявшемуся из-за безбожников 203

Письмо 88. Сироте, которая спрашивает, почему в Евангелии не говорится о счастье 206

Письмо 89. Англичанину Чарльзу Б., на вопрос о личности индийца Ганди 208

Письмо 90. Братству Рождества Христова на вопрос о том, почему мы приветствуем друг друга словами: «Христос родился!» 211

Письмо 91. Малышу, который просил рассказать рождественскую сказку 213

Письмо 92. Учителю Николе С., о том, почему Христос должен был родиться, а не просто явиться 216

Письмо 93. Одному паломнику, о Вифлеемской пещере 218

Письмо 94. Одинокой женщине, о празднике Рождества Христова для сестры Йованки . . . 221

Письмо 95. Миссионеру Даниилу М., о буквах на нимбе Христовом 224

Письмо 96. Воину Светиславу К., на вопрос о том, что значит: «Бог внутри человека» 227

Письмо 97. Рабочему М. Ф., о том, почему Спаситель родился в пещере 229

Письмо 98. Немецкому богослову, о Православной Церкви и мире 232

Письмо 99. Леснику Манойло, о крыльях святого Иоанна 235

Письмо 100. К. К., на вопрос, можно ли гадать на кресте 237

Письмо 101. Учительнице В. Ш., о свидетельствах существования Бога 239

Письмо 102. Вдове, которая спрашивает, уходить ли ей в монастырь 242

Письмо 103. Крестьянину Остое Р., на вопрос о том, есть ли благословенные и неблагословенные души 244

Письмо 104. Одной матери, об избрании королевы красоты 246

Письмо 105. Подмастерью, который просит совета в духовной жизни 249

Письмо 106. Фабричной работнице Станке К., на вопрос о значении слов: «Тебе, Господи!» . . . 251

Письмо 107. Ставро И., о страхе смерти 253

Письмо 108. «Степану Д., на вопрос о том, что нам делать, чтобы лучше жить 255

Письмо 109. Монахине, о закваске и трех мерах муки 257

Письмо 110. Отцу, который жалуется на неблагодарного сына 259

Письмо 111. Столяру Илье С., о словах Христа из Евангелия от Марка 262

Письмо 112. Писателю о том, что нам сделать в этом году для мира в мире 264

Письмо 113. Осуждённому П. Ю., который жалуется на человеческую несправедливость ... 266

Письмо 114. Братству святого апостола Иоанна, об апокалиптических явлениях в наше время ... 268

Письмо 115. Рантье Момчило Н., на вопрос о том, что было до Христа 270

Письмо 116. Паломнику Младену С., о порядке заповедей 272

Письмо 117. Станимиру И., на вопрос, действительно ли вторник – несчастливый день .. 274

Письмо 118. Осуждённому, который спрашивает о лжесвидетельстве 277

Письмо 119. Студенту духовной семинарии, о значении слов из Послания апостола Павла к Ефесянам 279

Письмо 120. Почтальону Илье К., о доказательствах существования Бога 281

Письмо 121. Отцу, который всюду искал исцеления для сына 283

Письмо 122. Юристу Д. М., о второй заповеди .. 285

Письмо 123. Одному хозяину, который жалуется на «голодный хлеб» 287

Письмо 124. Торговцу С. Т., которого «Бог не слышит» 289

Письмо 125. Человеку, который жалуется на неразумную жену 291

Письмо 126. Пенсионеру П. Н., о необычном видении 294

Письмо 127. Брату Здравко Т., о вознесении Господа ... 296

Письмо 128. Послушнику Гавриилу Ю., на вопрос о том, почему Христос ушел ... 298

Письмо 129. Богомольцу Петру, о печали ради Христа ... 300

Письмо 130. Диакону П. Н., о суеверии безбожника ... 302

Письмо 131. Родителю, который спрашивает, существуют ли духи ... 304

Письмо 132. Старице, о воскресении тела ... 306

Письмо 133. Преподавателю Милану И., который просит растолковать Первое послание к Коринфянам ... 308

Письмо 134. Чиновнику С. П., притча об усыновлении ... 310

Письмо 135. Честолюбивому, о клеветниках ... 312

Письмо 136. Н. Н., о нарушенном обете ... 314

Письмо 137. Бакалейщику, о правой мере ... 316

Письмо 138. Униату, о перемене веры ... 318

Письмо 139. Жестянщику С. П., о крестных ходах ... 320

Письмо 140. Отцу, о злосчастном приданом ... 323

Письмо 141. Крестьянину Николе Ч., о внутренней милостыне ... 326

Письмо 142. Одному больному полководцу, о вечной награде ... 328

Письмо 143. Судье Петру П., о «резкости» Христа . 330

Письмо 144. Маляру Любисаву И., о Божием дне . 332

Письмо 145. Студенту, на вопрос о влиянии мира духовного на мир земной ... 334

Письмо 146. Радославу И., об Иуде – предателе . . 337

Письмо 147. Тому же, о спасении всех грешников . . 340

Письмо 148. Одному попечителю, о священстве . . 342

Письмо 149. Бедной женщине, о крепкой молитве . . 344

Письмо 150. Носильщику Бранимиру И., о Послании к Галатам 346

Письмо 151. Русскому К. Т., о русской трагедии . . 349

Письмо 152. Одному священнику, о внешних «мелочах» 352

Письмо 153. Преподавателю Закона Божия . . . 354

Письмо 154. Монаху Симеону, о дне и ночи . . . 356

Письмо 155. Иоксиму П., о злом рабе 358

Письмо 156. Земледельцу Предрагу А., о том, чего боятся бесы 360

Письмо 157. Одинокой женщине, о молитве . . . 362

Письмо 158. Печатнику Ю. К., о целовании руки священника 364

Письмо 159. Любителю Священного Писания, о благоухании и запахе[329] 366

Письмо 160. Монаху Савве, о нападках на монашество 368

Письмо 161. Начинающему в вере, о возвращении к вере 370

Письмо 162. Преподавателю Владимиру В., о словах из Евангелия от Марка 372

Письмо 163. Жене, о безумном муже 374

Письмо 164. Воину В., «о трупе и орлах» . . . 376

Письмо 165. Слесарю Иосифу Т., о жизни грешника 378

Письмо 166. Славянофилу, о голоде в «раю» . . . 380

Письмо 167. Священнику Драгутину Д., о двух свидетелях Божиих 382

Письмо 168. Неизвестному о том, что чудесного сотворил Христос 386

Письмо 169. Художнику С. З., о простом народе . . 387

Письмо 170. Петру И., о вере в природу 389

Письмо 171. Врачу Т., о действии Промысла . . . 391

Письмо 172. Одному ремесленнику, об истинном господстве 393

Письмо 173. Американцу К., о том, кому нужно верить 395

Письмо 174. Скупому господину, о церковном блеске 397

Письмо 175. Тому же, о церковной роскоши . . . 399

Письмо 176. И., о необъяснимом страдании . . . 401

Письмо 177. Неизвестному, о главной разрушительной догме 403

Письмо 178. Адвокату Симе М., о Каиновом страхе 405

Письмо 179. Одной благочестивой душе, о важнейшем упражнении 407

Письмо 180. Извозчику К., о безумной клятве . . . 409

Письмо 181. Незнакомому человеку, о помощи Божией 411

Письмо 182. Мили Д., о самодостаточной вере . . 413

Письмо 183. Фабриканту С. С., о душевной пустоте 415

Письмо 184. Томе С., о «судьбе» 417

Письмо 185. Новому утописту, об иностранных туристах 419

Письмо 186. Вдове Д., о победе над злом 422

Письмо 187. Братству святого Стефана,
о Благом дне 423

Письмо 188. Братству святого пророка Исаии:
«Исаие, ликуй!» 425

Письмо 189. Аджему С., об алчущем Христе . . . 427

Письмо 190. Молодому наследнику, о последнем
желании 429

Письмо 191. Богослову К. И., о врагах веры . . . 431

Письмо 192. Неизвестному, о Пресвятой Деве . . 433

Письмо 193. Одному революционеру,
о сострадании 435

Письмо 194. Русскому изгнаннику, о единственно
непостыдном 437

Письмо 195. Преподавателю В. В., об изображении
святых на игральных картах 439

Письмо 196. Разным лицам о разных предметах . . 442

Письмо 197. Матери, о вечной жизни 444

Письмо 198. Брату Живану, о добром начальнике . 446

Письмо 199. Железнодорожнику М.М., о словах
Откровения 448

Письмо 200. Писателю С. К., о Хозяине 450

Письмо 201. Новообращенному, о плодах веры . . 452

Письмо 202. Болгарскому профессору Христо Й.,
о мире и братолюбии 454

Письмо 203. «Любителю истины»,
о бесах 456

Письмо 204. Виноделу С., о брате 458

Письмо 205. Брату И., о слезах Христа 460

Письмо 206. Студенту педагогической гимназии,
о новом человеке 462

Письмо 207. Ревнителю веры, о безбожниках . . . 464

Письмо 208. Джордже П., о молитве «Господи, помилуй!» 466

Письмо 209. Рабочему Матии С., о человеческом братстве 468

Письмо 210. Братству святых апостолов, о посвящении храма 470

Письмо 211. Манойло Й.: кто имеет, тому дано будет 472

Письмо 212. Стевану И., о воздаянии 475

Письмо 213. Состоятельной женщине, о безработном 477

Письмо 214. К. П., о познании Христа 479

Письмо 215. Продавцу газет, о жизненных испытаниях 481

Письмо 216. Священнику Аврааму И., о принятии Христа 483

Письмо 217. Православному П. Т. из Лозницы, о сектантской милостыне 485

Письмо 218. Торговцу М. С.: и слуга тоже человек 487

Письмо 219. Вождю некой партии, о молитве за гонителей 489

Письмо 220. Изгнанным из рая, о воскресении мертвых 491

Письмо 221. Одинокому человеку, о душевном покое 493

Письмо 222. Братству N., о тех, кто отпадает . . . 494

Письмо 223. Писателю Васо Д., о богоборцах . . 496

Письмо 224. Р. З., о культуре и человеке 498

Письмо 225. Спрашивающему о том, что вне вопросов 500

Письмо 226. Неразумному читателю, о небесной милости 502

Письмо 227. Одному строгому коммунисту, о христианском общежитии 504

Письмо 228. Марко Н., о воспитании малых и старых 506

Письмо 229. Крестьянину Светолику Д., о потребности в «едином духе» 508

Письмо 230. «Искателю истины», о Святом Духе . . 510

Письмо 231. Монаху Варахиилу, о старце Михаиле 512

Письмо 232. Молодому священнику: не бойся . . 514

Письмо 233. Паломнику А. Васичу, об исполнившемся предсказании 516

Письмо 234. Профессору Иоанну П., о молитве об умножении любви и искоренении злобы 518

Письмо 235. Человеку, который не видит себя: о страстях 520

Письмо 236. Человеку, отмеченному наградами: о милосердии к бессловесным 522

Письмо 237. Крестьянину Браниславу С. Т., о Христе и об апостоле Павле 524

Письмо 238. Одному эгоисту, об опасном счастье . . 526

Письмо 239. Священнику Станко С., о строительстве и разрушении 528

Письмо 240. Поэту С. С., о том, как люди умирают 530

Письмо 241. Паломнику Савватию Н., о новых и старых ревнителях 532

Письмо 242. А.П. из Призрена, о предсмертной болезни 534

Письмо 243. Н., о свете праведников 536

Письмо 244. Писарю Н. П., о исправлении грешников 538

Письмо 245. Павлу А., о хранении сокровища . . 540

Письмо 246. Старцу Иоксиму Б., об истине и дисциплине 542

Письмо 247. Жителю Сараева, о «грехах» православной веры 544

Письмо 248. Почтальону из Загреба, о тайной молитве 546

Письмо 249. Доброй супруге, о муже-сектанте . . 547

Письмо 250. Учителю Славко, о перерождении . . 549

Письмо 251. Святогорцу, об общежитии 551

Письмо 252. Крестьянину Миловану М., о дешевой книге 553

Письмо 253. Пожилому профессору, о Пилатовом царстве 555

Письмо 254. Читателю, о воде живой 557

Письмо 255. Радое И., о сущности вещей 559

Письмо 256. Скорбящей матери, о жестоких детях . . 561

Письмо 257. Пчеловоду М. А., о вразумлении от пчел 563

Письмо 258. Судье М. Д., о редком открытии . . . 565

Письмо 259. Православному словенцу, о святой Русской Церкви 567

Письмо 260. Братству святого Петра, о материалистах 569

Письмо 261. Павлу Н., о материалистах 571

Письмо 262. Владельцу кофейни И. У. в Мостаре, о недоверии 573

Письмо 263. Пенсионеру из Ниша, о храмах Божиих 575

Письмо 264. Одному простому человеку, об исповедничестве 577

Письмо 265. Гимназисту П. У., о созерцании Христа 579

Письмо 266. Торговцу скотом, о досадном
препятствии 581

Письмо 267. Оскорбленному соседу, на Евангелие
от Матфея 583

Письмо 268. Торговцу К. К., о плодах поста . . . 585

Письмо 269. Братству святой Параскевы Пятницы,
об источнике с водой живой и мертвой 587

Письмо 270. Невенчанному, о двойной неправде . 589

Письмо 271. Загребскому писателю, о войне . . . 591

Письмо 272. Бесплодной жене, о детях 593

Письмо 273. Монаху Савве, о мученичестве . . . 595

Письмо 274. Русскому ученому П. С.,
о сновидении 596

Письмо 275. Жителю Земуна, о гибели Содома . . 597

Письмо 276. Тому же, о цели жизни 599

Письмо 277. Тому же, о том же 600

Письмо 278. Любителю роскоши, о преходящем . 601

Письмо 279. Учительнице Яне З., о молитве . . . 603

Письмо 280. Русскому священнику Н. С.,
о беспокойстве за Церковь 605

Письмо 281. Богатому, который не умеет прощать . . . 607

Письмо 282. Разным лицам о разных предметах . . 608

Письмо 283. Православным братствам,
на Рождество 610

Письмо 284. Уездному казначею Б. Д.,
о священниках 612

Письмо 285. Гонимому, о суде человеческом . . . 614

Письмо 286. Владе Ц.: «Кто другому яму роет...» . 616

Письмо 287. Инвалиду войны, о попущении
Божием 618

Письмо 288. Человеку «собственных убеждений», о святом Киприане 619

Письмо 289. Любителю Священного Писания, на Евангелие от Иоанна 621

Письмо 290. Журналисту Душану Ш., о царском милосердии 623

Письмо 291. Коммунисту, о Боге и богах 624

Письмо 292. Студенту С. Б., о подражании 626

Примечания 627

Православная библиотека – Orthodox Logos

- *Добротолюбие (Том I • Том II • Том III • Том IV • Том V)*
- *Откровенные рассказы странника духовному своему отцу*
- *Семь слов о жизни во Христе* – праведный Николай (Кавасила)
- *О молитве* – святитель Игнатий (Брянчанинов)
- *Об умной или внутренней молитве* – преподобный Паисий (Величковский)
- *В помощь кающимся* – святитель Игнатий (Брянчанинов)
- *О прелести* – святитель Игнатий (Брянчанинов)
- *Приношение современному монашеству* – святитель Игнатий (Брянчанинов)
- *Слово о человеке* – святитель Игнатий (Брянчанинов)
- *Слово о чувственном и о духовном видении духов* – святитель Игнатий (Брянчанинов)
- *Слово о смерти* – святитель Игнатий (Брянчанинов)
- Прибавление к "Слову о смерти"
- *Христианство по учению преподобного Макария Египетского* – преподобный Иустин (Попович), Челийский
- *Философские пропасти* – преподобный Иустин Челийский (Попович)
- *Священное Предание: Источник Православной веры* – митрополит Каллист (Уэр)
- *Толкование на Евангелие от Матфея* – святой Феофилакт Болгарский, архиепископ Охридский
- *Толкование на Евангелие от Марка* – святой Феофилакт Болгарский, архиепископ Охридский
- *Толкование на Евангелие от Луки* – святой Феофилакт Болгарский, архиепископ Охридский
- *Толкование на Евангелие от Иоанна* – святой Феофилакт Болгарский, архиепископ Охридский
- *Таинство любви* – Павел Евдокимов

- *Мысли о добре и зле* – святитель Николай Сербский (Велимирович)
- *Миссионерские письма* – святитель Николай Сербский (Велимирович)
- *Живой колос* – праведный Иоанн Кронштадтский (Сергиев)
- *Дидахе. Учение Господа, переданное народам через 12 апостолов*
- *Домострой* – протопоп Сильвестр
- *Лествица или Скрижали духовные* – преподобный Иоанн Лествичник
- *Слова подвижнические* – преподобный Исаак Сирин Ниневийский
- *Пастырь* – Апостол Ерм
- *Послания* – священномученик Игнатий Богоносец
- *Миссионерские письма* – святитель Николай Сербский (Велимирович)
- *Точное изложение православной веры* – преподобный Иоанн Дамаскин
- *Беседы на псалмы* – святитель Василий Великий
- *О цели христианской жизни* – преподобный Серафим Саровский (Мошнин)
- *Аскетические опыты (Том I • Том II)* – святитель Игнатий (Брянчанинов)
- *Воплощенное домостроительство. Опыт христианской психологии* – святитель Феофан Затворник
- *Путь ко спасению. Краткий очерк аскетики* – святитель Феофан Затворник
- *Мысли на каждый день года по церковным чтениям из Слова Божия* – святитель Феофан Затворник
- *Письма к мирским особам* – преподобный Макарий Оптинский (Иванов)
- *Смысл жизни* – Семён Людвигович Франк
- *Философия свободы* – Николай Александрович Бердяев
- *Философия свободного духа* – Николай Александрович Бердяев

- *Песня церкви - Праведники наших дней* – Артём Перлик
- *Сказки* – Артём перлик
- *Патристика* – Артём Перлик
- *Ты нужен мне* – Артём Перлик
- *Следом за овцами - Отблески внутреннего царства* – Монахиня Патрикия

www.orthodoxlogos.com

www.ingramcontent.com/pod-product-compliance
Lightning Source LLC
Chambersburg PA
CBHW052205090526
44583CB00017BA/2058